MACHINE LEARNING POUR L'ÉCONOMÉTRIE

COLLECTION « ÉCONOMIE ET STATISTIQUES AVANCÉES »
Série : École Nationale de la Statistique et de l'Administration Économique
et Centre d'Études des Programmes Économiques
dirigée par Franck Malherbet

Christophe GAILLAC
Jérémy L'HOUR

MACHINE LEARNING POUR L'ÉCONOMÉTRIE

ECONOMICA
49, rue Héricart, 75015 Paris

Les auteurs tiennent à remercier Arthur Charpentier, Laurent Davezies, Emmanuel Flachaire, Gauthier Germain, Yannick Guyonvarch, Elia Lapenta et Anna Simoni pour leur relecture des différents chapitres de ce manuel ainsi que pour les précieux commentaires apportés à différentes phases de sa rédaction. Nous tenons aussi à remercier Pierre Alquier et Xavier D'Haultfœuille pour leurs encouragements à enseigner ce cours puis à rédiger ce manuel. Nos remerciements s'adressent enfin à Franck Malherbet pour son travail, son aide et ses précieux conseils lors de l'édition.

Table des matières

Chapitre 1 Introduction 1

1.1 Économétrie *versus* machine learning 1

1.2 Les problèmes traités dans cet ouvrage 9

1.3 Encadrés et notations 15

1.4 Ressources supplémentaires 16

Bibliographie 17

I Prérequis statistiques 19

Chapitre 2 Outils statistiques 21

2.1 Régression linéaire 21

2.2 Régression en grande dimension et régressions pénalisées 25

2.3 Maximum de vraisemblance 32

2.4 Méthode des moments généralisée 35

2.5 Modèles à facteurs 38

2.6 Forêts aléatoires 42

2.7 Réseaux de neurones et apprentissage profond 46

2.8 Bilan du chapitre 54

Bibliographie 54

Chapitre 3 Inférence causale 57

3.1 Définitions 57

3.2 Expériences contrôlées randomisées 59

3.3 Indépendance conditionnelle et score de propension 61

3.4 Effet causal et variables instrumentales 65
3.5 Bilan du chapitre 70
Bibliographie 70

II Grande dimension et sélection de variables 73

Chapitre 4 Inférence post-sélection 75
4.1 Le problème de l'inférence post-sélection 76
4.2 Grande dimension, parcimonie et le Lasso 82
4.3 Éléments théoriques sur le Lasso 85
4.4 Biais de régularisation 86
4.5 Méthode de la double sélection 90
4.6 Application empirique : l'effet du diplôme sur le salaire 94
4.7 Bilan du chapitre 97
4.8 Preuves et résultats complémentaires 98
Bibliographie 106

Chapitre 5 Généralisation et méthodologie 109
5.1 Théorie : procédure d'immunisation 110
5.2 Partitionnement d'échantillon 114
5.3 Scores orthogonaux pour estimer l'effet du traitement 116
5.4 Simulations : le biais de régularisation 118
5.5 Application empirique : programme de formation à l'emploi . . 120
5.6 Bilan du chapitre 123
5.7 Preuves et résultats complémentaires 124
Bibliographie 126

Chapitre 6 Grande dimension et endogénéité 129
6.1 Modèle parcimonieux pour les variables instrumentales 131
6.2 Procédure d'immunisation dans le modèle à variables instrumentales 133
6.3 Simulations 137

6.4 Applications empiriques 139
6.5 Bilan du chapitre 143
6.6 Remarque complémentaire 145
Bibliographie 146

Chapitre 7 Pour aller plus loin 149
7.1 Estimation avec des erreurs non-gaussiennes 150
7.2 Partitionnement d'échantillon 153
7.3 Inférence jointe sur un groupe de coefficients 154
7.4 Régularisation et sélection d'instruments en panels 158
7.5 Bilan du chapitre 163
7.6 Preuves et résultats complémentaires 164
Bibliographie 168

III Hétérogénéité des effets du traitement 171

Chapitre 8 Inférence sur les effets hétérogènes 173
8.1 Effets hétérogènes du traitement 174
8.2 Estimation directe 178
8.3 Inférence par forêts aléatoires causales 181
8.4 Inférence en présence d'endogénéité 191
8.5 Inférence sur des caractéristiques des effets hétérogènes 198
8.6 Bilan du chapitre 210
8.7 Preuves et résultats complémentaires 211
Bibliographie 218

Chapitre 9 Apprendre la politique optimale 221
9.1 Problématique : apprentissage de la politique optimale 222
9.2 Maximisation du bien-être empirique 225
9.3 Application à l'optimisation d'un programme de formation . . . 232
9.4 Bilan du chapitre 236
Bibliographie 237

IV Effets agrégés et prévision macroéconomique 239

Chapitre 10 La méthode du contrôle synthétique 241

10.1 Cadre et estimation 242

10.2 Résultat sur le biais 247

10.3 Quand et pourquoi utiliser le contrôle synthétique 249

10.4 Inférence par test de permutation 252

10.5 Application empirique : programme de lutte contre le tabac . . 257

10.6 Plusieurs unités traitées 265

10.7 Bilan du chapitre 267

10.8 Preuves et résultats complémentaires 268

Bibliographie 272

Chapitre 11 Prévision en grande dimension 275

11.1 Régression en grande dimension pour la prévision 277

11.2 Limites et autres méthodes 285

11.3 Tester la causalité au sens de Granger 293

11.4 Bilan du chapitre 297

Bibliographie 298

V Données textuelles 303

Chapitre 12 Travailler avec des données textuelles 309

12.1 Introduction 310

12.2 Outils pour traiter les données 313

12.3 Applications empiriques basées sur la fréquence des mots . . . 319

12.4 Modélisation du langage à l'aide de variables latentes 322

12.5 Applications empiriques 329

12.6 Bilan du chapitre 332

Bibliographie 333

Chapitre 13 Représentation distribuée des mots 335

13.1 Limites de la représentation *one-hot* 336
13.2 Factorisation de la matrice de co-occurence 337
13.3 `Word2vec` et représentations obtenues par réseaux de neurones 339
13.4 Modèles de langage modernes 350
13.5 Pour aller plus loin : représentation de données non structurées 351
13.6 Bilan du chapitre 354
Bibliographie 355

Chapitre 14 Apprentissage supervisé 359
14.1 Codage automatique et régression 360
14.2 Appariement par des réseaux de neurones siamois 365
14.3 Plongements lexicaux contextuels 371
14.4 Trucs et astuces pour entraîner des réseaux de neurones 376
14.5 Applications empiriques 384
14.6 Bilan du chapitre 386
Bibliographie 387

VI Exercices 391

Chapitre 15 Exercices 393
15.1 La régression en tant qu'estimateur par pondération 393
15.2 Score orthogonal pour l'effet du traitement sur les traités . . . 395
15.3 Modèle de vote 396
15.4 Écart salarial homme-femme 398
15.5 Sécheresse et incitations à économiser l'eau 404
15.6 Contrôle synthétique et régularisation 410
Bibliographie 412

Index des théorèmes & lemmes 413

Chapitre 1

Introduction

1.1 Économétrie *versus* machine learning

L'économétrie et le machine learning (ML) ont en commun une grande partie de leurs outils statistiques de base, comme nous le verrons dans le chapitre 2. Pourtant, les philosophies et les objectifs de ces deux approches diffèrent souvent de manière plus ou moins subtile. Pour dessiner les contours de ces deux domaines et donner au lecteur une idée des questions qui animent les deux pratiques, nous allons devoir dans un premier temps exagérer les différences. Nous rappelons que la réalité est bien plus nuancée : l'objet de ce manuel est bien de voir comment on peut mobiliser les forces de l'une pour atteindre les objectifs de l'autre.

Le premier point de divergence réside dans le but des deux démarches. L'économétrie en tant que démarche scientifique, d'abord, vise généralement à quantifier un effet précisément défini. Par exemple : quel est l'impact d'une hausse du salaire minimum sur l'emploi ? Existe-t-il des synergies positives au sein des groupes d'élèves ? Quelle est la différence moyenne de salaire entre les femmes et les hommes ? En ce sens, l'économètre se concentre sur un ou un petit nombre de paramètres d'intérêt visant à résumer l'effet qu'il cherche à mesurer. Il est particulièrement intéressé par la mise en œuvre de méthodes permettant de faire de l'inférence statistique, c'est-à-dire de construire des intervalles de confiance et de réaliser des tests d'hypothèse. Plus particulièrement lors de ces trois dernières décennies, l'économie empirique s'est attachée à mesurer des liens de cause à effet, et non plus seulement des corrélations (Angrist et Pischke, 2010), démarche qui a notamment été couronnée par le prix Nobel d'économie attribué à Joshua Angrist, Guido Imbens et David Card en 2021, ainsi que par celui attribué à Esther Duflo deux ans auparavant. Nous l'étudierons au chapitre 3. Le point clé de la plupart des articles académiques en économie consiste à démontrer la rigueur de la *stratégie d'identification*, c'est-à-dire à prouver que l'effet que l'on mesure provient bien de la variable causale identifiée, à l'exclusion d'autres phénomènes parasites. D'où notamment l'intérêt pour les expériences aléatoires en laboratoire, sur le terrain ou naturelles, ou bien la recherche de *variation exogène* dans une politique particulière, c'est-à-dire générée par une cause indépendante du phénomène d'intérêt.

À l'opposé, le but du machine learning est de construire un modèle qui permet d'obtenir la meilleure performance possible en matière de prédiction pour un problème donné, souvent en respectant une contrainte de performance en termes de coût de calcul lors de l'appel au modèle, aussi appelée performance en *runtime*. Ainsi, le modèle ne doit pas mettre un temps excessif pour calculer une prédiction. D'ailleurs, on parle d'*algorithme* plutôt que de *modèle* dans le sens où ce processus repose sur une suite d'instructions permettant d'aboutir à une prédiction, peu importe leurs natures, plutôt que sur un modèle statistique unique. Le machine learning est donc utilisé pour répondre à des problèmes différents de l'économétrie, tels que la construction de systèmes de recommandation de chansons ou d'appariement entre employés et employeurs, la prédiction de séries temporelles, la catégorisation de produits, la reconnaissance d'images, la synthèse d'un document textuel, etc. Le terme d'*intelligence artificielle* est souvent utilisé comme synonyme de machine learning. Il souligne le fait que la machine remplace l'être humain pour réaliser une tâche de manière automatique, et que sa mise en œuvre peut s'effectuer à une très grande échelle à coût marginal décroissant – le coût fixe principal consistant à *entraîner* l'algorithme puis à le rendre disponible. Le machine learning est un domaine dans lequel l'informatique est omniprésent, et opposer les algorithmes de machine learning aux algorithmes plus classiques est révélateur pour comprendre la différence de paradigmes. On pourrait dire que les algorithmes usuels sont constitués de règles fixes, établies par un humain et que la machine les exécute simplement ; alors que ce qui est en jeu lorsque l'on met en œuvre du machine learning, c'est, à partir de jeux de données associant correctement des *inputs* à des *outputs*, faire apprendre à l'ordinateur les règles implicites qui sous-tendent ces associations. Peu importe la nature exacte de ces règles, du moment qu'elles permettent d'obtenir une réponse jugée comme pertinente par l'être humain. À cet objectif premier et selon les applications, peuvent également s'ajouter des objectifs secondaires, tels que l'absence de biais jugés comme socialement inacceptables (*i.e.* discrimination basée sur la couleur de peau, stéréotypes de genre).

Il faut noter que le machine learning, et le *deep learning* plus particulièrement, a rencontré ses succès les plus impressionnants sur des tâches caractérisées par un rapport signal sur bruit favorable, au sens où il s'agit de tâches qu'un humain est capable d'exécuter sans trop de difficulté (*i.e.* reconnaître un objet dans un image, trouver le synonyme d'un mot, recommander un film qui plaira à un ami). Cependant celles-ci souffrent de deux obstacles principaux : d'une part, il s'agit de tâches gourmandes en ressources cognitives et, d'autre part, il n'était pas aisé de les reformuler comme des tâches de prédiction standards au sens où les *features* (variables explicatives) ne sont pas simples à créer, ou très difficiles à faire entrer dans le cadre des outils statistiques usuels. C'est le cas des images, par exemple, qui sont caractérisées par des tenseurs d'entiers mais dont chaque élément pris séparément ne contient qu'une quantité infime d'information. Ainsi, la capacité à faire passer à l'échelle une tâche réalisable par l'être humain et à ingérer des données non structurées et très complexes (pour un modèle mathématique) est ce qui explique l'engouement actuel autour du machine learning. Ses performances sur des tâches difficiles à réaliser (par un être humain), car souffrant d'un niveau de bruit trop important ou de non stationnarités flagrantes telles que le prédiction de séries macroéconomiques ou de cours de bourse, restent à démontrer.

Pour nuancer cette première différence, on rappelle que la prévision est une branche à part entière de l'économétrie (chapitre 11) dont les similitudes avec le machine learning sont très faciles à constater. Néanmoins, les prévisions économétriques, parce qu'elles ont souvent affaire à des phénomènes complexes, imposent une structure plus lourde aux données *via* un modèle plus contraint, dans le but contrer un rapport signal sur bruit très désavantageux.

Ces différences d'objectifs se traduisent généralement par un second point de divergence : l'approche dans la construction des modèles. L'important en économétrie est de résumer l'information pour mesurer une quantité précise. On ne s'intéresse qu'à un lien causal particulier, et non à prédire complètement un phénomène (cf. chapitre 3). Les modèles économétriques sont donc de préférence plus simples (*e.g.* importance de la linéarité), et leur structure est généralement justifiée par une théorie sur le sens du lien causal sous-jacent ou sur le comportement des individus. Ils reposent sur certaines hypothèses qui ne sont pas, ou difficilement, vérifiables en utilisant des tests statistiques précis. On peut citer à ce propos la condition d'exogénéité lorsque l'on met en œuvre une technique de variables instrumentales (cf. section 3.4).

En machine learning, si l'on grossissait le trait, on pourrait dire que seule la performance en matière de prédiction est juge de paix du modèle. Il y a donc moins de réticences à adopter une approche complexe et difficilement explicable si elle est performante (*e.g.* l'utilisation de réseaux de neurones profonds, section 2.7). Pour cela, un certain nombre de métriques sont utilisées de manière standard, et il est important d'en connaître la définition. Prenons l'exemple d'un problème de classification binaire cherchant à prédire une variable aléatoire $Y \in \{0, 1\}$. Par exemple : est-ce que l'individu va acheter mon produit (ou cliquer sur le lien) ? Est-ce que le prix de cet actif va monter ou descendre au cours de la semaine prochaine ? Supposons que l'on ait un algorithme donnant une prédiction $\widehat{Y}$. On dira que pour un item donné, si $\widehat{Y} = 1$ il est déclaré comme « positif », et si $\widehat{Y} = 0$, il est déclaré comme « négatif ». La mesure de la performance d'un algorithme s'effectue au travers du calcul de plusieurs quantités. La première est l'exactitude (*accuracy*) : $\mathbb{P}\left(\widehat{Y} = Y\right)$, qui mesure la probabilité qu'une prédiction soit juste. La deuxième est la précision (*precision*) :

$$\mathbb{P}\left(Y = y \middle| \widehat{Y} = y\right), \text{ pour } y \in \{0, 1\}.$$

Cette quantité mesure la proportion d'éléments correctement étiquetés par l'algorithme parmi l'ensemble des éléments étiquetés comme tels. Elle répond à la question : « Si l'algorithme déclare un élément comme étant de la catégorie y, quelle est la probabilité qu'il ait raison ? ». La troisième est le rappel (*recall*) :

$$\mathbb{P}\left(\widehat{Y} = y \middle| Y = y\right), \text{ pour } y \in \{0, 1\}.$$

Le rappel mesure la proportion d'éléments correctement étiquetés parmi l'ensemble des éléments appartenant réellement à la catégorie en question. Il répond à la question : « Si un élément appartient à la catégorie y, quelle est la probabilité que l'algorithme le détecte bien ? ». Le score F-1 est une synthèse de ces deux métriques souvent utilisée, dont la formule est $2 \times$ précision $\times$ rappel/(précision + rappel). La courbe ROC, pour *receiver operating characteristic*, dont un exemple est donnée dans la figure 1.1, est une autre façon de mesurer la performance d'un modèle. Cette courbe donne l'arbitrage qu'un modèle permet de réaliser entre taux de faux positifs et taux de vrais positifs (*i.e.* le rappel), l'idée étant qu'obtenir un taux de vrais positifs plus élevé requiert de classer plus d'éléments comme positifs, au risque de se tromper et donc d'aboutir à un taux de faux positifs accru. Le degré de variation de ce taux de faux positifs (autrement dit : la courbure de la fonction dessinée par la courbe ROC) mesure le « prix à payer » pour améliorer le taux de vrais positifs de manière marginale. Si le classifieur est aussi mauvais que le hasard, cette courbure est une droite de pente 1 : chaque point de pourcentage obtenu sur le rappel se traduit par une hausse équivalente du taux de faux positifs. À l'inverse, plus la courbure est forte et moins le taux de faux positifs réagit à une hausse du rappel, ce qui signale un modèle offrant un arbitrage avantageux. La mesure précise de cet arbitrage est donnée par l'AUC (*Area Under the Curve*) qui mesure l'aire située sous la courbe ROC, et qui est donc comprise entre 0 et 1. Néanmoins, le cas d'application va pousser à privilégier une métrique plutôt qu'une autre pour choisir le modèle. Ainsi, si l'on souhaite mettre en place un algorithme pour détecter la fraude fiscale, on privilégiera un modèle qui offre une précision élevée car les moyens de contrôle sont limités et l'on souhaite effectivement trouver un cas de fraude lorsque l'on déploie des moyens humains pour effectuer un contrôle. En revanche, si le but est de proposer un algorithme de détection d'un cancer, on privilégiera un modèle avec un fort rappel dans la mesure où un faux positif peut toujours être éliminé par le jugement d'un médecin ensuite.

Figure 1.1 – Exemple d'une courbe ROC

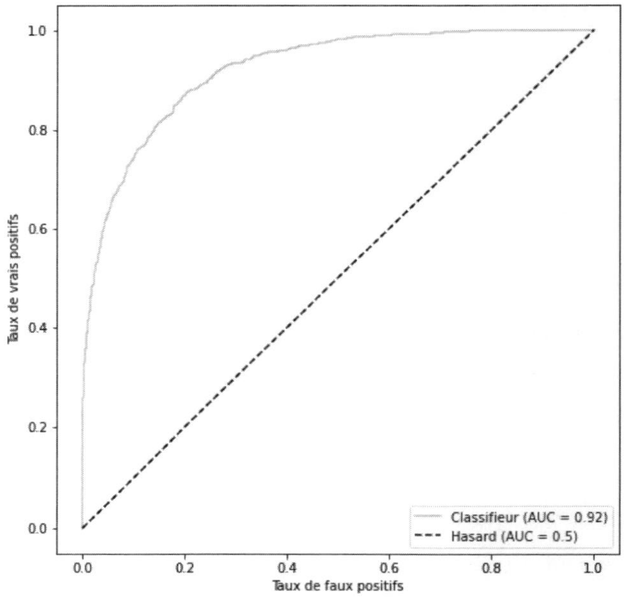

Note : Exemple d'une courbe ROC illustrant l'arbitrage en taux de faux positifs et taux de vrais positifs.

Enfin, troisième point de divergence : le rôle des données. En économétrie, le modèle développé est généralement circonscrit à un jeu de données bien précis, pour la réalisation d'une étude ou l'écriture d'un article. Le modèle n'a pas vocation à être utilisé sur d'autres données. Au mieux, une étude semblable sera effectuée sur des données similaires, mais avec un modèle dont les paramètres seront différents : l'économètre s'intéresse à résumer l'information contenue dans les données *via* un paramètre d'intérêt précis. À différents jeux de données, correspondent donc des paramètres estimés différents. La garantie théorique de pouvoir extraire de l'information de manière « optimale » sur un ensemble d'observations données est donc un sujet de premier ordre pour l'économètre.

En ce qui concerne le machine learning, les modèles développés visent à être *déployés en production*, c'est-à-dire utilisés à répétition, dès que de nouvelles données sont collectées. Il est donc de première importance de s'assurer que l'algorithme obtenu ne souffre pas de *sur-apprentissage* (*overfitting*), c'est-à-dire d'une performance trop élevée (donc trompeuse) sur les données à partir desquelles les paramètres ont été optimisés, sans que cela se traduise par une performance correcte sur un jeu de données fraîchement collectées. Cela signifie généralement que le prédicteur possède un faible biais, mais une très grande variance, car il interpole les données. Il est à noter que le modèle peut également souffrir de *sous-apprentissage* lorsque son biais est trop grand et que sa variance est trop faible : ce problème peut être résolu en adoptant un modèle plus complexe. Pour limiter ces biais, il est important d'opérer une séparation entre un jeu de données d'entraînement (*training data*) et un jeu de données de test (*test data*) : le premier servant à optimiser la valeur des paramètres, et le second à évaluer la performance du modèle afin d'obtenir un estimateur sans biais de la performance du modèle une fois en production (Hastie *et al.*, 2009, chapitre 7). Le but est d'obtenir un modèle qui ne souffre pas d'une erreur de généralisation trop grande. Ces dernières années, l'adoption des réseaux de neurones contenant des millions de paramètres a contribué à remettre en cause la pertinence de l'arbitrage biais-variance standard supposant l'existence d'un modèle à la « boucle d'or », c'est-à-dire ni trop complexe, ni trop simple, au profit de modèles interpolant les données d'entraînement et ayant pourtant une performance remarquable sur les données de test, un phénomène connu sous le nom de « double descente » (Belkin *et al.*, 2019).

En outre, s'il s'agit de données dont la nature peut changer au cours du temps (*e.g.* comme lorsqu'il s'agit de prédiction de séries temporelles), il est important de ne pas utiliser de l'information future pour la construction de l'algorithme, c'est-à-dire de ne pas utiliser de l'information disponible à partir d'une date t pour prédire une variable observée à la date $t - 1$. Il s'agit de s'assurer que l'entraînement du modèle respecte une méthodologie dite « *point in time* » où seule l'information disponible au présent est utilisée pour prédire le futur. Par exemple, dans le cas de la construction d'une stratégie de trading automatique, il est important de n'utiliser que des informations effectivement disponibles au moment de décider de sa position, sans quoi cette stratégie n'est pas utilisable en pratique.

Avant de clore cette section, il nous apparaît important de nuancer le propos. Premièrement, on peut exiger du machine learning d'être plus qu'une simple boîte noire qui retourne une prédiction comme un magicien sortirait un lapin de son chapeau. Ces dernières années, un certain nombre de scandales concernant l'utilisation des algorithmes ont mis en lumière la nécessité de pouvoir expliquer leurs prédictions, d'étudier et de corriger leurs biais, et d'être globalement plus prudent lorsque leur utilisation affecte directement le sort des citoyens. On se rappelle notamment des critiques adressées au système d'orientation dans l'enseignement supérieur français Admission Post-Bac, les différents scandales et la suspicion récurrente sur l'impact des réseaux sociaux dans la diffusion de fausses informations et la manipulation de l'opinion publique, l'utilisation de certains algorithmes à des fins peu reluisantes comme la détection de l'orientation sexuelle des individus à partir d'une photo, les biais de genre qui affectent les modèles de langage (faisant de « homemaker » le pendant féminin de « computer programmer » ; Sun *et al.*, 2019), etc.

Deuxièmement, la « pêche aux p-valeurs » (*i.e.* la pratique qui consiste à se lancer dans la recherche de spécification dans le but d'obtenir des résultats significatifs), ou de manière plus générale la crise de la reproductibilité des études scientifiques, qui affecte l'économie empirique, peut être vue comme un problème de sur-apprentissage. Plusieurs solutions ont été envisagées telles que la mise en place de plan de pré-analyse visant à contraindre le chercheur dans les modèles qu'il pourra estimer (Olken, 2015). Néanmoins, la séparation des données entre un échantillon d'estimation et un échantillon de validation, à l'instar de ce qui se pratique en machine learning, semble être une piste intéressante (*e.g.* Wu et Gagnon-Bartsch, 2018 ; Chernozhukov *et al.*, 2017).

1.2 Les problèmes traités dans cet ouvrage

Dans cette section, nous développons un bref aperçu des problèmes que nous étudions dans cet ouvrage.

1.2.1 Grande dimension et sélection de variables

Faire de l'économétrie implique des choix cruciaux, comme la forme fonctionnelle de l'équation à estimer (*e.g.*, linéaire, quadratique, distribution des termes d'erreur), le nombre et l'identité des variables de contrôle, ou le choix des instruments. Ces choix laissent place à l'arbitraire et, plus dangereusement, au *p-hacking* (*i.e.* faire ces choix pour obtenir des résultats qui correspondent aux croyances *a priori* du chercheur ou aux résultats attendus). En tout état de cause, sans garde-fou, ces choix peuvent mettre en doute la crédibilité des résultats obtenus. La disponibilité croissante de grands ensembles de données et les progrès du machine learning ont tous deux rendu ce problème plus aigu encore – il y a désormais plus de facteurs à contrôler, les méthodes traditionnelles ne fonctionnent pas – tout en fournissant des solutions potentielles. Dans la deuxième partie, nous nous concentrerons sur les méthodes de grande dimension, qui peuvent gérer un grand nombre de covariables et / ou de variables instrumentales, et sur certaines méthodes de machine learning dans le but d'effectuer de l'inférence causale dans l'esprit.

Décrivons maintenant brièvement les problèmes abordés ici – nous nous concentrerons principalement sur l'évaluation des politiques ou l'inférence causale, bien que ces outils s'appliquent plus largement. Nous tenons à souligner que les outils doivent être sélectionnés en fonction des paramètres d'intérêt. Nous introduisons le modèle de résultat potentiel de Rubin (1974). Soit $Y_i(0)$ le résultat potentiel pour l'individu i s'il n'est pas traité et $Y_i(1)$ le résultat potentiel s'il est traité. Nous observons uniquement l'état du traitement $D_i \in \{0, 1\}$

et le résultat réalisé Y_i défini par :

$$Y_i = Y_i(D_i) = \begin{cases} Y_i(0) & \text{si } D_i = 0, \\ Y_i(1) & \text{si } D_i = 1. \end{cases}$$

Une première quantité intéressante est l'effet moyen du traitement

$$\tau_0 := \mathbb{E}[Y_i(1) - Y_i(0)],$$

qui est l'impact moyen d'une intervention auprès de la population. Lorsque l'attribution du traitement est aléatoire conditionnellement à certaines variables observables (*i.e.*, l'hypothèse que $\mathbb{E}[\varepsilon_i|D_i, X_i] = 0$ dans le modèle ci-dessous) et sous l'hypothèse qu'il n'existe qu'un nombre limité de variables significatives (parcimonie), le chapitre 4 donne des outils pour gérer l'estimation de τ_0 dans le modèle :

$$Y_i = D_i\tau_0 + X_i'\beta_0 + \varepsilon_i, \text{ avec } \mathbb{E}[\varepsilon_i] = 0 \text{ et } \mathbb{E}[\varepsilon_i|D_i, X_i] = 0,$$

où X_i est un vecteur de p variables de contrôle exogènes, p étant potentiellement plus grand que le nombre d'observations. La grande dimension de X_i, combinée avec l'hypothèse de parcimonie, ouvre la porte à l'utilisation de méthodes de sélection telles que le Lasso, que ce chapitre examine en détail. Le chapitre 5 utilise l'intuition expliquée dans le chapitre précédent, tout en introduisant un cadre plus général. Il présente aussi le *sample-splitting*, un dispositif crucial lors de l'utilisation d'outils non standards tels que les estimateurs issus de procédure de machine learning.

Le chapitre 6 explique ensuite comment adapter ces outils lorsque l'économètre relâche l'hypothèse d'exogénéité, *c'est-à-dire* suppose $\mathbb{E}[\varepsilon_i|D_i, X_i] \neq 0$, mais possède un (éventuellement grand) nombre de variables instrumentales Z_i, toutes satisfaisant l'hypothèse d'exogénéité $\mathbb{E}[\varepsilon_i|Z_i] = 0$. Pour aller plus loin, le chapitre 7 développe les raffinements théoriques des outils présentés jusqu'à présent, dans le but d'utiliser des hypothèses plus faibles. Il traite spécifiquement des erreurs non gaussiennes, du *sample-splitting*, de la construction de régions de confiance pour un groupe de coefficients basés sur une correction du biais du Lasso, et des données de panel.

1.2.2 Estimation d'effets hétérogènes

Cependant, l'effet du traitement *moyen* (τ_0) ne permet pas de décrire l'hétérogénéité des réactions à une intervention – certaines personnes pourraient grandement bénéficier de l'intervention, tandis que d'autres pourraient ne pas être impactées voire être impactées négativement. Le chapitre 8 s'intéresse donc à un paramètre d'intérêt plus complexe, qui est l'effet moyen du traitement conditionnel à certaines variables (observées) $\tau: x \mapsto \mathbb{E}[Y_i(1) - Y_i(0)|X_i = x]$. Les forêts aléatoires causales sont des outils adaptés de l'apprentissage automatique pour permettre de faire de l'inférence sur la fonction $\tau(\cdot)$, *i.e.*, pour tester la significativité de l'effet du traitement conditionnellement aux covariables prenant la valeur x. Cependant, la théorie nécessite des hypothèses fortes pour obtenir de tels tests. La fin du chapitre 8 abaisse nos exigences pour n'effectuer une inférence que sur certaines *caractéristiques* de l'effet de traitement moyen conditionnel, tout en assurant de meilleures garanties théoriques. Cela permet d'utiliser des méthodes de ML, avec peu d'hypothèses, pour tester l'hétérogénéité du traitement ou pour obtenir des informations sur sa forme.

Le chapitre 9 présente les outils pour estimer la politique optimale dans le cadre d'expériences randomisées. La politique optimale obtenue directement en utilisant les outils d'estimation de l'hétérogénéité des effets du traitement développés au chapitre 8 conduit à des politiques qui peuvent être compliquées voire impossibles à implémenter en pratique. Les méthodes présentées au chapitre 9 permettent donc d'estimer la politique sous contraintes que celles-ci aient une complexité limitée.

1.2.3 Données agrégées et prévision

La quatrième partie traite particulièrement des données de nature chronologique, prenant souvent une forme plus agrégée en économie.

Le chapitre 10 présente la méthode du contrôle synthétique, un outil intrinsèquement de grande dimension particulièrement utile pour l'évaluation des politiques avec des données agrégées. Il introduit également à cette occasion l'inférence par permutation.

Le chapitre 11 présente les méthodes d'estimation en grande dimension dans un contexte de données non identiquement distribuées et avec potentiellement des queues de distribution épaisses, comme c'est le cas des données macroéconomiques et financières. L'objectif du chapitre est de montrer comment adapter les outils développés dans les chapitres précédents à celui de la prédiction de variables macroéconomiques, dans le cadre où l'on veut sélectionner sans *a priori* parmi un grand nombre de variables explicatives. On souligne aussi les limites des méthodes parcimonieuses dans ce contexte, et on fait le lien avec les modèles « denses » que sont les modèles à facteurs. Nous donnons un exemple de prédiction du PIB en temps réel à partir des données « classiques » mais aussi de données textuelles, qui sont disponibles en temps réel et peuvent ainsi apporter *a priori* une information utile à la prédiction.

1.2.4 Données textuelles

Enfin, la cinquième partie traite de l'exploitation des données textuelles, sources de données non structurées fréquemment présentes en économie empirique. Cependant, l'exploitation de telles données dans un modèle statistique ne va pas de soi : contrairement à des données issues de sondages ou de registres administratifs, les documents textuels ne sont pas calibrés pour rentrer soigneusement dans des représentations binaires ou continues, comme cela est requis pour l'application des méthodes statistiques standard. Une étape essentielle consiste donc à extraire une représentation numérique des données textuelles, ainsi qu'à modéliser le langage.

Le chapitre 12 contient une introduction simple à la représentation numérique de documents pour en faire usage dans des modèles statistiques standard : il s'agit ici de traiter les données textuelles pour leur appliquer ensuite des méthodes classiques telles que la régression linéaire. On fera également un détour par la modélisation du langage, en présentant notamment le modèle unigram, qui constitue la base d'un certain nombre de modèles de langages simples, mais utiles. Ce chapitre sera également l'occasion de présenter un certain nombre d'applications de ces données pour répondre à des questions économiques ou sociales telles que l'impact du racisme sur les élections, ou la définition de marchés de biens et services.

Le chapitre 13 présente l'un des concepts fondamentaux du traitement du langage naturel moderne : les plongements lexicaux. On verra que ces représentations vectorielles sophistiquées des mots permettent de retranscrire des relations de proximité reflétant la structure du langage. La complexification progressive du type de plongement utilisé constitue le fil directeur du chapitre : d'une représentation binaire rudimentaire, on passe à une représentation *distribuée* dont la dimension est bien plus faible, pour aboutir à des représentations issues de modèles *ad hoc* tels que le célèbre `word2vec`. Nous verrons enfin des généralisations du concept de plongements, encore expérimentales en économie empirique, mais identifiées comme prometteuses pour l'avenir.

Enfin, le chapitre 14 développe des applications plus avancées en traitement du langage naturel telles que le codage automatique et l'appariement. Contrairement aux premières parties de cet ouvrage, le point de vue utilisé est plus résolument proche de méthodes purement machine learning que de la pratique actuelle de l'économie empirique. Ces tâches sont également l'occasion de développer une pratique de la construction et de l'entraînement des réseaux de neurones.

Afin d'aider le lecteur à se repérer dans cet ouvrage, la figure 1.2 donne le lien entre chaque chapitre désigné par son numéro. Une arrête allant d'un cercle vers un autre indique que le chapitre d'origine est un pré-requis pour comprendre le chapitre de destination. Outre les chapitres 2 et 3 qui ne constituent pas le cœur du propos, le lecteur peut commencer par les chapitres 4, 8, 12 qui sont les premiers chapitres des deuxième, troisième, et cinquième parties respectivement, ou bien par l'un des deux chapitres de la quatrième partie.

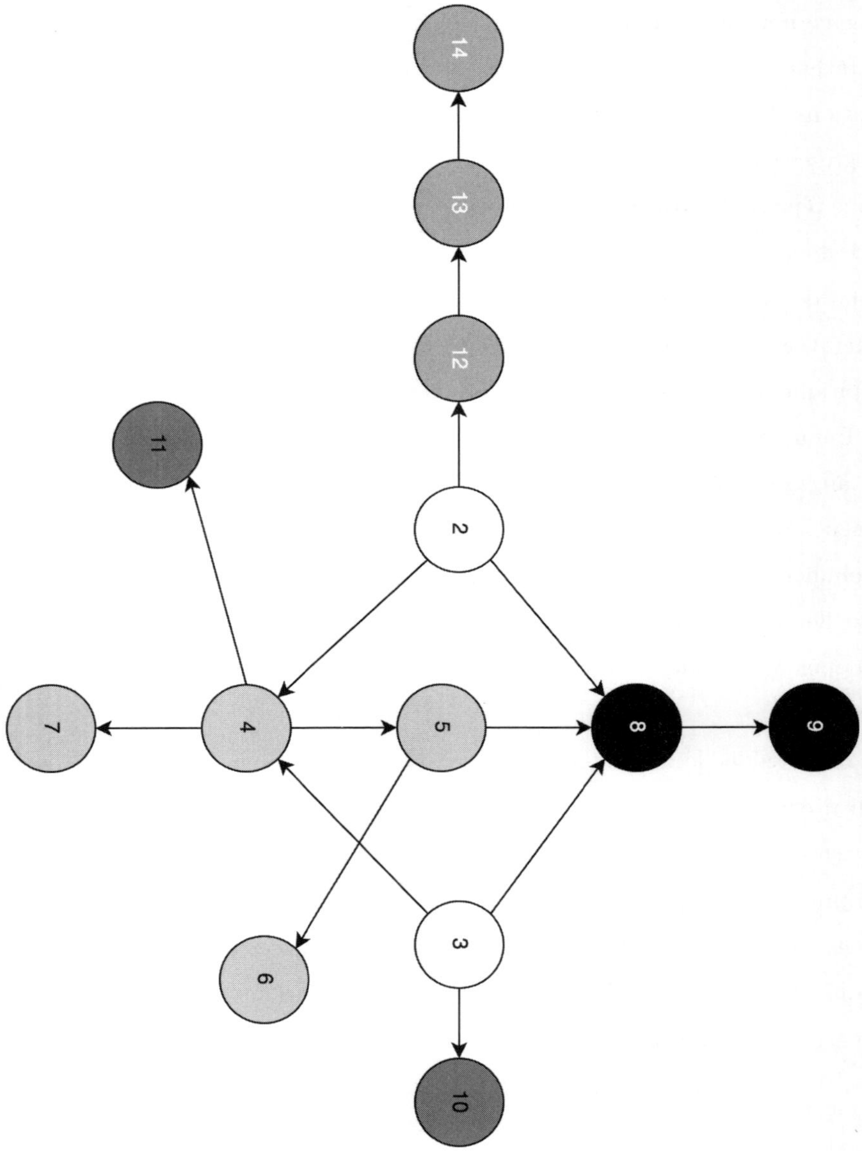

Figure 1.2 – Graphe du lien entre chaque chapitre

1.3 Encadrés et notations

Dans cet ouvrage nous utilisons des encadrés selon le code suivant :

Remarque 1.1 : Une remarque

Des remarques soulignant certains points clés sont précisées dans des encadrés « remarque » numérotés.

Lectures complémentaires

Les lectures complémentaires et références essentielles sont données dans un encadré « lectures complémentaires ».

Code et données

Des liens vers des dépôts de code partagés open source sont donnés dans les encadrés « code et données ».

Mots clés

À la fin du chapitre, la liste des mots et concepts clés apparaissent dans un encadré « mots clés ».

Questions

À la fin du chapitre, des questions pour tester vos connaissances se trouvent dans un encadré « questions ».

Sauf indication contraire, n désigne la taille de l'échantillon et p le nombre de variables. On essaye, autant que possible, d'utiliser la variable muette i pour désigner une observation $i \in \{1, \ldots, n\}$; la variable muette j pour désigner une variable explicative $j \in \{1, \ldots, p\}$; la variable t pour désigner une observation dans le cadre d'une séquence (*i.e.* un ensemble d'observations sur lequel il existe un ordre, défini par le temps). En général, dans le texte principal, l'indice individuel i sera omis *e.g.* Y_i, D_i, X_i au profit de la simplification Y, D, X lorsque cela ne porte pas à confusion.

Pour une variable aléatoire X, le symbole $X \sim \mathcal{L}$ désigne que la variable X suit la distribution $\mathcal{L}$. $\mathbb{P}(A)$ désigne la probabilité de l'événement A. $\mathbb{E}[X]$ désigne l'espérance de la variable aléatoire X, et $Var(X)$ sa variance. φ, Φ et Φ^{-1} désignent respectivement la fonction de densité, la fonction de répartition et la fonction quantile de la distribution gaussienne standard. $X_n \xrightarrow{p} X$ désigne la convergence en probabilité de la variable aléatoire X_n vers la variable aléatoire X lorsque $n \to \infty$, tandis que $X_n \xrightarrow{d} \mathcal{L}$ désigne la convergence en distribution de la loi de la variable X_n vers la distribution $\mathcal{L}$.

En règle générale, on indice la quantité que l'on cherche à estimer par 0 et un estimateur de cette quantité avec un chapeau, ainsi θ_0 et $\widehat{\theta}$.

$a \lesssim b$ signifie que $a \leq cb$ pour une certaine constante $c > 0$ qui ne dépend pas de la taille de l'échantillon n.

Pour $x \in \mathbb{R}^p$, on note x_{-k}, le vecteur de coefficients x auquel on a retiré la k-ième composante, et on définit les normes $\|x\|_0 := \text{Card}\{1 \leq j \leq p, x_j \neq 0\}$, $\|x\|_1 := \sum_{j=1}^p |x_j|$, $\|x\|_2 := \sqrt{\sum_{j=1}^p x_j^2}$, $\|x\|_\infty := \max\limits_{j=1,\dots,p} |x_j|$. Pour une matrice M, M' désigne sa transposée. On considère un vecteur comme une matrice dont la seconde dimension vaut 1. La norme m-sparse de la matrice (carrée) M est définie comme suit :

$$\|M\|_{sp(m)} := \sup_{\substack{\|x\|_0 \leq m \\ \|x\|_2 > 0}} \frac{\sqrt{x'Mx}}{\|x\|_2}.$$

$\odot$ désigne la multiplication élément par élément. Ainsi, pour deux vecteurs x et y de dimension p, $x \odot y = (x_j y_j)_{j=1,\dots,p}$. $\cdot$ désigne le produit scalaire. Si bien que : $x \cdot y = x'y = \sum_{j=1}^p x_j y_j$. Nous utilisons parfois les abréviations suivantes : TCL = Théorème Central Limite, LGN = Loi des Grands Nombres, CMT = Continuous Mapping Theorem, MCO = Moindres Carrés Ordinaires, i.i.d. = indépendant et identiquement distribués, p.s. = presque sûrement.

1.4 Ressources supplémentaires

Ce livre a été conçu pour pouvoir être lu sans avoir recours à d'autres références. Cependant, il nous paraît utile d'indiquer ici quelques autres grandes ressources bibliographiques connexes, qui permettent d'approfondir les notions développées ou de consolider certains fondamentaux, et qui constituent le socle de base sur lequel repose ce manuel. En effet, cet ouvrage est issu d'un cours de niveau master 2 intitulé « High-Dimensional Econometrics » ensuite renommé en « Machine Learning for Econometrics », enseigné à l'ENSAE Paris ainsi qu'à l'Institut Polytechnique de Paris, et a donc été conçu pour un public déjà très familier des modèles statistiques et des intuitions qui sont une seconde nature pour les économistes empiriques. Bien que nous ayons rédigé cet ouvrage avec l'objectif de diminuer le coût d'adoption de ces techniques, nous ne sommes pas immuns contre l'usage de raccourcis obscurcissant la compréhension.

Lectures complémentaires

Les outils économétriques les plus utilisés dans cet ouvrage sont développés dans l'un des manuels de référence, Wooldridge (2002). En ce qui concerne l'inférence causale, nous pouvons citer Angrist et Pischke (2009) et Imbens et Rubin (2015). Un cadre causal concurrent de celui de Rubin (1974), connu sous le nom de Directed Acyclic Graphs (DAG), est développé dans Pearl (2000). Outre les rappels et références donnés dans le chapitre 2, l'ouvrage Hastie *et al.* (2009) constitue une référence pour les méthodes d'apprentissage automatique, tandis que Goodfellow *et al.* (2016) couvrent les réseaux de neurones. Plus généralement, le cours en ligne « Full-stack deep learning » (`fullstackdeeplearning.com/`) constitue une référence complète et très appliquée pour la mise en œuvre de systèmes utilisant des algorithmes de machine learning.

Code et données

Un dépôt github est disponible à l'adresse `github.com/jeremylhour/ml_econometrie`. Il contient des scripts `R` et `python`, permettant de reproduire certaines des applications de cet ouvrage, ainsi que des éléments de réponse aux questions et exercices présentés dans la sixième partie.

Bibliographie

ANGRIST, J. et PISCHKE, J.-S. (2009). *Mostly Harmless Econometrics : An Empiricist's Companion*. Princeton University Press, 1re édition.

ANGRIST, J. D. et PISCHKE, J.-S. (2010). The credibility revolution in empirical economics : How better research design is taking the con out of econometrics. *Journal of Economic Perspectives*, 24(2):3–30.

Belkin, M., Hsu, D., Ma, S. et Mandal, S. (2019). Reconciling modern machine-learning practice and the classical bias–variance trade-off. *Proceedings of the National Academy of Sciences*, 116(32):15849–15854.

Chernozhukov, V., Demirer, M., Duflo, E. et Fernandez-Val, I. (2017). Generic machine learning inference on heterogenous treatment effects in randomized experiments. *arXiv preprint arXiv :1712.04802*.

Goodfellow, I. J., Bengio, Y. et Courville, A. (2016). *Deep Learning.* MIT Press, Cambridge, MA, USA. `http://www.deeplearningbook.org`.

Hastie, T., Tibshirani, R. et Friedman, J. (2009). *The Elements of Statistical Learning : Data mining, Inference and Prediction.* Springer, 2e édition.

Imbens, G. W. et Rubin, D. B. (2015). *Causal Inference for Statistics, Social, and Biomedical Sciences.* Cambridge Books. Cambridge University Press.

Olken, B. A. (2015). Promises and perils of pre-analysis plans. *Journal of Economic Perspectives*, 29(3):61–80.

Pearl, J. (2000). *Causality : Models, Reasoning, and Inference.* Cambridge University Press, New York, NY, USA.

Rubin, D. B. (1974). Estimating causal effects of treatments in randomized and nonrandomized studies. *Journal of educational Psychology*, 66(5):688.

Sun, T., Gaut, A., Tang, S., Huang, Y., ElSherief, M., Zhao, J., Mirza, D., Belding, E., Chang, K.-W. et Wang, W. Y. (2019). Mitigating gender bias in natural language processing : Literature review. *In Proceedings of the 57th Annual Meeting of the Association for Computational Linguistics*, pages 1630–1640, Florence, Italy. Association for Computational Linguistics.

Wooldridge, J. M. (2002). *Econometric analysis of cross section and panel data.* MIT Press, Cambridge and London.

Wu, E. et Gagnon-Bartsch, J. A. (2018). The loop estimator : Adjusting for covariates in randomized experiments. *Evaluation Review*, 42(4):458–488. PMID : 30442034.

Première partie

Prérequis statistiques

Chapitre 2

Outils statistiques

Dans ce chapitre, nous passons en revue un certain nombre d'outils et de techniques statistiques qui seront utilisés tout au long de cet ouvrage. Le but ici de donner un court aperçu de ces méthodes, et non de fournir les clés pour une maîtrise complète. À chaque fin de section, des références pour approfondir le sujet sont proposées.

2.1 Régression linéaire

Le modèle linéaire est l'outil de base de l'économétre. Nous en rappelons la définition, ainsi que quelques propriétés et exemples d'utilisation. Supposons que l'on observe un échantillon de variables aléatoires $(Y_i, X_i)_{i=1,\ldots,n}$ de taille n indépendante et identiquement distribuées. Y_i est un scalaire. C'est la variable dépendante, celle que l'on cherche à modéliser. X_i est un vecteur de dimension p avec $p < n$. C'est le vecteur des variables explicatives, celles dont on va se servir pour expliquer la variable dépendante. C'est-à-dire que l'on a :

$$X_i = \begin{pmatrix} X_{i1} \\ X_{i2} \\ \vdots \\ X_{ip} \end{pmatrix},$$

où possiblement $X_{i1} = 1$ est la constante. Le modèle linéaire s'écrit :

$$Y_i = X_i'\beta_0 + \varepsilon_i = X_{i1}\beta_{01} + \cdots + X_{ip}\beta_{0p} + \varepsilon_i,$$

avec X_i' le vecteur transposé de X_i, β_0 le vecteur de paramètres de dimension p et ε_i un terme d'erreur, c'est-à-dire une variable aléatoire regroupant les termes qui influencent Y_i mais qui ne sont pas observés. Comme l'échantillon est indépendant et identiquement distribué (i.i.d.) au niveau de l'unité d'observation i (individu ou « cluster » dans le cadre de données de panel), on omet souvent l'indice i pour aérer la notation : $Y = X'\beta_0 + \varepsilon$. Ce modèle suppose que la variable dépendante est la somme d'une combinaison linéaire des variables explicatives, et d'un terme d'erreur inobservé. ε_i fait l'objet d'hypothèse particulières, qui sont nécessaires pour étudier les propriétés de l'estimateur de β_0 que l'on va calculer.

À ce stade, il est important de distinguer deux notions : celle de modèle et celle de processus générateur des données (*data-generating process, DGP*). Le modèle est l'ensemble des hypothèses, c'est-à-dire la structure intellectuelle, imposées aux données afin d'en extraire du sens. Par définition, un modèle est une restriction nécessaire de la réalité dans le but d'extraire de l'information. Le processus générateur des données désigne le processus ou la loi qui régit la formation des grandeurs mesurées – il est par définition inconnu, sauf dans le cas de simulations informatiques. C'est en quelque sorte le *vrai* modèle. On peut donc estimer un modèle linéaire sans pour autant que le processus probabiliste sous-jacent ayant généré l'échantillon $(Y_i, X_i)_{i=1,\ldots,n}$ ne soit linéaire – la pertinence de l'abstraction en laquelle consiste le modèle linéaire peut alors s'évaluer théoriquement sous diverses hypothèses affectant le DGP.

L'estimateur des moindres carrés (MCO, ou *OLS* pour *Ordinary Least Squares*) résout :

$$\widehat{\beta} = \arg\min_{\beta} \sum_{i=1}^{n} (Y_i - X_i'\beta)^2 . \tag{MCO}$$

Ce programme est strictement convexe si et seulement si la matrice $\sum_{i=1}^{n} X_i X_i'$ est inversible. $\widehat{\beta}$ est la valeur qui annule le gradient de la fonction objectif :

$$-2\sum_{i=1}^{n} X_i \left(Y_i - X_i'\widehat{\beta}\right) = 0. \tag{2.1}$$

C'est un système d'équations de dimension p que l'on appelle aussi « équations normales ». Il a une solution analytique simple, pour peu que la matrice (carré de dimension p) $\sum_{i=1}^n X_i X_i'$ soit inversible. Dans ce cas :

$$\widehat{\beta} = \left(\sum_{i=1}^n X_i X_i'\right)^{-1} \left(\sum_{i=1}^n X_i Y_i\right).$$

On peut également écrire :

$$\widehat{\beta} = \left(\frac{1}{n}\sum_{i=1}^n X_i X_i'\right)^{-1} \left(\frac{1}{n}\sum_{i=1}^n X_i Y_i\right), \tag{2.2}$$

qui est la contrepartie empirique de la valeur théorique du coefficient de la régression, c'est-à-dire $\beta_0 = \mathbb{E}[XX']^{-1}\,\mathbb{E}[XY]$. La remarque suivante résume les multiples façons de définir les MCO.

Remarque 2.1 : Trois façons de définir les MCO

1. Comme contrepartie empirique d'un ou plusieurs moments (2.2). Cette approche, souvent la première vue en statistiques, est nommée Méthodes des Moments.
2. Comme solution de la contrepartie empirique d'une équation estimante (2.1). Ici, $\widehat{\beta}$ est la valeur qui rend orthogonaux les résidus estimés et les régresseurs. Cette approche est celle qui sous-tend la méthode des moments généralisés (*Generalized Method of Moments, GMM*), cf. section 2.4.
3. Comme minimiseur du risque quadratique empirique (MCO), d'où le nom de « moindres carrés ». Cette philosophie qui consiste à minimiser une fonction de perte est aussi celle qui sous-tend la méthode du maximum de vraisemblance, ou les méthodes de minimisation du risque empirique en machine learning.

Cet estimateur possède plusieurs propriétés désirables sous les hypothèses suivantes :

Hypothèse 2.1 (Modèle linéaire). *Considérons la séquence i.i.d. de variables aléatoires* $(Y_i, X_i)_{i=1,\ldots,n}$ *telle que :*

$$Y_i = X_i'\beta_0 + \varepsilon_i,$$

où $\mathbb{E}[\varepsilon_i|X_i] = 0$, $\mathbb{E}[X_i X_i']$ *existe et est inversible (ou de façon équivalente :* $\mathbb{E}[X_i X_i']$ *est de rang* p*). On suppose également que* $\mathbb{E}[\|\varepsilon_i X_i\|_2^2] < \infty$.

Théorème 2.1 (Distribution asymptotique de l'estimateur des MCO). *Sous l'hypothèse 2.1 :*

$$\sqrt{n}\left(\widehat{\beta}-\beta_0\right) \xrightarrow{d} \mathcal{N}\left(0, \mathbb{E}[XX']^{-1}\mathbb{E}[\varepsilon^2 XX']\mathbb{E}[XX']^{-1}\right), \text{ lorsque } n \to \infty.$$

Ce théorème indique que lorsque la taille de l'échantillon grandit, l'estimateur des moindres carrés ordinaires s'approche de la vraie valeur β_0 à une vitesse proportionnelle à la racine carré de la taille de l'échantillon. C'est une bonne nouvelle : plus on a d'observations, et plus notre estimateur s'approche de la vraie valeur β_0. Néanmoins, la valeur de l'information marginale apportée par une nouvelle observation décroît à un taux proportionnel à $n^{-1/2}$. Ce résultat implique également que l'estimateur converge en probabilité vers β_0.

Notons que l'on peut simplifier encore la variance asymptotique du théorème 2.1 en supposant en plus que $\mathbb{E}[\varepsilon^2 XX'] = \mathbb{E}[\varepsilon^2]\mathbb{E}[XX']$. C'est ce que l'on appelle l'hypothèse *d'homoscédasticité*. Dans ce cas, deux des matrices de la formule de variance s'annulent, et on obtient la variance asymptotique suivante : $\mathbb{E}[\varepsilon^2]\mathbb{E}[XX']^{-1}$. Néanmoins, cette hypothèse est bien souvent superflue, si bien que l'on préfère s'en tenir à la formule donnée par le théorème 2.1. Dans ce cas, on peut estimer cette variance par la formule *robuste à l'hétéroscédasticité* ou *sandwich* :

$$\widehat{V} := \left[\frac{1}{n}\sum_{i=1}^{n} X_i X_i'\right]^{-1} \left[\frac{1}{n}\sum_{i=1}^{n} \widehat{\varepsilon}_i^2 X_i X_i'\right] \left[\frac{1}{n}\sum_{i=1}^{n} X_i X_i'\right]^{-1},$$

où $\widehat{\varepsilon}_i = Y_i - X_i'\widehat{\beta}$.

L'utilité du théorème 2.1 est qu'il permet d'approximer la distribution de $\widehat{\beta}$ lorsque n est assez grand, et donc de construire des tests ainsi que des intervalles de confiance. Par exemple, un intervalle de confiance bilatéral de niveau asymptotique $1-\alpha$ pour le j-ème élément de β_0 est donné par :

$$IC_{1-\alpha} = \left[\widehat{\beta}_j \pm \sqrt{\frac{\widehat{V}_{j,j}}{n}}\Phi(1-\alpha/2)\right],$$

où $\Phi(.)$ est la fonction de répartition de la loi $\mathcal{N}(0,1)$. On notera que grâce au théorème 2.1 :

$$\mathbb{P}\left[IC_{1-\alpha} \ni \beta_{0,j}\right] \to 1-\alpha, \text{ lorsque } n \to \infty.$$

Autrement dit : pour n assez grand, la vraie valeur $\beta_{0,j}$ sera contenue dans cet intervalle avec une probabilité de $1-\alpha$. De même, un test de niveau asymptotique α de l'hypothèse nulle $H_0 : \beta_{0,j} = c$, pour un réel c est donné par :

$$\mathbf{1}\left\{\left|\frac{\sqrt{n}\left(\widehat{\beta}_j - c\right)}{\sqrt{\widehat{V}_{j,j}}}\right| > \Phi(1-\alpha/2)\right\}.$$

Lectures complémentaires

Une référence importante en matière d'économétrie linéaire est Wooldridge (2002).

2.2 Régression en grande dimension et régressions pénalisées

2.2.1 La régression linéaire mise en défaut

Continuons avec la régression linéaire simple de la section précédente. X_i est un vecteur aléatoire de dimension p avec $p < n$ – on est donc dans un cas de petite dimension – et on note $X_{i,j}$ la j-ième composante de X_i. L'estimateur (MCO) admet une solution analytique unique sous la forme donnée par l'équation (2.2) à condition que la matrice $\sum_{i=1}^n X_i X_i'/n$ (la matrice de Gram) soit inversible ce qui suppose, en particulier, que les colonnes de la matrice de dimension $n \times p$ $(X_i')_{i=1,\ldots,n}$ soient linéairement indépendantes.

Dans le contexte précédent, on entend par *grande dimension*, le fait d'avoir à disposition un grand nombre de régresseurs, *i.e.* $p > n$ ou bien, simplement, p proportionnel à n. Deux problèmes apparaissent alors : (i) la précision de l'estimateur (MCO) se dégrade (plus forte variance) à cause de la multicolinéarité, et même (ii) impossibilité de le calculer (si la matrice de Gram, $\sum_{i=1}^n X_i X_i'/n$, n'est plus inversible). La statistique dite « en grande dimension » a développé tout un lot de techniques répondant à ce problème, et c'est ce que nous allons introduire dans cette partie.

2.2.2 Régression Ridge

Pour un niveau de pénalité $\lambda \geq 0$, on définit l'estimateur Ridge comme solution du programme de minimisation :

$$\widehat{\beta}^R(\lambda) = \arg\min_{\beta} \frac{1}{n} \sum_{i=1}^{n} (Y_i - X_i'\beta)^2 + \lambda \|\beta\|_2^2, \qquad \text{(Ridge)}$$

où $\|\beta\|_2 = \sqrt{\sum_{j=1}^{p} \beta_j^2}$. Ce programme pénalise la fonction objectif des MCO par la norme ℓ_2. Après calcul, on trouve :

$$\widehat{\beta}^R(\lambda) = \left[\frac{1}{n} \sum_{i=1}^{n} X_i X_i' + \lambda \mathbb{I}_p\right]^{-1} \frac{1}{n} \sum_{i=1}^{n} X_i Y_i,$$

où $\mathbb{I}_p$ désigne la matrice identité de dimension p. À travers la solution analytique, on peut voir que la pénalisation par la norme ℓ_2, dans la régression Ridge conduit au terme $\lambda\mathbb{I}_p$ supplémentaire, ce qui rend inversible la matrice $\sum_{i=1}^{n} X_i X_i'/n + \lambda\mathbb{I}_p$ quand $\lambda > 0$ même si $\sum_{i=1}^{n} X_i X_i'/n$ n'est pas de plein rang. Cela permet de résoudre le problème induit par la grande dimension. Plus le coefficient λ est grand et plus l'estimateur Ridge va réduire l'estimateur MCO vers le vecteur nul. Si $\lambda \to \infty$, $\widehat{\beta}^R(\lambda) \to 0$. Inversement, si $\lambda = 0$, on retrouve la solution MCO quand elle existe. Si la solution des MCO n'existe pas, lorsque $\lambda \to 0$, on a :

$$\widehat{\beta}^R(\lambda) \to \left[\frac{1}{n} \sum_{i=1}^{n} X_i X_i'\right]^{+} \frac{1}{n} \sum_{i=1}^{n} X_i Y_i,$$

où $\left[\frac{1}{n} \sum_{i=1}^{n} X_i X_i'\right]^{+}$ désigne l'inverse de Moore-Penrose de $\left[\frac{1}{n} \sum_{i=1}^{n} X_i X_i'\right]$.

De façon pratique, il est important de noter que la solution est sensible à l'échelle des régresseurs. Il est donc préférable de les normaliser, par exemple en les divisant par leur écart-type ou en les ramenant à l'intervalle $[0, 1]$ par la transformation $x \to (x - \min(x))/(\max(x) - \min(x))$. Il est également possible de pénaliser chaque élément de β de façon différente ou de ne pas tous les pénaliser. Typiquement, si X_i contient une constante en tant que premier élément, on ne pénalise généralement pas le coefficient associé, de sorte que l'on résout le programme :

$$\min_{\beta} \frac{1}{n} \sum_{i=1}^{n} \left(Y_i - \beta_1 - X_{i,-1}'\beta_{-1}\right)^2 + \lambda \sum_{j=2}^{p} \beta_j^2,$$

où pour un vecteur x de taille p la notation x_{-1} désigne le vecteur x privé de sa première composante.

2.2.3 Régression Lasso

Pour un niveau de pénalité $\lambda \geq 0$, on définit l'estimateur Lasso comme solution du programme de minimisation :

$$\widehat{\beta}^L(\lambda) \in \arg\min_{\beta} \frac{1}{n} \sum_{i=1}^{n} (Y_i - X_i'\beta)^2 + \lambda \|\beta\|_1, \tag{Lasso}$$

où $\|\beta\|_1 = \sum_{j=1}^{p} |\beta_j|$. De même que dans le cas de l'estimateur Ridge, λ définit le niveau de pénalisation. Notons que $\widehat{\beta}^L(\lambda)$ peut ne pas être unique et que le Lasso ne possède pas de solution analytique en général. En revanche, à λ fixé, la prédiction $X_i'\widehat{\beta}^L(\lambda)$ est unique pour chaque $i = 1, \ldots, n$. Il existe des algorithmes performants pour résoudre ce programme d'optimisation, dont par exemple le *Fast Iterative Shrinkage-Thresholding Algorithm* (FISTA) de Beck et Teboulle (2014). Du fait de la non différentiabilité en zéro de la pénalisation par la norme ℓ_1, la solution obtenue est très souvent *parcimonieuse* ou *sparse* au sens où un certain nombre d'éléments de $\widehat{\beta}^L(\lambda)$ vont être exactement égaux à zéro. Cette propriété fait du Lasso un outil régulièrement utilisé pour faire de la sélection de variables. Les propriétés théoriques du Lasso seront vues en détail dans les sections 4.2 et 4.3.

L'estimateur Lasso souffre d'un biais de pénalisation à distance finie dans la mesure où même les coefficients non nuls sont « tirés » vers zéro. Afin de diminuer ce biais, on peut mettre en œuvre une seconde étape dite « Post-Lasso » (Belloni et Chernozhukov, 2013) en réestimant β_0 par moindres carrés ordinaires, ayant au préalable sélectionné uniquement les régresseurs correspondant à un coefficient non nul dans $\widehat{\beta}^L(\lambda)$.

$$\widehat{\beta}^{PL}(\lambda) = \arg\min_{\beta:\beta_j=0 \text{ si } \widehat{\beta}_j^L(\lambda)=0} \frac{1}{n} \sum_{i=1}^{n} (Y_i - X_i'\beta)^2. \tag{Post-Lasso}$$

2.2.4 Ridge ou Lasso ?

Le type de pénalisation Ridge ou Lasso n'est pas anodin et va donner lieu a des solutions de natures différentes, reflétant des *a priori* différents sur le paramètre β_0 sous-jacent. Dans le cas de la régression Ridge, la solution est dite *dense* dans la mesure où les éléments de $\widehat{\beta}^R(\lambda)$ vont prendre des valeurs petites mais jamais exactement zéro. Dans le cas de la régression Lasso, la solution est dite *parcimonieuse* (ou *sparse*) dans la mesure où généralement $\widehat{\beta}^L(\lambda)$ est un vecteur dont beaucoup d'éléments vont valoir exactement zéro, pour λ suffisamment grand. En ce sens, seul le Lasso permet de faire de la sélection de variables. Il est à noter que le Lasso peut être vu comme une convexification de la pénalisation par la norme ℓ_0 qui compte le nombre de coefficients non nuls $\|\beta\|_0$. Néanmoins le programme :

$$\min_{\beta} \frac{1}{n} \sum_{i=1}^{n} (Y_i - X_i'\beta)^2 + \lambda \|\beta\|_0 ,$$

est NP-difficile et ne se résout donc pas en temps polynomial (car il faut évaluer 2^p modèles). En pratique, cela signifie que l'on va vouloir utiliser le Ridge quand on pense que les variables ont toutes une influence mais qu'elle est faible. Inversement, le Lasso est utilisé pour sélectionner des variables, lorsque l'on pense que seul un nombre limité d'éléments de β_0 sont réellement différents de zéro, ou que l'on veut obtenir une fonction de régression interprétable facilement. Ainsi, dans l'exemple de l'identification des déterminants de la croissance de Sala-I-Martin (1997), on voudrait plutôt utiliser le Lasso, tandis que Ferrara et Simoni (2019) utilisent un Ridge traduisant le fait que parmi les nombreuses séries temporelles considérées, beaucoup contiennent un fragment d'information pertinente pour prédire des grandeurs macroéconomiques.

Ce choix peut également être interprété sous l'angle bayésien. Les solutions Ridge et Lasso peuvent chacune être vues comme un Maximum A Posteriori (MAP) provenant de distributions *a priori* de β_0 différentes.

Lemme 2.1 (Interprétation bayésienne). *Dans le modèle* $Y_i = X_i'\beta_0 + \varepsilon_i$ *avec* $\varepsilon_i \sim \mathcal{N}(0, \sigma^2)$ *:*

— *L'estimateur Ridge est le MAP venant de l'a priori* $\beta_0 \sim \mathcal{N}_p\left(0, (\sigma^2/\lambda)\mathbb{I}_p\right)$,

— *L'estimateur Lasso est le MAP venant de l'a priori* $\beta_0 \sim \mathcal{L}(1/\lambda)^{\otimes p}$, *où* $\mathcal{L}(1/\lambda)$ *désigne la loi de Laplace de paramètre* $1/\lambda$, *de densité* $x \mapsto (\lambda/2)e^{-\lambda|x|}$.

Ces deux distributions *a priori* font l'hypothèse que le coefficient se concentre autour du vecteur nul, $\mathbb{E}[\beta_0] = 0$. On remarque que la variance de la loi *a priori* varie en sens inverse de la pénalité λ : plus λ est grand et plus la loi *a priori* sera concentrée autour du vecteur nul. Si cela est évident pour la régression Ridge, ajoutons pour la régression Lasso que la variance d'une loi de Laplace de paramètre $1/\lambda$ vaut $2/\lambda^2$.

Notons finalement l'existence de l'estimateur dit *elastic net* combinant les deux types de pénalisation et prenant la forme, pour $\alpha \in [0, 1]$ et $\lambda \geq 0$:

$$\widehat{\beta}^E(\lambda, \alpha) = \arg\min_{\beta} \frac{1}{n} \sum_{i=1}^{n} (Y_i - X_i'\beta)^2 + \lambda(\alpha \|\beta\|_1 + (1 - \alpha) \|\beta\|_2^2), \tag{ELASTIC-NET}$$

Avec évidemment, $\widehat{\beta}^E(\lambda, 1) = \widehat{\beta}^L(\lambda)$ et $\widehat{\beta}^E(\lambda, 0) = \widehat{\beta}^R(\lambda)$. Dès que $\alpha > 0$, la solution proposée sera parcimonieuse, comme le Lasso.

Il existe d'autres types de pénalisation plus sophistiqués, reflétant certains schémas de parcimonie définis *a priori*, tels que le Group-Lasso (Lounici *et al.*, 2011). Le Group-Lasso définit des groupes de variables qui sont pensées comme étant non nulles en même temps mais suppose qu'il existe une parcimonie au niveau des *groupes* de variables. Cela peut être le cas si l'on a des régresseurs de base que l'on souhaite croiser avec des indicatrices de catégories sociodémographiques. Dans ce cas, on peut raisonnablement adopter l'*a-priori* selon lequel si un des coefficients est différent de zéro pour une catégorie donnée, il peut aussi l'être pour les autres catégories. Par exemple, on peut penser que ce sont les mêmes variables qui expliquent le niveau de salaire selon que l'on soit une femme ou un homme (*e.g.* expérience, niveau de diplôme) même si cet effet n'est pas le même pour tous. Soit $\mathcal{G} = \{G_1, \ldots, G_G\}$ une partition de $\{1, \ldots, p\}$ en G groupes et β_{G_g} le vecteur β dont les entrées non contenues dans G_g sont égales à 0. Le Group-Lasso est défini par :

$$\widehat{\beta}^{GL}(\lambda, w_1, \ldots, w_G) \in \arg\min_{\beta} \frac{1}{n} \sum_{i=1}^{n} (Y_i - X_i'\beta)^2 + \lambda \sum_{g=1}^{G} w_g \left\| \beta_{G_g} \right\|_2, \tag{GROUP-LASSO}$$

avec w_g la pénalité spécifique au groupe g, généralement fixée de façon proportionnelle à $\sqrt{\text{Card}(G_g)}$.

Au-delà de ces considérations théoriques, quand il s'agit d'une tâche de prédiction, le choix entre différents types de pénalisation se fait par comparaison de la perte moyenne sur un échantillon de test.

2.2.5 Choix de λ par validation croisée

Les garanties théoriques sur l'estimateur Lasso reposent sur des choix de pénalisation théoriques et dans la plupart des cas infaisables car dépendant de quantités inconnues. Certains auteurs ont développé des algorithmes permettant d'aboutir à une pénalisation asymptotiquement optimale (pour l'estimation) qui marchent assez bien en pratique (voir le chapitre 7 pour plus de détails et *e.g.* Belloni *et al.*, 2014, disponible dans le package `hdm` pour `R`).

Néanmoins, dans la grande majorité des cas et en particulier quand il s'agit d'une tâche de prédiction, on utilise une procédure empirique dite de *validation croisée* pour choisir λ. L'idée est de séparer les données en deux parties disjointes, l'une sur laquelle on va calculer l'estimateur pour un λ donné, et l'autre sur laquelle on va optimiser ce λ de sorte à minimiser l'erreur hors de l'échantillon (*out-of-sample*). Cette procédure a pour but d'éviter le sur-apprentissage, c'est-à-dire éviter de trop « coller » aux données d'apprentissage et d'obtenir un estimateur de β_0 qui soit peu performant sur un échantillon qui n'a pas été utilisé pour le calculer. Pour se convaincre de l'utilité de cette procédure, il suffit de noter, par exemple, que $\lambda = 0$ est solution de :

$$\min_{\lambda} \frac{1}{n} \sum_{i=1}^{n} \left(Y_i - X_i'\widehat{\beta}^L(\lambda) \right)^2,$$

car $\widehat{\beta}^L(0) = \widehat{\beta}$ est solution de l'équation (MCO). Pour autant, cela ne garantit pas que l'estimateur (MCO) sera nécessairement celui qui produit une erreur quadratique moyenne minimale sur un échantillon n'ayant pas été utilisé pour son calcul. Pour choisir λ, il est donc nécessaire d'utiliser un échantillon différent de celui utilisé pour calculer $\widehat{\beta}^L(\lambda)$ à λ donné.

La procédure est la suivante. Pour simplifier les notations, on supposera que $n = K \times n_0$ pour deux entiers K et n_0.

1. Pour un entier K, tirer au hasard une partition de $\{1, \dots, n\}$ en K groupes de tailles égales n_0 (*folds*). On note $G_i \in \{1, \dots, K\}$ le groupe d'appartenance de l'observation i.

2. Pour chaque $k = 1, \dots, K$, en utilisant uniquement les données qui n'appartiennent pas au groupe k, on calcule l'estimateur Lasso ou Ridge :
$$\widehat{\beta}_k^R(\lambda) = \arg\min_{\beta} \frac{1}{(K-1)n_0} \sum_{G_i \neq k} (Y_i - X_i'\beta)^2 + \lambda \|\beta\|_2^2,$$
$$\widehat{\beta}_k^L(\lambda) = \arg\min_{\beta} \frac{1}{(K-1)n_0} \sum_{G_i \neq k} (Y_i - X_i'\beta)^2 + \lambda \|\beta\|_1.$$

3. Pour chaque $k = 1, \dots, K$, on calcule l'erreur sur le groupe k :
$$\frac{1}{n_0} \sum_{G_i = k} \left(Y_i - X_i'\widehat{\beta}_k^R(\lambda)\right)^2,$$
$$\frac{1}{n_0} \sum_{G_i = k} \left(Y_i - X_i'\widehat{\beta}_k^L(\lambda)\right)^2.$$

4. On agrège les erreurs précédentes et on minimise en λ :
$$\widehat{\lambda}^R = \arg\min_{\lambda} \frac{1}{K} \sum_{k=1}^{K} \frac{1}{n_0} \sum_{G_i = k} \left(Y_i - X_i'\widehat{\beta}_k^R(\lambda)\right)^2,$$
$$\widehat{\lambda}^L = \arg\min_{\lambda} \frac{1}{K} \sum_{k=1}^{K} \frac{1}{n_0} \sum_{G_i = k} \left(Y_i - X_i'\widehat{\beta}_k^L(\lambda)\right)^2.$$

En pratique, on prend régulièrement des valeurs $K = 5$ ou $K = 10$. Par exemple, Kohavi (1995) suggère qu'une valeur de $K = 10$ offre le meilleur arbitrage entre biais et variance pour un certain nombre de jeux de données. La validation croisée est une procédure dont le champs d'application est plus général : elle vise à sélectionner de manière pertinente les hyper-paramètres qui gouvernent le calcul de l'estimateur et peut être appliqué à tout modèle qui dépend de tels hyper-paramètres.

Lectures complémentaires

Les régressions pénalisées et la validation croisée sont détaillées dans l'ouvrage de référence de Hastie *et al.* (2009).

2.3 Maximum de vraisemblance

2.3.1 Principe général

La méthode du maximum de vraisemblance (*maximum likelihood*) est très générale mais repose souvent sur des hypothèses de distribution fortes. Sous ces hypothèses, les résultats obtenus sont très puissants (convergence, normalité asymptotique, efficacité asymptotique au sens où il atteint la borne de Cramér-Rao).

Le principe est le suivant : supposons que l'on cherche à modéliser la relation entre des variables explicatives X_i et une variable expliquée Y_i, et que l'on soit prêt à faire une hypothèse sur la distribution conditionnelle de Y_i sachant X_i à un paramètre inconnu près θ_0, que l'on aimerait estimer. Ainsi, on peut par exemple supposer que $Y_i|X_i \sim f(.|X_i;\theta_0)$ pour une densité conditionnelle $f(.|x;\theta)$. La méthode de maximum de vraisemblance définit l'estimateur de maximum de vraisemblance par la quantité qui maximise la densité conditionnelle jointe en le paramètre inconnu :

$$\widehat{\theta}^{EMV} = \arg\max_{\theta} \prod_{i=1}^{n} f(Y_i|X_i;\theta).$$

Dit rapidement, on cherche la valeur de θ qui maximise la probabilité que l'on observe l'échantillon qui a été effectivement collecté. Généralement pour des raisons computationnelles – le produit d'un grand nombre de termes compris entre zéro et un devient vite très proche de zéro – on préférera minimiser l'opposé de la log-vraisemblance :

$$\widehat{\theta}^{EMV} = \arg\min_{\theta} \sum_{i=1}^{n} -\log f(Y_i|X_i;\theta).$$

On peut alors noter que $\widehat{\theta}^{EMV}$ vérifie la condition du premier ordre suivante :

$$\frac{1}{n}\sum_{i=1}^{n}\partial_\theta \log f(Y_i|X_i;\theta) = 0,$$

qui n'est autre que la contrepartie empirique de l'équation :

$$\mathbb{E}\left[\partial_\theta \log f(Y|X;\theta)\right] = 0,$$

On peut montrer que l'espérance de la fonction de score, $\partial_\theta \log f(Y|X;\theta)$, s'annule en la vraie valeur du paramètre $\mathbb{E}\left[\partial_\theta \log f(Y|X;\theta_0)\right] = 0$. Le maximum de vraisemblance est donc un cas particulier de la méthode des moments généralisés, que sera présentée à la section 2.4. De cette constatation, vient le fait qu'il est souvent possible de se passer des hypothèses de distribution pour adopter ce que l'on appelle la méthode du pseudo-maximum de vraisemblance (Gourieroux *et al.*, 1984).

Appliquons cette méthode au modèle linéaire donné par l'hypothèse 4.5. On pourrait supposer en plus que $\varepsilon_i \sim \mathcal{N}(0,\sigma^2)$. Cela impliquerait que la distribution conditionnelle de Y_i sachant X_i serait donnée par :

$$f(y|x;\theta) = \frac{1}{\sqrt{2\pi\sigma^2}}\exp\left[-\frac{1}{2}\left(\frac{y-x'\beta}{\sigma}\right)^2\right],$$

où $\theta = (\beta,\sigma)$. Un calcul simple permet de montrer que :

$$\begin{aligned}\widehat{\beta}^{EMV} &= \arg\min_\beta \frac{1}{n}\sum_{i=1}\left(Y_i - X_i'\beta\right)^2,\\ \widehat{\sigma}^{2EMV} &= \frac{1}{n}\sum_{i=1}\left(Y_i - X_i'\widehat{\beta}^{EMV}\right)^2,\end{aligned}$$

ce qui n'est autre que... l'estimateur des moindres carrés pour β_0 ! Pour σ^2, on définit généralement l'estimateur des moindres carrés comme $\widehat{\sigma}^{2EMV}\times n/(n-1)$ pour éliminer le biais. On note cependant que définir cet estimateur dans le cadre du maximum de vraisemblance est plus restrictif puisqu'il impose l'hypothèse supplémentaire $\varepsilon_i \sim \mathcal{N}(0,\sigma^2)$, au lieu de supposer uniquement $Var[\varepsilon_i|X_i] = \sigma^2$.

2.3.2 Exemples et versions pénalisées

L'approche pénalisée vue à la section 2.2 ne se limite pas à la perte quadratique (modèle de régression linéaire), mais peut également être adaptée à tout estimateur qui minimise un risque ou maximise une vraisemblance. Pour s'en convaincre, voici quelques exemples.

Exemple 2.1 (Régression logistique). *Dans ce cas, la variable cible est binaire,* $Y_i \in \{0,1\}$ *et on suppose le lien suivant*

$$P[Y_i = 1|X_i] = \frac{\exp\left(X_i'\theta_0\right)}{1+\exp\left(X_i'\theta_0\right)},$$

soit encore $P[Y_i = y|X_i] = \exp\left(yX_i'\theta_0\right) / \left(1+\exp\left(X_i'\theta_0\right)\right)$ *pour* $y \in \{0,1\}$. *La contribution individuelle à la vraisemblance s'écrit* $\exp\left(Y_iX_i'\theta\right) / \left(1+\exp\left(X_i'\theta\right)\right)$. *Ainsi on a l'estimateur standard du maximum de vraisemblance de* θ_0 *:*

$$\widehat{\theta}^{EMV} = \arg\min_{\theta} \frac{1}{n}\sum_{i=1}^{n} \ln\left(1+\exp\left(X_i'\theta\right)\right) - Y_iX_i'\theta. \qquad \text{(LOGIT)}$$

Une version pénalisée populaire de (LOGIT) *est le* (LOGIT-LASSO) *(e.g. Van de Geer, 2008) :*

$$\widehat{\theta}^{L}(\lambda) = \arg\min_{\theta} \frac{1}{n}\left[\sum_{i=1}^{n} \ln\left(1+\exp\left(X_i'\theta\right)\right) - Y_iX_i'\theta\right] + \lambda \left\|\theta\right\|_1 . \qquad \text{(LOGIT-LASSO)}$$

□

Mais on peut également utiliser une pénalisation par la norme ℓ_2, et les concepts développés à la section 2.2 (validation croisée etc.) s'y appliquent de même.

Exemple 2.2 (Modèle de durée avec censure). *Supposons que l'on s'intéresse à la durée de vie d'un individu (e.g, un être humain, une voiture, etc.) que l'on note* $T_i \geq 0$. *Cependant, pour les individus encore en vie au moment de l'étude, on n'observe qu'une borne inférieure sur cette durée, que l'on note* C_i. *On note la variable observée* $Y_i = \min(T_i, C_i)$ *et on note* $D_i = \mathbb{1}\left\{T_i < C_i\right\}$. *On suppose* $T_i \perp C_i|X_i$ *et* $T_i \sim \mathcal{E}\left(\exp(X_i'\theta_0)\right)$. *L'estimateur du maximum de vraisemblance* *de θ_0 est :*

$$\begin{aligned}\widehat{\theta}^{EMV} &= \arg\min_{\theta} \frac{1}{n}\sum_{i=1}^{n} D_i \left(\exp(X_i'\theta)Y_i - X_i'\theta\right) + (1-D_i)\exp(X_i'\theta)Y_i, \\ &= \arg\min_{\theta} \frac{1}{n}\sum_{i=1}^{n} \exp(X_i'\theta)Y_i - D_i X_i'\theta.\end{aligned}$$

On peut préférer une version pénalisée de cet estimateur :

$$\widehat{\theta}^{R}(\lambda) = \arg\min_{\theta} \frac{1}{n}\sum_{i=1}^{n} \exp(X_i'\theta)Y_i - D_i X_i'\theta + \lambda \left\|\theta\right\|_2^2.$$

□

Lectures complémentaires

La méthode du maximum de vraisemblance est détaillée dans la plupart des bons ouvrages de statistique mathématique. Une référence classique est Wasserman (2010).

2.4 Méthode des moments généralisée

La méthode des moments généralisée, ou *generalized method of moments* (GMM) est une généralisation de la définition des MCO par l'équation (2.1). En effet, dans le modèle linéaire, l'hypothèse selon laquelle $\mathbb{E}[\varepsilon|X] = 0$ implique l'équation d'orthogonalité suivante :

$$\mathbb{E}\left[X\left(Y - X'\beta_0\right)\right] = 0,$$

dont on peut se servir pour dériver l'estimateur des MCO en prenant la contrepartie empirique, puisque $\widehat{\beta}$ résout l'équation suivante dont β est l'inconnue :

$$\frac{1}{n}\sum_{i=1}^{n}\left(Y_i - X_i'\beta\right)X_i = 0.$$

D'une manière plus générale, on peut vouloir définir un modèle à partir d'un vecteur de variables aléatoires U, d'un coefficient θ et de moments M que l'on va chercher à annuler :

$$M(\theta) := \mathbb{E}\left[\psi(U,\theta)\right] = 0.$$

Par exemple, dans le modèle linéaire standard plus haut, $U = (Y, X)$ et $\theta = \beta$. Notons la contrepartie empirique de ce vecteur de moments par

$$\widehat{M}(\theta) := \frac{1}{n}\sum_{i=1}^{n} \psi(U_i, \theta).$$

L'estimateur GMM $\hat{\theta}_n$ du paramètre θ_0 est alors obtenu en minimisant la norme euclidienne de ce vecteur $\|\widehat{M}(\theta)\|_2^2 := \widehat{M}(\theta)'\widehat{M}(\theta)$, soit le programme d'optimisation :

$$\hat{\theta}_n := \arg\max_{\theta\in\Theta} - \left\|\widehat{M}(\theta)\right\|_2^2. \tag{2.3}$$

L'ensemble des hypothèses 2.2 décrites ci-dessous implique que $M(\theta)$ ne s'annule qu'à la valeur θ_0 : $\forall\theta \in \Theta, \quad M(\theta) = 0 \quad \Longrightarrow \quad \theta = \theta_0$, et donc que le paramètre θ_0 est identifié dans l'ensemble Θ. Ces hypothèses permettent de prouver la normalité asymptotique de l'estimateur GMM $\hat{\theta}_n$. Notons $G := \mathbb{E}\left[\nabla_\theta \psi(U, \theta_0)\right]$.

Hypothèse 2.2 (Conditions de régularité pour la normalité asymptotique de $\hat{\theta}_n$)**.** *On suppose que :*

1. *θ_0 est un point intérieur de Θ, qui est un ensemble compact ;*
2. *$\psi(u, \cdot)$ est continuellement différentiable dans un voisinage $\mathcal{N}$ de θ_0 avec une probabilité proche de 1 ;*
3. *$\mathbb{E}[\|\psi(U, \theta_0)\|^2]$ et $\mathbb{E}[\sup_{\theta\in\mathcal{N}} \|\nabla_\theta \psi(U, \theta)\|]$ sont finies ;*
4. *La matrice $G'G$ est inversible.*

Sous l'hypothèse 2.2, nous obtenons les propriétés suivantes :

1. La fonction objectif du problème (2.3) converge vers

$$-\widehat{M}(\theta)'\widehat{M}(\theta) \rightarrow_P -\mathbb{E}[\psi(U, \theta)']\mathbb{E}\left[\psi(U, \theta)\right],$$

quantité qui admet un maximum unique à $\theta = \theta_0$;

2. L'estimateur $\hat{\theta}_n$ vérifie

$$\hat{\theta}_n = \left(\frac{1}{n}\sum_{i=1}^{n}\left[\nabla_\theta \psi(U, \theta)\right]\right)^{-1} \frac{1}{n}\sum_{i=1}^{n}\left[\psi(U, \theta)\right]$$

(voir le théorème 5.7 dans Van der Vaart (1998)) et converge en probabilité $\hat{\theta}_n \xrightarrow{p} \theta_0$.

3. L'estimateur $\hat{\theta}_n$ est asymptotiquement normal et on a

$$\sqrt{n}\left(\hat{\theta}_n - \theta_0\right) \rightarrow_d \mathcal{N}\left(0, (G'G)^{-1}G'\Sigma G((G'G)^{-1})'\right). \qquad (2.4)$$

Rappelons ici les arguments utiles pour prouver la normalité asymptotique sous l'hypothèse 2.2. On considère la condition de premier ordre de (2.3),

$$\nabla_\theta \widehat{M}(\hat{\theta}_n)' \widehat{M}(\hat{\theta}_n) = 0,$$

qui est satisfaite avec une probabilité proche de 1. Ensuite, en utilisant le théorème de Taylor au second ordre pour $\widehat{M}(\hat{\theta}_n)$ et θ_0 on obtient qu'il existe $\overline{\theta} \in [\theta_0, \hat{\theta}_n]$ tel que :

$$\nabla_\theta \widehat{M}(\hat{\theta}_n)' \widehat{M}(\hat{\theta}_n, A) = \nabla_\theta \widehat{M}(\hat{\theta}_n)' \widehat{M}(\theta_0) + \nabla_\theta \widehat{M}(\hat{\theta}_n)' \nabla_\theta \widehat{M}(\overline{\theta})(\hat{\theta}_n - \theta_0),$$

donc on a, avec grande probabilité :

$$\sqrt{n}\left(\hat{\theta}_n - \theta_0\right) = \left(\nabla_\theta \widehat{M}(\hat{\theta}_n)' \nabla_\theta \widehat{M}(\overline{\theta})\right)^{-1} \left(-\nabla_\theta \widehat{M}(\hat{\theta}_n)' \left(\sqrt{n}\widehat{M}(\theta_0)\right)\right).$$

Alors, en utilisant la condition (3) nous obtenons

$$\nabla_\theta \widehat{M}\left(\overline{\theta}\right) \xrightarrow{p} G \text{ et } \nabla_\theta \widehat{M}(\hat{\theta}_n) \xrightarrow{p} G.$$

En utilisant la condition (4), $\sqrt{n}\widehat{M}(\theta_0) \rightarrow_d \mathcal{N}(0, \Sigma)$, où $\Sigma = \mathbb{E}[\psi(U, \theta_0)\psi(U, \theta_0)']$, et en utilisant le théorème de Slutsky, nous obtenons (2.4).
Ainsi, dans (2.4), la variance asymptotique se simplifie en $G^{-1}\Sigma(G^{-1})'$ et prend une forme spécifique

$$V := G^{-1}\,\mathbb{E}\left[\psi(U, \theta_0)\psi(U, \theta_0)'\right]\left(G^{-1}\right)'. \qquad (2.5)$$

Lectures complémentaires

Les approfondissements théoriques de la méthode des moments généralisée, notamment ce qui concerne la théorie asymptotique, sont étudiés dans Newey et McFadden (1994).

2.5 Modèles à facteurs

Les modèles à facteurs sont une technique de réduction de la dimension qui suppose que la dépendance entre variables explicatives peut être bien approximée par une structure commune sous-jacente (ou latente) de plus faible dimension (*e.g.* Stock et Watson (2002), Bai (2003), Bai et Ng (2006) ou le chapitre 11.13 dans Hansen (2022)). Nous rappelons l'analogie avec l'analyse en composante principale et la procédure d'estimation des facteurs qui en découle. Dans cette section, nous considérons des modèles à facteurs statiques, et renvoyons à Stock et Watson (2011) pour une description de l'estimation des modèles à facteurs dynamiques. On se place dans un cadre de séries temporelles car c'est un cadre où les modèles à facteurs sont adaptés, comme nous le verrons au chapitre 11.

Considérons un vecteur aléatoire x_t de dimension p, l'approximation par un modèle à facteurs (*approximate factor model*) suppose que

$$x_t = \Lambda f_t + \varepsilon_t, \quad t = 1, \ldots, T, \tag{2.6}$$

où Λ est une matrice de pondération des facteurs de taille $p \times r$ et f_t est un vecteur de facteurs de taille $r \times 1$. La composante Λf_t est commune aux p variables alors que ε_t est une composante idiosyncratique. Le vecteur ε_t est supposé de moyenne nulle, être non corrélé aux facteurs f_t, $E(f_t \varepsilon_t') = 0$, et $E(\varepsilon_t \varepsilon_t')$ est supposée être définie positive. Dans de nombreux contextes économiques, il est en effet raisonnable de penser qu'il existe des facteurs non observés liant les composantes de x_t considérées – par exemple, les résultats dans les différentes matières à un examen peuvent s'expliquer par les compétences sous-jacentes en capacités analytiques, aisance orale, patience, créativité, etc.

Nous pouvons concaténer (2.6) à chaque date pour aboutir à la forme matricielle suivante :

$$\underset{T\times p}{X} = \underset{T\times r}{F} \underset{r\times p}{\Lambda'} + \underset{T\times p}{E}, \tag{2.7}$$

où $X = (x_1, \ldots, x_T)'$, $F = (f_1, \ldots, f_T)'$, et $E = (\varepsilon_1, \ldots, \varepsilon_T)'$. Cette formulation matricielle est le point de départ du lien avec l'analyse en composantes principales (ACP, ou *Principal Component Analysis, PCA*), qui permet l'estimation des facteurs. Nous commençons donc par des rappels sur la décomposition en valeurs singulières (*Singular Value Decomposition, SVD*) et l'ACP. Nous expliquons ensuite comment estimer ces facteurs, puis comment les prendre en compte dans une régression.

Remarque 2.2 : Rappels sur la SVD et l'ACP

Commençons par rappeler que le rang d'une matrice X, que l'on notera $\text{rang}(X)$, est la dimension de l'espace vectoriel engendré par ses vecteurs colonnes. Un résultat important est que toute matrice X de dimension $T \times p$ possède une décomposition en valeurs singulières de la forme $X = USV'$, où S est une matrice carrée diagonale de taille $\text{rang}(X)$ dont les éléments diagonaux $s_k > 0$, $k = 1, \ldots, \text{rang}(X)$ sont les valeurs singulières de X ; $U = [u_1, \ldots, u_{\text{rang}(X)}]$ et $V = [v_1, \ldots, v_{\text{rang}(X)}]'$ sont respectivement les matrices des vecteurs singuliers à gauche et à droite, de tailles $T \times \text{rang}(X)$ et $\text{rang}(X) \times p$ et étant orthonormés : $U'U = I_{\text{rang}(X)}$ et $V'V = I_{\text{rang}(X)}$. Cette décomposition peut aussi se voir comme une somme de $\text{rang}(X)$ matrices de rang 1 :

$$X = \sum_{k=1}^{\text{rang}(X)} s_k u_k v_k',$$

la convention étant d'ordonner les valeurs singulières dans l'ordre d'importance $s_1 \geq s_2 \geq \cdots \geq s_{\text{rang}(X)}$, et dans ce cas celles-ci sont uniquement déterminées par X (mais la SVD n'est pas unique). Les termes $s_k u_k v_k'$ apparaissant dans cette décomposition sont les composantes principales (ou « modes ») de X. Une approximation naturelle de la matrice X, qui fait le lien avec l'analyse en facteurs (2.7), est alors de tronquer sa représentation aux r premières composantes : $\widetilde{X} = \sum_{k=1}^{r} s_k u_k v_k'$. Avec cette technique, la matrice $\widetilde{X}$ est optimale dans le sens où elle permet d'expliquer la plus grande part de la variance parmi toutes les approximations en r composantes possibles.

Une des façons d'estimer les facteurs dans (2.7) est d'utiliser les moindres carrés, en considérant alors la minimisation en (Λ, F) du critère

$$\sum_{t=1}^{T} (x_t - \Lambda f_t)'(x_t - \Lambda f_t) = \|X - F\Lambda\|_{\mathbb{F}}^2, \tag{2.8}$$

où $\|A\|_{\mathbb{F}} = \sqrt{\sum_{t=1}^{T} \sum_{k=1}^{K} A_{k,t}^2}$ est la norme de Frobenius de la matrice A. Afin d'identifier (Λ, F), il faut cependant imposer des normalisations car, pour toute matrice A orthogonale de taille $r \times r$, considérer ΛA et $A^{-1} f_t$ au lieu de Λ et f_t laisse le produit $A f_t$ inchangé. La normalisation la plus judicieuse en terme de coût computationnel dépend de l'ordre de p et de T : soit on a $T < p$ et on préfère utiliser la normalisation (N1) $F'F/T = I_r$ (*i.e.* les facteurs sont décorrélés) ; soit on a $T > p$ et on préfère utiliser la normalisation (N2) $\Lambda'\Lambda = I_r$. Donnons l'intuition de la solution lorsque l'on utilise (N2). Pour Λ fixé, $\widehat{F}$ est solution des moindres carrés ordinaires, soit

$$\widehat{f}_t(\Lambda) = (\Lambda'\Lambda)^{-1}\Lambda' x_t = \Lambda' x_t. \tag{2.9}$$

En utilisant cette expression (2.9) de $\widehat{f}_t$ dans la fonction objectif des moindres carrés (2.8), on obtient donc

$$\begin{aligned}\frac{1}{T}\sum_{t=1}^{T}(x_t - \Lambda\Lambda' x_t)'(x_t - \Lambda\Lambda' x_t) &= \frac{1}{T}\sum_{t=1}^{T}(x_t' x_t - x_t'\Lambda\Lambda' x_t) \\ &= \operatorname{tr}\left(\widehat{\Sigma}\right) - \operatorname{tr}\left(\Lambda'\widehat{\Sigma}\Lambda\right),\end{aligned}$$

où $\widehat{\Sigma} = \sum_t x_t x_t'/T$ est la matrice de covariance empirique. Cette matrice $\widehat{\Sigma}$ est une matrice symétrique réelle de vecteurs propres $\theta_1, \ldots, \theta_K$ associés aux valeurs propres ordonnées $s_1, \ldots, s_K$. En utilisant les propriétés des matrices symétriques réelles on a :

$$\max_{(N2):\Lambda'\Lambda = I_r} \operatorname{tr}\left(\Lambda'\widehat{\Sigma}\Lambda\right) = \sum_{k=1}^{r} s_k. \tag{2.10}$$

Le maximum de ce problème (2.10) est atteint en $\widehat{\Lambda} = [\theta_1, \ldots, \theta_r]$. Cette matrice $\widehat{\Lambda}$ est la matrice constituée par les r premiers vecteurs propres θ_k de la matrice de covariance empirique de taille $p \times p$. On peut ainsi en déduire les facteurs $\widehat{f}_t = \widehat{f}_t(\widehat{\Lambda})$ avec (2.9). Lorsque l'on impose (N1), on obtient que $\widehat{F}$ est égale à T fois la matrice formée par les vecteurs propres de la matrice XX' de taille $T \times T$, et $\widehat{\Lambda}' = (\widehat{F}'\widehat{F})^{-1}\widehat{F}'X = \widehat{F}'X/T$.

Ceci illustre que l'estimateur des moindres carrés peut être obtenu en utilisant la décomposition en éléments propres de la matrice de covariance empirique, d'où le nom de « méthode des composantes principales » pour cette approche. Bai (2003) montre des résultats de convergence asymptotique pour les facteurs et les pondérations lorsque T et p tendent tous deux vers l'infini.

Comment choisir r, le nombre de composantes dans cette décomposition ? Nous proposons de décrire ici la méthode du ratio des valeurs propres (*eigenvalue ratio method*, *e.g.* Bai et Ng (2002), Lam et Yao (2012), Ahn et Horenstein (2013)). Celle-ci consiste simplement à sélectionner r comme la valeur qui maximise la décroissance entre deux valeurs propres consécutives $s_k(\widehat{\Sigma})$ de la matrice de covariance empirique $\widehat{\Sigma}$:

$$\widehat{r} = \underset{r \leq r_{\max}}{\operatorname{argmax}} \frac{s_k(\widehat{\Sigma})}{s_{k+1}(\widehat{\Sigma})},$$

où $r_{\max}$ est une borne supérieure fixée *a priori*. Cette forte décroissance après $\widehat{r}$ signale que rajouter la composante $\widehat{r}+1$ n'apportera que peu d'information à notre approximation comparé à ce qui est déjà retenu.

Décrivons enfin comment utiliser cette représentation en plus faible dimension des variables explicatives dans une régression (*factor augmented regression*). Considérons l'observation d'un échantillon i.i.d $(x_t, y_t, z_t)_{t=1}^T$ satisfaisant au modèle

$$y_t = f_t'\gamma + z_t'\beta + \varepsilon_t, \tag{2.11}$$

$$x_t = \Lambda f_t + \nu_t, \tag{2.12}$$

$$\mathbb{E}(f_t\varepsilon_t) = \mathbb{E}(z_t\varepsilon_t) = \mathbb{E}(f_t\nu_t') = \mathbb{E}(\nu_t\varepsilon_t) = 0, \tag{2.13}$$

où Λ est une matrice $p \times r$ de pondération des facteurs, et f_t est un $r \times 1$ vecteur de facteurs. Dans ce modèle, x_t impacte y_t uniquement au travers des facteurs latents. Ceux-ci servent souvent de contrôles dans l'équation visant à estimer l'effet de z sur y, qui est le paramètre d'intérêt. L'estimation se fait ensuite en deux étapes. La première étant l'estimation des facteurs, et la seconde la régression de y sur z et les facteurs estimés. Dans le cas où $T, r \to \infty$ de manière jointe, Bai (2003) montre entre autres que cette régression augmentée par les facteurs est consistante si T et p, la dimension de x, sont grands.

2.6 Forêts aléatoires

2.6.1 Arbres à échantillon unique

Nous décrivons tout d'abord comment faire croître un arbre de décision pour estimer l'espérance conditionnelle $\mu(x) = \mathbb{E}[Y|X = x]$ à partir d'un échantillon i.i.d. $(U_i)_{i=1,\dots,n} = (Y_i, X_i)_{i=1,\dots,n}$ et ce en utilisant le *partitionnement récursif*. Un arbre de décision estime l'espérance conditionnelle de Y sachant X par une fonction constante par morceaux sur une partition qui est définie à partir des données. La méthode de construction d'un arbre de décision produit une pondération adaptative $\alpha_i(x)$ pour quantifier l'importance du i-ième échantillon d'apprentissage W_i au point d'évaluation X :

$$\hat{\mu}(x) = \sum_{i=1}^{n} \alpha_i(x) Y_i, \text{ avec } \alpha_i(x) := \frac{1\{X_i \in L(x)\}}{|\{i : X_i \in L(x)\}|}, \tag{2.14}$$

où $L(x)$ est la « feuille » dans laquelle tombe le point x. En d'autres termes, (2.14) est une moyenne locale pondérée par les $\alpha_i(x)$ de tous les Y_i correspondant à un X_i tombant « proche » (dans la même feuille) du point x. Les feuilles constituent une *partition* de l'espace des caractéristiques $\mathcal{X}$. Cette partition maximise un critère de segmentation global.

De manière plus précise, étant donné un ensemble $A \in \mathcal{X}$, chaque nœud de l'arbre partitionne l'espace des caractéristiques en deux nœuds enfants A_1, A_2. Pour un arbre *random-split*, cela se fait de la manière suivante : (a) tirer une variable $j \in \{1, \dots, p\}$ selon une certaine distribution (b) utiliser un *test de segmentation* du type $X_j \geq s$ où s est choisi afin de maximiser l'hétérogénéité entre les deux nœuds enfants A_1, A_2 (voir ci-dessous). Ainsi, cet algorithme récursif de construction de la partition peut être décrit de la manière suivante :

1. *Initialisation* : initialiser la liste contenant les cellules associées à la racine de l'arbre $\mathcal{A} = (\mathcal{X})$ et l'arbre $\mathcal{A}_{final}$ comme une liste vide.

2. *Expansion* : pour chaque noeud $A \in \mathcal{A}$:

   SI A satisfait le critère d'arrêt (nombre d'observation dans la feuille inférieur à n_0),

Enlever A de la liste $\mathcal{A}$

Concaténer $\mathcal{A}_{final} = \mathcal{A}_{final} + \{A\}$.

SINON choisir aléatoirement une coordonnée dans $\{1, \dots, p\}$, **choisir** la meilleure coupure s dans le *test de segmentation* et **créer** les deux noeuds enfants en coupant $\mathcal{N}$.
Supprimez ensuite le nœud parent A et ajoutez les nœuds enfants à la liste $\mathcal{A} = \mathcal{A} - \{A\} + \{\text{noeuds enfants } A_1 \text{ et } A_2\}$.

Cet algorithme, similaire à l'algorithme original de Breiman (2001), est décrit sur un exemple avec $n_0 = 2$ dans les figures 2.1 et 2.2. Pour calculer la prédiction, dans un arbre de décision à « échantillon unique », nous prenons simplement la moyenne des résultats Y_i des observations correspondantes qui tombent dans la feuille $L(x)$. On notera qu'une étape de régularisation supplémentaire peut être ajoutée à l'algorithme ci-dessus pour couper les feuilles selon un certain critère de coupe (appelé *élagage*). Cette étape n'est pas nécessaire dans notre contexte, et n'a pas été utilisée dans la formulation originale de Breiman (2001).

2.6.2 Détails sur le test de segmentation

Pour la classification (lorsque Y est binaire), il est classique d'utiliser le critère initial CART (ClAssification and Regression Tree) qui consiste à choisir s pour maximiser le gain en homogénéité

$$I(A_1, A_2) = G(A) - qG(A_1) - (1 - q)G(A_2),$$

où $q = N_{A_1}/N_A$, et $G(A) = 1 - \overline{Y}_A^2 - \left(1 - \overline{Y}_A\right)^2$ est l'indice de Gini, c'est-à-dire une mesure de l'homogénéité dans le nœud. Une bonne division génère deux enfants « hétérogènes » contenant des observations « homogènes » ($G(A) = 0$ si $\overline{Y}_A$ vaut 0 ou 1).

Pour la régression, nous considérons une structure similaire, où nous maximisons la diminution de la variance, qui peut être réécrite

$$I(A_1, A_2) = E(A) - (qE(A_1) + (1 - q)E(A_2)),$$

Figure 2.1 – Algorithme d'arbres de décision : phases 1 et 2

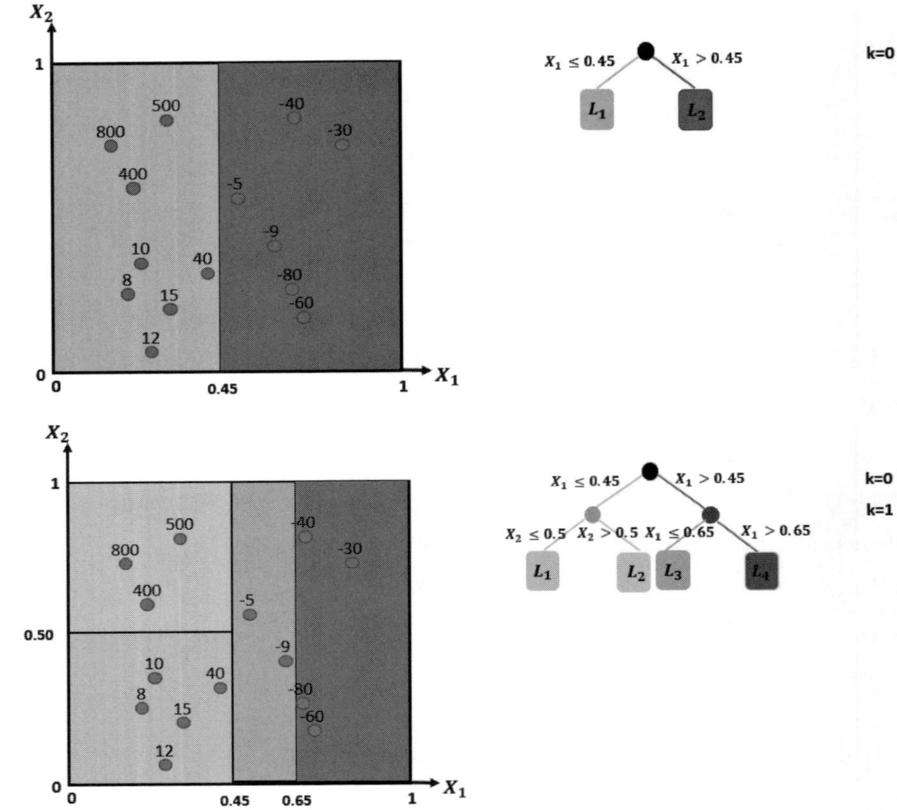

Note : Exemple d'arbre à coupure aléatoire utilisant comme critère d'arrêt un nombre minimal d'observation $k = 2$ dans chaque feuille.

où $E(A) = \sum_{i,X_i \in A} \left(Y_i - \overline{Y}_A\right)^2 / N_A$. Ainsi, le critère de segmentation consiste à trouver les séparations qui diminuent le plus la variance, minimisant ainsi $qE(A_1) + (1-q)E(A_2)$ pour toutes les séparations.

2.6.3 Forêts aléatoires

Dans une dernière étape, nous agrégeons les arbres formés sur tous les sous-échantillons possibles de taille s des données d'apprentissage, $U_1, \ldots, U_n$:

Figure 2.2 – Algorithme d'arbres de décision : phases 3, 4 et évaluation

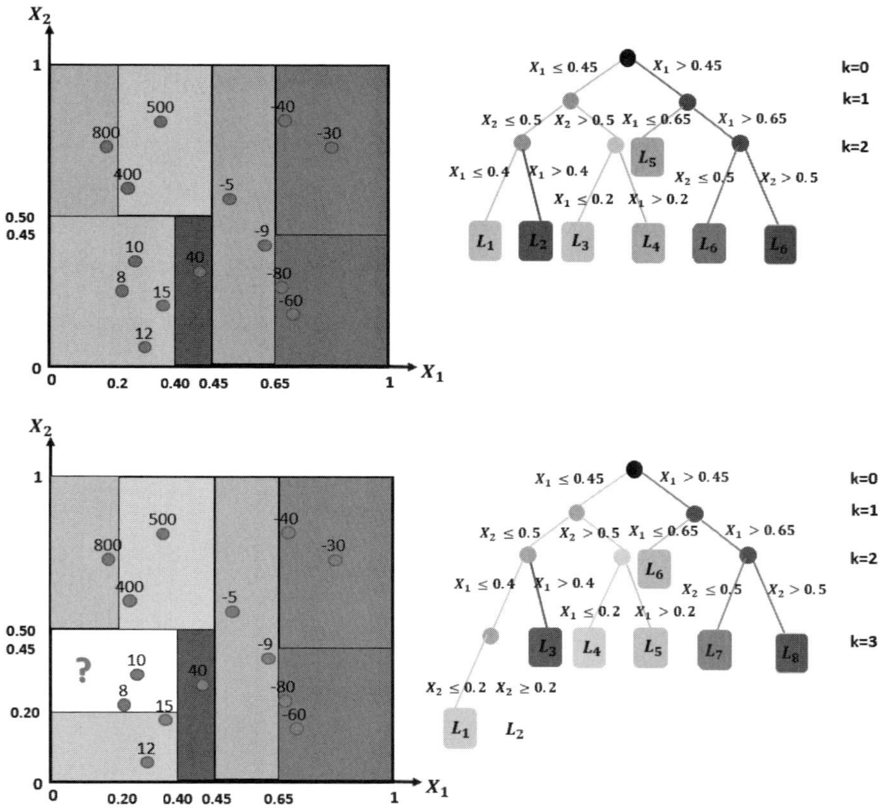

Note : Exemple d'arbre à coupure aléatoire utilisant comme critère d'arrêt un nombre minimal d'observation $k = 2$ dans chaque feuille.

$$\hat{\mu}(x; U_1, \ldots, U_n) = \binom{n}{s}^{-1} \sum_{1 \leq i_1 < \ldots < i_s \leq n} T(x; U_{i_1}, \ldots, U_{i_s}), \tag{2.15}$$

où $\binom{n}{s}$ est le nombre de combinaisons de s éléments parmi n. L'estimateur de l'équation (2.15) est évalué en utilisant des méthodes de Monte-Carlo : on tire sans remplacement B échantillons notés $\mathcal{I}_b$, $b = 1, \ldots, B$ de taille s, $(U^*_{i_1}, \ldots, U^*_{i_s})$, et on considère l'approximation de (2.15) suivante

$$\hat{\mu}(x; U_1, \ldots, U_n) \approx \frac{1}{B} \sum_{b=1}^{B} T(x; U^*_{b,1}, \ldots, U^*_{b,s}), \tag{2.16}$$

où l'apprentissage est basé sur

$$T(x; U_{b,1}^*, \dots, U_{b,s}^*) = \sum_{i \in \mathcal{I}_b} \alpha_{b,i}^*(x) Y_{b,i}^*, \tag{2.17}$$

$$\alpha_{b,i}^*(x) = \frac{1\left\{X_{b,i}^* \in L_b^*(x)\right\}}{|\{i : X_{b,i}^* \in L_b^*(x)\}|}.$$

Cette stratégie d'agrégation, appelée *bagging*, réduit la variance de l'estimateur de μ (voir *e.g.* Bühlmann et Yu (2002) pour une analyse plus détaillée).

Lectures complémentaires

Le chapitre 15 de Hastie *et al.* (2009) ou Biau et Scornet (2016) détaillent le principe de fonctionnement des forêts aléatoires.

2.7 Réseaux de neurones et apprentissage profond

Les réseaux de neurones sont des outils difficiles à introduire et à appréhender sans entrer dans les détails et s'en forger une expérience pratique. Ils peuvent être perçus comme un simple algorithme alternatif pour effectuer des tâches de classification ou de régression, *i.e.* pour modéliser la relation entre X et Y. De fait, pour résumer simplement, un réseau de neurones est une composition d'une multitude de fonctions non linéaires, de sorte à modéliser l'interaction complexe entre les variables explicatives et la variable que l'on cherche à prédire. Néanmoins, cela est bien trop réducteur. D'une part, leur flexibilité, principalement due à la différenciation automatique et aux techniques développées pour faire apprendre les réseaux, en font des outils adéquats pour une multitude de tâches allant bien au delà de la simple classification ou régression. D'autre part, la philosophie même des ces outils en fait un objet dont l'usage pratique requiert d'effectuer un nombre important de choix significatifs, aussi bien pour le modèle que pour l'algorithme d'optimisation. Les réseaux de neurones en général, et certaines architectures en particulier, sont à la base des avancées récentes de l'intelligence artificielle.

Cette section constitue une brève introduction aux réseaux de neurones, principalement dans l'idée de montrer leur spécificité par rapport aux autres méthodes et de construire les pré-requis pour la cinquième partie qui traite de l'analyse textuelle. Les applications utilisant des réseaux de neurones en économie empirique sont encore rares à l'heure actuelle, d'une part probablement parce que ces techniques peuvent être complexes à mettre en œuvre et, d'autre part parce que peu de résultats théoriques garantissent leurs performances, ce qui a pour effet également de limiter la capacité à faire de l'inférence avec ce type de modèle. Néanmoins, cet état de fait pourrait prochainement être remis en cause. Par exemple, Farrell *et al.* (2021) mettent en évidence des bornes non asymptotiques et étudient le taux de convergence des réseaux de neurones de type *feed-forward*.

2.7.1 Architecture d'un réseau

De façon très basique, un réseau de neurones peut être vu comme une fonction $\mu(.)$ qui, à un vecteur d'inputs X, associe une représentation ou un *output*, $\mu(X)$. En règle générale et pour la plupart des tâches d'apprentissage automatique, cet output aura la forme d'une espérance conditionnelle. Ainsi par exemple, dans une tâche de classification, on souhaitera que le réseau de neurones retourne la probabilité conditionnelle d'appartenance à chacune des catégories de l'espace d'arrivée. Néanmoins, on peut simplement vouloir que le réseau de neurones retourne une représentation vectorielle abstraite de l'input dans un espace de dimension arbitraire, de manière d'une part à résumer l'information contenue dans l'input et d'autre part à créer un espace dont la structure reflète des liens logiques entre les inputs. Cette seconde utilisation, visant à créer des *plongements* ou *embeddings* constitue l'une des forces de l'apprentissage profond que l'on étudiera dans la cinquième partie, et plus précisément au chapitre 13.

Pour le moment, concentrons-nous sur une tâche de prédiction classique en utilisant un réseau de neurones simple appelé *feed-forward neural network*. Le terme d'*apprentissage profond* (*deep learning*) qui accompagne les réseaux de neurones vient du fait que la fonction $\mu(.)$ est construite par une composition de multiples fonctions non linéaires – plus il y a de fonctions, plus le réseau est profond. Ainsi, un réseau de deux couches peut s'écrire de la manière suivante :

$$\mu(x) = g_2(b_2 + \Theta_2 g_1(b_1 + \Theta_1 x)), \tag{2.18}$$

où

$$h_1(.) = g_1(b_1 + \Theta_1 .)$$

est la première couche constituée de la matrice de paramètres Θ_1 de dimension $l_1 \times p$ (aussi appelé *poids* dans la terminologie des réseaux de neurones), du vecteur de paramètres b_1 de dimension l_1 (aussi appelé *biais*) et de la fonction d'activation $g_1(.)$ qui s'applique élément par élément. De même, $h_2(.) = g_2(b_2+\Theta_2 .)$ est la seconde couche (couche finale) constituée de la matrice de paramètres Θ_2 de dimension $1 \times l_1$, du paramètre scalaire b_2 et de la fonction d'activation $g_2(.)$ qui s'applique elle aussi élément par élément. En ce sens, la *profondeur* du réseau est définie par le nombre de couches dont il est constitué, ici deux. D'une manière très basique, une régression linéaire est un réseau de neurones peu profond, constitué d'une seule couche et d'une fonction d'activation identité puisque dans ce cas $\mu(x) = x'\beta$. La *largeur* d'un réseau est définie par la dimension de l'espace intermédiaire, ou le *nombre de neurones*, ici l_1. Plus un réseau de neurones est large et profond, plus sa capacité à approximer des fonctions d'une classe complexe est grande – cf. le théorème d'approximation universel (*e.g.* Cybenko, 1989 ; Hornik, 1991 ; Rolnick et Tegmark, 2018). Cela implique en général qu'un réseau de neurones performant doit être constitué d'un grand nombre de paramètres, bien souvent dépassant la taille du jeu de données d'entraînement. On parle alors de *sur-paramétrisation* (*over-parametrization*).

Selon l'arbitrage biais-variance traditionnel auquel sont soumis les modèles d'apprentissage automatique standard – le modèle doit être suffisamment complexe pour capturer la richesse des données, mais pas excessivement car il risque de capturer du bruit – on pourrait s'attendre à ce que les réseaux de neurones souffrent de sur-apprentissage chronique et soient peu généralisables. Belkin *et al.* (2019) montrent que les réseaux de neurones dépassent cet arbitrage en faisant décroître la perte d'entraînement à zéro, et arrivent dans un régime où le modèle interpole les données sans pour autant être moins généralisable – au contraire.

Les possibilités pour le choix des fonctions d'activation g_1, g_2 sont infinies. Cependant, un certain nombre d'entre elles sont utilisées de façon standard pour leur capacité à capturer des interactions complexes entre X et Y ou pour leur impact sur la rapidité d'apprentissage du réseau, par exemple :

— Sigmoid : $g(x) = \exp(x)/(1 + \exp(x))$,

— ReLU, pour *Rectified Linear Unit* : $g(x) = \max(0, x)$,

— Soft-max : $g(x_1, \ldots, x_p) = (e^{x_j})_{j=1,\ldots,p} / \sum_{j=1,\ldots,p} e^{x_j}$.

Le chapitre 6 de Goodfellow *et al.* (2016) offre un panorama complet des fonctions d'activation régulièrement utilisées. De manière générale, les réseaux de neurones sont souvent – mais pas exclusivement – utilisés pour des tâches assez particulières, impliquant des données non structurées telles que des champs textuels ou bien des images. Dans un certain nombre de cas, il peut être utile de baser l'architecture d'un réseau sur un réseau déjà existant et disponible sur le web : d'une part, ces architectures ont souvent fait leurs preuves dans des défis bien connus tels que le *ImageNet Large Scale Visual Recognition Challenge* (ILSVRC ou simplement ImageNet) et, d'autre part, on peut également récupérer ces réseaux déjà pré-entraînés avec des valeurs de paramètres optimisées pour certaines tâches. On parle alors de *transfer learning* lorsque l'on initialise la valeur des paramètres pour une tâche donnée à partir de valeurs obtenues pour une autre tâche. Par exemple, dans le domaine de la vision assistée par ordinateur, les modèles VGG16 (Simonyan et Zisserman, 2015) ou GoogLeNet (Szegedy *et al.*, 2015) sont souvent des points de départ intéressants.

2.7.2 Fonctions de perte

Entraîner un réseau de neurones signifie que l'on cherche à modifier la valeur des paramètres $b_1, \Theta_1, b_2, \Theta_2$ de manière à optimiser la performance en terme de prédiction. Pour cela, il est nécessaire de se doter d'une fonction de perte qui reflète la nature de la tâche pour laquelle on entraîne le réseau de neurones. Ainsi, la valeur des paramètres va être modifiée de manière à diminuer cette fonction de perte estimée sur un échantillon :

$$\frac{1}{n}\sum_{i=1}^{n}\ell(Y_i, \mu(X_i)).$$

Par exemple, pour une tâche de régression, on pourrait vouloir utiliser des fonctions de perte telles que :

— MSE, pour *Mean Squared Error* : $\ell(Y, \widehat{Y}) = (Y - \widehat{Y})^2$,

— MAE, pour *Mean Absolute Error* : $\ell(Y, \widehat{Y}) = |Y - \widehat{Y}|$.

Tandis que pour une tâche de classification :

— Entropie croisée binaire, ou *binary cross-entropy* : $\ell(Y, \widehat{Y}) = Y \log(\widehat{Y}) + (1 - Y)\log(1 - \widehat{Y})$.

De manière générale, on peut chercher à minimiser l'opposé d'une fonction de log-vraisemblance (cf. section 2.3).

2.7.3 Algorithme de rétro-propagation

Une fois que l'on a établi la structure d'un réseau et que l'on s'est doté d'une fonction de perte, il faut définir une stratégie pour optimiser les paramètres. De manière générale, cela n'est pas un problème lorsque la fonction objectif est convexe puisqu'il suffit de mettre en œuvre une descente de gradient standard, possiblement utilisant la matrice hessienne pour définir la taille du pas réalisé à chaque itération. Cependant, dans le cas des réseaux de neurones, qui sont obtenus par composition de fonctions rendant la fonction objective non convexe, et qui peuvent contenir des milliers ou des millions de paramètres, cela n'est pas le cas, et des stratégies alternatives doivent être établies. En particulier, la descente de gradient stochastique (*stochastic gradient descent* ou SGD, Bottou, 2010) est l'outil d'optimisation principal. L'idée de cet algorithme est que plutôt que de calculer le gradient sur tout l'échantillon d'entraînement à chaque étape de l'optimisation, on ne le calcule que sur une sous-partie de l'échantillon tirée aléatoirement. On remplace le véritable gradient par une version bruitée, dans le but de gagner du temps de calcul. A chaque étape de l'optimisation, on tire donc d'abord de manière aléatoire un sous-ensemble de l'échantillon d'entraînement, appelé *batch*, noté $\mathcal{B}$ et de taille $B << n$. On nomme *epoch* un passage entier sur l'ensemble du jeu d'entraînement, partitionné en batchs. Ensuite, pour un *taux d'apprentissage* donné $\eta > 0$, on met à jour les paramètres *via* la règle suivante :

$$\Theta_{t+1} = \Theta_t - \eta \frac{1}{B} \sum_{i \in \mathcal{B}} \partial_\Theta \ell(Y_i, \mu(X_i)). \tag{2.19}$$

En pratique, les algorithmes de descente de gradient disponibles dans les logiciels utilisés pour entraîner des réseaux de neurones sont plus complexes, et incorporent des techniques visant à rendre plus rapide la convergence (*e.g.* le fameux Adam de Kingma et Ba, 2015). Cependant, au niveau d'abstraction où l'on se trouve, entrer dans les détails n'est pas une nécessité.

Il s'agit en premier lieu de calculer le gradient de manière récursive, en utilisant la règle de dérivation en chaîne : $(g \circ f)' = f' \times (g' \circ f)$. L'application répétée de cette règle pour optimiser les paramètres de chaque couche donne naissance à l'algorithme de rétro-propagation (*backpropagation* ou *backprop*, Rumelhart *et al.*, 1986). Voici ce que cela donnerait pour notre réseau de neurones (2.18) avec une fonction de perte quelconque :

1. Puisqu'elles vont intervenir dans tous les calculs à suivre, on calcule d'abord les deux quantités suivantes :

$$\partial_{\mu(X_i)} \ell(Y_i, \mu(X_i)),$$
$$g_2'(b_2 + \Theta_2 h_1(X_i)).$$

   Cela donne une première valeur pour le gradient :

$$\boldsymbol{g} \leftarrow \partial_{\mu(X_i)} \ell(Y_i, \mu(X_i)) \times g_2'(b_2 + \Theta_2 h_1(X_i)).$$

2. Calculons d'abord les dérivées de la fonction de perte par rapport aux paramètres de la seconde couche :

$$\partial_{b_2} \ell(Y_i, \mu(X_i)) = \partial_{\mu(X_i)} \ell(Y_i, \mu(X_i)) \times g_2'(b_2 + \Theta_2 h_1(X_i)),$$
$$\partial_{\Theta_2} \ell(Y_i, \mu(X_i)) = \partial_{\mu(X_i)} \ell(Y_i, \mu(X_i)) \times g_2'(b_2 + \Theta_2 h_1(X_i)) \times h_1(X_i).$$

On voit qu'elles dépendent de la valeur de notre gradient, on peut donc à la place directement les calculer de la manière suivante :

$$\partial_{b_2}\ell(Y_i,\mu(X_i)) = \boldsymbol{g},$$
$$\partial_{\Theta_2}\ell(Y_i,\mu(X_i)) = \boldsymbol{g} \times h_1(X_i).$$

On peut alors mettre ces deux paramètres à jours grâce à la règle donnée par l'équation (2.19).

3. Il reste à mettre à jour les paramètres de la première couche. Pour cela, il faut d'abord rétro-propager (mettre à jour) le gradient :

$$\boldsymbol{g} \leftarrow \partial_{\mu(X_i)}\ell(Y_i,\mu(X_i)) \times g_2'(b_2 + \Theta_2 h_1(X_i)) \times \Theta_2' \odot \partial g_1(b_1 + \Theta_1 X_i),$$

où Θ_2' désigne la transposée de la matrice Θ_2, et $\odot$ désigne la multiplication de vecteurs éléments par éléments. Cela revient à utiliser la règle récursive :

$$\boldsymbol{g} \leftarrow \boldsymbol{g} \times \Theta_2' \odot \partial g_1(b_1 + \Theta_1 X_i).$$

4. On peut alors calculer le gradient de chacun des paramètres de la première couche. Un calcul donne :

$$\begin{aligned}
&\partial_{b_1}\ell(Y_i,\mu(X_i)) \\
&= \partial_{\mu(X_i)}\ell(Y_i,\mu(X_i)) \times g_2'(b_2 + \Theta_2 h_1(X_i)) \times \Theta_2' \odot \partial g_1(b_1 + \Theta_1 X_i), \\
&\partial_{\Theta_1}\ell(Y_i,\mu(X_i)) \\
&= \partial_{\mu(X_i)}\ell(Y_i,\mu(X_i)) \times g_2'(b_2 + \Theta_2 h_1(X_i)) \times \Theta_2' \odot \partial g_1(b_1 + \Theta_1 X_i) \times X_i'.
\end{aligned}$$

De la même manière que précédemment, il suffit donc d'opérer le calcul :

$$\partial_{b_1}\ell(Y_i,\mu(X_i)) = \boldsymbol{g},$$
$$\partial_{\Theta_1}\ell(Y_i,\mu(X_i)) = \boldsymbol{g} \times X_i',$$

puis d'opérer la mise à jour suivant l'équation (2.19).

En résumé, la méthode de la rétro-propagation opère en mettant à jour le gradient de manière récursive, pour calculer à chaque étape, le gradient correspondant à chacun des paramètres. Le calcul se fait de la couche la plus proche de l'ouput, vers la couche la plus proche des inputs, d'où ce terme de rétro-propagation. Pour plus de détails, ou pour une explication plus abstraite, le lecteur peut se référer à Goodfellow *et al.* (2016, p. 206). Les logiciels les plus utilisés tels que `pytorch` (Paszke *et al.*, 2019) ou `tensorflow` (Abadi *et al.*, 2016) définissent des objets appelés *tenseurs* qui gardent en mémoire la succession d'opérations ayant abouti à leur valeur – le graphe de calcul – de manière à opérer ce calcul de gradient de manière automatique. C'est ce que l'on appelle l'*auto-différenciation* ou *auto-diff*. Le terme de *réseau de neurones* reflète d'ailleurs de cette importance du graphe qui lie chacun des neurones pour aboutir à la prédiction en couche de sortie.

Un des dangers de cette technique, mais qui est inhérente aux réseaux de neurones en général, est l'écrasement du gradient vers une valeur proche de zéro. En effet, si à tout moment dans la descente de gradient, le gradient devient trop proche de zéro – par exemple, à cause d'une fonction d'activation dont la dérivée est très petite, comme cela est le cas pour la fonction sigmoid – l'information ne passe plus dans le réseau, et les paramètres appartenant aux premières couches ne sont plus mis à jour. Autrement dit, le réseau n'apprend plus correctement. De manière générale, on pourrait dire de la descente de gradient stochastique ce dont Winston Churchill disait de la démocratie : c'est le pire système, à l'exclusion de tous les autres. Étant donnée la structure des réseaux de neurones, il n'est pas raisonnable ni même possible d'utiliser des algorithmes d'optimisation performant. À la place, nous sommes contraints d'utiliser la descente de gradient stochastique, tout en sachant que l'on n'a que très peu de garanties théoriques sur ses propriétés de convergence. Dans le but de guider le processus d'entraînement d'un réseau de neurones vers l'obtention de paramètres permettant une performance optimale (*i.e.* de minimiser l'erreur de généralisation), un certain nombre de techniques de régularisation peuvent être mises en œuvre, que ce soit en choisissant un certain lissage du gradient, en modifiant le taux d'apprentissage, en pénalisant les valeurs élevées des paramètres avec une norme ℓ_2, en fixant aux hasard certains paramètres à zéro *via* des couches de *dropout*, en augmentant les données *via* des transformations spécifiques, etc. Mais leur description dépasse le cadre introductif de cette section.

Lectures complémentaires

L'ouvrage Goodfellow *et al.* (2016) fait référence sur le sujet. Fan *et al.* (2021) offre une vision statistique de ces objets un peu particuliers que sont les réseaux de neurones.
À l'heure actuelle, l'entraînement des réseaux de neurones est avant tout une histoire de pratique, plus que de théorie. Des astuces peuvent se trouver dans la littérature académique, mais également sur des forum dédiés ou des blogs. À ce propos, on peut signaler le blog de Lilian Weng (`lilianweng.github.io/lil-log/`), ce très bon billet d'Andrej Karpathy (`karpathy.github.io/2019/04/25/recipe/`), ou bien l'ouvrage numérique Godbole *et al.* (2023).

2.8 Bilan du chapitre

Mots clés

Régression linéaire (*Ordinary Least Squares*, OLS), estimateur Ridge, estimateur Lasso, validation croisée, maximum de vraisemblance, pénalisation ℓ_1 ou ℓ_2, méthode des moments généralisée (*Generalized Method of Moments*, GMM), modèle à facteurs, décomposition en valeurs singulières (*Singular Value Decomposition*, SVD), analyse en composantes principales (*Principal Component Analysis*, PCA), arbre de décision, forêt aléatoire, *bagging*, réseau de neurones (*neural network*), *feed-forward neural network*, *deep learning*, descente de gradient stochatique (*stochatistique gradient descent*, SGD), algorithme de rétro-propagation.

Lectures complémentaires

Des références spécifiques ont été données à la fin de chaque section, mais les lecteurs venant d'un cursus d'économistes pourraient trouver la lecture de Athey et Imbens (2019) bénéfique.

Bibliographie

ABADI, M., BARHAM, P., CHEN, J., CHEN, Z., DAVIS, A., DEAN, J., DEVIN, M., GHEMAWAT, S., IRVING, G., ISARD, M. *et al.* (2016). Tensorflow : A system for large-scale machine learning. *In OSDI*, volume 16, pages 265–283.

AHN, S. C. et HORENSTEIN, A. R. (2013). Eigenvalue ratio test for the number of factors. *Econometrica*, 81(3):1203–1227.

Athey, S. et Imbens, G. W. (2019). Machine learning methods that economists should know about. *Annual Review of Economics*, 11.

Bai, J. (2003). Inferential theory for factor models of large dimensions. *Econometrica*, 71(1):135–171.

Bai, J. et Ng, S. (2002). Determining the number of factors in approximate factor models. *Econometrica*, 70(1):191–221.

Bai, J. et Ng, S. (2006). Confidence intervals for diffusion index forecasts and inference for factor-augmented regressions. *Econometrica*, 74(4):1133–1150.

Beck, A. et Teboulle, M. (2014). A fast dual proximal gradient algorithm for convex minimization and applications. *Operations Research Letters*, 42(1):1–6.

Belkin, M., Hsu, D., Ma, S. et Mandal, S. (2019). Reconciling modern machine-learning practice and the classical bias–variance trade-off. *Proceedings of the National Academy of Sciences*, 116(32):15849–15854.

Belloni, A. et Chernozhukov, V. (2013). Least squares after model selection in high-dimensional sparse models. *Bernoulli*, 19(2):521–547.

Belloni, A., Chernozhukov, V. et Hansen, C. (2014). High-Dimensional Methods and Inference on Structural and Treatment Effects. *Journal of Economic Perspectives*, 28(2): 29–50.

Biau, G. et Scornet, E. (2016). A random forest guided tour. *Test*, 25(2):197–227.

Bottou, L. (2010). Large-scale machine learning with stochastic gradient descent. *In* Lechevallier, Y. et Saporta, G., éditeurs : *Proceedings of COMPSTAT'2010*, pages 177–186, Heidelberg. Physica-Verlag HD.

Breiman, L. (2001). Random forests. *Machine learning*, 45(1):5–32.

Bühlmann, P. et Yu, B. (2002). Analyzing bagging. *The Annals of Statistics*, 30(4):927–961.

Cybenko, G. (1989). Approximation by superpositions of a sigmoidal function. *Mathematics of Control, Signals, and Systems (MCSS)*, 2(4):303–314.

Fan, J., Ma, C. et Zhong, Y. (2021). A Selective Overview of Deep Learning. *Statistical Science*, 36(2):264–290.

Farrell, M. H., Liang, T. et Misra, S. (2021). Deep neural networks for estimation and inference. *Econometrica*, 89(1):181–213.

Ferrara, L. et Simoni, A. (2019). When are Google data useful to nowcast GDP ? An approach via pre-selection and shrinkage. Working Papers 2019-04, Center for Research in Economics and Statistics.

Godbole, V., Dahl, G. E., Gilmer, J., Shallue, C. J. et Nado, Z. (2023). Deep learning tuning playbook. Version 1.0.

Goodfellow, I. J., Bengio, Y. et Courville, A. (2016). *Deep Learning.* MIT Press, Cambridge, MA, USA. `http://www.deeplearningbook.org`.

Gourieroux, C., Monfort, A. et Trognon, A. (1984). Pseudo maximum likelihood methods : Theory. *Econometrica*, 52(3):681–700.

Hansen, B. E. (2022). *Econometrics.* Princeton University Press.

Hastie, T., Tibshirani, R. et Friedman, J. (2009). *The Elements of Statistical Learning : Data mining, Inference and Prediction.* Springer, 2e édition.

Hornik, K. (1991). Approximation capabilities of multilayer feedforward networks. *Neural Networks*, 4(2):251–257.

Kingma, D. P. et Ba, J. (2015). Adam : A method for stochastic optimization. *In* Bengio, Y. et LeCun, Y., éditeurs : *3rd International Conference on Learning Representations, ICLR 2015, San Diego, CA, USA, May 7-9, 2015, Conference Track Proceedings.*

Kohavi, R. (1995). A study of cross-validation and bootstrap for accuracy estimation and model selection. *In Proceedings of the 14th International Joint Conference on Artificial Intelligence - Volume 2*, IJCAI'95, page 1137–1143, San Francisco, CA, USA. Morgan Kaufmann Publishers Inc.

Lam, C. et Yao, Q. (2012). Factor modeling for high-dimensional time series : inference for the number of factors. *The Annals of Statistics*, pages 694–726.

Lounici, K., Pontil, M., Van De Geer, S. et Tsybakov, A. B. (2011). Oracle inequalities and optimal inference under group sparsity. *The annals of statistics*, 39(4):2164–2204.

Newey, W. K. et McFadden, D. (1994). Large sample estimation and hypothesis testing. *Handbook of econometrics*, 4:2111–2245.

Paszke, A., Gross, S., Massa, F., Lerer, A., Bradbury, J., Chanan, G., Killeen, T., Lin, Z., Gimelshein, N., Antiga, L., Desmaison, A., Kopf, A., Yang, E., DeVito, Z., Raison, M., Tejani, A., Chilamkurthy, S., Steiner, B., Fang, L., Bai, J. et Chintala, S. (2019). Pytorch : An imperative style, high-performance deep learning library. *In Advances in Neural Information Processing Systems 32*, pages 8024–8035. Curran Associates, Inc.

Rolnick, D. et Tegmark, M. (2018). The power of deeper networks for expressing natural functions. *In International Conference on Learning Representations.*

Rumelhart, D. E., Hinton, G. E. et Williams, R. J. (1986). Learning Representations by Back-propagating Errors. *Nature*, 323(6088):533–536.

Sala-I-Martin, X. X. (1997). I just ran two million regressions. *The American Economic Review*, 87(2):178–183.

Simonyan, K. et Zisserman, A. (2015). Very deep convolutional networks for large-scale image recognition. *In* Bengio, Y. et LeCun, Y., éditeurs : *3rd International Conference on Learning Representations, ICLR 2015, San Diego, CA, USA, May 7-9, 2015, Conference Track Proceedings.*

Stock, J. H. et Watson, M. W. (2002). Forecasting using principal components from a large number of predictors. *Journal of the American statistical association*, 97(460):1167–1179.

Stock, J. H. et Watson, M. W. (2011). Dynamic factor models. *In Handbook on Economic Forecasting.* Oxford University Press.

Szegedy, C., Liu, W., Jia, Y., Sermanet, P., Reed, S., Anguelov, D., Erhan, D., Vanhoucke, V. et Rabinovich, A. (2015). Going deeper with convolutions. *In 2015 IEEE Conference on Computer Vision and Pattern Recognition (CVPR)*, pages 1–9.

Van de Geer, S. A. (2008). High-dimensional generalized linear models and the lasso. *Ann. Statist.*, 36(2):614–645.

Van der Vaart, A. W. (1998). *Asymptotic statistics.* Cambridge University Press.

Wasserman, L. (2010). *All of statistics : a concise course in statistical inference.* Springer, New York.

Wooldridge, J. M. (2002). *Econometric analysis of cross section and panel data.* MIT Press, Cambridge and London.

Chapitre 3

Inférence causale

Ce chapitre présente le cadre intellectuel qui sous-tend l'inférence causale, c'est-à-dire le processus par lequel on peut établir une relation de causalité entre un phénomène (que l'on appelle souvent en économie *traitement* ou *politique*) et ses effets. On présente d'abord le modèle des résultats potentiels, puis les outils associés.

3.1 Définitions

Commençons par distinguer différents types de paramètres : probabilistes, statistiques et causaux. Les paramètres probabilistes sont définis à partir des probabilités jointes des variables du modèle, qu'elles soient observées ou non. Les paramètres statistiques sont eux définis à partir des probabilités jointes des variables observées, par exemple l'espérance conditionnelle de la variable de résultat sachant des caractéristiques observées ou des corrélations entre variables observées. Enfin, les paramètres causaux sont définis à partir d'un modèle causal, et ne sont pas des paramètres statistiques, par exemple l'effet causal d'un traitement sur une variable toutes choses égales par ailleurs (voir section 1.5 dans Pearl, 2000, pour plus de détails). L'identification de ces paramètres causaux nécessite des hypothèses, qui peuvent ne pas être testables. Cette différence de statut des différents paramètres est importante pour comprendre les interprétations qui sont faites dans cet ouvrage.

Définissons maintenant formellement l'effet causal d'un traitement, dans le cadre du modèle de résultat potentiel de Rubin (1974). On note $Y_i(0)$ le résultat potentiel pour l'individu i s'il n'est pas traité et $Y_i(1)$ le résultat potentiel s'il est traité. En réalité, pour un individu donné nous observons uniquement l'état du traitement $D_i \in \{0, 1\}$ et le résultat réalisé Y_i défini par :

$$Y_i := Y_i(D_i) = \begin{cases} Y_i(0) & \text{if } D_i = 0, \\ Y_i(1) & \text{if } D_i = 1. \end{cases}$$

L'effet du traitement pour un individu i est alors :

$$\Delta_i = Y_i(1) - Y_i(0).$$

Le problème fondamental de l'inférence causale vient du fait que, pour un individu i, on ne peut donc observer que $Y_i(0)$ ou $Y_i(1)$, et donc jamais l'effet Δ_i de manière directe. Il existe un problème de variable manquante, et estimer Δ_i n'est pas un objectif atteignable sans hypothèses supplémentaires. On cherche donc plutôt à faire de l'inférence sur différentes caractéristiques de l'effet du traitement.

Une première quantité intéressante est l'effet moyen du traitement (*Average Treatment Effect, ATE*)

$$\tau_0 := \mathbb{E}[Y_i(1) - Y_i(0)],$$

qui est l'impact moyen de l'intervention dans la population. Un second paramètre d'intérêt classique est l'effet moyen du traitement sur les individus traités (*Average Treatment Effect on the Treated, ATT*), soit

$$\tau_0^{ATT} := \mathbb{E}[Y_i(1) - Y_i(0) | D_i = 1].$$

Enfin, lorsque l'on dispose de caractéristiques observées X_i, on peut être intéressé par la description de la potentielle hétérogénéité de l'effet du traitement par rapport à ces variables. En effet, τ_0 est un effet moyen, qui peut cacher d'importantes disparités au sein d'une population. On s'intéresse alors à l'effet moyen conditionnellement aux variables observées (ou *Conditional Average*

Treatment Effect, *CATE*) qui est la fonction :

$$\tau : x \mapsto \mathbb{E}\left[Y_i(1) - Y_i(0) | X_i = x\right].$$

L'estimation de ce paramètre sera développé plus en détails au chapitre 8.

3.2 Expériences contrôlées randomisées

Les expériences contrôlées randomisées ou RCT (*Randomized Controlled Trials*) constituent le cadre conceptuel le plus simple pour identifier des effets causaux, ainsi que le niveau de preuve le plus fiable en terme de validité interne – ainsi Abadie et Cattaneo (2018) parlent d'un *gold standard*. Elles consistent à traiter ($D_i = 1$) ou non ($D_i = 0$) aléatoirement un individu. Dans ce cas, le groupe des individus non traités constitue ce que l'on appelle le groupe de contrôle, c'est-à-dire celui qui va servir de base à la comparaison. On cherche à mesurer l'effet de ce traitement sur une variable de résultat. Pour cela, il est important de considérer la situation *contrefactuelle*, c'est-à-dire la valeur de la variable de résultat qui aurait été observée si le traitement n'avait pas eu lieu. Par exemple, pour connaître l'effet causal d'un programme de formation sur la reprise d'emploi, on voudrait comparer le résultat d'un individu après qu'il ait suivi la formation au résultat qu'il aurait obtenu *s'il n'avait pas suivi la formation*. On cherche donc à obtenir un groupe de contrôle qui soit le plus similaire possible aux individus traités.

L'assignation aléatoire au traitement permet de ce fait d'éviter les effets de *sélection dans le traitement*, qui est l'idée selon laquelle les individus qui ont le plus à gagner à être traité vont avoir des incitations à entrer dans le groupe de traitement, biaisant la comparaison avec le groupe des individus non traités, qui eux n'en ont pas. Même dans les cas où cette allocation aléatoire n'est pas accessible, le contexte de RCT reste un cadre de référence à partir duquel le raisonnement se constitue.

Développons maintenant les méthodes simples et le cadre statistique permettant d'estimer les paramètres évoqués à la section précédente. Supposons que l'on observe un échantillon i.i.d. de couples de variables aléatoires (Y_i, D_i), $i = 1, \ldots, n$ et qu'en outre :

Hypothèse 3.1 (SUTVA).

$$Y_i := Y_i(D_i).$$

L'hypothèse 3.1 est connue sous la dénomination de *Stable Unit Treatment Value* (SUTVA), et suppose que l'effet du traitement sur un individu n'a pas d'effet sur le résultat d'autres individus. Cette hypothèse peut être critiquable si, par exemple, il y a des effets de réseaux ou de pairs, plus généralement s'il y a des externalités (par exemple, pour l'impact d'un vaccin). Un modèle alternatif consisterait à supposer que $Y_i = Y_i(D_1, \ldots, D_n)$ c'est-à-dire que le résultat d'un individu dépend du statut de traitement des autres individus. Mais ce modèle est généralement trop complexe pour être utile.

Hypothèse 3.2 (Assignation aléatoire).

$$(Y_i(0), Y_i(1)) \perp\!\!\!\perp D_i.$$

L'hypothèse 3.2 traduit l'indépendance du traitement vis à vis des résultats potentiels, ce qui est crédible si et seulement si le traitement est affecté de manière aléatoire, sans référence au résultat potentiel de l'individu.

On a alors, en comparant la moyenne des résultats entre le groupe traité et le groupe de contrôle :

$$\begin{aligned}
&\mathbb{E}[Y|D=1] - \mathbb{E}[Y|D=0] \\
&= \mathbb{E}[Y(1)|D=1] - \mathbb{E}[Y(0)|D=0] \qquad \text{(avec STUVA)} \\
&= \mathbb{E}[Y(1)|D=1] - \mathbb{E}[Y(0)|D=0] + \mathbb{E}[Y(0)|D=1] - \mathbb{E}[Y(0)|D=1] \\
&= \mathbb{E}[Y(1)|D=1] - \mathbb{E}[Y(0)|D=1] + \underbrace{\mathbb{E}[Y(0)|D=1] - \mathbb{E}[Y(0)|D=0]}_{=0, \text{ d'après l'hypothèse 3.2}} \\
&= \tau_0, \qquad (3.1)
\end{aligned}$$

où la dernière ligne est obtenue grâce à l'hypothèse 3.2 qui implique l'égalité de l'ATT avec l'ATE. En ce sens, elle signifie que le groupe des individus traités en l'absence de traitement aurait été comparable au groupe des individus non traités. On en déduit alors l'estimateur *en différences moyennes* (*difference-in-means*, DM), en notant n_d le nombre d'individus dans le groupe $d \in \{0,1\}$:

$$\widehat{\tau}_{DM} = \frac{1}{n_1}\sum_{D_i=1} Y_i - \frac{1}{n_0}\sum_{D_i=0} Y_i. \tag{3.2}$$

En utilisant le théorème central limite et (3.1) on obtient que l'estimateur (3.2) est asymptotiquement normal :

$$\sqrt{n}(\widehat{\tau}_{DM} - \tau_0) \xrightarrow{d} \mathcal{N}(0, \sigma^2_{DM}),$$

avec $\sigma^2_{DM} := \mathrm{Var}(Y(1))/P(D=1) + \mathrm{Var}(Y(0))/P(D=0)$, et on peut en déduire des intervalles de confiance sur l'ATE.

Remarque 3.1 : Estimation MCO de l'effet du traitement

Supposons que l'on observe (Y_i, D_i, X_i) satisfaisant le modèle linéaire

$$Y_i = \tau_0 D_i + X_i'\beta + \varepsilon_i, \quad \mathbb{E}[\varepsilon_i|D_i, X_i] = 0.$$

Alors on peut estimer l'effet moyen du traitement par MCO de Y_i sur (D_i, X_i), et l'estimateur est asymptotiquement normal, sous les conditions standard des MCO.

En fait, si les agents sont affectés aléatoirement à deux groupes de même taille, même lorsque le modèle n'est pas linéaire en X_i, utiliser les MCO ne peut pas conduire à un estimateur moins précis que l'estimateur en différences moyennes, et est même souvent meilleur (voir Freedman, 2008 ; Lin, 2013). Ce résultat est aussi maintenu lorsque les groupes sont de tailles différentes mais que l'on régresse Y_i sur (D_i, X_i) et les interactions traitement D_i et covariables X_i (voir Lin, 2013).

3.3 Indépendance conditionnelle et score de propension

3.3.1 Hypothèses de base

Le cadre idéal de l'expérience randomisée décrit ci-dessus est souvent difficile à mettre en pratique, et n'est bien souvent pas forcément souhaitable si le traitement est coûteux et que l'on souhaite estimer son impact tout en limitant son coût, par exemple en excluant du traitement des populations pour lesquelles on suppose *a priori* que l'effet sera moindre. On étend alors ce cadre au cas où le traitement n'est pas purement aléatoire mais peut être considéré comme aléatoire une fois que l'on contrôle des caractéristiques individuelles X_i observables. Supposons que l'on observe un échantillon i.i.d. (Y_i, D_i, X_i), $i = 1, \ldots, n$, où X_i est un vecteur de caractéristiques observables conditionnellement auxquelles l'affectation au traitement est aléatoire.

Hypothèse 3.3 (Indépendance conditionnelle ou *unconfoundedness*).

$$(Y_i(0), Y_i(1)) \perp\!\!\!\perp D_i \ |X_i$$

L'hypothèse 3.3 d'indépendance conditionnelle ou de sélection sur les observables, souvent discutée dans la littérature économique, suppose que, conditionnellement à ces variables observables, le traitement est indépendant des résultats potentiels. Rosenbaum et Rubin (1983) montrent qu'une conséquence importante de l'hypothèse 3.3 est que le score de propension (*propensity score*)

$$p: \ x \in \mathcal{X} \mapsto \mathbb{P}(D = 1|X = x)$$

permet de réduire la dimension du problème, puisqu'il satisfait

$$(Y_i(0), Y_i(1)) \perp\!\!\!\perp D_i \mid p(X_i). \tag{3.3}$$

3.3.2 Deux caractérisations de l'ATE

Une première caractérisation de l'ATE utilise pour l'estimation une pondération par l'inverse du score de propension (*Inverse-propensity weighting, IPW*). L'idée consiste à estimer en première étape le score p par régression non-paramétrique $\widehat{p}$. On note que, quand X est discret et prend des valeurs x_k, $k = 1, \ldots, K$ un estimateur naturel de p est $\widehat{p}(x) = n_{x,1}/n_x$ quand $x \in \{x_1, \ldots, x_K\}$, n_x et $n_{x,1}$ étant respectivement le nombre d'observations et le nombres d'observations traitées $D = 1$ telles que $X = x_k$ dans l'échantillon de taille n. Puis, on utilise :

$$\widehat{\tau}_{IPW} = \frac{1}{n}\sum_{i=1}^{n}\left[\frac{D_iY_i}{\widehat{p}(X_i)} - \frac{(1-D_i)Y_i}{1-\widehat{p}(X_i)}\right]. \tag{3.4}$$

Appelons estimateur « oracle » l'estimateur τ^*_{IPW} obtenu en supposant le score de propension connu :

$$\tau^*_{IPW} = \frac{1}{n}\sum_{i=1}^{n}\left[\frac{D_iY_i}{p(X_i)} - \frac{(1-D_i)Y_i}{1-p(X_i)}\right]. \tag{3.5}$$

L'analyse des propriétés asymptotiques de $\widehat{\tau}_{IPW}$ passe par la décomposition $\widehat{\tau}_{IPW} - \tau_0 = \underbrace{\widehat{\tau}_{IPW} - \tau^*_{IPW}}_{(A)} + \underbrace{\tau^*_{IPW} - \tau_0}_{(B)}$. Pour traiter le terme (B), on note que l'estimateur oracle τ^*_{IPW} est non biaisé :

$$\begin{aligned}
\mathbb{E}(\widehat{\tau}_{IPW}) &= \mathbb{E}\left[\frac{D_iY_i}{p(X_i)} - \frac{(1-D_i)Y_i}{1-p(X_i)}\right] \\
&= \mathbb{E}\left[\frac{D_iY_i(1)}{p(X_i)} - \frac{(1-D_i)Y_i(0)}{1-p(X_i)}\right] \\
&= \mathbb{E}\left[\mathbb{E}\left[\frac{D_iY_i(1)}{p(X_i)} - \frac{(1-D_i)Y_i(0)}{1-p(X_i)}\middle| p(X_i)\right]\right] \quad \text{(loi des espérances itérées)} \\
&= \mathbb{E}\left[Y_i(1) - Y_i(0)\right] \quad \text{(Avec hyp. 3.3)}\ .
\end{aligned}$$

Puis, sous la condition suivante de chevauchement (*overlap*) :

Hypothèse 3.4 (Condition de chevauchement).

$$\exists \eta > 0,\ \textit{tel que, pour tout } x \in \mathcal{X},\ \eta \leq p(x) \leq 1-\eta,$$

et en supposant les variables de résultat bornées $|Y_i| \leq M$, on obtient un contrôle en probabilité de l'écart à l'estimateur oracle (A) :

$$|\widehat{\tau}_{IPW} - \tau^*_{IPW}| = \mathcal{O}_p\left(\frac{M \sup_{x\in\mathcal{X}} |\widehat{p}(x) - p(x)|}{\eta}\right).$$

Ainsi, sous la condition suffisante de posséder un estimateur convergent en norme sup du score de propension, $\sup_{x\in\mathcal{X}} |\widehat{p}(x) - p(x)| \to_{n\to\infty} 0$, l'estimateur $\widehat{\tau}_{IPW}$ est convergent.

Une seconde caractérisation de l'ATE se fonde sur, pour tout $x \in \mathcal{X}$:

$$\begin{aligned}
&\mathbb{E}\left[Y_i(1) - Y_i(0)|X_i = x\right] \\
&= \mathbb{E}\left[Y_i(1)|X_i = x\right] - \mathbb{E}\left[Y_i(0)|X_i = x\right] \\
&= \mathbb{E}\left[Y_i(1)|X_i = x, D_i = 1\right] - \mathbb{E}\left[Y_i(0)|X_i = x, D_i = 0\right] \text{ (avec Hyp. 3.3)} \\
&= \mathbb{E}\left[Y_i|X_i = x, D_i = 1\right] - \mathbb{E}\left[Y_i|X_i = x, D_i = 0\right] \quad \text{(avec Hyp. 3.1)} \\
&= \mu_1(x) - \mu_0(x),
\end{aligned}$$

avec $\mu_j(x) = \mathbb{E}\left[Y_i|X_i = x, D_i = j\right]$ pour $j = 1, 2$, et donc

$$\tau_0 = \mathbb{E}\left[\mu_1(X_i) - \mu_0(X_i)\right]. \tag{3.6}$$

Une façon d'obtenir un estimateur consistent de l'ATE avec cette caractérisation serait d'utiliser un estimateur non-paramétrique consistent $\widehat{\mu}_{(j)}$ de $\mu_{(j)}$ puis de moyenner sur les observations :

$$\widehat{\tau}_{Diff} = \frac{1}{n}\sum_{i=1}^{n} \mu_1(X_i) - \mu_0(X_i). \tag{3.7}$$

Dans ces deux contextes, les fonctions μ et p apparaissent comme des paramètres de *nuisance*, qu'il faudrait connaître pour pouvoir estimer le paramètre d'intérêt τ_0. Ainsi, un estimateur de $\tau(\cdot)$ utilisant des estimateurs par apprentissage statistique de $\mu_1(\cdot)$ et $\mu_0(\cdot)$ séparément ne nécessite pas d'estimer le score de propension. Le problème ici est que les biais dans les estimations séparées de $\mu_1(\cdot)$ et $\mu_0(\cdot)$ peuvent s'accumuler et conduire à des biais importants et imprévisibles dans l'estimation de $\tau(\cdot)$.

Un estimateur basé sur la première approche $\widehat{\tau}_{IPW}$ a souvent une plus grande variance par rapport à un estimateur de régression de la moyenne conditionnelle $\widehat{\tau}_{Diff}$ en raison de la division par le score de propension dans (3.4) (voir l'exemple intéressant dans la section 3 de Powers *et al.*, 2017).

3.3.3 Estimation efficiente de l'effet du traitement

L'estimateur de l'inverse du score de propension augmenté (*Augmented Inverse propensity score*, AIPW, voir, Robins *et al.*, 1994 ; Hahn, 1998), défini par

$$\widehat{\tau}_{AIPW} = \frac{1}{n}\sum_{i=1}^{n} \mu_1(X_i) - \mu_0(X_i) + \frac{D_i(Y_i - \mu_1(X_i))}{p(X_i)} - \frac{(1-D_i)(Y_i - \mu_0(X_i))}{1-p(X_i)}, \tag{3.8}$$

consiste à corriger du biais dans (3.7) dû à l'estimation des $\mu_{(j)}$. Cet estimateur possède plusieurs propriétés importantes :

1. Il atteint la borne d'efficacité semi-paramétrique (Robins *et al.*, 1994 ; Hahn, 1998) :

$$\sqrt{n}(\widehat{\tau}_{AIPW} - \tau_0) \xrightarrow{d} \mathcal{N}\left(0, \operatorname{Var}(\tau(X)) + \mathbb{E}\left[\frac{\sigma_0^2(X)}{1-p(X)}\right] + \mathbb{E}\left[\frac{\sigma_1^2(X)}{p(X)}\right]\right),$$

   où $\sigma_j^2(x) = \operatorname{Var}(Y(j)|X = x)$ pour $j = 0, 1$;

2. Il est *doublement-robuste*, c'est à dire qu'il est convergent soit si les estimateurs $\widehat{\mu}_{(j)}$ pour $j = 0, 1$ sont convergents, soit si $\widehat{p}$ est convergent.

3.4 Effet causal et variables instrumentales

3.4.1 Endogénéité et variables instrumentales

La méthode des variables instrumentales est plus générale que l'estimation de l'effet du traitement mentionné dans la partie précédente, mais nous particularisons ici la présentation à ce contexte. On cherche à généraliser l'approche des expériences randomisées aux expériences dites « naturelles », où le traitement D n'est pas aléatoire et n'est donc en toute généralité pas indépendant des résultats potentiels. Considérons donc un modèle linéaire nous permettant d'estimer l'effet du traitement $D \in \mathbb{R}$ (discret ou continu ici et de dimension 1) tout en contrôlant des variables $X \in \mathbb{R}^{p_x}$:

$$Y = D\tau_0 + X'\beta_0 + \varepsilon, \text{ avec } \mathbb{E}[\varepsilon] = 0, \tag{3.9}$$

$$\mathbb{E}[\varepsilon|D, X] = 0. \tag{3.10}$$

De manière générale, en dehors des RCT ou si cette dernière n'est pas exactement conforme au cadre théorique précédent, l'hypothèse d'exogénéité $\mathbb{E}[D\varepsilon] =$

0 n'est pas vérifiée. S'il est toujours possible de définir des quantités $(\tilde{\tau}_0, \tilde{\beta}_0, \tilde{\varepsilon})$ telles que

$$Y = D\tilde{\tau}_0 + X^{'}\tilde{\beta}_0 + \tilde{\varepsilon},$$

avec $\mathbb{E}[\tilde{\varepsilon}|D, X] = 0$, l'estimateur des moindres carrés ordinaires va estimer sous les conditions de rang usuelles $(\tilde{\tau}_0, \tilde{\beta}_0)$, qui diffèrent en général des vrais paramètres (τ_0, β_0). Ici, $D\tilde{\tau}_0 + X'\tilde{\beta}_0$ est le meilleur prédicteur linéaire de Y sur (D, X), mais n'est plus l'effet causal.

Dans ce contexte, une stratégie possible est d'identifier des variables instrumentales $W = (Z, X) \in \mathbb{R}^{p+p_x}$, où p est plus grand que le nombre de variables endogènes D (ici 1). Un instrument est une variable qui (i) est corrélée avec la variable endogène et (ii) n'est pas corrélée avec les résidus. De manière plus formelle, on suppose :

Hypothèse 3.5 (Variables instrumentales, Condition de rang)**.** $\mathbb{E}[W(D, X')]$ *est de rang* $q = p + p_x$.

Hypothèse 3.6 (Variables instrumentales, Exogénéité)**.** $\mathbb{E}[\varepsilon W] = 0$.

Sous ces hypothèses (3.9), (3.5) et (3.6), il existe une matrice Q de taille $(q, 1 + p_x)$ et rang q tel que la matrice $\mathbb{E}[QW(D, X')]$ est inversible et

$$(\tau_0, \beta_0)' = \mathbb{E}[QW(D, X')]^{-1}\,\mathbb{E}[QWY]. \tag{3.11}$$

L'estimateur obtenu en prenant la contrepartie empirique de (3.11) est l'estimateur des doubles moindres carrés (*Two-Stage Least-Squares, 2SLS*). Lorsqu'on a un seul instrument Z, on obtient en particulier $\tau_0 = \mathrm{Cov}(Y, Z)/\mathrm{Cov}(Z, D)$. L'estimateur des 2SLS peut donc s'obtenir (même si ce n'est pas efficace) par les deux étapes suivantes : (i) régresser D sur l'instrument Z, puis (ii) régresser Y sur la prédiction de D issue de l'étape (i).

En pratique, le chercheur peut avoir accès soit à plusieurs instruments soit vouloir considérer des transformations de l'instrument initial $A(W)$, puisqu'elles vont aussi satisfaire l'hypothèse 3.6. En effet, la condition de moment $\mathbb{E}[\varepsilon|W] = 0$, où $W = (Z^{'}, X^{'})^{'}$, implique une séquence de conditions de moment inconditionnelles $\mathbb{E}[\varepsilon A(W)] = 0$, indexée par un vecteur d'instruments

$A(W)$ tel que $\mathbb{E}[A(W)^2] < \infty$. Ceci pose légitimement la question du choix de cette fonction $A(\cdot)$ afin de minimiser la variance asymptotique de l'estimateur de $\theta_0 := (\tau_0, \beta_0^{'})^{'}$ par la méthode des moments généralisée (GMM).

Si ce choix n'impacte pas l'identification de l'effet causal, il impacte la précision de l'estimateur des doubles moindres carrés (2SLS). Nous donnons donc un aperçu des résultats classiques sur le *problème des instruments optimaux*. Pour simplifier ici, nous nous limitons au cas conditionnellement homoscédastique

$$\mathbb{E}\left[\varepsilon^2 | W\right] = \sigma^2. \tag{3.12}$$

3.4.2 Le problème des instruments optimaux

Dans cette section, on suppose que seulement D est endogène et de dimension 1 et nous rappelons les résultats concernant le choix optimal de $A(\cdot)$ dans l'équation du moment $\mathbb{E}[\varepsilon A(W)] = 0$ tel que $\mathbb{E}[A(W)^2] < \infty$ afin d'obtenir des estimations plus précises. On note $S := (D, X^{'})^{'} \in \mathbb{R}^{p+1}$. Nous étudions l'estimateur de la méthode des moments généralisée (GMM) (voir les rappels de la section 2.4), basée sur les conditions de moments :

$$M(\theta_0, A) := \mathbb{E}\left[A(W)\left(Y - S^{'}\theta_0\right)\right] = 0.$$

En utilisant les propriété des GMM, $\psi(U, \theta_0, A) := A(W)\left(Y - S^{'}\theta_0\right)$ avec les notations de la section 2.4, on obtient que l'estimateur $\widehat{\theta}_n$ vérifie :

$$\widehat{\theta}_n = \left[\frac{1}{n}\sum_{i=1}^{n} A(W_i)S_i'\right]^{-1} \frac{1}{n}\sum_{i=1}^{n} A(W_i)Y_i$$

(voir théorème 5.7 dans Van der Vaart, 1998) et converge en probabilité $\widehat{\theta}_n \xrightarrow{p} \theta_0$. Il est aussi asymptotiquement normal et on a :

$$\sqrt{n}\left(\widehat{\theta}_n - \theta_0\right) \xrightarrow{d} \mathcal{N}\left(0, G(A)^{-1}\,\mathbb{E}\left[\psi(U, \theta_0, A)\psi(U, \theta_0, A)^{'}\right]\left(G(A)^{-1}\right)^{'}\right), \tag{3.13}$$

avec $G(A) = \mathbb{E}\left[A(W)S'\right]$. La forme optimale de A minimise la variance asymptotique dans (3.13), comme le précise le théorème 3.1 ci-dessous.

Théorème 3.1 (Condition nécessaire pour des instruments optimaux, théorème 5.3 dans Newey et McFadden, 1994, page 2166). *Si un choix efficace* $\overline{A}$ *de* A *existe pour l'estimateur* (2.3), *alors il doit satisfaire*

$$G(A) = \mathbb{E}\left[\psi(U,\theta_0,A)\psi\left(U,\theta_0,\overline{A}\right)'\right], \text{ pour tout } A \text{ tel que } \mathbb{E}\left[A(W)^2\right] < \infty.$$

Cette condition peut être aussi reformulée comme suit :

$$\mathbb{E}\left[A(W)S'\right] = \mathbb{E}\left[A(W)(Y - S'\theta_0)^2\overline{A}(W)'\right].$$

Ainsi, en utilisant la loi des espérances itérées, on obtient

$$\mathbb{E}\left[A(W)\left(\mathbb{E}\left[S'|W\right] - \mathbb{E}\left[(Y - S'\theta_0)^2|W\right]\overline{A}(W)'\right)\right] = 0.$$

En utilisant l'hypothèse d'homoscédasticité (3.12) qui s'écrit ici

$$\mathbb{E}[(Y - S'\theta_0)^2|W] = \sigma^2,$$

cette dernière condition est satisfaite quand $\overline{A}(W) = \mathbb{E}\left[S|W\right]/\sigma^2$. Étant invariante à une multiplication par une matrice constante, la fonction $A(W) = \mathbb{E}\left[S|W\right]$ minimise la variance asymptotique, qui devient alors

$$\Lambda^* = \sigma^2\,\mathbb{E}\left[\mathbb{E}\left[S|W\right]\mathbb{E}\left[S|W\right]'\right]^{-1}. \tag{3.14}$$

Λ^* est la borne d'efficacité semi-paramétrique (voir le chapitre 25 dans Van der Vaart, 1998). Ici, $A(W)$ est dit l'*instrument optimal.* L'instrument optimal est donc ici la fonction de régression de S sur W, $w \mapsto \mathbb{E}\left[S|W = w\right]$. Sans plus de restrictions, c'est naturellement un objet de grande dimension (voir, *e.g.*, Tsybakov, 2009). Avec peu d'instruments, Newey et McFadden (1994) proposent des estimateurs non-paramétriques sous forme de séries.

Remarque 3.2 : LATE

Dans le cas d'un traitement binaire certains individus *affectés* au groupe de contrôle peuvent quand même prendre le traitement. Inversement certains individus *affectés* au groupe de traitement peuvent le refuser. Dans ces cas, il faut distinguer l'*allocation* au traitement $Z \in \{0,1\}$ du *traitement effectivement reçu* $D \in \{0,1\}$. Si l'allocation Z reste bien aléatoire, le traitement D ne satisfait plus en général l'hypothèse 3.2.

L'approche, introduite par Imbens et Angrist (1994), consiste à définir le traitement potentiel $D(Z)$, où par exemple $D(0) = 1$ si l'individu était affecté au groupe de contrôle mais a réussi à se faire traiter. Si l'on suppose que l'allocation est bien aléatoire :

$$Z \perp\!\!\!\perp (Y(0), Y(1), D(0), D(1)) \tag{3.15}$$

et l'hypothèse de *monotonicité* :

$$D(1) \geq D(0) \; p.s. \tag{3.16}$$

alors on peut identifier le coefficient :

$$\tau_0^C = \mathbb{E}[Y(1) - Y(0)|D(1) - D(0) = 1] = \frac{\mathbb{E}[Y|Z=1] - \mathbb{E}[Y|Z=0]}{\mathbb{E}[D|Z=1] - \mathbb{E}[D|Z=0]}. \tag{3.17}$$

τ_0^C est l'effet causal du traitement sur la sous-population des « compliers » $D(1) - D(0) = 1$, c'est à dire ceux qui se comportent comme leur allocation $D = Z$. L'hypothèse 3.16 suppose qu'il n'y a pas de « defiers », c'est à dire d'individus qui prendraient le traitement s'ils étaient dans le groupe de contrôle, mais qui le prendraient pas s'ils étaient dans le groupe de contrôle. Comme τ_0^C mesure un effet causal sur la sous-population des « compliers », il est appelé « effet moyen du traitement local » (*Local Average Treatment Effect, LATE*). On peut l'identifier aussi comme le coefficient de la régression de Y sur D lorsque l'on utilise Z comme variable instrumentale comme décrit dans la section 3.4.

Remarque 3.3 : Régression non-paramétrique et IV

Une première façon de généraliser le modèle linéaire (3.9) (voir, *e.g.*, est de considérer Newey et Powell, 2003 ; Darolles *et al.*, 2011),

$$Y = \varphi(D, X) + \varepsilon, \text{ avec } \mathbb{E}[\varepsilon|Z] = 0,$$

où le paramètre d'intérêt est la fonction non-paramétrique φ. On obtient l'identification de cette fonction en prenant l'espérance conditionnelle par rapport à Z

$$\mathbb{E}[Y|Z] = \mathbb{E}[\varphi(X)|Z] \tag{3.18}$$

et en supposant la condition de *complétude* (voir, *e.g.*, D'Haultfoeuille, 2011) : pour toute fonction mesurable et intégrable g on a

$$\mathbb{E}[g(X)|Z] = 0 \; p.p \implies g(X) = 0 \; p.p.$$

L'équation (3.18) est une équation de moment qui traduit un *problème inverse*, où l'opérateur associé est l'opérateur d'espérance conditionnelle à Z (voir, *e.g.*, Darolles *et al.*, 2011). On note ici que l'on peut aussi relâcher l'hypothèse d'additivité (voir, *e.g.*, Chernozhukov et Hansen, 2005). On peut utiliser des méthodes de machine learning du type réseaux de neurones profonds dans ce contexte (Hartford *et al.*, 2017), pour estimer la fonction de régression $\mathbb{E}[Y|Z]$ et la distribution conditionnelle $F_{X|Z}$ puis résoudre le problème inverse (3.18).

3.5 Bilan du chapitre

Mots clés

Inférence causale, Expérience contrôlée randomisée (*randomized controlled trial*, RCT), situation contrefactuelle, effet du traitement, *Average Treatment Effect* (ATE), *Average Treatment Effect on the Treated* (ATT), hétérogénéité de l'effet du traitement, *Conditional Average Treatment Effect* (CATE), *Stable Unit Treatment Value* (SUTVA), estimateur en différences moyennes, score de propension, *Inverse-propensity weighting* (IPW), Indépendance conditionnelle ou *unconfoundedness*, score de propension augmenté, problème des instruments optimaux, effet moyen du traitement local (*local average treatment effect*, LATE).

Lectures complémentaires

Angrist et Pischke (2009) et Imbens et Rubin (2015) sont deux ouvrages de référence qui proposent un traitement complet des outils classiques pour l'inférence causale dans le cadre des résultats potentiels. Abadie et Cattaneo (2018) proposent une revue des méthodes les plus communément utilisées.

Bibliographie

Abadie, A. et Cattaneo, M. D. (2018). Econometric methods for program evaluation. *Annual Review of Economics*, 10(1):465–503.

Angrist, J. et Pischke, J.-S. (2009). *Mostly Harmless Econometrics : An Empiricist's Companion*. Princeton University Press, 1re édition.

Chernozhukov, V. et Hansen, C. (2005). An iv model of quantile treatment effects. *Econometrica*, 73(1):245–261.

Darolles, S., Fan, Y., Florens, J.-P. et Renault, E. (2011). Nonparametric instrumental regression. *Econometrica*, 79(5):1541–1565.

D'Haultfoeuille, X. (2011). On the completeness condition in nonparametric instrumental problems. *Econometric Theory*, 27(3):460–471.

FREEDMAN, D. A. (2008). On regression adjustments to experimental data. *Advances in Applied Mathematics*, 40(2):180–193.

HAHN, J. (1998). On the role of the propensity score in efficient semiparametric estimation of average treatment effects. *Econometrica*, 66(2):315–332.

HARTFORD, J., LEWIS, G., LEYTON-BROWN, K. et TADDY, M. (2017). Deep iv : A flexible approach for counterfactual prediction. *In International Conference on Machine Learning*, pages 1414–1423. PMLR.

IMBENS, G. W. et ANGRIST, J. D. (1994). Identification and estimation of local average treatment effects. *Econometrica*, 62(2):467–475.

IMBENS, G. W. et RUBIN, D. B. (2015). *Causal Inference for Statistics, Social, and Biomedical Sciences*. Cambridge Books. Cambridge University Press.

LIN, W. (2013). Agnostic notes on regression adjustments to experimental data : Reexamining freedman's critique. *The Annals of Applied Statistics*, 7(1):295–318.

NEWEY, W. K. et MCFADDEN, D. (1994). Large sample estimation and hypothesis testing. *Handbook of econometrics*, 4:2111–2245.

NEWEY, W. K. et POWELL, J. L. (2003). Instrumental variable estimation of nonparametric models. *Econometrica*, 71(5):1565–1578.

PEARL, J. (2000). *Causality : Models, Reasoning, and Inference*. Cambridge University Press, New York, NY, USA.

POWERS, S., QIAN, J., JUNG, K., SCHULER, A., SHAH, N. H., HASTIE, T. et TIBSHIRANI, R. (2017). Some methods for heterogeneous treatment effect estimation in high-dimensions. *arXiv preprint arXiv :1707.00102*.

ROBINS, J. M., ROTNITZKY, A. et ZHAO, L. P. (1994). Estimation of regression coefficients when some regressors are not always observed. *Journal of the American statistical Association*, 89(427):846–866.

ROSENBAUM, P. R. et RUBIN, D. B. (1983). The central role of the propensity score in observational studies for causal effects. *Biometrika*, 70(1):41–55.

RUBIN, D. B. (1974). Estimating causal effects of treatments in randomized and nonrandomized studies. *Journal of educational Psychology*, 66(5):688.

TSYBAKOV, A. B. (2009). *Introction to nonparametric estimation*. Springer.

Van der VAART, A. W. (1998). *Asymptotic statistics*. Cambridge University Press.

Deuxième partie

Grande dimension et sélection de variables

Chapitre 4

Inférence post-sélection

La sélection de modèles et la parcimonie parmi les variables explicatives sont des problèmes scientifiques traditionnels qui trouvent un écho particulier en statistique et en économétrie. Ces sujets ont fait l'objet d'une attention croissante au cours des deux dernières décennies, les statisticiens de divers domaines ayant accès plus fréquemment à des jeux de données de grande dimension, c'est-à-dire contenant un grand nombre de variables explicatives. Même avec un jeu de données de taille modeste, des problèmes de grande dimension peuvent survenir, par exemple lors de l'estimation en séries d'un modèle non-paramétrique. En pratique, les économètres appliqués sélectionnent souvent les variables par essais et erreurs, guidés par leur intuition, et reportent les résultats en partant de l'hypothèse selon laquelle le modèle sélectionné est le vrai. Ces résultats sont étayés par des analyses de sensibilité et des contrôles de robustesse supplémentaires. Cependant, l'étape de sélection des variables d'un travail empirique est rarement reconnue à sa juste valeur, quand bien même elle est loin d'être anodine. Plus particulièrement, son absence de prise en compte peut conduire à des résultats fallacieux. Leamer (1983) a été l'un des premiers à tirer la sonnette d'alarme. Pour une présentation moderne, voir Leeb et Pötscher (2005) et, dans le contexte de l'évaluation de politique, Belloni *et al.* (2014). L'Hour (2020) fournit une version non technique de ce chapitre en français.

Ce chapitre traite particulièrement du cas de la sélection des variables de contrôle. La section 4.1 illustre dans un cas schématique le problème posé par l'inférence post-sélection. Les sections 4.2 et 4.3 présentent et étudient l'estimateur Lasso car il est souvent utilisé comme outil de sélection automatique de variable. La section 4.4 s'appuie sur l'intuition de la section 4.1 pour illustrer le biais de régularisation dans un cas plus proche de la pratique. La section 4.5 propose une solution particulière dans un cadre complètement linéaire, appelée « méthode de la double sélection ».

Ce chapitre se restreint au cadre linéaire, mais le chapitre 5, et plus particulièrement la section 5.1, exposent les concepts théoriques clés pour traiter l'inférence post-machine learning, dont l'inférence post-sélection peut être vue comme un cas particulier. Le chapitre 6 applique cette théorie au cadre du modèle à variables instrumentales. Et le chapitre 7 couvre certains développements théoriques.

4.1 Le problème de l'inférence post-sélection

Nous commençons par analyser la méthode d'inférence en deux étapes décrite dans l'introduction (sélection du modèle d'abord, puis présentation des résultats de ce modèle comme s'il s'agissait du « vrai » modèle). Cette section est basée sur le travail de Leeb et Pötscher (2005). On se place ici dans un cadre très simple, où l'on suppose le maximum de paramètres comme connus, afin d'illustrer, de manière la plus limpide possible, l'intuition qui se retrouve tout au long de ce chapitre.

4.1.1 Le modèle

Hypothèse 4.1 (Modèle linéaire gaussien possiblement parcimonieux). *Considérons la séquence i.i.d. de variables aléatoires* $(Y_i, X_i)_{i=1,\dots,n}$ *telle que :*

$$Y_i = X_{i,1}\tau_0 + X_{i,2}\beta_0 + \varepsilon_i,$$

où $\varepsilon_i \sim \mathcal{N}(0, \sigma^2)$, σ^2 *est connu,* $X_i = (X_{i,1}, X_{i,2})$ *est de dimension deux,* $\varepsilon_i \perp X_i$, *et* $\mathbb{E}[X_i X_i']$ *est une matrice inversible. Nous utilisons la notation suivante pour les éléments de la matrice de variance-covariance des MCO :*

$$\begin{bmatrix} \sigma_\tau^2 & \sigma_{\tau,\beta} \\ \sigma_{\tau,\beta} & \sigma_\beta^2 \end{bmatrix} := \sigma^2 \left[\frac{1}{n} \sum_{i=1}^{n} X_i X_i' \right]^{-1}.$$

Le vrai modèle le plus parcimonieux est codé par M_0, définie comme une variable aléatoire prenant la valeur R (« restricted ») si $\beta_0 = 0$ et U (« unrestricted ») sinon.

L'hypothèse 4.1 définit un modèle de régression simple avec deux variables, dont l'effet de l'une est d'intérêt, tandis que l'effet de l'autre n'est qu'un paramètre de nuisance, c'est-à-dire que l'on ne s'y intéresse pas directement mais qu'il peut être nécessaire de le prendre en compte pour la validité du modèle, *i.e.* pour valider la condition d'exogénéité. Les raisonnements tenus dans la section 4.1 seront conditionnels aux covariables $(X_i)_{1 \leq i \leq n}$ mais nous laissons cette dépendance cachée. En particulier, conditionnellement aux covariables, l'estimateur non restreint est normalement distribué :

$$\sqrt{n} \begin{bmatrix} \widehat{\beta}(U) - \beta_0 \\ \widehat{\tau}(U) - \tau_0 \end{bmatrix} \sim \mathcal{N}\left(\begin{bmatrix} 0 \\ 0 \end{bmatrix}, \begin{bmatrix} \sigma_\beta^2 & \rho\sigma_\beta\sigma_\tau \\ \rho\sigma_\beta\sigma_\tau & \sigma_\tau^2 \end{bmatrix} \right),$$

où $\rho := \sigma_{\tau,\beta}/\sigma_\tau\sigma_\beta$ est la corrélation entre les estimateurs des deux paramètres.

Remarque 4.1 : Inclusion de variables de contrôle

On désigne par le terme « variables de contrôle » les variables que l'on inclut dans le modèle de régression afin de rendre l'hypothèse d'exogénéité valide. Dans la terminologie propre à l'inférence causale et aux graphes orientés acycliques, on parle de « *confounder* » ou de variable confondante. Une bonne variable de contrôle est une variable qui doit à la fois prédire la variable que l'on cherche à expliquer (condition de pertinence) et qui est corrélée à la variable explicative principale (celle dont on cherche à mesurer l'effet). Si l'on omet une variable de contrôle, alors l'estimation n'est pas valide puisqu'elle souffre d'un biais de variable omise. Le cas inverse de l'ajout d'une variable qui n'est pas une variable de contrôle a un effet ambigu, selon la condition qu'elle ne remplit pas :

1. Si l'on ajoute une variable qui ne remplit pas la condition de pertinence, alors la précision de l'estimation se dégrade puisqu'elle diminue la variance de la variable explicative principale, une fois purgée de l'effet de cette variable superflue.
2. Si l'on ajoute une variable qui remplit uniquement la condition de pertinence, alors la précision de l'estimation augmente puisqu'elle

diminue la variance du terme résiduel, sans diminuer la variance de la variable explicative principale.

4.1.2 Procédure convergente de sélection de modèle

L'économètre souhaite faire de l'inférence sur le paramètre τ_0 associé à l'effet de la variable $X_{i,1}$ et se demande s'il doit inclure $X_{i,2}$ dans la régression ou pas – un modèle plus parcimonieux rend l'estimation potentiellement plus précise, au prix d'une chance accrue de se révéler biaisée.

À la fin, il reporte le résultat du modèle $\widehat{M}$ qu'il a sélectionné dans une première étape. On désigne par $\widehat{\tau}(U)$ et $\widehat{\beta}(U)$ les estimateurs MCO dans le modèle non restreint (modèle U) et par $\widehat{\tau}(R)$ et $\widehat{\beta}(R) = 0$ les estimateurs MCO du modèle restreint (modèle R). L'économètre inclut $X_{i,2}$ dans le modèle si et seulement si la statistique de Student est suffisamment grande :

Hypothèse 4.2 (Règle de décision).

$$\widehat{M} = \begin{cases} U & si \ |\frac{\sqrt{n}\widehat{\beta}(U)}{\sigma_\beta}| > c_n \\ R & sinon, \end{cases} \tag{4.1}$$

avec c_n tel que $c_n \to \infty$ et $c_n/\sqrt{n} \to 0$ quand $n \to \infty$.

Notons que le critère BIC correspond à $c_n = \sqrt{\log n}$ et l'AIC à $c_n = \sqrt{2}$. Quelles sont les performances asymptotiques de cette méthode de sélection ?

Lemme 4.1 (Convergence de la sélection du modèle par la règle (4.2)). *Pour $M_0 \in \{U, R\}$,*

$$\mathbb{P}_{M_0}\left(\widehat{M} = M_0\right) \to 1,$$

lorsque $n \to \infty$, où $\mathbb{P}_{M_0}$ indique la distribution de probabilité de $\widehat{M}$ sous le vrai modèle M_0.

Les preuves des lemmes et théorèmes sont détaillées à la fin du chapitre.

Puisque la probabilité de sélectionner le vrai modèle tend vers un avec la taille de l'échantillon, le lemme 4.1 pourrait laisser penser qu'une procédure de sélection de modèle convergente permet d'effectuer l'inférence « comme d'habitude », *i.e.* que l'étape de sélection de modèle peut être négligée puisque pour

n assez grand, on sélectionne le bon modèle avec une forte probabilité. De fait, en un sens « ponctuel », c'est-à-dire pour une valeur de β_0 fixée et constante par rapport à la taille de l'échantillon, cela est vrai. Cependant, pour toute taille d'échantillon n donnée, la probabilité de sélectionner le vrai modèle peut être très faible si β_0 est proche de zéro sans être exactement nul. Par exemple, supposons que $\beta_0 = \delta\sigma_\beta c_n/\sqrt{n}$ avec $|\delta| < 1$ alors : $\sqrt{n}\beta_0/\sigma_\beta = \delta c_n$ et la probabilité de sélectionner le modèle non restreint dans la preuve du lemme 4.1 est égale à $1 - \Phi(c_n(1+\delta)) + \Phi((\delta-1)c_n)$, et tend vers zéro bien que le vrai modèle soit U car $\beta_0 \neq 0$! Cette analyse rapide nous indique que la procédure de sélection du modèle n'est pas robuste aux déviations de l'ordre de $c_n/\sqrt{n}$ par rapport au modèle restreint ($\beta_0 = 0$). Les statisticiens disent que, dans ce cas, la procédure de sélection du modèle n'est pas *uniformément convergente* par rapport à β_0. Pour l'économètre, cela signifie que la procédure d'inférence classique, c'est-à-dire la procédure qui suppose que le modèle sélectionné est le vrai, ou qui est conditionnelle au fait que le modèle sélectionné soit le vrai, et qui utilise la normalité asymptotique pour effectuer des tests et construire des intervalles de confiance peut nécessiter des échantillons de très grande taille pour être précise. De plus, cette taille d'échantillon requise dépend du paramètre inconnu β_0 (voir les simulations numériques de Leeb et Pötscher, 2005).

4.1.3 Distribution de l'estimateur post-sélection

Leeb et Pötscher (2005) analysent la distribution de l'estimateur post-sélection $\tilde{\tau}$ défini par

$$\tilde{\tau} := \hat{\tau}(\widehat{M}) = \hat{\tau}(R)\mathbf{1}_{\widehat{M}=R} + \hat{\tau}(U)\mathbf{1}_{\widehat{M}=U}. \tag{4.2}$$

Malgré la mise en garde émise dans le paragraphe précédent, une procédure convergente de sélection de modèle est-elle suffisante pour lever les inquiétudes concernant l'approche de post-sélection ? En effet, en utilisant le lemme 4.1, il est tentant de penser que $\tilde{\tau}$ sera asymptotiquement distribué selon une distribution gaussienne et que l'inférence standard s'applique également. Cependant, nous allons montrer que la distribution de l'échantillon fini de l'estimateur de post-sélection peut être très différente d'une distribution gaussienne standard. Le résultat présenté ici peut être trouvé dans Leeb (2006).

Lemme 4.2 (Densité de l'estimateur post-sélection Leeb, 2006). *La densité à distance finie (conditionnellement à $(X_i)_{i=1,\dots,n}$) de $\sqrt{n}(\tilde{\tau}-\tau_0)$ est donnée par :*

$$f_{\sqrt{n}(\tilde{\tau}-\tau_0)}(x) = \Delta\left(\sqrt{n}\frac{\beta_0}{\sigma_\beta}, c_n\right)\frac{1}{\sigma_\tau\sqrt{1-\rho^2}}\varphi\left(\frac{x}{\sigma_\tau\sqrt{1-\rho^2}} + \frac{\rho}{\sqrt{1-\rho^2}}\frac{\sqrt{n}\beta_0}{\sigma_\beta}\right)$$
$$+\left[1-\Delta\left(\frac{\sqrt{n}\beta_0/\sigma_\beta+\rho x/\sigma_\tau}{\sqrt{1-\rho^2}}, \frac{c_n}{\sqrt{1-\rho^2}}\right)\right]\frac{1}{\sigma_\tau}\varphi\left(\frac{x}{\sigma_\tau}\right),$$

où $\rho = \sigma_{\tau,\beta}/\sigma_\tau\sigma_\beta$ et $\Delta(a,b) := \Phi(a+b) - \Phi(a-b)$.

Figure 4.1 – Densité à distance finie de $\sqrt{n}(\tilde{\tau}-\tau_0)$, $\rho = .4$

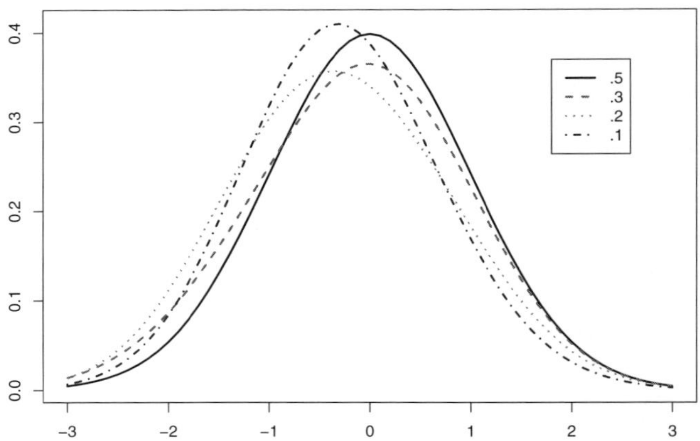

Note : Densité de l'estimateur de post-sélection $\tilde{\tau}$ pour différentes valeurs de β_0/σ_β, voir la légende. Les autres paramètres sont : $c_n = \sqrt{\log n}$, $n = 100$, $\sigma_\tau = 1$ et $\rho = .4$. Voir le lemme 4.2 pour la formule mathématique.

Le lemme 4.2 donne la densité à distance finie de l'estimateur de post-sélection. Le moins que l'on puisse dire est qu'elle n'est pas gaussienne. Il existe un biais de variable omise que l'estimateur de post-sélection ne peut surmonter que si $\beta_0 = 0$ (absence d'effet de la variable de contrôle) ou $\rho = 0$ (pas de corrélation entre les variables explicatives). En effet, lorsque $\rho = 0$,

Figure 4.2 – Densité à distance finie de $\sqrt{n}(\tilde{\tau} - \tau_0)$, $\rho = .7$

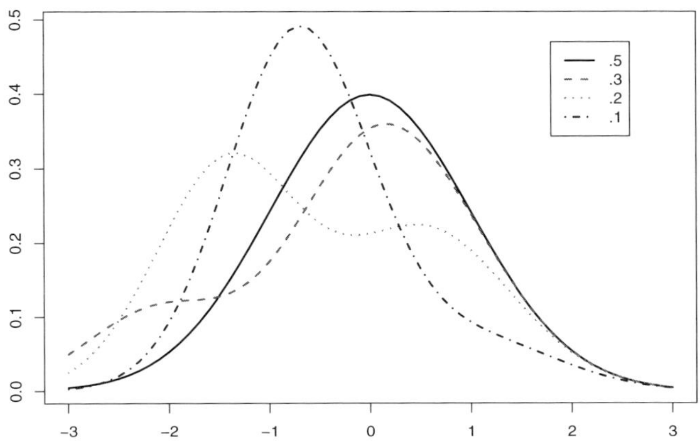

Note : Voir figure 4.1. $\rho = .7$. Ce graphique est le même que dans Leeb et Pötscher (2005).

$\sqrt{n}(\tilde{\tau}-\tau_0) \sim \mathcal{N}(0, \sigma_\tau^2)$; alors que lorsque $\beta_0 = 0$, $\sqrt{n}(\tilde{\tau}-\tau_0) \sim \mathcal{N}(0, \sigma_\tau^2/(1-\rho^2))$ (approximativement), car $\Delta(0, c_n) \geq 1 - \exp(-c_n^2/2)$ - la probabilité de sélectionner le modèle restreint - est grande. Les figures 4.1 et 4.2 représentent la densité à distance finie de l'estimateur de post-sélection pour plusieurs valeurs de β_0/σ_β dans les cas $\rho = .4$ et $\rho = .7$, respectivement. La figure 4.1 montre une distorsion légère mais significative par rapport à une distribution gaussienne standard. L'estimateur de post-sélection présente clairement un biais. À mesure que la corrélation entre les deux variables explicatives s'intensifie (figure 4.2), la densité de l'estimateur de post-sélection devient fortement non gaussienne et présente même deux modes. Voir Leeb et Pötscher (2005) pour une discussion plus approfondie. À la suite de cette analyse, il est clair que les procédures d'inférence (*i.e.* tests et intervalles de confiance) basées sur les quantiles gaussiens standards peuvent donner en général une image très distordue par rapport à la (véritable) distribution illustrée par la figure 4.2.

4.2 Grande dimension, parcimonie et le Lasso

Un outil populaire pour effectuer l'étape de sélection de variables décrite dans la section précédente de manière automatique est le Lasso de Tibshirani (1994). Dans cette section, nous nous détournons temporairement du problème de l'inférence post-sélection pour donner une preuve du Lasso dans le modèle linéaire en nous appuyant sur des hypothèses fortes. Ces hypothèses peuvent être et sont relâchées dans la littérature sur le Lasso, mais elles nous permettent néanmoins de simplifier la preuve. Commençons par un modèle linéaire gaussien.

Hypothèse 4.3 (Modèle linéaire gaussien parcimonieux). *Soit la séquence i.i.d. de variables aléatoires* $(Y_i, X_i)_{i=1,\dots,n}$. *Le vecteur* X *est de dimension* p. *On suppose que* p *est supérieur à 1 et qu'il peut être beaucoup plus grand que* n. *Nous supposons la relation linéaire suivante :*

$$Y = X'\beta_0 + \varepsilon,$$

avec $\varepsilon \sim \mathcal{N}(0, \sigma^2)$, $\varepsilon \perp X_i$, $\|\beta_0\|_0 \leq s < p$. *En outre, les variables explicatives sont bornées presque sûrement,* $\max_{i=1,\dots,n} \|X_i\|_\infty \leq M$.

Remarque 4.2 : Parcimonie

Un élément de l'hypothèse 4.3 mérite une attention particulière. L'hypothèse de *parcimonie* ou de *sparsité*, $\|\beta_0\|_0 = \sum_{j=1}^{p} \mathbf{1}\{\beta_j \neq 0\} \leq s$, signifie que l'on suppose qu'au plus s composantes de β_0 sont différentes de zéro. La notion de sparsité, c'est-à-dire l'hypothèse selon laquelle, bien que nous considérions de nombreuses variables, seul un petit nombre d'éléments du vecteur de paramètres est différent de zéro, est un élément inhérent à la littérature sur la grande dimension. Cela revient à reformuler le problème de grande dimension en un problème de sélection de variables où un bon estimateur devrait être capable de sélectionner correctement les variables pertinentes ou d'estimer les quantités d'intérêt de manière convergente à un taux proche de $\sqrt{n}$, en ne payant qu'un prix dépendant de s et de p. Avant de poursuivre, introduisons l'*ensemble de sparsité*, c'est-à-dire l'ensemble des indices qui correspondent aux éléments non nuls de β_0 : $S_0 := \{j \in \{1, \dots, p\}, \beta_{0j} \neq 0\}$. Un concept moins restrictif a été introduit par Belloni *et al.* (2012). Appelé *sparsité approximative* ou *approximate sparsity*, il suppose que le paramètre de grande dimension peut être décomposé en une composante parcimonieuse, qui a beaucoup d'entrées nulles et quelques grandes entrées, et une composante dense pour laquelle toutes les entrées sont petites et décroissent vers zéro sans jamais être exactement nulles, voir l'hypothèse 6.2 du chapitre 6. Bien que plus générale, cette hypothèse complique la preuve sans aider à la comprendre.

Notons

$$L(\beta) = \frac{1}{n}\sum_{i=1}^{n}(Y_i - X_i'\beta)^2$$

la fonction de perte quadratique moyenne. L'estimateur Lasso est défini par :

$$\widehat{\beta} \in \underset{\beta\in\mathbb{R}^p}{\arg\min}\, L(\beta) + \lambda_n\|\beta\|_1. \tag{4.3}$$

Le Lasso minimise la somme de la perte quadratique moyenne empirique et d'un terme de pénalité ou de régularisation $\lambda_n\|\beta\|_1$. Remarquons que la solution de (4.3) n'est pas nécessairement unique. Comme la norme ℓ_1 a un coude à zéro, la solution résultante du programme, $\widehat{\beta}$, sera parcimonieuse. Le paramètre λ_n définit l'arbitrage entre l'ajustement aux données d'un côté et la parcimonie de l'autre. En règle générale, la valeur de λ_n est choisie *via* la procédure de validation croisée décrite à la section 2.2.5. Il a été démontré que, dans un contexte de sparsité, les estimateurs de type Lasso peuvent fournir une bonne approximation des quantités pertinentes étant soumises à une structure sparse, qu'il s'agisse de paramètres de dimension finie ou infinie. En revanche, en présence d'un β_0 de grande dimension pour laquelle l'hypothèse de sparsité n'est pas supposée tenir, l'utilisation de l'estimateur Lasso n'est pas une bonne idée. Ainsi, si par exemple, β_0 est supposé être dense (c'est-à-dire de nombreuses petites entrées mais pas de vrais zéros), l'utilisation d'une régularisation ℓ_2 (l'estimateur Ridge) est plus performante. Pour en savoir plus sur l'utilisation de tel ou tel type de régularisation, voir Abadie et Kasy (2019).

Le Lasso et les techniques connexes pour traiter la grande dimension ont donné lieu à une vaste littérature depuis l'article fondateur de Tibshirani (1994). Bühlmann et Van de Geer (2011) et Giraud (2014) sont des manuels de réferences. D'autres articles clés sont par exemple Candes et Tao (2007), Van de Geer (2008), Bickel *et al.* (2009).

Pour montrer la convergence de l'estimateur Lasso, un autre ingrédient est nécessaire : la condition de valeur propre restreinte. Soit

$$\widehat{\Sigma} := \frac{1}{n}\sum_{i=1}^{n} X_i X_i'$$

la matrice de Gram empirique. Dans un cadre de grande dimension, nous sommes particulièrement préoccupés par les cas où le nombre de covariables est supérieur à la taille de l'échantillon ($p > n$), car alors $\widehat{\Sigma}$ est dégénérée dans le sens où elle n'est pas semi-définie positive :

$$\min_{\substack{\delta \in \mathbb{R}^p \\ \delta \neq 0}} \frac{\delta' \widehat{\Sigma} \delta}{\|\delta\|_2^2} = 0.$$

Dans ce cas, les MCO ne peuvent pas être calculés. C'est pourquoi une hypothèse de valeur propre restreinte est nécessaire : toutes les sous-matrices carrées contenues dans la matrice de Gram empirique de dimension inférieure ou égale à s doivent avoir une valeur propre minimale positive. Clarifions : pour un sous-ensemble non vide $S \subset \{1, \ldots, p\}$ et $\alpha > 0$, on définit l'ensemble :

$$\mathcal{C}[S, \alpha] := \{v \in \mathbb{R}^p : \|v_{S^C}\|_1 \leq \alpha \|v_S\|_1, v \neq 0\} \tag{4.4}$$

Hypothèse 4.4 (Valeur propre restreinte)**.** *La matrice de Gram empirique* $\widehat{\Sigma}$ *satisfait :*

$$\kappa_\alpha^2(\widehat{\Sigma}) := \min_{\substack{S \subset \{1,\ldots,p\} \\ |S| \leq s}} \min_{\delta \in \mathcal{C}[S,\alpha]} \frac{\delta' \widehat{\Sigma} \delta}{\|\delta_S\|_2^2} > 0.$$

Cette condition apparaît et est discutée en particulier dans Bickel *et al.* (2009) et Rudelson et Zhou (2013). Nous faisons cette hypothèse directement sur la matrice de Gram empirique, au lieu de la faire sur la matrice de Gram de la population $\mathbb{E}[XX']$, afin de simplifier la preuve. Pour un lien probabiliste entre les matrices de Gram de population et empirique sous des conditions assez faibles, voir *e.g.* Oliveira (2013). Des conditions qui remplissent le même objectif que les conditions de valeurs propres restreintes ont été utilisées auparavant, notamment la *condition de compatibilité*, la *condition de cohérence* et la *condition d'isométrie restreinte*. Voir aussi Bühlmann et Van de Geer (2011, p. 106).

4.3 Éléments théoriques sur le Lasso

Cette section donne une preuve simple du Lasso et introduit l'estimateur Post-Lasso.

Théorème 4.1 (Convergence en norme ℓ_1 du Lasso). *Sous l'hypothèse 4.3 et une condition de valeur propre restreinte 4.4 avec* $\mathcal{C}[S_0, 3]$, *l'estimateur Lasso défini dans 4.3 avec un paramètre de régularisation* $\lambda_n = (4\sigma M/\alpha)\sqrt{2\log(2p)/n}$, *où* $\alpha \in]0,1[$, *on a avec une probabilité supérieure à* $1-\alpha$ *:*

$$\|\widehat{\beta} - \beta_0\|_1 \leq \frac{4^2\sigma M}{\alpha\kappa_3^2(\widehat{\Sigma})}\sqrt{\frac{2s^2\log(2p)}{n}}. \tag{4.5}$$

Le principal enseignement du théorème 4.1 est que le Lasso converge dans ℓ_1 vers la vraie valeur β_0 à un taux $s\sqrt{\log(p)/n}$. Ce taux est à comparer au taux des MCO en pleine connaissance du modèle de sparsité qui est de $s/\sqrt{n}$. La conclusion est qu'il y a un prix à payer pour notre ignorance qui se manifeste par ce terme $\sqrt{\log(p)}$. Ce taux est appelé *rapide* en référence à un taux plus lent qui existe sans l'hypothèse 4.4.

En ajoutant une version modifiée de l'hypothèse 4.4, un taux ℓ_2 peut être obtenu : $\|\beta_0 - \widehat{\beta}\|_2 \lesssim \sqrt{s\log(p)/n}$. L'erreur de prédiction (*i.e.* $\|Y - X'\widehat{\beta}\|_2$) a également été largement traitée dans la littérature, voir *e.g.* Bickel *et al.* (2009), mais présente moins d'intérêt dans cet ouvrage centré sur l'inférence.

De plus, notons que le Lasso n'est *pas* asymptotiquement gaussien : l'événement $\widehat{\beta}_j = 0$ a une probabilité non nulle de se produire. Par conséquent, il n'est pas possible de construire des intervalles de confiance sur β_0 par le procédé habituel (c'est-à-dire gaussiens, asymptotiques).

Remarque 4.3 : L'estimateur Post-Lasso

Avant de poursuivre, il convient de mentionner le Post-Lasso, un estimateur cousin du Lasso qui a été étudié notamment dans le chapitre de Belloni et Chernozhukov (2011) dans le livre de Alquier *et al.* (2011) et par Belloni et Chernozhukov (2013). Il s'agit d'un estimateur en deux étapes dans lequel une seconde étape est ajoutée à la procédure Lasso afin d'éliminer le biais qui provient du fait que la pénalisation ℓ_1 tire tous les coefficients vers zéro, y compris ceux qui ne sont pas nuls (*shrinkage bias*). Cette seconde étape consiste à calculer l'estimateur des MCO en utilisant uniquement les covariables associées à un coefficient non nul dans l'étape Lasso. Plus précisément, la procédure est la suivante :

1. On calcule l'estimateur Lasso comme dans l'équation (4.3), et on note $\widehat{S}$ l'ensemble des coefficients Lasso non nuls.
2. On calcule l'estimateur MCO dans un modèle incluant uniquement les covariables correspondant aux coefficients non nuls ci-dessus :

$$\widehat{\beta}^{PL} = \underset{\beta \in \mathbb{R}^p, \beta_{\widehat{S}^C}=0}{\arg\min} L(\beta)$$

La performance est comparable à celle du Lasso en théorie, bien que le biais semble être plus faible dans les applications empiriques puisque le rétrécissement indu des coefficients non nuls est supprimé. Réitérons l'une des leçons de ce chapitre : l'estimateur Post-Lasso n'est toujours *pas* asymptotiquement normal car il est soumis au problème d'inférence post-sélection mis en évidence par Leeb et Pötscher (2005) dans la section 4.1 !

4.4 Biais de régularisation

Dans cette section, nous abordons le biais de régularisation qui n'est rien d'autre qu'un biais de variable omise découlant du même mécanisme que celui décrit plus simplement dans la section 4.1.

4.4.1 La sélection et l'estimation du modèle ne peuvent pas être réalisées de manière optimale en même temps

La section précédente s'est attachée à définir et à comprendre l'estimateur Lasso. En raison de la propriété de sparsité de la solution résultante (*e.g.* Belloni et Chernozhukov (2013) montrent que $\|\widehat{\beta}\|_0 \lesssim s$) et l'attrait naturel de l'estimateur Post-Lasso, il est aisé d'accorder une confiance excessive au Lasso. En effet, on peut penser que le Lasso peut fonctionner à la fois comme un dispositif permettant de récupérer le support de β_0 et d'estimer cette même quantité avec précision ou à un taux rapide. C'est-à-dire à la fois de sélectionner les bonnes variables, et d'estimer leur impact avec précision. Cependant, Yang (2005) montre que pour qu'une procédure de sélection de modèle soit convergente, elle doit se comporter de manière sous-optimale pour estimer la fonction de régression et vice-versa. En effet, la condition sur le paramètre de pénalité λ_n dans Zhao et Yu (2006) est très différente de notre exigence de $\lambda_n = 4\sigma M\sqrt{2\log(2p)/n}/\alpha$ dans le théorème 4.1. La morale de l'histoire est que, même en utilisant l'estimateur Lasso, la sélection de covariables pertinentes et la bonne estimation de leur effet sont deux objectifs qui ne peuvent être poursuivis en même temps. En outre, les avertissements émis dans la section 4.1 s'appliquent également au Lasso : remplacer la règle 4.2 par une sélection Lasso ne permet pas de surmonter le problème de l'inférence post-sélection.

En présence d'un paramètre de grande dimension à estimer, la littérature économétrique a choisi de poursuivre une estimation de haute qualité de β_0. En effet, étant donnée que la plupart des applications économiques traitent d'une question causale précise du type « quel est l'effet de A sur B ? », l'identité des régresseurs pertinents importe moins que la bonne estimation de certains paramètres de nuisance : on pense par exemple à l'estimation d'une fonction de contrôle ou à la première étape d'une régression utilisant des variables instrumentales.

Mais même en se concentrant uniquement sur l'estimation précise de β_0, le Lasso n'est pas suffisant. En effet, les statistiques en grande dimension posent un défi spécifique en ce sens que p, le nombre de variables, n'est pas négligeable devant la taille de l'échantillon. Autrement dit, si l'on supposait que p était constant par rapport à n, alors que $n \to \infty$, le problème pourrait se réduire à un problème de petite dimension où $n >> p$. Ainsi, pour traiter de façon adéquate le problème, on est obligé d'adopter un cadre de pensée qui suppose que $p \to \infty$ lorsque $n \to \infty$. Nous allons voir que, dans ce cadre de grande dimension, il existe un biais asymptotique ou un biais de *régularisation*.

4.4.2 Le biais de l'estimateur « *plug-in* » naïf : illustration dans le cas linéaire

Hypothèse 4.5 (Modèle linéaire avec variables de contrôle). *Considérons la séquence i.i.d. de variables aléatoires* $(Y_i, D_i, X_i)_{i=1,\ldots,n}$ *telle que, en omettant* *l'indice i :*

$$Y = D\tau_0 + X'\beta_0 + \varepsilon,$$

avec ε tel que $\mathbb{E}[\varepsilon] = 0$, $\mathbb{E}[\varepsilon^2] = \sigma^2 < \infty$ et $\mathbb{E}[\varepsilon|D,X] = 0$. $D \in \{0,1\}$. X est de dimension $p > 1$. On permet à p d'être beaucoup plus grand que n et de croître avec n. On désigne par $\mu_d := \mathbb{E}[X|D=d]$ pour $d \in \{0,1\}$ et $\pi_0 := \mathbb{E}[D_i] \neq 0$.

Supposons que l'économètre souhaite estimer l'effet de traitement τ_0 de D sur Y dans le modèle 4.5 ci-dessus, tandis que β_0 est simplement un paramètre de nuisance. Dans cette partie ainsi que dans le reste du chapitre, on suppose que la variable aléatoire D est binaire, mais les résultats énoncés s'appliquent également en cas de variable à valeur réelle. En présence d'un ensemble de contrôles de grande dimension X_i, une procédure naïve de post-sélection (*e.g.* Belloni *et al.*, 2014, p. 36) suit deux étapes :

1. (Sélection) Calculer l'estimateur Lasso de Y sur D et X, en forçant D à rester dans le modèle par l'exclusion de τ de la partie pénalisée dans le Lasso, équation (4.3). Obtenir $\widehat{\beta}^L$. Exclure tous les éléments de X qui correspondent à un coefficient nul dans $\widehat{\beta}^L$,
2. (Estimation) Calculer l'estimateur MCO de Y sur D et l'ensemble des X sélectionnés pour obtenir l'estimateur post-sélection $\widehat{\tau}$.

On note $\widehat{\beta}$ l'estimateur correspondant de β_0 obtenu à l'étape 2. On remarque que pour $j \in \{1,\dots,p\}$, si $\widehat{\beta}^L_j = 0$ alors $\widehat{\beta}_j = 0$. Désignons également par $\widehat{\pi} := n^{-1}\sum_{i=1}^n D_i$.

$$\widehat{\tau} := \frac{\frac{1}{n}\sum_{i=1}^n D_i(Y_i - X_i'\widehat{\beta})}{\widehat{\pi}} = \frac{1}{n_1}\sum_{D_i=1}(Y_i - X_i'\widehat{\beta}),$$

Où $n_d := \sum_{i=1}^n \mathbf{1}\{D_i = d\}$, $d \in \{0,1\}$ est une quantité aléatoire.

Lemme 4.3 (Biais de régularisation de $\widehat{\tau}$). *Sous l'hypothèse 4.5, si $\mu_1 \neq 0$ alors : $\sqrt{n}|\widehat{\tau} - \tau_0| \to \infty$.*

Remarque 4.4 : Biais de régularisation

Le lemme 4.3 est un résultat décevant : dans le cas de la grande dimension, la stratégie naïve du « plug-in » ne fonctionne pas. Cela est dû à deux ingrédients : $\mu_1 \neq 0$ et $p \to \infty$. Si l'on était dans un cas de petite dimension et avions par exemple un estimateur des MCO pour β_0, $\sqrt{n}(\beta_0 - \widehat{\beta})$ serait asymptotiquement normal et le problème n'existerait pas. On remarque que dans ce cas de petite dimension, il n'y a pas d'étape de sélection. Quel est le problème de l'approche proposée dans cette section ? Il s'agit d'une procédure à une seule équation. Rappelons que l'étape de sélection n'utilise que l'équation de résultat, c'est-à-dire que les éléments de X ont tendance à être sélectionnés s'ils correspondent à une grande valeur dans le coefficient β_0. En conséquence, cette procédure aura tendance à passer à côté des variables qui ont un effet modéré sur Y mais un effet important sur D, créant ainsi un biais de variable omise dans l'estimateur de τ_0. Comme l'expriment Belloni *et al.* (2014) : « *Intuitivement, toute variable de ce type a un effet direct modéré sur le résultat qui sera incorrectement attribué à l'effet du traitement lorsque cette variable est fortement liée au traitement et que la variable n'est pas incluse dans la régression* ». Dans ce cas, on appelle le biais de variable omise découlant de procédures non orthogonales qui utilisent des outils d'apprentissage automatique tels que le Lasso dans une première étape, *biais de régularisation.*

Maintenant, concentrons-nous sur un cas particulier qui fonctionne. C'est un cas hautement spécifique, mais qui permet de localiser le problème. Pour cela, nous allons faire deux hypothèses. La première limite le taux de croissance de p. Elle est technique mais banale. La seconde hypothèse est de nature probabiliste et donne une intuition pour des résultats plus généraux dans la section suivante.

Hypothèse 4.6 (Condition de croissance)**.**

$$\frac{s \log p}{\sqrt{n}} \to 0.$$

Hypothèse 4.7 (Design équilibré)**.** *Supposons que :*

1. $\mu_1 = \mathbb{E}[X|D = 1] = 0$,
2. *La borne de concentration :*

$$\left\| \frac{1}{\sqrt{n}} \sum_{i=1}^{n} D_i X_i \right\|_\infty \lesssim \sqrt{\log p}. \tag{4.6}$$

L'hypothèse 4.6 vise à restreindre la taille de p par rapport à la taille de l'échantillon. La deuxième partie de l'hypothèse 4.7, qui permet d'avoir un contrôle sur le maximum des éléments d'un vecteur aléatoire en fonction de sa dimension, est assez technique mais peut être prouvée sous des hypothèses de plus bas niveau telles que la normalité ou la sous-gaussianité de X et l'application du lemme 4.6, en rappelant que $\mathbb{E}[DX] = 0$ sous la première partie de l'hypothèse 4.7.

Lemme 4.4 (Un cas favorable). *Sous les hypothèses 4.5, 4.6 et 4.7 :*

$$\sqrt{n}\,(\widehat{\tau} - \tau_0) \xrightarrow{d} \mathcal{N}\left(0, \frac{\sigma^2}{\pi_0}\right).$$

On remarque que l'hypothèse 4.7 (1) implique :

$$\mathbb{E}\left[\frac{\partial\sqrt{n}(\widehat{\tau} - \tau_0)}{\partial(\widehat{\beta} - \beta_0)}\right] = -\mathbb{E}\left[\frac{n^{-1/2}}{\widehat{\pi}}\sum_{i=1}^{n} D_i X_i\right] \approx 0.$$

Sous cette hypothèse, l'estimateur $\widehat{\tau}$ est insensible au premier ordre aux petites déviations autour de la vraie valeur β_0. C'est ce que nous allons exploiter dans la section suivante.

4.5 Méthode de la double sélection

Souvenons-nous de notre stratégie d'estimation du modèle 4.5 : l'idée était de sélectionner les éléments de X_i en lien avec Y_i dans une première étape, puis de faire la régression de Y_i sur D_i et les éléments de X_i sélectionnés dans cette première étape. Généralement, cette stratégie souffre d'un biais. Voyons comment on peut l'éliminer. On omettant l'indice individuel, supposons que l'équation qui détermine le traitement soit donnée par :

$$D = X'\delta_0 + \xi,$$

où $\mathbb{E}[\xi|X] = 0$ et $\xi \perp \varepsilon$. On note $\eta := (\beta, \delta)'$, que nous désignerons désormais par le terme de *paramètre de nuisance.* Nous allons montrer que la condition de moment suivante :

$$\mathbb{E}\left[\psi(Z, \tau_0, \eta_0)\right] := \mathbb{E}[(Y - D\tau_0 - X'\beta_0)(D - X'\delta_0)] = 0, \tag{4.7}$$

est insensible aux petites déviations autour des vraies valeurs des paramètres de nuisance – on dira dans la section 5.1, que cette condition est orthogonale au sens de Neyman, ou encore qu'elle satisfait (*ORT*, cf. chapitre 5) – et donc qu'elle permet d'aboutir à un estimateur de τ_0 offrant des propriétés désirables. ψ est une fonction connue des variables observables (les données) $Z := (Y, D, X)$, du paramètre d'intérêt τ_0 et du paramètre de nuisance $\eta_0 = (\beta_0, \delta_0)'$. Pour plus de détails, le lecteur est renvoyé à l'exemple 2.1 dans Chernozhukov *et al.* (2018) qui traite du cadre plus large qui sous-tend ce choix. Notons d'abord que :

$$\partial_\eta \psi(Z, \tau, \eta) = \begin{bmatrix} \partial_\beta \psi(Z, \tau, \eta) \\ \partial_\delta \psi(Z, \tau, \eta) \end{bmatrix} = \begin{bmatrix} -(D - X'\delta)X \\ -(Y - D\tau - X'\beta)X \end{bmatrix}.$$

Dans le modèle 4.5, β_0 était implicitement défini par la condition d'orthogonalité, *i.e.* équations normales, ou les conditions du premier ordre théoriques du programme des moindres carrés (section 2.1 pour un rappel) :

$$\mathbb{E}\left[(Y - D\tau_0 - X'\beta_0)X\right] = \mathbb{E}\left[\varepsilon X\right] = 0.$$

D'après la condition d'orthogonalité dans l'équation de traitement ci-dessus, δ_0 est tel que :

$$\mathbb{E}\left[(D - X'\delta_0)X\right] = \mathbb{E}\left[\xi X\right] = 0. \tag{4.8}$$

On remarque que l'on a $\mathbb{E}\partial_\eta \psi(Z, \tau_0, \eta_0) = 0$, ce que l'on explicitera dans la section 5.1. L'équation (4.7) fait penser au théorème de Frish-Waugh-Lovell :

$$\mathbb{E}[(\underbrace{Y - D\tau_0 - X'\beta_0}_{\substack{\text{Résidu de} \\ \text{la régression du résultat}}})(\underbrace{D - X'\delta_0}_{\substack{\text{Résidu de} \\ \text{la régression du traitement}}})] = \mathbb{E}[\xi\varepsilon] = 0,$$

ou encore plus clairement, grâce à l'équation (4.8) :

$$\mathbb{E}[\underbrace{(Y - X'\beta_0 - (D - X'\delta_0)\tau_0)}_{\substack{\text{Résidu de} \\ \text{la régression du résultat}}} \underbrace{(D - X'\delta_0)}_{\substack{\text{Résidu de} \\ \text{la régression du traitement}}}] = 0,$$

qui est la condition d'orthogonalité dans un problème où Y est régressé sur le résidu de la régression du traitement et X. On peut également voir τ_0 comme le paramètre suivant :

$$\tau_0 = \frac{\mathrm{Cov}[D - X'\delta_0, Y - X'\beta_0]}{\mathbb{E}[(D - X'\delta_0)^2]}. \tag{4.9}$$

τ_0 est le coefficient de la régression du résidu de la régression de Y sur X sur le résidu de la régression de D sur X.

Remarque 4.5 : Méthode de la double sélection

Cette observation donne lieu à la méthode de double sélection de Belloni *et al.* (2014) ou à l'estimateur de double machine learning de Chernozhukov *et al.* (2017) :

1. (Sélection sur le traitement) On régresse D sur X en utilisant un Lasso, pour obtenir $\widehat{\delta}^L$. On définit $\widehat{S}_D := \left\{j = 1, \ldots, p, \widehat{\delta}_j^L \neq 0\right\}$ l'ensemble des variables sélectionnées,
2. (Sélection sur le résultats) On régresse Y sur X en utilisant un Lasso, pour obtenir $\widehat{\beta}^L$. On définit $\widehat{S}_Y := \left\{j = 1, \ldots, p, \widehat{\beta}_j^L \neq 0\right\}$,
3. (Estimation) On termine par régresser Y sur D et les $\widehat{s} = |\widehat{S}_D \cup \widehat{S}_Y|$ éléments de X qui correspondent aux indices $j \in \widehat{S}_D \cup \widehat{S}_Y$, en utilisant les MCO.

Notons que dans les deux premières étapes, on peut utiliser soit un Lasso, soit un Post-Lasso. On définit les estimateurs de post-double sélection $\widehat{\beta}$ et $\widehat{\delta}$ de la manière suivante :

$$\widehat{\beta} = \underset{\beta:\beta_j=0,\forall j \notin \widehat{S}_D \cup \widehat{S}_Y}{\arg\min} \sum_{i=1}^n (Y_i - D_i\widehat{\tau} - X_i'\beta)^2, \tag{4.10}$$

$$\widehat{\delta} = \underset{\delta:\delta_j=0,\forall j \notin \widehat{S}_D \cup \widehat{S}_Y}{\arg\min} \sum_{i=1}^n (D_i - X_i'\delta)^2. \tag{4.11}$$

Sur la base de l'équation (4.7), l'estimateur de post-double sélection $\check{\tau}$ possède la forme explicite suivante :

$$\check{\tau} = \frac{n^{-1}\sum_{i=1}^n (Y_i - X_i'\widehat{\beta})(D_i - X_i'\widehat{\delta})}{n^{-1}\sum_{i=1}^n D_i(D_i - X_i'\widehat{\delta})}. \tag{4.12}$$

Par rapport au paragraphe précédent, la troisième étape peut surprendre puisque nous effectuons la régression de Y sur D et l'union des X sélectionnés au lieu d'effectuer la régression de $Y - X'\widehat{\beta}^L$ sur $D - X'\widehat{\delta}^L$. Par le théorème de Frisch-Waugh-Lovell (théorème 4.2), on peut montrer que cette troisième étape équivaut à faire la régression du résidu de l'équation de Y incluant l'union des X sélectionnés (lors des deux premières étapes) sur le résidu de l'équation de D sur les X sélectionnés (lors des deux premières étapes). À l'inverse, estimer

τ_0 directement *via* (4.9) est équivalent à régresser le résidu de l'équation de Y sur les X sélectionnés (uniquement lors de la deuxième étape) sur le résidu de l'équation de D sur les X sélectionnés (uniquement lors de la première étape). Ce n'est donc pas rigoureusement le même estimateur ! En revanche, ces deux approches donnent des résultats numériques souvent très proches, dans la mesure où les X qui n'ont pas été sélectionnés dans l'une des deux étapes sont censés avoir un effet quasi indétectable dans ces régressions. La différence numérique peut aussi provenir de la différence entre l'estimateur Lasso et l'estimateur Post-Lasso, si un Lasso plutôt qu'un Post-Lasso est utilisé aux étapes 1 et 2.

Belloni *et al.* (2014) montrent que l'estimateur $\check{\tau}$ est asymptotiquement gaussien sous des hypothèses relativement faibles, *i.e.*

$$\sqrt{n}\,(\check{\tau} - \tau_0) \xrightarrow{d} \mathcal{N}(0, \sigma_\tau^2),$$

avec $\sigma_\tau^2 = \mathbb{E}[\xi_i^2 \varepsilon_i^2]/\mathbb{E}[\xi_i^2]^2$, qui peut être estimé de manière convergente par :

$$\widehat{\sigma}_\tau^2 = \left[\frac{1}{n}\sum_{i=1}^{n} \widehat{\xi}_i^2\right]^{-2} \frac{1}{n - \widehat{s} - 1}\sum_{i=1}^{n} \widehat{\xi}_i^2 \widehat{\varepsilon}_i^2,$$

avec $\widehat{\varepsilon}_i = Y_i - \widehat{\tau} D_i - X_i'\widehat{\beta}$, $\widehat{\xi}_i = D_i - X_i'\widehat{\delta}$, et les estimateurs de post-double sélection définis dans (4.10) et (4.11). Notons que ce résultat est un cas particulier du résultat donné par le théorème 5.1 que l'on verra au chapitre suivant.

Remarque 4.6 : Inférence post-sélection

On note que la procédure de sélection préconisée ici est basée sur une approche à deux équations. L'intuition derrière ce résultat est expliquée dans la section 4.4 sur le biais de régularisation : en sélectionnant les éléments de X en relation à la fois avec D et Y, elle ne manque aucun facteur confondant comme c'était le cas avec l'approche plus naïve, basée sur une équation unique. Ce résultat est important car il permet de réaliser des tests et des intervalles de confiance sur τ_0. Ainsi, par exemple, un intervalle de confiance bilatéral de niveau asymptotique $1 - \alpha$ est donné par :

$$\left[\check{\tau} \pm \Phi^{-1}\left(1 - \frac{\alpha}{2}\right)\frac{\widehat{\sigma}_\tau}{\sqrt{n}}\right].$$

4.6 Application empirique : l'effet du diplôme sur le salaire

Dans L'Hour (2020), nous appliquons les concepts décrits précédemment pour quantifier l'impact du niveau de diplôme sur le salaire grâce aux données de l'enquête emploi – nous reprenons cette application sans modification. Les quatre trimestres des années 2017, 2018 et 2019 de l'enquête emploi sont utilisés, ce qui représente un total de 162 254 observations.

Le niveau de diplôme est mesuré par une variable catégorielle de seize modalités. On souhaite estimer un modèle linéaire où la variable dépendante est le logarithme du salaire mensuel, et les variables explicatives sont constituées par niveau de diplôme en variables binarisées (quinze variables au total) et d'autres variables de contrôles. On considère un total de 393 autres variables de contrôles, parmi lesquelles des déterminants usuels du salaire tels que le nombre d'heures travaillées, l'âge de l'individu, ainsi qu'une grande quantité de variables socio-démographiques et géographiques (*e.g.* sexe, origine sociale, statut matrimonial, nationalité, nombre d'enfants). Quand cela a un sens, on considère également des transformations pertinentes de ces variables (*e.g.* carré, croisement). Finalement, on supprime automatiquement les variables engendrant de la multi-colinéarité.

Dans le cas présent, nous avons quinze paramètres d'intérêt, c'est-à-dire un par niveau de diplôme. On pourrait donc directement appliquer la méthode de la double sélection en répliquant quinze fois l'étape 1 décrite à la section 4.5, qui consiste à estimer une régression Lasso de la variable d'intérêt sur les variables de contrôles. Cependant, on préfère estimer une seule régression empilée au moyen d'un estimateur Group-Lasso, décrit à la section 2.2.4. En effet, étant donné que chacune des variables binaires représente un niveau de diplôme différent, on peut *a priori* penser que l'essentiel de leurs déterminants sont partagés et qu'en conséquence le schéma de sparsité est le même pour chaque équation. L'approche Group-Lasso permet de combiner l'information à travers chacune des équations pour aboutir à une sélection de variables plus pertinente. Cela est d'autant plus important qu'une approche où l'on analyse séparément chaque modalité de diplôme est susceptible d'échouer car certaines modalités de diplôme sont très rares dans la population (moins de 2 %). La méthodologie suivie pour adapter la méthode de la double sélection à un cadre où le paramètre d'intérêt est multi-dimensionnel, incluant l'approche Group-Lasso utilisée, est décrite en annexe de L'Hour (2020).

La figure 4.3 reporte les estimations issues de deux modèles différents : (i) le modèle complet incluant les 393 variables de contrôle estimé par MCO (en noir), (ii) le modèle estimé par double sélection (en gris). La première étape de la double sélection, celle qui consiste à sélectionner les variables de contrôle en lien avec le logarithme du salaire, aboutit à sélectionner 71 variables, tandis que la seconde, celle qui consiste à sélectionner les variables de contrôle en lien avec le niveau de diplôme *via* un Group-Lasso, aboutit à la sélection de 68 variables. Au total, 105 variables de contrôles uniques sont sélectionnées. Le niveau de pénalisation a été fixé de manière théorique, proportionnellement à $\sqrt{\log p/n}$ où p désigne le nombre de paramètres du modèle soit $393 + 1$ dans la première étape et $15 \times (393 + 1)$ dans la seconde. Les intervalles de confiance ont un niveau de 95 % et sont construits à partir des écarts-types robustes et estimés à partir de clusters au niveau des ménages. On peut d'abord constater que la méthode de la double sélection aboutit à un estimateur qui est bien plus précis que dans le modèle complet. En outre, les effets estimés sont globalement de magnitude moindre, si bien que certains intervalles de confiance pour les deux modèles ont une intersection vide, et on distingue quatre groupes de diplômes : (i) pas de diplôme / jusqu'au brevet des collèges, (ii) Bac, niveau qui correspond à un écart de salaire de +15 % par rapport à (i), (iii) de Bac +2 à maîtrise, ce qui correspond à un écart de salaire d'entre 25 et 35 %, et enfin, (iv) master 2, écoles et au-delà, associés à un écart de salaire de +50 %.

Figure 4.3 – Impact du niveau de diplôme sur le salaire

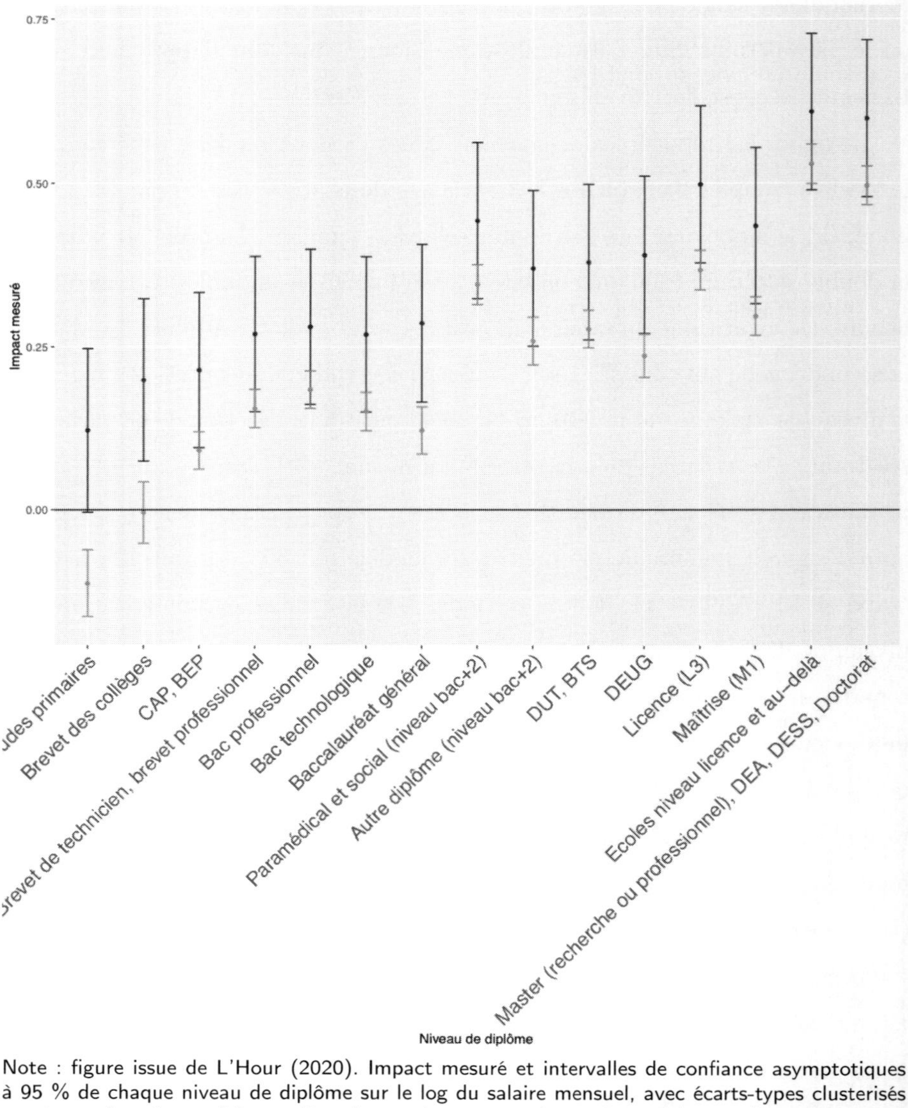

Note : figure issue de L'Hour (2020). Impact mesuré et intervalles de confiance asymptotiques à 95 % de chaque niveau de diplôme sur le log du salaire mensuel, avec écarts-types clusterisés au niveau du ménage. L'intervalle noir est obtenu en estimant le modèle complet, sans aucune sélection de variable. L'intervalle gris est obtenu par double sélection.

4.7 Bilan du chapitre

Mots clés

Paramètre de nuisance / d'intérêt, inférence post-sélection, parcimonie ou *sparsité*, estimateur Lasso, estimateur post-Lasso, biais de régularisation, estimateur *plug-in*, méthode de la double sélection.

Lectures complémentaires

La régression Lasso est détaillée dans l'ouvrage de référence de Hastie *et al.* (2009). Belloni *et al.* (2014) est certainement la référence économétrique la plus accessible qui couvre le cœur de ce chapitre.

Code et données

`hdm` est un package `R` développé par Victor Chernozhukov, Christian Hansen et Martin Spindler disponible à `cran.r-project.org/web/packages/hdm/index.html` qui permet de mettre en pratique de la double sélection. `github.com/demirermert/MLInference` constitue une ressource aussi intéressante. Un package Stata, `LASSOPACK`, a également été développé plus récemment, disponible sur `ideas.repec.org/c/boc/bocode/s458458.html`.

Questions

1. Qu'est-ce que l'estimateur Lasso ? Quelle est l'hypothèse clé pour que le Lasso soit convergent ?
2. Quel est le taux de convergence du Lasso ? Quand cela pose-t-il problème ?
3. Expliquez pourquoi l'estimation d'un paramètre de nuisance à l'aide d'un estimateur Lasso peut poser problème lorsqu'on s'intéresse à un paramètre d'intérêt bien précis.
4. Qu'est-ce que le *biais de régularisation* ? Peut-il exister dans un cas de petite dimension ($p < n$) ?
5. Expliquez brièvement la méthode de double sélection et le problème qu'elle résout.
6. Quel est le problème soulevé par Leeb et Potscher ? Le résultat du

théorème 5.1 (normalité asymptotique de l'estimateur immunisé) contredit-il l'analyse de Leeb et Potscher ? Pourquoi ?

4.8 Preuves et résultats complémentaires

4.8.1 Preuves des résultats principaux

Preuve du lemme 4.1 En considérant la règle de sélection (4.2) et l'hypothèse de distribution gaussienne dans le modèle (4.1) :

$$\begin{aligned}
\mathbb{P}\left(\widehat{M}=R\right) &= \mathbb{P}\left(|\sqrt{n}\widehat{\beta}(U)/\sigma_\beta| \leq c_n\right) \\
&= \mathbb{P}\left(-c_n - \sqrt{n}\beta_0/\sigma_\beta \leq \sqrt{n}(\widehat{\beta}(U)-\beta_0)/\sigma_\beta \leq c_n - \sqrt{n}\beta_0/\sigma_\beta\right) \\
&= \Phi\left(c_n - \sqrt{n}\beta_0/\sigma_\beta\right) - \Phi\left(-c_n - \sqrt{n}\beta_0/\sigma_\beta\right) \\
&= \Phi\left(\sqrt{n}\beta_0/\sigma_\beta + c_n\right) - \Phi\left(\sqrt{n}\beta_0/\sigma_\beta - c_n\right) \\
&= \Delta\left(\sqrt{n}\beta_0/\sigma_\beta, c_n\right),
\end{aligned}$$

avec $\Delta(a,b) := \Phi(a+b) - \Phi(a-b)$ et la quatrième égalité utilise la symétrie de la distribution gaussienne, $\Phi(-x) = 1 - \Phi(x)$. D'après cette équation et les restrictions sur c_n, la probabilité de l'événement $\widehat{M} = R$ tend vers un si $\beta_0 = 0$ ($M_0 = R$) et vers zéro sinon ($M_0 = U$). □

Preuve du lemme 4.2 On part de l'équation (4.2) :

$$\begin{aligned}
&\mathbb{P}\left(x \leq \sqrt{n}(\tilde{\tau}-\tau_0) \leq x + \mathrm{d}x\right) \\
&= \mathbb{P}\left(x \leq \sqrt{n}(\widehat{\tau}(R)-\tau_0) \leq x + \mathrm{d}x \mid \widehat{M}=R\right)\mathbb{P}\left(\widehat{M}=R\right) \\
&+ \mathbb{P}\left(x \leq \sqrt{n}(\widehat{\tau}(U)-\tau_0) \leq x + \mathrm{d}x \mid \widehat{M}=U\right)\mathbb{P}\left(\widehat{M}=U\right).
\end{aligned}$$

On considère le premier terme de la somme. D'après le lemme 4.5, pour tout réel x, on a :

$$\mathbb{P}\left(x \leq \sqrt{n}(\widehat{\tau}(R)-\tau_0) \leq x + \mathrm{d}x \mid \widehat{M}=R\right) = \mathbb{P}\left(x \leq \sqrt{n}(\widehat{\tau}(R)-\tau_0) \leq x + \mathrm{d}x\right).$$

Ainsi, comme $\mathrm{d}x \to 0$, la première partie de la somme (multipliée par $1/\mathrm{d}x$) est la probabilité de sélectionner le modèle R multipliée par la densité de $\sqrt{n}(\widehat{\tau}(R)-\tau_0)$. La probabilité de sélectionner le modèle R est $\mathbb{P}\left(\widehat{M}=R\right) =$

$\Delta\left(\sqrt{n}\beta_0/\sigma_\beta, c_n\right)$. Avant de poursuivre, on note la relation entre les moments de X_i et ceux des estimateurs MCO dans le modèle U, d'après l'hypothèse 4.1 :

$$\left[\frac{1}{n}\sum_{i=1}^{n} X_i X_i'\right] = \frac{\sigma^2}{\sigma_\beta^2\sigma_\tau^2(1-\rho^2)}\begin{bmatrix}\sigma_\beta^2 & -\rho\sigma_\beta\sigma_\tau \\ -\rho\sigma_\beta\sigma_\tau & \sigma_\tau^2\end{bmatrix}.$$

Afin de calculer la densité de $\sqrt{n}(\widehat{\tau}(R)-\tau_0)$, on utilise la formule habituelle des MCO dans laquelle on substitut Y_i par le modèle de l'hypothèse 4.1 :

$$\sqrt{n}(\widehat{\tau}(R)-\tau_0) = -\sqrt{n}\beta_0\rho\frac{\sigma_\tau}{\sigma_\beta} + \sqrt{n}\frac{\sigma_\tau^2}{\sigma^2}(1-\rho^2)\left(\frac{1}{n}\sum_{i=1}^{n} X_{i,1}\varepsilon_i\right).$$

Comme les ε_i sont gaussiens i.i.d. et conditionnellement aux X_i, on obtient :

$$\sqrt{n}(\widehat{\tau}(R)-\tau_0) \sim \mathcal{N}\left(-\sqrt{n}\beta_0\rho\frac{\sigma_\tau}{\sigma_\beta}, \sigma_\tau^2(1-\rho^2)\right).$$

Le biais $-\sqrt{n}\beta_0\rho\sigma_\tau/\sigma_\beta$ correspond au biais de variable omise (BVO) habituel (Angrist et Pischke, 2009, p. 59) :

$$-\sqrt{n}\beta_0\frac{\rho\sigma_\tau\sigma_\beta}{\sigma_\beta^2} = \sqrt{n}\beta_0\frac{\mathrm{Cov}(X_{i,1}, X_{i,2})}{\mathrm{V}(X_{i,1})}.$$

Maintenant, on se concentre sur la seconde partie de la somme et on inverse les événements :

$$\mathbb{P}\left(x \leq \sqrt{n}(\widehat{\tau}(U)-\tau_0) \leq x+\mathrm{d}x \mid \widehat{M}=U\right)\mathbb{P}\left(\widehat{M}=U\right) =$$
$$\mathbb{P}\left(\widehat{M}=U \mid x \leq \sqrt{n}(\widehat{\tau}(U)-\tau_0) \leq x+\mathrm{d}x\right)\mathbb{P}\left(x \leq \sqrt{n}(\widehat{\tau}(U)-\tau_0) \leq x+\mathrm{d}x\right).$$

Rappelons que

$$\begin{bmatrix}\sqrt{n}(\widehat{\beta}(U)-\beta_0) \\ \sqrt{n}(\widehat{\tau}(U)-\tau_0)\end{bmatrix} \sim \mathcal{N}\left(\begin{bmatrix}0\\0\end{bmatrix}, \begin{bmatrix}\sigma_\beta^2 & \rho\sigma_\beta\sigma_\tau \\ \rho\sigma_\beta\sigma_\tau & \sigma_\tau^2\end{bmatrix}\right).$$

donc, on a directement

$$\frac{\mathbb{P}\left(x \leq \sqrt{n}(\widehat{\tau}(U)-\tau_0) \leq x+\mathrm{d}x\right)}{\mathrm{d}x} \rightarrow \frac{1}{\sigma_\tau}\varphi\left(\frac{x}{\sigma_\tau}\right),$$

comme $\mathrm{d}x \rightarrow 0$. En raison des propriétés des vecteurs gaussiens, on obtient :

$$\sqrt{n}(\widehat{\beta}(U)-\beta_0) \mid \sqrt{n}(\widehat{\tau}(U)-\tau_0) \sim \mathcal{N}\left(\rho\frac{\sigma_\beta}{\sigma_\tau}\sqrt{n}(\widehat{\tau}(U)-\tau_0), \sigma_\beta^2(1-\rho^2)\right).$$

Calculons maintenant $\mathbb{P}(|\sqrt{n}\widehat{\beta}(U)/\sigma_\beta| > c_n|\sqrt{n}(\widehat{\tau}(U)-\tau_0)=x)$. D'une part :

$$\mathbb{P}\left(\sqrt{n}\frac{\widehat{\beta}(U)}{\sigma_\beta} > c_n \middle| \sqrt{n}(\widehat{\tau}(U)-\tau_0)=x\right)$$
$$= \Phi\left(\frac{1}{\sqrt{1-\rho^2}}\left(\sqrt{n}\frac{\beta_0}{\sigma_\beta}+\rho\frac{x}{\sigma_\tau}-c_n\right)\right).$$

De l'autre :

$$\mathbb{P}\left(\sqrt{n}\frac{\widehat{\beta}(U)}{\sigma_\beta} < -c_n \middle| \sqrt{n}(\widehat{\tau}(U)-\tau_0)=x\right)$$
$$= 1-\Phi\left(\frac{1}{\sqrt{1-\rho^2}}\left(\sqrt{n}\frac{\beta_0}{\sigma_\beta}+\rho\frac{x}{\sigma_\tau}+c_n\right)\right),$$

ce qui donne le résultat. □

Preuve du théorème 4.1 Puisque $\widehat{\beta}$ est une solution du programme de minimisation, on a forcément :

$$L(\widehat{\beta}) + \lambda_n\|\widehat{\beta}\|_1 \leq L(\beta_0) + \lambda_n\|\beta_0\|_1. \tag{4.13}$$

Étape 1 : Différences des fonctions de perte. On décompose la différence entre les deux fonctions de perte en deux éléments et remplace Y_i :

$$\begin{aligned}
L(\widehat{\beta}) - L(\beta_0) &= \frac{1}{n}\sum_{i=1}^{n}\left(Y_i - X_i'\widehat{\beta}\right)^2 - (Y_i - X_i'\beta_0)^2 \\
&= \frac{1}{n}\sum_{i=1}^{n}\left(X_i'(\beta_0-\widehat{\beta})+\varepsilon_i\right)^2 - \varepsilon_i^2 \\
&= (\widehat{\beta}-\beta_0)'\underbrace{\left[\frac{1}{n}\sum_{i=1}^{n}X_iX_i'\right]}_{=\widehat{\Sigma}}(\widehat{\beta}-\beta_0) + 2(\widehat{\beta}-\beta_0)'\left[\frac{1}{n}\sum_{i=1}^{n}\varepsilon_iX_i\right].
\end{aligned}$$

Par conséquent, à partir de l'équation (4.13) on obtient :

$$\begin{aligned}
(\widehat{\beta}-\beta_0)'\widehat{\Sigma}(\widehat{\beta}-\beta_0) &\leq \lambda_n\left(\|\beta_0\|_1 - \|\widehat{\beta}\|_1\right) - 2(\widehat{\beta}-\beta_0)'\left[\frac{1}{n}\sum_{i=1}^{n}\varepsilon_iX_i\right] \\
&\leq \lambda_n\left(\|\beta_0\|_1 - \|\widehat{\beta}\|_1\right) + 2\|\widehat{\beta}-\beta_0\|_1\|\frac{1}{n}\sum_{i=1}^{n}\varepsilon_iX_i\|_\infty,
\end{aligned}$$

Étape 2 : Inégalité de concentration. Il est temps d'appliquer l'inégalité de concentration du lemme 4.6 à $\|\frac{1}{n}\sum_{i=1}^{n}\varepsilon_i X_i\|_\infty$. En utilisant l'inégalité de Markov :

$$\begin{aligned}
&\mathbb{P}\left(\max_{j=1,\ldots,p}\left|\frac{1}{n}\sum_{i=1}^{n}\varepsilon_i X_{ij}\right| \geq \frac{\lambda_n}{4}\middle| X_1,\ldots,X_n\right)\\
&\leq \frac{4\mathbb{E}\left(\max_{j=1,\ldots,p}\left|\frac{1}{n}\sum_{i=1}^{n}\varepsilon_i X_{ij}\right|\middle| X_1,\ldots,X_n\right)}{\lambda_n}\\
&\leq \frac{4\sigma M}{\sqrt{n}}\frac{\sqrt{2\log(2p)}}{\lambda_n}\\
&\leq \alpha,
\end{aligned}$$

puisque $\lambda_n = \frac{4\sigma M}{\alpha}\sqrt{\frac{2\log(2p)}{n}}$. Puisque le côté droit est non probabiliste, on obtient :

$$\mathbb{P}\left(\max_{j=1,\ldots,p}\left|\frac{1}{n}\sum_{i=1}^{n}\varepsilon_i X_{ij}\right| \geq \frac{\lambda_n}{4}\right) \leq \alpha.$$

Lors de l'événement $\left\{\max_{j=1,\ldots,p}\left|\frac{2}{n}\sum_{i=1}^{n}\varepsilon_i X_{ij}\right| < \frac{\lambda_n}{2}\right\}$ qui se produit avec une probabilité supérieure à $1-\alpha$:

$$(\widehat{\beta}-\beta_0)'\widehat{\Sigma}(\widehat{\beta}-\beta_0) \leq \lambda_n\left(\|\beta_0\|_1 - \|\widehat{\beta}\|_1\right) + \frac{\lambda_n}{2}\|\widehat{\beta}-\beta_0\|_1. \tag{4.14}$$

Étape 3 : Décomposition des normes ℓ_1. Dorénavant, nous utiliserons la notation β_{S_0} pour désigner le vecteur β de dimension p pour lequel les éléments qui ne sont pas dans S_0 sont remplacés par 0. Remarquons que $\beta = \beta_{S_0} + \beta_{S_0^C}$. Par l'inégalité triangulaire inverse :

$$\|\beta_{0,S_0}\|_1 - \|\widehat{\beta}_{S_0}\|_1 \leq \|\beta_{0,S_0} - \widehat{\beta}_{S_0}\|_1.$$

Remarquons également que $\beta_{0,S_0^C} = 0$, donc : $\|\beta_{0,S_0^C}\|_1 - \|\widehat{\beta}_{S_0^C}\|_1 = -\|\beta_{0,S_0^C} - \widehat{\beta}_{S_0^C}\|_1$. Donc à partir de (4.14), on obtient :

$$(\widehat{\beta}-\beta_0)'\widehat{\Sigma}(\widehat{\beta}-\beta_0) \leq \frac{3\lambda_n}{2}\|\beta_{0,S_0} - \widehat{\beta}_{S_0}\|_1 - \frac{\lambda_n}{2}\|\beta_{0,S_0^C} - \widehat{\beta}_{S_0^C}\|_1. \tag{4.15}$$

Étape 4 : Condition du cône et valeurs propres restreintes. Cela signifie que nous avons la condition de cône suivante :

$$\|\beta_{0,S_0^C} - \widehat{\beta}_{S_0^C}\|_1 \leq 3\|\beta_{0,S_0} - \widehat{\beta}_{S_0}\|_1,$$

donc $\widehat{\beta}-\beta_0 \in \mathcal{C}[S_0, 3]$. En utilisant l'hypothèse 4.4 sur la valeur propre restreinte de la matrice de Gram empirique et l'inégalité de Cauchy-Schwarz $\|\delta_{S_0}\|_1 \leq \sqrt{s}\|\delta_{S_0}\|_2$ nous avons :

$$(\widehat{\beta} - \beta_0)'\widehat{\Sigma}(\widehat{\beta} - \beta_0) \geq \kappa_3^2(\widehat{\Sigma})\|\beta_{0,S_0} - \widehat{\beta}_{S_0}\|_2^2 \geq \kappa_3^2(\widehat{\Sigma})\frac{\|\beta_{0,S_0} - \widehat{\beta}_{S_0}\|_1^2}{s}. \quad (4.16)$$

Étape 5 : Fin de la preuve. En utilisant les inégalités (4.15) et (4.16), remarquez que :

$$\begin{aligned} 2(\widehat{\beta} - \beta_0)'\widehat{\Sigma}(\widehat{\beta} - \beta_0) + \lambda_n\|\beta_0 - \widehat{\beta}\|_1 &\leq 4\lambda_n\|\beta_{0,S_0} - \widehat{\beta}_{S_0}\|_1 \\ &\leq 4\lambda_n\frac{\sqrt{s}}{\kappa_3(\widehat{\Sigma})}\sqrt{(\widehat{\beta} - \beta_0)'\widehat{\Sigma}(\widehat{\beta} - \beta_0)} \\ &\leq 4\lambda_n^2\frac{s}{\kappa_3^2(\widehat{\Sigma})} + (\widehat{\beta} - \beta_0)'\widehat{\Sigma}(\widehat{\beta} - \beta_0), \end{aligned}$$

où la dernière inégalité utilise $4uv \leq u^2 + 4v^2$. On obtient finalement :

$$(\widehat{\beta} - \beta_0)'\widehat{\Sigma}(\widehat{\beta} - \beta_0) + \lambda_n\|\beta_0 - \widehat{\beta}\|_1 \leq 4\lambda_n^2\frac{s}{\kappa_3^2(\widehat{\Sigma})}.$$

Finalement, avec une probabilité supérieure à $1 - \alpha$:

$$\|\beta_0 - \widehat{\beta}\|_1 \leq \frac{4^2\sigma M}{\alpha\kappa_3^2(\widehat{\Sigma})}\sqrt{\frac{2s^2\log(2p)}{n}}.$$

□

Preuve du lemme 4.3. En substituant le modèle 4.5, on obtient :

$$\sqrt{n}\left(\widehat{\tau} - \tau_0\right) = \widehat{\pi}^{-1}\left[\frac{1}{n}\sum_{i=1}^{n} D_i X_i\right]'\sqrt{n}\left(\beta_0 - \widehat{\beta}\right) + \widehat{\pi}^{-1}\sqrt{n}\left[\frac{1}{n}\sum_{i=1}^{n} D_i\varepsilon_i\right]. \quad (4.17)$$

À partir de l'équation ci-dessus, on pourrait espérer que, puisque $\widehat{\beta}$ est converge en norme ℓ_1, le premier terme converge vers zéro en probabilité et qu'il ne nous reste que le second terme. Ce n'est pas le cas. Par le théorème de la limite centrale – en utilisant aussi la loi des grands nombres et le *continuous mapping theorem* pour prouver $\widehat{\pi} \xrightarrow{p} \pi_0$ et le théorème de Slutsky :

$$\widehat{\pi}^{-1}\left[\frac{1}{\sqrt{n}}\sum_{i=1}^{n} D_i\varepsilon_i\right] \xrightarrow{d} \mathcal{N}\left(0, \frac{\sigma^2}{\pi_0}\right).$$

Par ailleurs, en toute généralité on peut montrer que :

$$\left|\left[\frac{1}{n}\sum_{i=1}^{n} D_i X_i\right]' \sqrt{n}\left(\beta_0 - \widehat{\beta}\right)\right| \approx s\sqrt{\log p} \to \infty,$$

L'intuition sous-jacente est double. Par la loi des grands nombres, on a :

$$\left[\frac{1}{n}\sum_{i=1}^{n} D_i X_i\right] \xrightarrow{P} \pi_0 \mu_1.$$

En général, $\mu_1 \neq 0$ et ce terme ne devient pas nul. De plus, puisque $p \to \infty$, nous avons $\|\sqrt{n}(\widehat{\beta} - \beta_0)\|_1 \approx s\sqrt{\log p}$ qui ne devient pas nul, ce qui prouve le résultat. □

Preuve du lemme 4.4. Repartons de la preuve du lemme 4.3. Désormais, grâce à l'hypothèse 4.7, on obtient :

$$\left\|\frac{1}{\sqrt{n}}\sum_{i=1}^{n} D_i X_i\right\|_{\infty} \lesssim \sqrt{\log p}.$$

En utilisant le théorème 4.1 et l'inégalité $|a'b| \leq \|a\|_{\infty} \|b\|_1$, nous avons :

$$\begin{aligned}\left|\left[\frac{1}{\sqrt{n}}\sum_{i=1}^{n} D_i X_i\right]' \left[\beta_0 - \widehat{\beta}\right]\right| &\leq \left\|\frac{1}{\sqrt{n}}\sum_{i=1}^{n} D_i X_i\right\|_{\infty} \left\|\beta_0 - \widehat{\beta}\right\|_1 \\ &\lesssim \frac{s\log p}{\sqrt{n}} \to 0,\end{aligned}$$

par la condition de croissance de l'hypothèse 4.6. Donc la quantité du côté gauche de l'inégalité ci-dessus converge vers zéro en probabilité (la convergence en norme ℓ_1 implique la convergence en probabilité). En utilisant le théorème de Slutsky et l'équation (4.17), nous obtenons le résultat. □

4.8.2 Résultats complémentaires

Le lemme 4.5 a été utilisé lors du calcul de la distribution de l'estimateur post-sélection.

Lemme 4.5 (Indépendance, d'après Leeb, 2006).

$$\widehat{\tau}(R) \perp \widehat{\beta}(U).$$

Preuve du lemme 4.5 On utilise les notations de matrice suivantes : $\mathbf{X_j} = (X_{i,j})_{1\leq i\leq n}$ pour tout $j = 1, 2$, $\mathbf{y} = (Y_i)_{1\leq i\leq n}$ et $\mathbf{X} = (X_i')_{1\leq i\leq n}$. On remarque que $\widehat{\tau}(R) = [\mathbf{X_1}'\mathbf{X_1}]^{-1}\mathbf{X_1}'\mathbf{y}$, et on définit $\mathcal{M}_{\mathbf{X_1}} := \mathbf{I_n} - \mathbf{X_1}[\mathbf{X_1}'\mathbf{X_1}]^{-1}\mathbf{X_1}'$, le projecteur sur le complément orthogonal de l'espace des colonnes de $\mathbf{X_1}$. Soit la matrice $\mathbf{X}^O := [\mathbf{X_1} : \mathcal{M}_{\mathbf{X_1}}\mathbf{X_2}]$ et $\widehat{\beta}^O$ le coefficient obtenu par la régression de $\mathbf{y}$ sur $\mathbf{X}^O$, c'est-à-dire : $\widehat{\beta}^O = \left[\mathbf{X}^{O\prime}\mathbf{X}^O\right]^{-1}\left[\mathbf{X}^{O\prime}\mathbf{y}\right]$. On peut montrer que :

$$\widehat{\beta}^O = \begin{bmatrix} \widehat{\tau}(R) \\ \left[\mathbf{X_2}'\mathcal{M}_{\mathbf{X_1}}\mathbf{X_2}\right]^{-1}\mathbf{X_2}'\mathcal{M}_{\mathbf{X_1}}\mathbf{y} \end{bmatrix},$$

et que $\widehat{\tau}(R)$ et $\left[\mathbf{X_2}'\mathcal{M}_{\mathbf{X_1}}\mathbf{X_2}\right]^{-1}\mathbf{X_2}'\mathcal{M}_{\mathbf{X_1}}\mathbf{y}$ sont non corrélés, par le théorème de Cochran. Par le théorème de Frish-Waugh-Lovell (théorème 4.2 à la fin de ce chapitre), $\left[\mathbf{X_2}'\mathcal{M}_{\mathbf{X_1}}\mathbf{X_2}\right]^{-1}\mathbf{X_2}'\mathcal{M}_{\mathbf{X_1}}\mathbf{y} = \widehat{\beta}(U)$, ce qui complète la preuve. □

Le lemme 4.6, extrait de Chatterjee (2013), donne une borne sur la queue de distribution du maximum de variables aléatoires gaussiennes. Ce lemme est en fait plus général et s'applique aux variables aléatoires sous-gaussiennes. Le lecteur peut se référer à Vershynin (2018) pour une définition de la propriété de sous-gaussianité ainsi que des résultats sur les probabilités en grande dimension. Nous rappelons également le théorème de Frisch-Waugh-Lovell (4.2). À ce propos, le lecteur peut également consulter la *formule d'anatomie de la régression*, dans (Angrist et Pischke, 2009, p. 35-36).

Lemme 4.6 (Inégalité de concentration pour les variables aléatoires gaussiennes)**.** *Considérons p variables aléatoires gaussiennes telles que pour $j = 1, \dots, p$, $\xi_j \sim \mathcal{N}(0, \sigma_j^2)$ et l'ensemble $L = \max_{j=1,\dots,p} \sigma_j$. Alors :*

$$\mathbb{E}\left[\max_{j=1,\dots,p} |\xi_j|\right] \leq L\sqrt{2\log(2p)}.$$

Preuve du lemme 4.6 Puisque $\xi_j \sim \mathcal{N}(0, \sigma_j^2)$, un calcul direct montre que $\mathbb{E}\left[e^{c\xi_j}\right] = e^{\frac{c^2\sigma_j^2}{2}}$ pour tout $c \in \mathbb{R}$. On note en passant que la preuve utilisera seulement que ξ_j est sous-gaussien, *i.e.* $\mathbb{E}\left[e^{c\xi_j}\right] \leq e^{\frac{c^2\sigma_j^2}{2}}$.

$$\begin{aligned}\mathbb{E}\left[\max_{j=1,\dots,p} |\xi_j|\right] &= \frac{1}{c}\mathbb{E}\left[\log\left\{\exp\left(\max_{j=1,\dots,p} c|\xi_j|\right)\right\}\right] \\ &\leq \frac{1}{c}\mathbb{E}\left[\log\left\{\sum_{j=1}^{p} e^{c|\xi_j|}\right\}\right]\end{aligned}$$

$$\leq \frac{1}{c}\mathbb{E}\left[\log\left\{\sum_{j=1}^{p} e^{c\xi_j} + e^{-c\xi_j}\right\}\right]$$
$$\leq \frac{1}{c}\log\left\{\sum_{j=1}^{p}\mathbb{E}\left[e^{c\xi_j}\right] + \mathbb{E}\left[e^{-c\xi_j}\right]\right\}$$
$$\leq \frac{1}{c}\log\left\{2pe^{\frac{c^2L^2}{2}}\right\}$$
$$= \frac{\log(2p)}{c} + \frac{cL^2}{2}.$$

où la troisième inégalité utilise l'inégalité de Jensen et la quatrième la remarque au début de la preuve. La borne est minimisée pour la valeur $c^* = \sqrt{2\log(2p)}/L$ et est égale à L $\sqrt{2\log(2p)}$ ce qui complète la preuve. □

Théorème 4.2 (Frisch-Waugh-Lovell, Frisch et Waugh, 1933 ; Lovell, 1963). *Considérons la régression du vecteur de dimension n, $\mathbf{y}$, sur la matrice de plein rang de dimension $n \times p$, $\mathbf{X}$. On considère la partition : $\mathbf{X} = [\mathbf{X_1} : \mathbf{X_2}]$, et on définit $\mathcal{P}_{\mathbf{X_1}} := \mathbf{X_1}[\mathbf{X_1}'\mathbf{X_1}]^{-1}\mathbf{X_1}'$, $\mathcal{M}_{\mathbf{X_1}} := \mathbf{I_n} - \mathcal{P}_{\mathbf{X_1}}$, et $\mathcal{P}_{\mathbf{X}}$ et $\mathcal{M}_{\mathbf{X}}$ les mêmes quantités pour $\mathbf{X}$. Considérons ces deux quantités :*

1. $\widehat{\beta} = (\widehat{\beta}_1', \widehat{\beta}_2')' = (\mathbf{X}'\mathbf{X})^{-1}\mathbf{X}'\mathbf{y}$,
2. $\tilde{\beta}_2 = (\mathbf{X_2}'\mathcal{M}_{\mathbf{X_1}}\mathbf{X_2})^{-1}\mathbf{X_2}'\mathcal{M}_{\mathbf{X_1}}\mathbf{y}$,

alors $\tilde{\beta}_2 = \widehat{\beta}_2$.

Preuve du théorème 4.2. Considérons la décomposition :

$$\mathbf{y} = \mathcal{P}_{\mathbf{X}}\mathbf{y} + \mathcal{M}_{\mathbf{y}}\mathbf{y} = \mathbf{X}\widehat{\beta} + \mathcal{M}_{\mathbf{y}}\mathbf{y}\mathbf{y} = \mathbf{X_1}\widehat{\beta}_1 + \mathbf{X_2}\widehat{\beta}_2 + \mathcal{M}_{\mathbf{X}}\mathbf{y}.$$

On pré-multiplie par $\mathbf{X_2}'\mathcal{M}_{\mathbf{X_1}}$:

$$\mathbf{X_2}'\mathcal{M}_{\mathbf{X_1}}\mathbf{y} = \mathbf{X_2}'\mathcal{M}_{\mathbf{X_1}}\mathbf{X_1}\widehat{\beta}_1 + \mathbf{X_2}'\mathcal{M}_{\mathbf{X_1}}\mathbf{X_2}\widehat{\beta}_2 + \mathbf{X_2}'\mathcal{M}_{\mathbf{X_1}}\mathcal{M}_{\mathbf{X}}\mathbf{y}$$
$$= 0 + \mathbf{X_2}'\mathcal{M}_{\mathbf{X_1}}\mathbf{X_2}\widehat{\beta}_2 + 0.$$

Par conséquent, $\widehat{\beta}_2 = (\mathbf{X_2}'\mathcal{M}_{\mathbf{X_1}}\mathbf{X_2})^{-1}\mathbf{X_2}'\mathcal{M}_{\mathbf{X_1}}\mathbf{y} = \tilde{\beta}_2$. □

Bibliographie

ABADIE, A. et KASY, M. (2019). Choosing among Regularized Estimators in Empirical Economics : The Risk of Machine Learning. *The Review of Economics and Statistics*, 101(5):743–762.

ALQUIER, P., GAUTIER, E. et STOLTZ, G. (2011). *Inverse Problems and High-Dimensional Estimation : Stats in the Château Summer School, August 31 - September 4, 2009*. Springer Berlin Heidelberg, Berlin, Heidelberg.

ANGRIST, J. et PISCHKE, J.-S. (2009). *Mostly Harmless Econometrics : An Empiricist's Companion*. Princeton University Press, 1re édition.

BELLONI, A., CHEN, D., CHERNOZHUKOV, V. et HANSEN, C. (2012). Sparse models and methods for optimal instruments with an application to eminent domain. *Econometrica*, 80(6):2369–2429.

BELLONI, A. et CHERNOZHUKOV, V. (2011). *High Dimensional Sparse Econometric Models : An Introduction*, pages 121–156. Springer Berlin Heidelberg.

BELLONI, A. et CHERNOZHUKOV, V. (2013). Least squares after model selection in high-dimensional sparse models. *Bernoulli*, 19(2):521–547.

BELLONI, A., CHERNOZHUKOV, V. et HANSEN, C. (2014). High-Dimensional Methods and Inference on Structural and Treatment Effects. *Journal of Economic Perspectives*, 28(2): 29–50.

BICKEL, P. J., RITOV, Y. et TSYBAKOV, A. B. (2009). Simultaneous analysis of lasso and dantzig selector. *Ann. Statist.*, 37(4):1705–1732.

BÜHLMANN, P. et Van de GEER, S. (2011). *Statistics for High-Dimensional Data : Methods, Theory and Applications*. Springer-Verlag Berlin Heidelberg.

CANDES, E. et TAO, T. (2007). The dantzig selector : Statistical estimation when p is much larger than n. *Ann. Statist.*, 35(6):2313–2351.

CHATTERJEE, S. (2013). Assumptionless consistency of the Lasso. *ArXiv e-prints*.

CHERNOZHUKOV, V., CHETVERIKOV, D., DEMIRER, M., DUFLO, E., HANSEN, C. et NEWEY, W. (2017). Double/debiased/neyman machine learning of treatment effects. *American Economic Review*, 107(5):261–65.

CHERNOZHUKOV, V., CHETVERIKOV, D., DEMIRER, M., DUFLO, E., HANSEN, C., NEWEY, W. et ROBINS, J. (2018). Double/debiased machine learning for treatment and structural parameters. *The Econometrics Journal*, 21(1):C1–C68.

GIRAUD, C. (2014). *Introduction to High-Dimensional Statistics*. Chapman and Hall, 1re édition.

HASTIE, T., TIBSHIRANI, R. et FRIEDMAN, J. (2009). *The Elements of Statistical Learning : Data mining, Inference and Prediction*. Springer, 2e édition.

LEAMER, E. E. (1983). Let's take the con out of econometrics. *The American Economic Review*, 73(1):31–43.

LEEB, H. (2006). *The distribution of a linear predictor after model selection : Unconditional finite-sample distributions and asymptotic approximations*, volume Number 49 de *Lecture Notes–Monograph Series*, pages 291–311. Institute of Mathematical Statistics, Beachwood, Ohio, USA.

LEEB, H. et PÖTSCHER, B. M. (2005). Model selection and inference : Facts and fiction. *Econometric Theory*, null:21–59.

L'Hour, J. (2020). L'économétrie en grande dimension. *Documents de Travail de l'Insee - INSEE Working Papers*, M2010(01).

Oliveira, R. (2013). The lower tail of random quadratic forms, with applications to ordinary least squares and restricted eigenvalue properties. *ArXiv e-prints.*

Rudelson, M. et Zhou, S. (2013). Reconstruction from anisotropic random measurements. *Information Theory, IEEE Transactions on*, 59(6):3434–3447.

Tibshirani, R. (1994). Regression shrinkage and selection via the lasso. *Journal of the Royal Statistical Society, Series B*, 58:267–288.

Van de Geer, S. A. (2008). High-dimensional generalized linear models and the lasso. *Ann. Statist.*, 36(2):614–645.

Vershynin, R. (2018). *High-Dimensional Probability : An Introduction with Applications in Data Science.* Numéro 47 de Cambridge Series in Statistical and Probabilistic Mathematics. Cambridge University Press.

Yang, Y. (2005). Can the strengths of aic and bic be shared ? a conflict between model indentification and regression estimation. *Biometrika*, 92(4):937–950.

Zhao, P. et Yu, B. (2006). On model selection consistency of lasso. *J. Mach. Learn. Res.*, 7:2541–2563.

Chapitre 5

Généralisation et méthodologie

Ce chapitre étend l'intuition sous-jacente à la méthode de la double sélection, présentée dans le chapitre précédent, de deux manières. D'une part, il sort du cadre linéaire pour englober un modèle plus général résumé par une fonction de score orthogonale $\psi(Z, \tau, \eta)$ que l'on souhaite utiliser pour faire de l'inférence sur le paramètre de faible dimension τ_0 en présence d'un paramètre de nuisance de grande dimension η_0. D'autre part, il s'applique à un problème plus général, qui inclut également la sélection de variables. Dans ce contexte, nous supposerons au minimum que η_0 est un objet complexe qui sera estimé à l'aide d'outils de machine learning. Cela peut effectivement refléter l'idée d'un paramètre de nuisance parcimonieux nécessitant d'opérer de la sélection de variables, mais peut aussi refléter la présence d'un paramètre de nuisance dont on pense qu'il sera mieux estimé par des méthodes non linéaires, telles qu'une forêt aléatoire ou un réseau de neurones. L'objectif final est d'obtenir des propriétés favorables pour l'estimateur de τ_0, de manière à garantir des tests et des intervalles de confiance théoriquement fiables.

Ici, l'idée n'est pas de recenser de façon exhaustive toutes les méthodes de machine learning possibles pour estimer η_0 – cela serait vain – mais on peut citer les régressions Lasso, Post-Lasso et Ridge, aux Elastic Nets, aux arbres de régression et aux forêts aléatoires, aux réseaux neuronaux, aux méthodes agrégées, etc. L'utilisation de chacune de ces méthodes étant justifiée par les hypothèses que l'on est prêt à faire sur la forme du paramètre η_0.

La section 5.1 généralise donc l'intuition donnée au chapitre précédent. La section 5.2 présente l'estimation par partitionnement d'échantillon (*sample-splitting*, dont la théorie est étudiée à la section 7.2), fortement recommandée dans ce contexte, car elle permet de rendre l'estimation plus robuste en s'affranchissant d'hypothèses trop strictes (en théorie) et d'éviter le sur-apprentissage (en pratique). La section 5.3 applique cette théorie aux scores orthogonaux permettant d'estimer l'effet du traitement, déjà rencontrés au chapitre 3. Les deux sections suivantes présentent des simulations et des exemples empiriques.

5.1 Théorie : procédure d'immunisation

5.1.1 Intuition

Dans le chapitre précédent (section 4.5), on a montré que la méthode de la double sélection permettait de faire en sorte que l'estimation du paramètre de nuisance de grande dimension n'affecte pas la distribution asymptotique de l'estimateur du paramètre d'intérêt. Cette section va permettre de passer à un niveau d'abstraction supplémentaire, au-delà du cas de la régression linéaire. Pour cela, supposons que le paramètre d'intérêt, τ_0, résout l'équation $\mathbb{E}[m(Z_i, \tau_0, \beta_0)] = 0$ pour une fonction de score connue $m(.)$, un vecteur de variables observées Z_i et un paramètre de nuisance β_0. Pour rendre ces objets moins abstraits, on peut penser au cas entièrement paramétrique où $m(.)$ est la dérivée de la log-vraisemblance (Wasserman, 2010, chapitre 9). Dans la section précédente, nous avions $Z_i = (Y_i, D_i, X_i)$, et $m(Z_i, \tau, \beta) := (Y_i - D_i\tau - X_i'\beta)D_i$. Dans le lemme 4.3, la source du problème résidait dans le fait que la dérivée de l'équation estimante par rapport au paramètre de nuisance n'était pas nulle :

$$\mathbb{E}\left[\partial_\beta m(Z_i, \tau_0, \beta_0)\right] = -\pi_0\mu_1 \neq 0.$$

Nous aimerions remplacer m par une autre fonction de score ou moment d'estimation ψ et un paramètre de nuisance potentiellement différent de β_0, η_0, de sorte que :

$$\mathbb{E}\left[\partial_\eta \psi(Z_i, \tau_0, \eta_0)\right] = 0. \tag{ORT}$$

La condition (ORT) signifie que la condition de moment pour estimer τ_0 n'est pas affectée par une petite perturbation autour de la vraie valeur du paramètre de nuisance η_0. C'est cette intuition qui sous-tend la procédure de double sélection ou *immunisée* ou *Neyman-orthogonalisée* (Chernozhukov *et al.*, 2017 ; Belloni *et al.*, 2017 ; Chernozhukov *et al.*, 2018). La modification de l'équation estimante permet de neutraliser l'effet de l'estimation de la première étape et de supprimer le biais de régularisation. Nous dirons que toute fonction ψ qui satisfait la condition (ORT) est un *score orthogonal*, ou *Neyman-orthogonal.*

5.1.2 Théorie

Dans ce paragraphe, nous résumons les idées développées par Chernozhukov *et al.* (2015a,b), Chernozhukov *et al.* (2017), Belloni *et al.* (2017) et Chernozhukov *et al.* (2018).

Hypothèse 5.1 (Condition de moment orthogonalisé). *Le paramètre (scalaire) d'intérêt, τ_0, est solution de l'équation :*

$$\mathbb{E}\left[\psi(Z_i, \tau_0, \eta_0)\right] = 0,$$

pour une fonction connue à valeur réelle $\psi(.)$ satisfaisant la condition d'orthogonalité (ORT), un vecteur de variables observables Z_i et un paramètre de nuisance parcimonieux de grande dimension η_0 tel que $\|\eta_0\|_0 \leq s$. Le design respecte la condition de croissance de l'hypothèse 4.6.

Supposons en outre que nous ayons un estimateur de première étape $\widehat{\eta}$ de η_0 qui soit de qualité suffisante.

Hypothèse 5.2 (Estimation des paramètres de nuisance). *Soit un estimateur de première étape $\widehat{\eta}$ tel qu'avec une forte probabilité :*

$$\|\widehat{\eta}\|_0 \lesssim s,$$

$$\|\widehat{\eta} - \eta_0\|_1 \lesssim \sqrt{s^2 \log p / n},$$

$$\|\widehat{\eta} - \eta_0\|_2 \lesssim \sqrt{s \log p / n}.$$

Nous considérons cet estimateur comme donné. Il n'est pas nécessaire qu'il s'agisse d'un Lasso, mais le Lasso ou le Post-Lasso vérifient clairement ces hypothèses dans un scénario de *sparsité* ou de *sparsité approximative*, c'est-à-dire dans les cas où seules quelques variables de contrôle comptent. Chernozhukov *et al.* (2018) étendent ces conditions à toute procédure d'apprentissage automatique de qualité suffisante. Elles seront discutées dans la section 5.2. Notez que la procédure ML recommandée dépend des hypothèses que l'on est prêt à faire sur η_0 car elles vont conditionner les performances de cet outil. Par exemple, si l'on est prêt à supposer que η_0 est parcimonieux, un Lasso devrait bien fonctionner. En revanche, si l'on suppose que η_0 doit capturer une relation constante par morceaux entre une variable expliquée et des variables explicatives, on choisira plutôt une forêt aléatoire. L'estimateur de τ_0 que nous allons considérer est $\check{\tau}$ tel que :

$$\frac{1}{n}\sum_{i=1}^{n}\psi(Z_i,\check{\tau},\widehat{\eta}) = 0. \qquad \text{(IMMUNIZED)}$$

Pour une exposition plus claire, nous considérons le cas simple de l'hypothèse 5.3 ci-dessous.

Hypothèse 5.3 (Modèle Affine-Quadratique). *La fonction $\psi(.)$ est telle que :*

$$\psi(Z_i,\tau,\eta) = \Gamma_1(Z_i,\eta)\tau - \Gamma_2(Z_i,\eta),$$

où Γ_j, $j = 1, 2$, sont des fonctions dont les dérivées du second ordre par rapport à η sont constantes sur l'espace paramétrique convexe de η.

La classe de modèles ci-dessus peut sembler restrictive mais elle inclut de nombreux paramètres d'intérêt habituels tels que l'effet de traitement moyen (ou *average treatment effect*, ATE), l'effet de traitement moyen sur la population traitée (ou *average treatment effect on the treated*, ATET), l'effet de traitement moyen local (ou *local average treatment effect*, LATE), ainsi que tout coefficient d'une régression linéaire.

Théorème 5.1 (Normalité asymptotique de l'estimateur immunisé). *L'estimateur immunisé $\check{\tau}$ défini par (IMMUNIZED) dans le modèle affine-quadratique*

5.3 sous les hypothèses 4.6, 5.1, et utilisant un estimateur de nuisance de première étape satisfaisant l'hypothèse 5.2 est tel que :

$$\sqrt{n}\,(\check{\tau} - \tau_0) \xrightarrow{d} \mathcal{N}(0, \sigma_\Gamma^2),$$

avec $\sigma_\Gamma^2 := \mathbb{E}[\psi(Z_i, \tau_0, \eta_0)^2]/\mathbb{E}[\Gamma_1(Z_i, \eta_0)]^2$.

En pratique, σ_Γ^2 s'estime simplement par des moyennes, en remplaçant les quantités inconnues par leurs estimateurs. Les preuves mathématiques se trouvent en annexe de ce chapitre.

Remarque 5.1 : Importance du théorème 5.1

Le théorème 5.1 est relativement puissant : si l'on trouve un estimateur défini comme la racine d'une condition de moment orthogonal, *i.e.* qui satisfait la condition (ORT), cet estimateur sera alors asymptotiquement gaussien avec une variance que l'on peut estimer. Ce théorème couvre le cas de la double sélection vu à la section 4.5. Cela offre ainsi la possibilité de faire de l'inférence sur le paramètre d'intérêt. Il convient de dire un mot sur les hypothèses nécessaires afin de mettre en évidence celles qui importent le plus. L'hypothèse 5.1 est extrêmement importante et constitue l'objet de toute cette section. L'élément clé est que ψ doit satisfaire la condition (ORT), sans quoi on ne peut pas contrôler le terme I_2' dans la preuve. L'hypothèse 5.2 concerne la qualité de l'estimation du paramètre de nuisance : bien qu'elle puisse être rendue plus générale pour s'adapter à d'autres méthodes issues de la littérature sur le machine learning, l'estimateur du paramètre de nuisance doit avoir de bonnes performances. L'hypothèse 4.6 sur la condition de croissance est nécessaire mais n'est pas très restrictive : p peut croître aussi vite que e^{n^α} pour $\alpha \in]0, 1/2[$! L'hypothèse 5.3 n'a pas d'importance : il s'agit d'une simplification dans le contexte de ce cours pour rendre la preuve plus facile. De plus, elle n'est pas si restrictive : de nombreux paramètres d'intérêt entrent dans ce cadre.

Remarque 5.2 : Cas sur-identifié

Comme nous considérons un paramètre scalaire d'intérêt τ_0 identifié par une seule équation, l'équation (IMMUNIZED) convenait comme définition. En général, lorsque τ_0 est identifié par un ensemble d'équations de plus grande dimension, l'estimateur GMM prendra la forme :

$$\widehat{\tau} = \arg\min_{\tau \in \mathbb{R}^d} \left\| \frac{1}{n} \sum_{i=1}^{n} \psi(Z_i, \tau, \widehat{\eta}) \right\|_2^2 .$$

La raison en est que $n^{-1} \sum_{i=1}^{n} \psi(Z_i, \tau, \widehat{\eta}) = 0$ n'aura pas de solution en général.

Pour une fonction de score donnée $m(.)$ qui ne satisfait pas la condition (ORT), comment pouvons-nous trouver une $\psi(.)$ qui la satisfait ? On remarque que l'on désigne le paramètre de nuisance par β_0 dans le premier cas et par η_0 dans le second. Cette notation différente signifie que la plupart du temps, η_0 est différent de β_0 et est en général de plus grande dimension. La section 4.5 couvrait le cas linéaire. Chernozhukov *et al.* (2015a) traitent les cas du Maximum de Vraisemblance et des GMM, tandis que la section 2.2 de Chernozhukov *et al.* (2018) couvre un éventail encore plus large de modèles. Au-delà du cas linéaire, Farrell (2015) présente une méthode plus générale pour estimer les paramètres de l'effet de traitement (ATE, ATET) en utilisant des idées similaires.

5.2 Partitionnement d'échantillon

Dans cette section, nous introduisons une technique supplémentaire, qui permet de généraliser encore plus la méthode de l'immunisation vue à la section précédente. En effet, le *partitionnement d'échantillon* (*sample splitting*) est l'ingrédient qui permet de relâcher certaines contraintes sur la qualité d'estimation du paramètre de nuisance (hypothèse 5.2). Cette section présente la méthode sans entrer dans les détails théoriques, qui seront vus à la section 7.2.

Comme précédemment, on se donne un paramètre d'intérêt de faible dimension τ_0, un paramètre de nuisance de grande dimension η_0 et surtout une fonction de score orthogonal $\psi(Z, \tau, \eta)$. Il est nécessaire que ψ satisfasse (ORT) comme souligné dans la section 5.1. Nous présentons la méthode du double-machine learning avec ajustement croisé de Chernozhukov *et al.* (2017) (*cross-fitting double machine learning*).

Remarque 5.3 : Double machine learning avec ajustement croisé

On suppose que l'on a un échantillon de n copies du vecteur aléatoire Z_i où n est divisible par un entier K pour simplifier les notations.

1. Soit une partition aléatoire $(I_k)_{k=1,\dots,K}$ d'indices $\{1,\dots,n\}$ telle que chaque ensemble I_k a une taille n/k. Pour chaque $k \in \{1,\dots,K\}$, on définit $I_k^C := \{1,\dots,n\} \setminus I_k$
2. Pour chaque $k \in \{1,\dots,K\}$, on construit un estimateur issu d'une procédure de machine learning de η_0 en utilisant uniquement l'échantillon auxiliaire I_k^C :
$$\widehat{\eta}_k = \widehat{\eta}\left((Z_i)_{i \in I_k^C}\right).$$
3. Pour chaque $k \in \{1,\dots,K\}$, en utilisant l'échantillon principal I_k, on construit l'estimateur $\check{\tau}_k$ comme la solution de :
$$\frac{1}{n/K} \sum_{i \in I_k} \psi(Z_i, \check{\tau}_k, \widehat{\eta}_k) = 0.$$
4. On agrège les estimateurs $\check{\tau}_k$ sur chaque échantillon principal :
$$\check{\tau} = \frac{1}{K} \sum_{k=1}^{K} \check{\tau}_k.$$

Le théorème 3.1 dans Chernozhukov *et al.* (2017) montre que l'estimateur par ajustement croisé $\check{\tau}$ est asymptotiquement gaussien sous des conditions raisonnables. Il n'y a pas de théorie pour choisir K mais des valeurs traditionnellement conseillées sont $K = 2, 4, 5$. Le terme *d'ajustement croisé* vient de la technique particulière de partitionnement d'échantillon adoptée ici où l'échantillon auxiliaire I_k^C utilisé pour estimer η_0 et l'échantillon principal I_k utilisé pour estimer τ_0 sont permutés afin de ne pas perdre en efficacité (l'échantillon I_k est de cardinal bien plus faible que n). Le partitionnement de l'échantillon est nécessaire pour des raisons techniques : il permet de contrôler les termes résiduels sans utiliser d'hypothèse trop forte sur la qualité de l'estimation des paramètres de nuisance. En particulier, dans certains cas, l'hypothèse 5.2 peut être remplacée par l'exigence selon laquelle le paramètre de nuisance est estimé à taux de $n^{-1/4}$ dans le pire des cas (Chernozhukov *et al.*, 2018). Il existe des garanties de performance pour certaines versions de la plupart des méthodes d'apprentissage automatique classiques, ce qui rend possible de satisfaire cette condition. Cela permet donc d'utiliser de nombreuses méthodes pour estimer le paramètre de nuisance. Intuitivement, le partitionnement d'échantillon élimine le biais provenant du sur-apprentissage en utilisant un échantillon auxiliaire uniquement pour estimer le paramètre de nuisance η_0 et utilise ensuite l'échantillon principal uniquement pour la prédiction.

Remarque 5.4 : Double machine learning, calcul de l'écart-type

L'écart-type de l'estimateur précédent s'estime simplement en calculant :

$$\widehat{\sigma}^2 = \frac{1}{n}\sum_{i=1}^{n}\psi(Z_i, \check{\tau}, \widehat{\eta}_{k(i)})^2,$$

pour $k(i) = \{k \in \{1, \ldots, K\} : i \in I_k\}$. On a alors pour intervalle de confiance de niveau asymptotique $1-\alpha$:

$$\left[\check{\tau} \pm \Phi^{-1}\left(1 - \frac{\alpha}{2}\right)\frac{\widehat{\sigma}}{\sqrt{n}}\right].$$

Remarquons que la technique de partitionnement de l'échantillon préconisée ici introduit plus d'incertitude, ce qui doit être pris en compte lors de la présentation des résultats. Chernozhukov *et al.* (2017) proposent de reproduire cette procédure S fois en considérant S différentes partitions aléatoires de l'échantillon et en suggérant de rapporter l'estimateur moyen par ajustement croisé et une erreur standard corrigée.

5.3 Scores orthogonaux pour estimer l'effet du traitement

Nous considérons le modèle de la section 5.1 de Chernozhukov *et al.* (2017). C'est un modèle plus flexible où l'on autorise l'effet du traitement à être hétérogène. Soit le vecteur (Y, D, X) tel que $D \in \{0,1\}$ et :

$$
\begin{aligned}
Y &= g_0(D,X) + \varepsilon, \mathbb{E}[\varepsilon \mid D, X] = 0,\\
D &= m_0(X) + \xi, \mathbb{E}[\xi \mid X] = 0.
\end{aligned}
$$

La section 4.5 était un cas particulier où nous avions $g_0(D,X) = D\tau_0 + X'\beta_0$ et $m_0(X) = X'\delta_0$. Dans ce type de configuration, il y a généralement deux paramètres d'intérêt standard : l'effet de traitement moyen (ATE) et l'effet de traitement moyen sur les individus traités (ATET),

$$
\begin{aligned}
\tau_0^{ATE} &= \mathbb{E}[g_0(1,X) - g_0(0,X)],\\
\tau_0^{ATET} &= \mathbb{E}[g_0(1,X) - g_0(0,X) \mid D = 1].
\end{aligned}
$$

Dans la section 4.5, $\tau_0^{ATE} = \tau_0^{ATET} = \tau_0$ car l'effet du traitement était homogène. Pour l'ATE, le score orthogonal de Hahn (1998) est défini par :

$$
\begin{aligned}
&\psi^{ATE}(Z_i, \tau, \eta)\\
&= g(1,X) - g(0,X) + \frac{D(Y - g(1,X))}{m(X)} - \frac{(1-D)(Y - g(0,X))}{1 - m(X)} - \tau.
\end{aligned}
$$

La valeur réelle du paramètre de nuisance est $\eta_0 = (g_0, m_0)$. Pour l'ATET, le score orthogonal est :

$$
\psi^{ATET}(Z_i, \tau, \eta) = \frac{1}{\pi_0}\left(D - \frac{m(X)}{1 - m(X)}(1 - D)\right)(Y - g(0,X)) - \frac{D}{\pi_0}\tau.
$$

La vraie valeur du paramètre de nuisance est $\eta_0 = (g_0, m_0, \pi_0)$ avec $\pi_0 = \mathbb{P}(D = 1)$. Ces scores orthogonaux constituent la base de Farrell (2015) et Bléhaut *et al.* (2023). Des expressions similaires existent pour le Local Average Treatment Effect (LATE), et nous renvoyons à Chernozhukov *et al.* (2018).

Remarque 5.5 : Astuce pour calculer la variance

Ces scores orthogonaux relèvent du type affine-quadratique de l'hypothèse 5.3, de sorte que le calcul des erreurs standard découlera simplement de l'expression du théorème 5.1. De plus, dans les deux cas, $\mathbb{E}[\Gamma_1(Z_i, \eta_0)] = -1$ ce qui implique que $\tau_0 = \mathbb{E}[\Gamma_2(Z_i, \eta_0)]$. En conséquence, d'après le théorème 5.1, $\sigma_\Gamma^2 = \mathrm{V}[\Gamma_2(Z_i, \eta_0)]$. Cette observation rend le calcul de l'erreur standard assez simple : pour chaque observation, il suffit de stocker $\widehat{\Gamma}_2(Z_i, \widehat{\eta})$ dans un vecteur `gamma` et de calculer l'erreur standard en utilisant `std(gamma) / sqrt(n)`.

Remarque 5.6 : En pratique

Supposons que l'on observe le résultat, le statut du traitement et un ensemble de covariables $(Z_i)_{i=1,\dots,n} = (Y_i, D_i, X_i)_{i=1,\dots,n}$ d'une population d'intérêt et que l'on souhaite estimer l'effet du traitement pour les traités τ_0^{ATET}. Voici une stratégie possible :

1. On partitionne les indices $\{1, \dots, n\}$ en deux, de sorte que chaque paquet I_1, I_2 ait une taille $n/2$.
2. En utilisant uniquement l'échantillon I_1, on construit un estimateur ML de $g(0, X)$ et $m(X)$. Par exemple, on peut estimer $g(0, X)$ en entraînant un réseau de neurones feedforward de Y_i sur X_i pour les non traités de cet échantillon. On désigne cet estimateur par $\widehat{g}_{I_1}(x)$. De même, $m(X)$ pourrait être estimé en effectuant un Logit-Lasso de D_i sur X_i dans cet échantillon. On désigne cet estimateur par $\widehat{m}_{I_1}(x)$.
3. Maintenant, utilisons ces estimateurs sur l'échantillon I_2 pour calculer l'effet de traitement
$$\check{\tau}_{I_2} := \frac{1}{\sum_{i \in I_2} D_i} \sum_{i \in I_2} \left(D_i - \frac{\widehat{m}_{I_1}(X_i)}{1 - \widehat{m}_{I_1}(X_i)} (1 - D_i) \right) (Y_i - \widehat{g}_{I_1}(X_i))$$
4. On répète les étapes 2-3, en substituant les rôles de I_1 et de I_2 pour obtenir $\check{\tau}_{I_1}$.
5. On calcule la moyenne des deux estimateurs :
$$\check{\tau} = \frac{\check{\tau}_{I_1} + \check{\tau}_{I_2}}{2}.$$

5.4 Simulations : le biais de régularisation

Cet exercice de simulation illustre deux observations : (i) l'estimateur naïf post-sélection souffre d'un biais de régularisation important, (ii) l'estimateur par ajustement croisé troque un biais plus important contre une erreur quadratique moyenne plus faible par rapport à l'estimateur immunisé qui utilise l'ensemble de l'échantillon.

5.4.1 Processus générateur des données

L'équation de résultat est linéaire et donnée par : $Y_i = D_i\tau_0 + X_i'\beta_0 + \varepsilon_i$, où $\tau_0 = 0,5$, $\varepsilon_i \perp X_i$, et $\varepsilon_i \sim \mathcal{N}(0,1)$. L'équation de traitement suit un modèle Probit, $D_i|X_i \sim \text{Probit}\,(X_i'\delta_0)$. Les covariables sont simulées comme $X_i \sim \mathcal{N}(0,\Sigma)$, où chaque entrée de la matrice de variance-covariance est définie comme suit : $\Sigma_{j,k} = .5^{|j-k|}$. Tous les autres éléments de X_i sont remplacés par 1 si $X_{i,j} > 0$ et 0 sinon. La partie la plus intéressante du DGP est la forme des coefficients δ_0 et β_0 :

$$\beta_{0j} = \begin{cases} \rho_d(-1)^j/j^2,\ j < p/2 \\ 0,\ \text{sinon} \end{cases},\ \delta_{0j} = \begin{cases} \rho_y(-1)^j/j^2,\ j < p/2 \\ \rho_y(-1)^{j+1}/(p-j+1)^2,\ \text{sinon} \end{cases}$$

Nous sommes dans un cadre approximativement parcimonieux pour les deux équations. Les constantes ρ_y et ρ_d sont définies pour fixer le rapport du signal au bruit, en ce sens qu'une constante ρ_y plus grande signifiera que les covariables jouent un rôle plus important. Par simplicité, nous les exprimons en fonction du R^2 de de chaque équation du DGP. L'astuce ici est que certaines variables qui comptent beaucoup dans l'affectation du traitement ne sont pas pertinentes dans l'équation de résultat. Le fait que la procédure de sélection à une équation omette certaines variables pertinentes pour le résultat devrait créer un biais et un comportement non gaussien.

5.4.2 Modèle et estimateurs

Nous estimons un modèle basé sur des équations linéaires pour le résultat et le traitement comme dans la section 4.5, bien qu'il ne corresponde pas au DGP. Nous comparons trois estimateurs :

1. Un estimateur de post-sélection où une étape de sélection Lasso est effectuée en utilisant l'équation de résultat décrite en section 4.4 ;
2. Un estimateur à double sélection basé sur le Lasso, décrit en section 4.5 ;
3. Un estimateur à double sélection basé sur le Lasso avec ajustement croisé ($K = 5$) tel que décrit dans la section 5.2.

Il est possible de jouer avec ces simulations à l'aide du script dans le dépôt github `DoubleML_Simulation.R`. Ce fichier définit chaque étape et n'utilise que très peu de paquets pour que vous puissiez suivre facilement ce qui se passe. La régression Lasso est codée à partir de zéro `functions/LassoFISTA.R`. Le tableau 5.1 et la figure 5.1 montrent le résultat dans un cadre particulier de grande dimension.

Tableau 5.1 – Estimation de τ_0

	Estimateur :		
	Post-sélection naïve (1)	*Double sélection simple* (2)	*Double sélection ajustement croisé* (3)
Biais	0,41	0,01	0,03
$\sqrt{EQM}$	0,46	0,18	0,20
Taux de couverture	0,20	0,95	0,94
Note :	Valeur des paramètres : $R = 10000$, $n = 200$, $p = 300$, $K = 5$, $\tau_0 = 0,5$, $R_y^2 = 0,1$, $R_d^2 = 0,8$. La courbe représente la densité du meilleur estimateur sans biais.		

Figure 5.1 – Distributions simulées de $\widehat{\tau} - \tau_0$

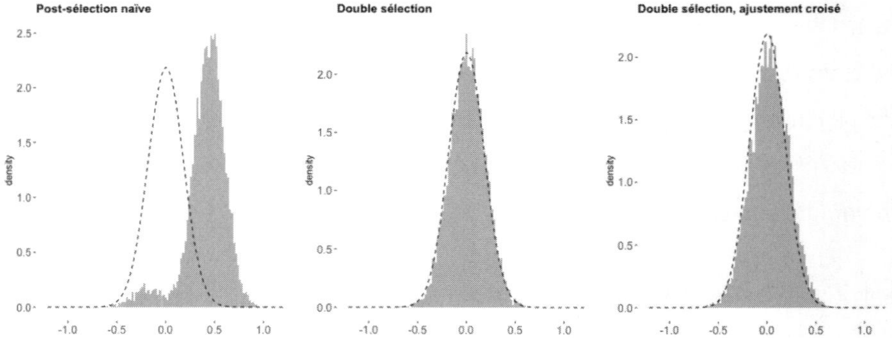

Note : *cf. supra*

5.5 Application empirique : programme de formation à l'emploi

Nous revisitons le jeu de données de LaLonde (1986) en utilisant l'exercice de Bléhaut *et al.* (2023). Cet ensemble de données a d'abord été construit pour évaluer l'impact du programme National Supported Work (NSW). Le NSW est un programme de formation professionnelle transitoire et subventionné qui s'adresse aux personnes ayant des problèmes persistants d'accès à l'emploi : ex-délinquants, anciens toxicomanes, femmes ayant été longtemps bénéficiaires de prestations sociales et décrocheurs scolaires. Ici, la quantité d'intérêt est l'ATET, définie comme l'impact de la participation au programme sur les revenus annuels de 1978 en dollars. Le groupe traité comprend les personnes qui ont été assignées au hasard à ce programme parmi la population à risque ($n_1 = 185$). Deux groupes de contrôle sont disponibles. Le premier est expérimental : il est directement comparable au groupe traité car il a été généré par un essai randomisé (taille de l'échantillon $n_0 = 260$). Le second provient du Panel Study of Income Dynamics (PSID) (taille de l'échantillon $n_0 = 2490$). La présence de l'échantillon expérimental permet d'obtenir un *benchmark* pour l'ATET obtenu avec des données observationnelles. Nous utilisons ces ensembles de données pour illustrer les outils vus dans le chapitre.

Pour permettre une spécification flexible, nous considérons le cadre de Farrell (2015) et prenons les covariables brutes de l'ensemble de données (âge, niveau d'éducation, indicatrice d'être afro-américain ou hispanique, marié, absence de diplôme, le revenu en 1974, le revenu en 1975, absence de revenu en 1974, absence de revenu en 1975), des interactions deux par deux entre les quatre variables continues et les variables catégorielles, des interactions deux par deux entre les dummies et jusqu'à un degré d'ordre 5 des transformations polynomiales des variables continues. Les variables continues sont redimensionnées linéairement à $[0, 1]$. Nous nous retrouvons avec 172 variables parmi lesquelles effectuer une sélection. Le repère expérimental pour l'estimation de l'ATET est de \$1,794 (633). Nous utilisons le package `hdm` pour implémenter le Lasso et le Logit-Lasso et le package `randomForest` pour faire pousser une forêt aléatoire de 500 arbres. Nous partitionnons l'échantillon en cinq.

Le fichier `DoubleML_Lalonde.R` détaille chaque étape et calcule une estimation ATET où le score de propension et les fonctions de résultat sont estimés en utilisant (i) une procédure Lasso et (ii) une forêt aléatoire. Nous calculons les erreurs standard et les intervalles de confiance. Le tableau 5.2 présente les ré-

Tableau 5.2 – Effet du traitement dans LaLonde (1986)

	Estimateur		
	Experimental	*Ajustement croisé 1 partition*	*Ajustement croisé 20 partitions*
	(1)	(2)	(3)
MCO	1794		
	(633)		
Lasso		2305	2403
		(676)	(685)
Forêt aléatoire		7509	1732
		(6711)	(1953)

sultats. Avec ou sans la prise en compte de nombreuses partitions des données, la procédure Lasso finit par être assez proche de l'estimation expérimentale. Les résultats sont plus mitigés pour la forêt aléatoire : la simple procédure d'ajustement croisé donne des résultats très imprécis. Ils peuvent être dus à une division particulièrement malheureuse ou à une performance particulièrement mauvaise de l'algorithme de forêt aléatoire standard dans ce cas. Lorsque l'on considère de nombreuses partitions des données, l'estimation ponctuelle est raisonnable mais l'erreur-type reste très élevée. Dans l'ensemble, le message à retenir est qu'il faut être prudent et tester plusieurs algorithmes de machine learning lorsque c'est possible et considérer de nombreuses divisions de données afin que les résultats ne dépendent pas trop des partitions. Pour une comparaison entre un large éventail d'outils de machine learning, voir la section 6.1 de Chernozhukov *et al.* (2018).

5.6 Bilan du chapitre

Mots clés

Procédure d'immunisation ou Neyman-orthogonalisée, partitionnement d'échantillon, *double-machine learning*, scores orthogonaux pour estimer les effets de traitement.

Questions

1. L'utilisation du Lasso dans la première étape de la section 5.1 est-elle l'ingrédient clé pour résoudre le problème de l'inférence post-sélection ?
2. Qu'est-ce que le *biais de sur-ajustement* (*overfitting bias*) ? Comment peut-on l'éviter ?
3. Dans quel(s) cas préfère-t-on utiliser une forêt aléatoire plutôt qu'un Lasso et vice-versa ?
4. Quel est l'objectif du partitionnement de l'échantillon ? Quel est son coût ?
5. Quelle partie du cours pourrait justifier / motiver l'utilisation de la médiane ?

$$\begin{aligned}\widehat{\tau} =& \text{median}\left(\{\widehat{\tau}_k\}_{k=1}^K\right)\\ \widehat{\sigma}^{2,\text{median}} =& \text{median}\left(\left\{\widehat{\sigma}_k^2 + (\widehat{\tau}_k - \widehat{\tau})^2\right\}_{k=1}^K\right).\end{aligned}$$

6. Pour déterminer le véritable effet du sexe sur le salaire horaire (ce que l'on appelle l'écart salarial homme-femme), un économètre propose d'estimer un modèle avec de nombreuses variables de contrôle et de présenter les estimations d'un second modèle où les variables de contrôle non statistiquement significatives du premier modèle sont supprimées. Que pensez-vous de cette stratégie ?

Code et données

Le dépôt git de cet ouvrage permet de reproduire les exemples de ce chapitre : `DoubleML_Simulation.R` et `DoubleML_Lalonde.R` respectivement pour les simulations et l'application empirique. `functions/LassoFISTA.R` permet de calculer l'estimateur Lasso. Ce dépôt github `github.com/`

VC2015/DMLonGitHub/ contient des fichiers très clairs pour effectuer la procédure d'ajustement croisé décrite dans ce chapitre avec de nombreuses techniques machine learning différentes.

Lectures complémentaires

Outre les prérequis donnés par le chapitre 2, Hastie *et al.* (2009) est le manuel de référence sur les méthodes standard de machine learning. Nous recommandons également vivement la lecture de Athey et Imbens (2019) qui cible les économistes empiriques. Concernant ce chapitre en lui-même, la référence la plus complète et la plus claire est Chernozhukov *et al.* (2017). D'autres références similaires, mais pas nécessairement aussi complètes, sont Chernozhukov *et al.* (2015a,b). Cette présentation de Victor Chernozhukov est une bonne introduction : youtu.be/eHOjmyoPCFU.

5.7 Preuves et résultats complémentaires

Les preuves de ce chapitre sont volontairement moins rigoureuses qu'au chapitre précédent pour donner l'intuition sans se perdre dans les détails techniques. Nous renvoyons le lecteur aux lemmes 2 et 3 dans Chernozhukov *et al.* (2015a) et Belloni *et al.* (2017) pour les détails techniques.

Preuve du théorème 5.1. $\check{\tau}$ défini par (IMMUNIZED) est tel que :

$$\check{\tau} = \left[\frac{1}{n}\sum_{i=1}^{n}\Gamma_1(Z_i,\widehat{\eta})\right]^{-1}\frac{1}{n}\sum_{i=1}^{n}\Gamma_2(Z_i,\widehat{\eta}).$$

D'après l'hypothèse 5.3, nous pouvons vérifier :

$$\sqrt{n}\,(\tau_0 - \check{\tau}) = \left[\frac{1}{n}\sum_{i=1}^{n}\Gamma_1(Z_i,\widehat{\eta})\right]^{-1}\frac{1}{\sqrt{n}}\sum_{i=1}^{n}\psi(Z_i,\tau_0,\widehat{\eta}). \tag{5.1}$$

Tout d'abord, nous devons montrer que $n^{-1}\sum_{i=1}^{n}\Gamma_1(Z_i,\widehat{\eta}) \xrightarrow{p} \mathbb{E}\Gamma_1(Z_i,\eta_0)$. Par l'hypothèse affine-quadratique 5.3 :

$$\begin{aligned}\frac{1}{n}\sum_{i=1}^{n}\Gamma_1(Z_i,\widehat{\eta}) &= \underbrace{\frac{1}{n}\sum_{i=1}^{n}\Gamma_1(Z_i,\eta_0)}_{:=I_1} + \underbrace{\left[\frac{1}{n}\sum_{i=1}^{n}\partial_\eta\Gamma_1(Z_i,\eta_0)\right]'(\widehat{\eta}-\eta_0)}_{:=I_2} \\ &\quad + \underbrace{\frac{1}{2}(\widehat{\eta}-\eta_0)'\left[\frac{1}{n}\sum_{i=1}^{n}\partial_\eta\partial_{\eta'}\Gamma_1(Z_i,\eta_0)\right](\widehat{\eta}-\eta_0)}_{:=I_3}.\end{aligned}$$

Sous des hypothèses de régularité, par la LGN, $I_1 \xrightarrow{p} \mathbb{E}[\Gamma_1(Z_i, \eta_0)]$. Alors :

$$|I_2| \leq \left\| \frac{1}{n} \sum_{i=1}^{n} \partial_\eta \Gamma_1(Z_i, \eta_0) \right\|_\infty \|\widehat{\eta} - \eta_0\|_1 \lesssim \sqrt{\frac{s^2 \log p}{n}} \to 0,$$

et enfin :

$$|I_3| \leq \frac{1}{2} \|\widehat{\eta} - \eta_0\|_2^2 \left\| \frac{1}{n} \sum_{i=1}^{n} \partial_\eta \partial_{\eta'} \Gamma_1(Z_i, \eta_0) \right\|_{sp(s \log n)} \lesssim \frac{s \log p}{n} \to 0,$$

si l'on suppose que la norme sparse de la matrice des dérivées du second ordre (qui ne dépend pas de $\widehat{\eta}$) est bornée :

$$\left\| \frac{1}{n} \sum_{i=1}^{n} \partial_\eta \partial_{\eta'} \Gamma_1(Z_i, \eta_0) \right\|_{sp(s \log n)} \lesssim 1,$$

ce qui se produit dans des conditions raisonnables, voir Rudelson et Zhou (2013). Deuxièmement, nous devons montrer que $\frac{1}{\sqrt{n}} \sum_{i=1}^{n} \psi(Z_i, \tau_0, \widehat{\eta}) \xrightarrow{d} \mathcal{N}(0, E[\psi^2(Z_i, \tau_0, \eta_0)])$. On considère une décomposition similaire :

$$\begin{aligned} \frac{1}{\sqrt{n}} \sum_{i=1}^{n} \psi(Z_i, \tau_0, \widehat{\eta}) = & \underbrace{\frac{1}{\sqrt{n}} \sum_{i=1}^{n} \psi(Z_i, \tau_0, \eta_0)}_{:=I_1'} \\ & + \underbrace{\left[\frac{1}{\sqrt{n}} \sum_{i=1}^{n} \partial_\eta \psi(Z_i, \tau_0, \eta_0) \right]' (\widehat{\eta} - \eta_0)}_{:=I_2'} \qquad (5.2) \\ & + \underbrace{\frac{\sqrt{n}}{2} (\widehat{\eta} - \eta_0)' \left[\frac{1}{n} \sum_{i=1}^{n} \partial_\eta \partial_{\eta'} \psi(Z_i, \tau_0, \eta_0) \right] (\widehat{\eta} - \eta_0)}_{:=I_3'}. \end{aligned}$$

Un théorème central limite standard garantit que $I_1' \xrightarrow{d} \mathcal{N}(0, \mathbb{E}[\psi^2(Z_i, \tau_0, \eta_0)])$ tant que $\mathbb{E}[\psi^2(Z_i, \tau_0, \eta_0)] < \infty$. On a

$$|I_2'| \leq \left\| \frac{1}{\sqrt{n}} \sum_{i=1}^{n} \partial_\eta \psi(Z_i, \tau_0, \eta_0) \right\|_\infty \|\widehat{\eta} - \eta_0\|_1 \lesssim \frac{s \log p}{\sqrt{n}} \to 0,$$

à condition que nous ayons une limite de déviation modérée :

$$\left\| \frac{1}{\sqrt{n}} \sum_{i=1}^{n} \partial_\eta \psi(Z_i, \tau_0, \eta_0) \right\|_\infty \lesssim \sqrt{\log p},$$

ce qui se produit sous des conditions faibles en utilisant une version plus générale du lemme 4.6, grâce à la condition (ORT) dans l'hypothèse 5.1. Et enfin :

$$|I_3'| \leq \frac{\sqrt{n}}{2} \|\widehat{\eta} - \eta_0\|_2^2 \left\| \frac{1}{n} \sum_{i=1}^{n} \partial_\eta \partial_{\eta'} \psi(Z_i, \tau_0, \eta_0) \right\|_{sp(s \log n)} \lesssim \frac{s \log p}{\sqrt{n}} \to 0,$$

si l'on suppose que la norme de la matrice est bornée :

$$\left\| \frac{1}{n} \sum_{i=1}^{n} \partial_\eta \partial_{\eta'} \psi(Z_i, \tau_0, \eta_0) \right\|_{sp(s \log n)} \lesssim 1.$$

Ces étapes donnent le résultat souhaité à la lumière de l'équation (5.1). □

Bibliographie

Athey, S. et Imbens, G. W. (2019). Machine learning methods that economists should know about. *Annual Review of Economics*, 11.

Belloni, A., Chernozhukov, V., Fernández-Val, I. et Hansen, C. (2017). Program evaluation and causal inference with high-dimensional data. *Econometrica*, 85(1):233–298.

Bléhaut, M., D'Haultfœuille, X., L'Hour, J. et Tsybakov, A. B. (2023). An alternative to synthetic control for models with many covariates under sparsity. *In* Belomestny, D., Butucea, C., Mammen, E., Moulines, E., Reiss, M. et Ulyanov, V. V., éditeurs : *Foundations of Modern Statistics*, pages 417–458, Cham. Springer International Publishing.

Chernozhukov, V., Chetverikov, D., Demirer, M., Duflo, E., Hansen, C. et Newey, W. (2017). Double/debiased/neyman machine learning of treatment effects. *American Economic Review*, 107(5):261–65.

Chernozhukov, V., Chetverikov, D., Demirer, M., Duflo, E., Hansen, C., Newey, W. et Robins, J. (2018). Double/debiased machine learning for treatment and structural parameters. *The Econometrics Journal*, 21(1):C1–C68.

Chernozhukov, V., Hansen, C. et Spindler, M. (2015a). Post-Selection and Post-Regularization Inference in Linear Models with Many Controls and Instruments. *American Economic Review*, 105(5):486–90.

Chernozhukov, V., Hansen, C. et Spindler, M. (2015b). Valid post-selection and post-regularization inference : An elementary, general approach. *Annu. Rev. Econ.*, 7(1):649–688.

Farrell, M. H. (2015). Robust inference on average treatment effects with possibly more covariates than observations. *Journal of Econometrics*, 189(1):1–23.

Hahn, J. (1998). On the role of the propensity score in efficient semiparametric estimation of average treatment effects. *Econometrica*, 66(2):315–332.

Hastie, T., Tibshirani, R. et Friedman, J. (2009). *The Elements of Statistical Learning : Data mining, Inference and Prediction.* Springer, 2e édition.

LaLonde, R. J. (1986). Evaluating the Econometric Evaluations of Training Programs with Experimental Data. *American Economic Review*, 76(4):604–20.

Rudelson, M. et Zhou, S. (2013). Reconstruction from anisotropic random measurements. *Information Theory, IEEE Transactions on*, 59(6):3434–3447.

Wasserman, L. (2010). *All of statistics : a concise course in statistical inference*. Springer, New York.

Chapitre 6

Grande dimension et endogénéité

Ce chapitre passe en revue certains résultats importants concernant la sélection de variables dans le modèle linéaire à variables instrumentales (IV). En particulier, nous supprimons l'hypothèse d'exogénéité, $\mathbb{E}[\varepsilon|D, X] = 0$, du modèle (4.5) au chapitre 4. En contrepartie, nous supposons que l'économètre possède un ensemble d'IV dont au moins un certain nombre vérifient une hypothèse d'exogénéité précisée ci-dessous, tout en permettant de rester agnostique sur l'identité de ces instruments. Le nombre de candidats potentiels peut aussi être supérieur à la taille de l'échantillon. Nous distinguons deux cas différents de grande dimension dans le modèle avec IV :

— le cas avec *(vraiment) beaucoup d'instruments*, soit $p_n^z > n$, où le nombre d'instruments p_n^z est autorisé à croître avec la taille de l'échantillon n,

— le cas avec *(vraiment) beaucoup de variables endogènes*, soit $p_n^d > n$, où p_n^d est le nombre de variables endogènes. Dans ce cas, on suppose toujours que l'on observe plus d'instruments que de variables endogènes $p_n^z > p_n^d$.

Ces deux cadres sont très naturels dans les applications empiriques, mais l'inférence dans le second cas est plus compliquée et ne sera pas traitée ici (voir la remarque en fin de section). Les techniques d'IV pour traiter le problème de l'endogénéité sont très répandues mais peuvent conduire à une inférence imprécise. Comme introduit dans la section 3.4.2, avec peu d'instruments et de contrôles et en suivant Amemiya (1974), Chamberlain (1987) et Newey (1990), on peut essayer d'améliorer la précision des techniques IV en utilisant *les instruments optimaux.*

Considérons le modèle ci-dessous :

Hypothèse 6.1 (Modèle linéaire avec IV). *Considérons n observations i.i.d. (Y_i, D_i, X_i, Z_i) telles que :*

$$Y_i = D_i\tau_0 + X_i^{'}\beta_0 + \varepsilon_i, \ \mathbb{E}[\varepsilon_i] = 0, \ \mathbb{E}[\varepsilon_i|Z_i, X_i] = 0, \tag{6.1}$$

où

1. *X_i est un vecteur de p_n^x variables de contrôle exogènes, comprenant la constante 1.*
2. *D_i est une variable endogène, $\mathbb{E}[\varepsilon_i|D_i] \neq 0$;*
3. *Z_i est un vecteur comprenant p_n^z instruments ;*
4. ***Nous avons un grand nombre de contrôles $p_n^x \gg n$ et d'instruments $p_n^z \gg n$.***

Par simplicité nous utilisons les notations $p^x := p_n^x$ et $p^z := p_n^z$. Même lorsque le chercheur ne dispose que d'un seul instrument Z, celui-ci peut toujours considérer un grand nombre de transformations de cet instrument initial $(f_1(Z), \ldots, f_p(Z))^{'}$ en utilisant des estimateurs en série, basés sur des B-Splines, des polynômes, etc. Ceci en fait un problème de grande dimension. Cela souligne la généralité du cas du modèle 6.1. Dans la section 6.1, nous présentons les outils de Belloni *et al.* (2012) qui utilisent le Lasso et le Post-Lasso pour estimer la régression de première étape des variables endogènes sur les instruments. Comme décrit dans Chernozhukov *et al.* (2015b), ce problème correspond à la structure du Double Machine Learning décrite dans la section 4.5. L'estimation des paramètres d'intérêt utilise des équations d'estimation *orthogonales* ou *immunisées* qui sont robustes aux petites perturbations du paramètre de nuisance, de manière similaire à ce qui a été utilisé dans la section 4.5. Pour simplifier ici, nous nous limitons au cas conditionnellement homoscédastique

$$\mathbb{E}\left[\varepsilon^2|Z, X\right] = \sigma^2.$$

Nous renvoyons à Belloni *et al.* (2012) pour le cas général. Suivant les résultats de la section 3.4 sur les instruments optimaux, nous décrivons dans la section 6.1 comment utiliser l'hypothèse de parcimonie pour effectuer une estimation efficace de l'instrument optimal qu'est l'espérance conditionnelle $\mathbb{E}[S|Z,X]$, avec $S := (D, X')$ dans le cadre de la grande dimension. Notons qu'il existe de nombreuses façons d'estimer $\mathbb{E}[S|Z,X]$ sous différentes hypothèses, mais nous nous limiterons à ce contexte.

Remarque 6.1 : Grand nombre de variables endogènes

Dans ce cours, nous nous limitons au cas où le nombre p^d de régresseurs endogènes est fixe. Cependant, plusieurs articles récents, notamment, Gautier et Rose (2011), Gautier et Tsybakov (2013) et Belloni *et al.* (2017) considèrent l'inférence d'un paramètre de haute dimension τ_0 avec un paramètre de nuisance de haute dimension.
Cela va au-delà de ce cours, mais peut être utile dans les situations suivantes :

- Lorsque la théorie économique n'est pas assez explicite sur les variables qui appartiennent au vrai modèle. Ici, la recherche du bon « petit » ensemble de variables potentiellement endogènes à sélectionner dans l'équation de résultat peut être impossible.
- On considère de nombreuses fonctions non linéaires d'un régresseur endogène : notamment lorsque l'équation de résultat est de la forme

$$Y = \sum_{k=1}^{p^d} \tau_{0,k} f_k(D) + X^{'}\beta_0 + \varepsilon,$$

où $\{f_k\}_{k=1}^{p^d}$ est une famille de fonction qui capture les non-linéarités.

6.1 Modèle parcimonieux pour les variables instrumentales

Nous supposons maintenant le modèle linéaire de première étape :

$$D = X^{'}\gamma_0 + Z^{'}\delta_0 + u, \quad u \perp (Z, X), \tag{FS}$$

où, comme décrit dans l'hypothèse 6.2 ci-dessous, δ_0 ne possède que quelques composantes « importantes » (parcimonie approximative ou *approximate spar-*

city). Les instruments Z peuvent être corrélés avec les contrôles X. Pour capturer cette corrélation, nous utilisons le modèle :

$$Z = \Pi X + \zeta, \quad X \perp \zeta, \quad \Pi \in \mathcal{M}_{p_n^x, p_n^x}(\mathbb{R}), \tag{6.2}$$

ce qui donne les deux équations suivantes pour D et Y :

$$\begin{aligned} D &= X^{'}\gamma_0 + X^{'}\Pi^{'}\delta_0 + u + \zeta^{'}\delta_0 = X^{'}\underbrace{(\gamma_0 + \Pi^{'}\delta_0)}_{:=\nu_0} + \underbrace{u + \zeta^{'}\delta_0}_{:=\rho^d} \\ &= X^{'}\nu_0 + \rho^d, \end{aligned} \tag{6.3}$$

où $\rho^d \perp X$ et

$$\begin{aligned} Y &= X^{'}(\nu_0\tau_0) + X^{'}\beta_0 + \varepsilon + \tau_0\rho^d = X^{'}\underbrace{(\nu_0\tau_0 + \beta_0)}_{:=\theta_0} + \underbrace{\varepsilon + \tau_0\rho^d}_{:=\rho^y} \\ &= X^{'}\theta_0 + \rho^y, \end{aligned} \tag{6.4}$$

où $\rho^y \perp X$. Nous formulons trois remarques préliminaires.

Tout d'abord, les deux cas suivants se présentent naturellement dans la pratique :

1. soit la liste des instruments disponibles et possibles est grande, alors que l'économètre sait que seuls quelques-uns d'entre eux sont pertinents ;
2. soit, à partir d'une petite liste de régresseurs Z, les instruments optimaux peuvent être approximés à l'aide d'une base de fonctions (estimateurs de séries, à l'aide de B-Splines, de polynômes, etc). Ce cas est traité par des méthodes qui ne sont pas parcimonieuses dans Newey (1990). Dans cette décomposition, le nombre potentiel p^z de fonctions nécessaires $\{f_j\}_{j=1}^{p^z}$ peut être supérieur à n. Notez qu'au lieu de Z, on pourrait aussi considérer des transformations des instruments initiaux

$$f = (f_1, \ldots, f_p)^{'} = (f_1(Z), \ldots, f_p(Z))^{'}.$$

Deuxièmement, comme dans la section 4.5, l'hypothèse clé faite sur **la composante de nuisance** est *la parcimonie approximative* (*approximate sparcity*) :

à savoir $A(Z,X) = \mathbb{E}[S|Z,X]$ (rappelez-vous qu'ici $p^d = 1$) est supposé être bien approximé par quelques ($s \ll n$) de ces p^z instruments. On désigne la composante de nuisance par $\eta_0 = (\theta_0, \nu_0, \delta_0, \gamma_0)$ et on suppose qu'elle peut être décomposée en une composante parcimonieuse η_0^m et une composante non parcimonieuse mais d'amplitude relativement faible η_0^r :

Hypothèse 6.2 (Parcimonie approximative). *Il existe $c > 0$ tel que*

$$\eta_0 = \eta_0^m + \eta_0^r, \quad supp(\eta_0^m) \cap supp(\eta_0^r) = \emptyset$$
$$\|\eta_0^m\|_0 \leq s, \quad \|\eta_0^r\|_2 \leq c\sqrt{s/n}, \quad \|\eta_0^r\|_1 \leq c\sqrt{s^2/n}.$$

Troisièmement, comme dans la section 4.5, nous devons choisir les équations de moment avec soin afin que les erreurs de sélection de modèle dans l'estimation de la composante du paramètre de nuisance (ici, l'instrument optimal A ou ses coefficients dans sa décomposition sur une base) aient un impact limité sur l'estimation du paramètre d'intérêt τ_0. Nous montrons maintenant comment le problème des instruments optimaux peut être transposé dans le cadre de la procédure d'immunisation développée dans la section 4.5, et en particulier dans le modèle affine-quadratique défini en (5.3).

6.2 Procédure d'immunisation dans le modèle à variables instrumentales

À partir de (6.1), Chernozhukov *et al.* (2015b) proposent de réaliser l'estimation en utilisant des moments orthogonalisés, en suivant l'idée décrite dans la section 5.1 et du théorème de Frisch-Waugh-Lovell.

En notant que l'instrument optimal est $\mathbb{E}[D|X,Z] = X'\gamma_0 + Z'\delta_0$, le problème vient du fait que la condition de moment

$$\mathbb{E}[\varphi(W,\tau_0,\eta_0)] = 0 \quad \text{avec} \quad \varphi(W,\tau_0,\eta_0) := (Y - \tau_0 D - X'\beta_0)(X'\gamma_0 + Z'\delta_0)$$

ne vérifie par les conditions d'orthogonalité :

$$\mathbb{E}\left[\frac{\partial\varphi(W,\tau_0,\eta_0)}{\partial\beta_0}\right] = \mathbb{E}[X'(X'\gamma_0 + Z'\delta_0)] \neq 0. \tag{6.5}$$

Comme dans la preuve du theorème 5.1 dans la section 5.7, un outil clé pour obtenir le comportement asymptotique est le developpement de Taylor de la contrepartie empirique de cette équation $(\tau, \eta) \mapsto \sum_{i=1}^{n} \varphi(W_i, \tau, \eta)/n$ au voisinage de τ_0, η_0. Ici, comme dans l'equation (5.2), le terme du premier ordre lié au paramètre de nuisance va être problématique pour obtenir la normalité asymptotique sous des conditions faibles sur la convergence de l'estimation du paramètre η_0, typiquement $\|\widehat{\eta} - \eta_0\| = O_p(n^{-1/4})$.

L'idée est alors d'utiliser une équation de moment auxiliaire $\mathbb{E}(g(W, \tau_0, \eta_0)) = 0$, telle que la combinaison linéaire des deux $\psi := \varphi - \lambda' g$, avec $\lambda \in \mathbb{R}^p$, satisfasse les conditions d'orthogonalité. En théorie, il faut prendre autant d'équations de moment auxiliaires que de dimensions du paramètre de nuisance η_0. Cependant, on simplifie directement ici puisque l'équation liée à φ est déjà orthogonale par rapport à γ_0 et δ_0, et on s'assurera simplement que celle liée à g le soit aussi. L'équation naturelle dans notre cadre vient de la condition d'exogénéité de X, qui donne

$$\mathbb{E}[g(W, \tau_0, \eta_0)] = 0 \quad \text{avec} \quad g(W, \tau_0, \eta_0) := (Y - \tau_0 D - X'\beta_0)X.$$

Imposer la condition d'orthogonalité revient donc à choisir $\lambda \in \mathbb{R}^p$ tel que $\mathbb{E}\left[\frac{\partial \psi(W, \tau_0, \eta_0))}{\partial \beta_0}\right] = 0$, soit satisfaisant le système

$$\mathbb{E}\left[\frac{\partial \varphi(W, \tau_0, \eta_0))}{\partial \beta_0}\right] = \mathbb{E}\left[\frac{\partial g(W, \tau_0, \eta_0))'}{\partial \beta_0}\right] \lambda.$$

On obtient alors directement avec (6.5) et (6.2) que $\lambda = \gamma_0 + \Pi'\delta_0 = \nu_0$ et donc

$$\mathbb{E}\left[\psi(W, \tau_0, \eta)\right] = 0, \tag{6.6}$$

avec

$$\begin{aligned}
\psi(W, \tau_0, \eta) &= \left(Y - \tau_0 D - X'\beta_0\right)\left(Z'\delta_0 + X'\gamma_0 - X'\nu_0\right) &(6.7)\\
&= \left(Y - \tau_0 D - X'\left(\theta_0 - \nu_0\tau_0\right)\right)\left(Z'\delta_0 + X'\gamma_0 - X'\nu_0\right)\\
&= \left(Y - X'\theta_0 - (D - X'\nu_0)\tau_0\right)\left(Z'\delta_0 + X'\gamma_0 - X^T\nu_0\right) &(6.8)\\
&= \left((Y - \mathbb{E}\left[Y|X\right]) - (D - \mathbb{E}\left[D|X\right])\tau_0\right)\left(\mathbb{E}\left[D|X, Z\right] - \mathbb{E}\left[D|X\right]\right). &(6.9)
\end{aligned}$$

Nous donnons en section 6.6 une autre façon de dériver cette équation en utilisant les projections. Les instruments pour D, contrôlant pour la corrélation entre Z et X, sont

$$\begin{aligned} A(Z) =& \mathbb{E}[D|Z,X] - \mathbb{E}[D|X] && (6.10)\\ =& Z^{'}\delta_0 + X^{'}\gamma_0 - X^{'}(\gamma_0 + \Pi^{'}\delta_0) \\ =& (Z - \Pi X)^{'}\delta_0 && (6.11)\\ =& \zeta'\delta_0. \end{aligned}$$

Il est alors important de remarquer que le modèle (6.8) peut être ré-écrit sous la forme du modèle affine-quadratique (5.3) en utilisant :

$$M(\tau_0,\eta) = \mathbb{E}[\tau_0\Gamma_1(W,\eta) + \Gamma_2(W,\eta)] = \Gamma_1(\eta)\tau_0 - \Gamma_2(\eta), \quad (6.12)$$

$$\Gamma_1(\eta) := \mathbb{E}[\Gamma_1(W,\eta)] := -\mathbb{E}\left[(D - X^{'}\nu_0)\left(Z^{'}\delta_0 + X^{'}\gamma_0 - X^{'}\nu_0\right)\right], \quad (6.13)$$

$$\Gamma_2(\eta) := \mathbb{E}[\Gamma_2(W,\eta)] := -\mathbb{E}\left[\left(Y - X^{'}\theta_0\right)\left(Z^{'}\delta_0 + X^{'}\gamma_0 - X^{'}\nu_0\right)\right]. \quad (6.14)$$

Nous résumons l'algorithme d'estimation proposé par Chernozhukov *et al.* (2015b) avant d'étudier ses propriétés théoriques, qui découlent de celles établies pour le modèle affine-quadratique (5.3) :

— **Étape 1 :** Effectuez une régression Lasso ou Post-Lasso de D sur (X,Z) pour obtenir $\hat{\gamma}$ et $\hat{\delta}$ *via* (FS) ;

— **Étape 2 :** Effectuez une régression Lasso ou Post-Lasso de Y sur X pour obtenir $\hat{\theta}$ *via* (6.4) ;

— **Étape 3 :** Effectuez une régression Lasso ou Post-Lasso de $\hat{D} = X^{'}\hat{\gamma} + Z^{'}\hat{\delta}$ sur X pour obtenir $\hat{\nu}$ *via* (6.3) ;

— **Étape 4 :** L'estimateur de η_0 est $\hat{\eta} = (\hat{\theta},\hat{\nu},\hat{\gamma},\hat{\delta})^{'}$;

— **Étape 5 :** Enfin l'estimateur de τ est

$$\check{\tau} = \text{argmin}_{\tau\in\mathbb{R}} \left\|\sqrt{n}\widehat{M}(\tau,\hat{\eta})\right\|^2 = \left[\widehat{\Gamma_1}(\hat{\eta})^{'}\widehat{\Gamma_1}(\hat{\eta})\right]^{-1}\widehat{\Gamma_1}(\hat{\eta})^{'}\widehat{\Gamma_2}(\hat{\eta}).$$

Notez que l'étape 4 revient à effectuer des 2SLS (Double moindres carrés ou *two-stages least-squares*) en utilisant les résidus $Y - \hat{\theta}'X$ de l'étape 2 comme variable courante, les résidus $D - \hat{D}$ de l'étape 1 comme covariable, et les résidus $\hat{D} - \hat{\nu}'X$ comme instruments.

En utilisant la formulation (6.12) du modèle comme un modèle affine-quadratique (voir l'hypothèse 5.3) et si les hypothèses du théorème 5.1 sont satisfaites, à savoir si

1. on suppose le modèle parcimonieux, *i.e* l'hypothèse 6.2 avec $\eta_0 = \eta_0^m$;
2. l'hypothèse (ORT) $\partial_\eta M(\tau, \eta) = 0$ est satisfaite ;
3. on fait l'hypothèse d'une estimation de grande qualité du paramètre de nuisance avec parcimonie ;
4. la condition de croissance du nombre de composantes pertinentes s avec le nombre d'observations $s\log(p)/\sqrt{n} \to 0$, où $p := p^z + p^x$, est satisfaite ;

alors nous pouvons appliquer le théorème 5.1 et on obtient directement la normalité asymptotique

$$\sqrt{n}\,(\check{\tau} - \tau_0) \to \mathcal{N}(0, \sigma_\Gamma^2), \tag{6.15}$$

avec $\sigma_\Gamma^2 := \mathbb{E}[\psi(W, \tau_0, \eta_0)^2]/\mathbb{E}[\Gamma_1(W, \eta_0)]^2$.

De plus, le théorème 3 de Belloni *et al.* (2012) montre que le résultat est toujours valide lorsque Λ^* remplacé par $\hat{\Lambda}^* = \hat{\sigma}^2\,\mathbb{E}[\hat{D}^2]^{-1}$, où $\hat{\sigma}^2 := \sum_{i=1}^n (Y_i - D_i\hat{\tau} - X_i'\hat{\beta})^2/n$.

Remarque 6.2 : « Petit nombre » de contrôles

Dans le cas d'un « petit nombre » de contrôles (voir Belloni *et al.*, 2012), θ_0 n'est plus un paramètre de « nuisance » dans le sens où il n'y a pas de sélection à faire sur X. Dans ce cas, on peut prendre $A(W) = \mathbb{E}[D|Z, X]$, car la condition (ORT) n'a pas besoin d'être vérifiée par rapport à θ_0, *i.e.* on peut avoir $\partial_{\theta_0} M(\tau, \eta) \neq 0$.

Remarque 6.3 : Parcimonie approximative

Si nous utilisons l'hypothèse de parcimonie approximative 6.2, nous devons alors imposer l'hypothèse suivante, et le résultat (6.15) est également valable (voir Chernozhukov *et al.*, 2015b)

Hypothèse 6.3 (Estimation des paramètres de nuisance de grande qualité avec parcimonie approximative). *On fait l'hypothèse 6.2 et suppose que $\widehat{\eta}$ satisfait, avec grande probabilité*

$$\begin{aligned}\|\hat{\eta}\|_0 &\leq s,\\ \|\hat{\eta}-\eta_0^m\|_2 &\leq \sqrt{\frac{s}{n}\log p},\\ \|\hat{\eta}-\eta_0^m\|_1 &\leq \sqrt{\frac{s^2}{n}\log p}.\end{aligned}$$

6.3 Simulations

Processus générateur de données (DGP). Nous utilisons un DGP proche de celui de Chernozhukov *et al.* (2015a) : $(Y_i, D_i, Z_i, X_i)_{i=1}^n$ i.i.d. et satisfaisant

$$\begin{aligned}Y_i &= \tau_0 D_i + X_i^{'}\beta_0 + 2\varepsilon_i\\ D_i &= X_i^{'}\gamma_0 + Z_i^{'}\delta_0 + U_i\\ Z_i &= \Pi X_i + \alpha\zeta_i,\end{aligned}$$

où $\alpha = 0,125, 0,25, 0,5$ et

$$\begin{pmatrix}\varepsilon_i\\ u_i\\ \zeta_i\\ x_i\end{pmatrix} \sim \mathcal{N}\left(0, \begin{pmatrix}1 & 0,6 & 0 & 0\\ 0,6 & 1 & 0 & 0\\ 0 & 0 & I_{p^z} & 0\\ 0 & 0 & 0 & \Sigma\end{pmatrix}\right)$$

où

- Σ est une matrice de taille $p^x \times p^x$ avec $\Sigma_{kj} = (0,5)^{|j-k|}$ et I_{p^z} la matrice identité de taille $p^z \times p^z$.
- Le nombre de contrôles est fixé à 100, le nombre d'instruments à 100, le nombre d'observations à 300.
- La partie la plus intéressante du DGP est la forme des coefficients β_0, γ_0, et δ_0 :

$$\beta_{0j} = \begin{cases}1/4, \; j < 4\\ 0, \text{ autrement}\end{cases},$$

$\gamma_0 = \beta_0$, et $\delta_{0j} = 3/j^2$. Nous sommes dans un cadre de la parcimonie approximative pour ces deux équations.

- $\Pi = \left[I_{p^z}, 0_{p^z \times (p^x - p^z)}\right]$ et $\tau_0 = 1,5$

Nous comparons ici trois estimateurs :

1. Un estimateur « oracle », où les coefficients des paramètres de nuisance sont connus, et où nous exécutons une régression IV standard de $Y_i - \mathbb{E}[Y_i|X_i]$ sur $D_i - \mathbb{E}[D_i|X_i]$ en utilisant $\zeta_i'\delta_0$ comme instrument ;
2. Un estimateur naïf non orthogonal, où nous utilisons la régression Lasso de D sur (X, Z) pour obtenir les identités des contrôles et des instruments qui entrent dans l'équation instrumentale : $I_X^D = \{j : \hat{\delta}_j \neq 0\}$, $I_Z^D = \{j : \hat{\delta}_j \neq 0\}$. Nous effectuons une régression Lasso de Y sur X pour obtenir l'identité des contrôles qui entrent dans l'équation de résultat : $I_X^Y = \{j : \hat{\delta}_j \neq 0\}$. Nous effectuons ensuite la régression 2SLS de Y sur D et les contrôles et deux ensembles sélectionnés $I_X^D \cup I_X^Y$ et I_Z^D ;
3. Un estimateur de double sélection basé sur le Lasso comme décrit dans la section 5.

Le tableau 6.1 et la figure 6.1 présentent les résultats de cet exercice de simulation. Ils montrent que l'estimateur naïf de post-sélection a un biais de régularisation plus important.

Tableau 6.1 – Estimation de τ_0 sur simulations

	Estimateur :		
	Post-Sélection Naïve (1)	*Double Sélection* (2)	*Oracle* (3)
Biais	0,07	0,02	0,00
Racine EQM	0,28	0,31	0,05
DAM	0,19	0,20	0,03

Note : 2000 simulations avec des paramètres fixés à : $n = 300$, $p^x = 100$, $p^x = 100$, $K = 3$, $\tau_0 = 1,5$. Racine EQM : racine carrée de l'erreur quadratique moyenne ou *root mean square error* (RMSE) ; DAM : déviation absolue moyenne ou *mean absolute deviation* (MAD).

Figure 6.1 – Distribution de $\hat{\tau} - \tau_0$

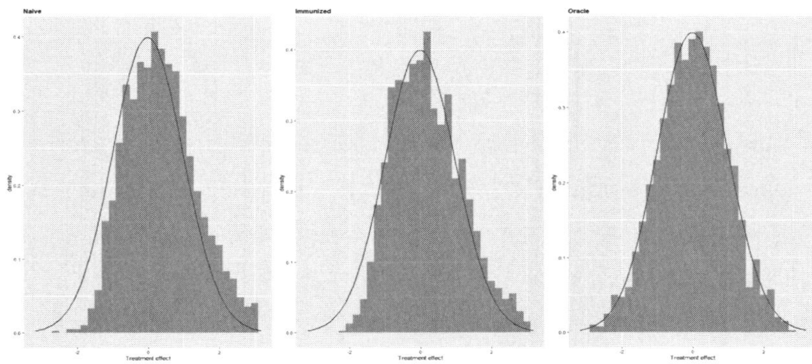

Note : Voir le tableau (6.1) ci-dessus.

6.4 Applications empiriques

6.4.1 Modèle de demande logistique

Nous présentons le modèle de demande logistique dans un contexte où seules les données sur les parts de marché sont observées. Nous renvoyons aux articles importants de Berry *et al.* (1995), Berry (1994) et Nevo (2001) pour plus de détails sur ce contexte classique. Le modèle décrit la demande pour un produit dans l'espace des caractéristiques. Cette description se fonde sur l'idée qu'un produit peut être décrit par un certain nombre de ses caractéristiques et que les consommateurs accordent de la valeur à celles-ci. Par exemple, pour une voiture : l'efficacité, le type d'essence, la puissance du moteur, etc. On suppose connaître l'ensemble des choix possibles pour le consommateur, qui choisit parmi J produits celui qui maximise son utilité. L'utilité individuelle pour le choix du produit $j \in \{0, \dots, J\}$ est aléatoire du point de vue de l'économètre, et est modélisée par

$$u_{i,j} = X_j' \beta_0 - \tau_0 P_j + \zeta_j + \varepsilon_{i,j}, \quad (\varepsilon_{ij}, \zeta_j) \perp X_j, \tag{6.16}$$

où $\varepsilon_{ij} \sim F(\cdot) = \exp(-\exp(-\cdot))$ est une composante idiosyncratique qui suit une loi d'extrémum de type I ; et ζ_j est une composante représentant l'attrait moyen spécifique pour le produit j, qui est arbitrairement corrélée avec le prix.

Cela donne l'expression des probabilités de choix suivante

$$P_{i,j} = \frac{\exp(\delta_j)}{1 + \sum_{k=1}^{J} \exp(\delta_k)}, \quad \delta_j = X_j^T \beta_0 - \tau_0 P_j + \zeta_j. \tag{6.17}$$

De plus, l'économètre n'observe pas les choix individuels, mais seulement les parts de marché du produit j : $s_{jt} = Q_{jt}/M_t$ à la période t, où M_t est le nombre total de ménages sur le marché, et $Q_{j,t}$ le nombre de personnes choisissant le produit j à la période t. Cela donne

$$s_{j,t} = \frac{\exp\left(X_{j,t}^{'}\beta_0 - \tau_0 P_{j,t} + \zeta_{j,t}\right)}{1 + \sum_{k=1}^{J}\left(X_{k,t}^{'}\beta_0 - \tau_0 P_{k,t} + \zeta_{k,t}\right)}.$$

Ainsi, en utilisant $s_{j,t}/s_0$ et en supposant que les parts de marché sont non nulles, on obtient

$$\log(s_j) - \log(s_0) = X_{j,t}^{'}\beta_0 - \tau_0 P_{j,t} + \zeta_{j,t}. \tag{6.18}$$

Cependant, le prix peut être corrélé avec la composante non observée $\zeta_{j,t}$ de sorte que les MCO conduiraient à une estimation de τ_0 biaisée vers zéro. Nous utilisons l'équation instrumentale :

$$P_{j,t} = Z_{j,t}^{'}\delta_0 + X_{j,t}^{'}\gamma_0 + u_{j,t}, \quad \mathbb{E}\left[u_{j,t}|Z_{j,t}, X_{j,t}\right] = 0. \tag{6.19}$$

Ici, les contrôles comprennent une constante et plusieurs covariables. Berry *et al.* (1995) (BLP) suggèrent d'utiliser ce que l'on appelle désormais les « instruments à la BLP », à savoir les caractéristiques des autres produits, qui peuvent satisfaire une restriction d'exclusion, pour tout $j' \neq j$ et t', ainsi que toute fonction de ces caractéristiques. La justification est que, si un produit est proche dans l'espace des « caractéristiques » de ses concurrents, cela peut avoir un impact sur les marges, puis sur le prix – cependant, il faut préférer les instruments basés sur les coûts, rarement disponibles. Ainsi, nous nous retrouvons avec un ensemble d'instruments potentiels de très grande dimension pour traiter l'endogénéité des prix $P_{j,t}$.

Berry *et al.* (1995) résolvent ce problème en considérant les sommes des caractéristiques des produits excluant le produit j :

$$Z_{k,jt} = \left(\sum_{j' \neq j, j' \in \mathcal{I}_f} X_{j',jt}, \sum_{j' \neq j, j' \notin \mathcal{I}_f} X_{j',jt} \right),$$

où $\mathcal{I}_f$ est l'ensemble des produits fabriqués par l'entreprise f. Mais les outils développés dans la section précédente permettent d'envisager des possibilités plus larges. Chernozhukov *et al.* (2015a) appliquent ces techniques pour revisiter les résultats de Berry *et al.* (1995). Nous appliquons les mêmes outils à un jeu de données (semi-fabriqué) de Nevo (2001) sur la demande pour les céréales prêtes à consommer (voir le jeu de données `cerealps3.csv`). Le tableau 6.2 présente les résultats en utilisant l'ensemble des instruments construits (étiquetés « z1-z20 »), et dans la « sélection 2SLS augmentée », les carrés et les cubes de tous ces instruments. L'identité des contrôles et des instruments sélectionnés dans l'ensemble « augmenté » révèle qu'il s'agit d'importantes non-linéarités manquées par l'ensemble de variables de base. De plus, la méthode de sélection donne des estimations plus plausibles en ce qui concerne les quantités importantes du modèle que sont les élasticités prix :

$$\frac{\partial s_j}{\partial P_k}\frac{P_k}{s_j} = \begin{cases} -\tau_0 P_j(1 - S_j) & \text{if } j = k \\ \tau_0 P_k s_k \text{ sinon} \end{cases}.$$

Sans parler des problèmes classiques que posent ces formes spécifiques (élasticités prix propres quasi proportionnelles aux prix, symétrie de l'élasticité prix croisée par rapport aux produits), le fait de faire face à une demande inélastique est incompatible avec un choix de prix maximisant le profit dans ce cadre. La théorie devrait donc prédire que la demande devrait être élastique pour tous les produits, ce qui n'est pas le cas des estimations sans sélection du tableau 6.2. Les estimateurs avec sélection donnent en ce sens des estimations beaucoup plus plausibles.

Tableau 6.2 – Estimation de τ_0

	Coefficient Prix	Erreur type	Nombre produits inélastiques
		Estimateur sans sélection	
MCO Base	-9,63	0,84	586
2SLS Base	-9,48	0,87	990
		2SLS Estimateur avec « double sélection »	
2SLS Base avec Sélection	-11,29	0,93	224
2SLS Augmentés avec Sélection	-11,44	0,91	212

6.4.2 Sélection des instruments pour estimer les rendements de l'éducation

Nous revisitons maintenant l'analyse des rendements de l'éducation effectuée dans Card (1993), où nous montrons comment les résultats sont modifiés si nous élargissons l'ensemble des instruments possibles. David Card considère d'abord le modèle avec variables instrumentales :

$$\begin{aligned} Y =& \tau_0 D + X^{'}\beta_0 + \varepsilon, \quad \varepsilon \perp X \\ D =& Z^{'}\delta_0 + X^{'}\delta_0 + u, \quad u \perp (Z, X) \end{aligned}$$

où Y est le logarithme du salaire hebdomadaire de l'individu, D désigne l'éducation (en années), X est un vecteur de contrôles, éventuellement de grande dimension, et Z désigne un vecteur de variables instrumentales pour l'éducation.

Dans cet exemple, les instruments sont les deux indicateurs permettant de savoir si un sujet a grandi près d'un lycée en deux ans ou d'un lycée en quatre ans. Il propose également d'utiliser le QI comme instrument pour les résultats du test de connaissance du monde du travail (KWW), lorsqu'il est ajouté comme contrôle. Les variables de contrôle X sont : l'âge et l'expérience professionnelle au moment de l'enquête, le nombre d'années d'études du père et de la mère du sujet, une indicatrice de la situation familiale à l'âge de 14 ans (si le sujet vivait avec son père et sa mère, s'il était une mère célibataire), 9 indicatrices liées à la région d'habitation, une indicatrice codant pour le fait de vivre dans une zone statistique métropolitaine standard (SMSA) et une autre pour le fait de vivre dans le sud, une indicatrice pour savoir si la race du sujet est noire, l'état civil au moment de l'enquête, une indicatrice pour savoir si le sujet avait une carte de bibliothèque à l'âge de 14 ans, les résultats du test KWW et des interactions. Deux options sont possibles sans utiliser la sélection : soit utiliser ces quatre instruments, soit faire interagir ces instruments avec les contrôles, ce qui conduit à 66 instruments. Dans ce second cas, nous devons corriger l'utilisation de nombreux instruments avec l'estimateur de Fuller (1977), implémenté dans le package R `ivmodel`.

Les résultats présentés dans le tableau 6.3, en utilisant le code fourni sur le github montre que le Post-Lasso sélectionne 5 instruments parmi les 66 potentiels, et fournit donc une sélection pertinente *sans connaissance préalable*. La comparaison des erreurs types dans le cas du Lasso avec celles des estimations de Fuller avec 66 instruments montre seulement une légère augmentation.

Tableau 6.3 – Estimation des rendements de l'éducation τ_0

	Nb. d'instruments	Estimé	Erreur type	Estimé de Fuller	Erreur type Fuller
OLS		0,065	0,0062		
2SLS	3	0,115	0,033	0,119	0,034
2SLS	66	0,075	0,019	0,083	0,025
DML, Post-Lasso	66	0,102	0,031		

Note : Nombres d'observations : 1 604 et nombre de contrôles 19, incluant KWW. Fuller fait référence à Fuller (1977).

6.5 Bilan du chapitre

Mots clés

Endogénéité, variables instrumentales, instruments optimaux, double machine learning, équations d'estimation orthogonales ou immunisées, modèle parcimonieux.

Lectures complémentaires

Le cadre présenté ici suit la formalisation de Chernozhukov *et al.* (2015a) et Chernozhukov *et al.* (2017), mais la lecture de Belloni *et al.* (2012) permettra d'apporter un point de vue légèrement différent sur ces méthodes. D'un point de vue pratique, le package R **hdm** est accompagné de vignettes `cran.r-project.org/web/packages/hdm/vignettes/hdm.pdf` qui reprennent les résultats essentiels et les illustrent empiriquement. Enfin, Angrist et Frandsen (2022) proposent plusieurs applications et montrent certaines limites de l'utilisation d'estimateurs reposant sur l'hypothèse de parcimonie pour l'estimation d'effets causaux avec un grand nombre d'instruments, où l'équation de première étape peut ne pas vérifier cette hypothèse. Nous avons étudié dans ce chapitre le Lasso comme régularisation dans ce contexte, mais il existe d'autres régularisations, plus adaptées dans ces contextes où l'hypothèse de parcimonie semble forte, comme la pénalisation ridge, l'approche par « *spectral cut-off* », ou par composantes principales (voir, e.g., Carrasco, 2012).

Code et données

Le github du cours contient les différents jeux de données et codes utilisés dans cette section. Le code **SimulationsIV.R** propose les simulations de la section 6.3. Le code **NevoIV.R** et les données **cerealps3.csv** détaillent l'application à l'estimation de la demande de la section 6.4.1. Chernozhukov *et al.* (2015a) appliquent ces techniques pour revisiter les résultats de Berry *et al.* (1995), et les données sont disponibles dans le package R **hdm**. Le code **CardIV.R** est associé à l'application de la section 6.4.2. Le github du cours contient aussi un code **BonusAngristKrueger.R** reproduisant l'application des techniques de sélection des instruments développées dans les sections précédentes au jeu de données **NEW7080.dta** de Angrist et Krueger (1991) effectuée dans Belloni *et al.* (2010), qui peut être trouvé à l'adresse suivante `economics.mit.edu/faculty/angrist/data1/data/angkru1991`.

Questions

1. Justifiez pourquoi, dans un contexte d'estimation d'effet de traitement avec endogénéité, le cas des très nombreux instruments est un problème qui survient fréquemment. Quelle est la solution que nous avons décrite dans ce chapitre ?
2. Montrez que la condition d'orthogonalité (ORT) n'est pas vérifiée s'il n'y a pas le terme $\mathbb{E}[D|X]$ dans l'équation (6.10).
3. Montrez que, lorsqu'il n'y a pas de contrôles X (prendre $Z = \zeta$), on a $\Lambda^* = \sigma_\Gamma^2$, où avec (3.14), $\Lambda^* = \sigma^2\,\mathbb{E}\left[\mathbb{E}\left[D|Z\right]^2\right]^{-1}$. Concluez que cet estimateur de τ_0 avec IV optimal estimé par Lasso ou Post-Lasso atteint la borne d'efficacité. Ceci s'étend au « petit nombre » de contrôles.
4. Dans le cadre de l'équation (6.12), vérifiez que l'hypothèse (ORT) est vérifiée : $\partial_\eta M(\tau, \eta) = 0$.
5. Montrez que dans le cadre du modèle (6.16) on obtient (6.17).

6.6 Remarque complémentaire

Autre dérivation de l'équation de moment (6.6)**, en utilisant les projections.** Considérons l'espace des variables aléatoires qui sont de carré intégrable sur l'espace de probabilité canonique $(\Omega, \mathcal{A}, P)$, que nous désignons par $L^2(P)$. C'est un espace de Hilbert associé au produit scalaire $< X, W >= \mathbb{E}[XW]$ et à la norme $\|X\| = \mathbb{E}[X^2]^{1/2}$. Définissons $p_X(W) = \mathbb{E}[W|X]$, la projection orthogonale de W sur le sous-espace de $L^2(P)$, $\{\xi = h(X), \mathbb{E}[h(X)^2] < \infty\}$ de variables aléatoires de carré intégrable qui sont mesurables par rapport à X. En appliquant $m_X(W) = W - p_X(W) = W - \mathbb{E}[W|X]$ à (6.1), on obtient les équations :

$$m_X Y = m_X D\tau_0 + m_X\varepsilon, \quad \mathbb{E}\left[\varepsilon|X, Z\right] = 0, \tag{6.20}$$

où

$$\begin{aligned} m_X D &= D - \mathbb{E}\left[D|X\right] = D - X^{'}\nu_0, \\ m_X Y &= Y - \mathbb{E}\left[Y|X\right] = Y - X^{'}(\nu_0\tau_0 + \beta_0). \end{aligned}$$

Pour l'estimation, nous utilisons l'implication de (6.1) suivante,

$$\mathbb{E}\left[m_X\varepsilon\left(m_X p_{X,Z} D\right)\right] = 0, \tag{6.21}$$

avec

$$\begin{aligned} m_X p_{X,Z} D &= m_X \mathbb{E}[D|X, Z] \\ &= \mathbb{E}[D|X, Z] - \mathbb{E}[\mathbb{E}[D|X, Z]|X] \\ &= X^{'}\gamma_0 + Z^{'}\delta_0 - X^{'}\nu_0. \end{aligned}$$

Notons que si D était exogène, (6.21) serait simplement $\mathbb{E}\left[m_X\varepsilon m_X D\right] = 0$. Dans le contexte actuel, dans le même esprit que l'instrument optimal, nous devrions utiliser

$$\mathbb{E}\left[\varepsilon\mathbb{E}\left[D|X, Z\right]\right] = 0. \tag{6.22}$$

Toutefois, pour pouvoir traiter les erreurs provenant de la sélection dans l'estimation des covariables X, il faut soustraire le terme $\mathbb{E}\left[D|X\right]$ pour obtenir un estimateur robuste, ce qui donne

$$\mathbb{E}\left[(\varepsilon - \mathbb{E}\left[\varepsilon|X\right])\left(\mathbb{E}\left[D|X,Z\right] - \mathbb{E}\left[D|X\right]\right)\right] = 0 \tag{6.23}$$

d'où l'équation (6.21). La condition de moment (6.20) peut être réécrite comme (6.6) et nous avons aussi

$$\begin{aligned} \psi(W,\tau_0,\eta) &= \left(\rho^y - \rho^d\tau_0\right)\left(Z^{'}\delta_0 + X^{'}\gamma_0 - X^{'}\nu_0\right) \\ &= \varepsilon\left(Z^{'}\delta_0 + X^{'}\gamma_0 - X^{'}\nu_0\right). \end{aligned} \tag{6.24}$$

Bibliographie

Amemiya, T. (1974). The nonlinear two-stage least-squares estimator. *Journal of econometrics*, 2(2):105–110.

Angrist, J. D. et Frandsen, B. (2022). Machine labor. *Journal of Labor Economics*, 40(S1):S97–S140.

Angrist, J. D. et Krueger, A. B. (1991). Does compulsory school attendance affect schooling and earnings ? *The Quarterly Journal of Economics*, 106(4):979–1014.

Belloni, A., Chen, D., Chernozhukov, V. et Hansen, C. (2012). Sparse models and methods for optimal instruments with an application to eminent domain. *Econometrica*, 80(6):2369–2429.

Belloni, A., Chernozhukov, V. et Hansen, C. (2010). LASSO Methods for Gaussian Instrumental Variables Models. *ArXiv e-prints.*

Belloni, A., Chernozhukov, V., Hansen, C. et Newey, W. (2017). Simultaneous confidence intervals for high-dimensional linear models with many endogenous variables. *arXiv preprint arXiv :1712.08102.*

Berry, S., Levinsohn, J. et Pakes, A. (1995). Automobile prices in market equilibrium. *Econometrica : Journal of the Econometric Society*, pages 841–890.

Berry, S. T. (1994). Estimating discrete-choice models of product differentiation. *The RAND Journal of Economics*, pages 242–262.

Card, D. (1993). Using Geographic Variation in College Proximity to Estimate the Return to Schooling. NBER Working Papers 4483, National Bureau of Economic Research, Inc.

Carrasco, M. (2012). A regularization approach to the many instruments problem. *Journal of Econometrics*, 170(2):383–398.

Chamberlain, G. (1987). Asymptotic efficiency in estimation with conditional moment restrictions. *Journal of Econometrics*, 34(3):305–334.

Chernozhukov, V., Chetverikov, D., Demirer, M., Duflo, E., Hansen, C. et Newey, W. (2017). Double/debiased/neyman machine learning of treatment effects. *American Economic Review*, 107(5):261–65.

Chernozhukov, V., Hansen, C. et Spindler, M. (2015a). Post-Selection and Post-Regularization Inference in Linear Models with Many Controls and Instruments. *American Economic Review*, 105(5):486–90.

CHERNOZHUKOV, V., HANSEN, C. et SPINDLER, M. (2015b). Valid post-selection and post-regularization inference : An elementary, general approach. *Annu. Rev. Econ.*, 7(1):649–688.

FULLER, W. A. (1977). Some properties of a modification of the limited information estimator. *Econometrica*, pages 939–953.

GAUTIER, E. et ROSE, C. (2011). High-dimensional instrumental variables regression and confidence sets. *arXiv preprint arXiv :1105.2454*.

GAUTIER, E. et TSYBAKOV, A. B. (2013). Pivotal estimation in high-dimensional regression via linear programming. *In Empirical inference*. Springer.

NEVO, A. (2001). Measuring market power in the ready-to-eat cereal industry. *Econometrica*, 69(2):307–342.

NEWEY, W. K. (1990). Efficient instrumental variables estimation of nonlinear models. *Econometrica*, pages 809–837.

Chapitre 7

Pour aller plus loin

L'objectif de ce chapitre est de présenter certains développements des outils introduits dans les parties précédentes, notamment autour des propriétés du Lasso. Le Lasso et le choix de sa pénalité ont été présentés jusqu'ici dans le cas d'erreurs non-gaussiennes ou à l'aide de la cross-validation dans un cadre plus général, mais moins bien fondé théoriquement. La section 7.1 montre que l'on peut toutefois aussi justifier théoriquement un choix de pénalité dans le cas d'erreurs non-gaussiennes, et donne l'intuition de ce choix, basé sur la théorie des sommes auto-normalisées. La section 7.2 analyse ensuite l'apport du partitionnement d'échantillon, le *sample-splitting*, notamment pour réduire les hypothèses sur la croissance du nombre de variables que l'on peut inclure en fonction de la taille de l'échantillon. Nous avons présenté la procédure de double sélection, qui permet de faire de l'inférence sur un coefficient dans ce contexte de la grande dimension. Cette procédure peut être adaptée pour faire de l'inférence jointe sur un petit nombre de coefficients (voir section 4.2 dans Chernozhukov *et al.*, 2021). Une autre procédure dite de « desparsification », équivalente au première ordre, consiste à corriger du biais de façon à pouvoir obtenir des régions de confiance simultanées pour un petit nombre de coefficients. Dans un souci de présenter les différentes approches possibles, celle-ci est introduite en section 7.3. Elle est ensuite par exemple utilisée en section 11.3.1 afin de tester la causalité au sens de Granger. Enfin, le Lasso a jusqu'ici été introduit dans un cadre i.i.d.. Mais cette régularisation et la sélection d'instruments peuvent s'étendre aux données de panels, ce que nous présentons en section 7.4. Enfin, nous étudions une application de ces outils à l'estimation de l'effet du nombre de policiers par habitant sur les taux de criminalité.

7.1 Estimation avec des erreurs non-gaussiennes

Nous avons déjà décrit les propriétés du Lasso en supposant que le terme d'erreur est gaussien. Belloni *et al.* (2012) ont relâché cette hypothèse tout en décrivant également comment choisir le paramètre λ dans un cas plus général. Nous décrivons la stratégie qu'ils proposent. Considérons le modèle de sélection :

$$D_i = Z_i^{'}\delta_0 + \varepsilon_i, \quad \mathbb{E}\left[\varepsilon_i | Z_i\right] = 0 \tag{7.1}$$

et l'estimateur Lasso de δ_0,

$$\widehat{\delta} \in \underset{\delta \in \mathbb{R}^p}{\operatorname{argmin}} \quad \frac{1}{n}\sum_{i=1}^{n}\left(D_i - Z_i^{'}\delta\right)^2 + \frac{\lambda}{n}\left\|\widehat{\Gamma}\delta\right\|_1, \tag{7.2}$$

où

$$\left\|\widehat{\Gamma}\delta\right\|_1 = \sum_{j=1}^{p}\left|\widehat{\Gamma}_j\delta_j\right|.$$

La pénalité $\widehat{\Gamma} \in \mathcal{M}_{p,p}(\mathbb{R})$ est un estimateur des poids de la pénalité « idéale » :

$$\widehat{\Gamma}^0 = \operatorname{diag}(\widehat{\gamma}_1^0, \ldots, \widehat{\gamma}_p^0) \;\text{ où }\; \widehat{\gamma}_j^0 = \sqrt{\frac{1}{n}\sum_{i=1}^{n} Z_{i,j}^2\varepsilon_i^2}.$$

Il s'agit des poids pour la pénalité « idéale » car ε_i n'est en réalité pas observé.

En pratique :

1. On pose $\lambda = 2c\sqrt{n}\Phi^{-1}\left(1 - 0,1/(2p\log(p \vee n))\right)$, où $c = 1,1$ et $\Phi^{-1}(\cdot)$ désigne l'inverse de la fonction de distribution cumulative normale standard.

2. Nous estimons la pénalité idéale 1) en utilisant des poids dans la pénalité « conservateurs » et 2) en insérant les résidus estimés résultants à la place de ε_i pour obtenir des poids choisis de manière plus adaptée.

Hypothèse 7.1 (Conditions de moments)**.** *Supposons que* *(i)* $\max_{j=1,\ldots,p} \mathbb{E}\left[D_i^2\right] + \mathbb{E}\left[D_i^2 Z_{j,i}^2\right] + 1/\mathbb{E}\left[Z_{j,i}^2 \varepsilon_i^2\right] \leq K_1$;

(ii) $\max_{j=1,\ldots,p} \mathbb{E}\left[Z_{j,i}^3 \varepsilon_i^3\right] \leq K_2$, *où* $K_1, K_2 < \infty$.

Sous ces conditions de moments, le théorème 7.1 ci-dessous donne des vitesses de convergence pour le Lasso avec des erreurs non-gaussiennes et hétéroscédastiques, ce qui relâche les hypothèses faites dans le théorème 4.1. Bien sûr, ces hypothèses sont plus réalistes dans la plupart des applications.

Théorème 7.1 (Vitesses pour le Lasso avec des erreurs non-gaussiennnes et hétéroscédastiques, théorème 1 dans Belloni *et al.*, 2012)**.** *Considérons le modèle* (7.1)*, l'hypothèse de parcimonie* $|\delta_0|_0 \leq s$*, et les hypothèses 4.4 et 7.1. Prenons* $\varepsilon > 0$*, il existe* C_1 *et* C_2 *tel que l'estimateur Lasso défini en* (7.2) *à partir du paramètre de réglage* $\lambda = 2c\sqrt{n}\Phi^{-1}(1 - \alpha/(2p))$*, où* $\alpha \to 0$, $\log(1/\alpha) \leq c_1 \log(\max(p, n))$, $c_1 > 0$*, et avec les poids asymptotiques pour la pénalité* $l\widehat{\Gamma}^0 \leq \widehat{\Gamma} \leq u\widehat{\Gamma}^0$ *où* $l \xrightarrow{P} 1$, $u \xrightarrow{P} 1$ *satisfait, avec probabilité* $1 - \varepsilon$

$$\left\|\widehat{\delta} - \delta_0\right\|_1 \leq \frac{C_1}{\kappa_{\overline{C}}^2} \sqrt{\frac{s^2 \log(\max(p, n))}{n}}, \tag{7.3}$$

où $\kappa_{\overline{C}} := \kappa_{\overline{C}}\left(\frac{1}{n}\sum_{i=1}^n Z_i Z_i^{'}\right)$ *et*

$$\overline{C} = \frac{\|\widehat{\gamma}^0\|_\infty}{\|1/\widehat{\gamma}^0\|_\infty} \frac{uc + 1}{lc - 1}.$$

Intuitions importantes pour la compréhension du théorème 7.1 : l'événement régularisant et inégalité de concentration. La preuve du Lasso avec erreurs gaussiennes, dans l'étape 2 de la preuve du théorème 4.1, est basée sur le fait qu'avec une probabilité d'au moins $1 - \alpha$, nous avons « l'événement régularisant » suivant

$$\left\{\max_{j=1,\ldots,p} \left|\frac{1}{n}\sum_{i=1}^n \varepsilon_i X_{ij}\right| \leq \frac{\lambda_n}{4}\right\}.$$

Pour s'en assurer, nous avons utilisé l'inégalité de Markov, conditionnellement à $X_1, \ldots, X_n$ et l'inégalité de concentration (voir le lemme 4.6) qui, pour p variables aléatoires gaussiennes $\xi_j \sim \mathcal{N}(0, \sigma_j^2)$, assure que

$$\mathbb{E}\left[\max_{j=1,\ldots,p} |\xi_j|\right] \leq \max_{j=1,\ldots,p} \sigma_j \sqrt{2\log(2p)}.$$

Dans le cas général du Lasso avec des erreurs non-gaussiennes et hétéroscédastiques, pour choisir λ et les poids γ^0, nous généralisons ces idées. Nous nous assurons que nous avons l'événement régularisant avec une grande probabilité

$$\left\{ \max_{j=1,\ldots,p} \left| \frac{\sum_{i=1}^n Z_{i,j}\varepsilon_i/\sqrt{n}}{\widehat{\gamma}_j^0} \right| \leq \frac{\lambda}{2c\sqrt{n}} \right\}, \tag{7.4}$$

en utilisant l'inégalité de concentration suivante appliquée à $U_{i,j} := Z_{i,j}\varepsilon_i$. Ceci garantit qu'il existe une constante finie $A > 0$ telle que

$$\mathbb{P}\left(\max_{j=1,\ldots,p} \left| \frac{\sum_{i=1}^n U_{i,j}/\sqrt{n}}{\sqrt{\sum_{i=1}^n U_{i,j}^2/n}} \right| \leq \Phi^{-1}\left(1 - \frac{\alpha}{2p}\right)\right) \geq 1 - \alpha\left(1 + \frac{A}{l_n}\right) \tag{7.5}$$

où $l_n \to \infty$. On obtient ce résultat à partir des théorèmes de déviation modérée pour les sommes auto-normalisées (voir le lemme 5 dans Belloni *et al.*, 2012 et Belloni *et al.*, 2018). L'idée est de choisir les poids $\widehat{\Gamma}^0$ dans la pénalité de telle sorte que le terme :

$$\frac{\sum_{i=1}^n Z_{i,j}\varepsilon_i/\sqrt{n}}{\widehat{\gamma}_j^0}$$

se comporte comme une variable aléatoire normale standard. Dans ce cas, nous pouvons obtenir la condition souhaitée (7.4) en prenant $\lambda/(2c\sqrt{n})$ suffisamment grande pour dominer le maximum de p variables aléatoires normales standard avec une forte probabilité. Belloni *et al.* (2012) montrent que choisir $(\gamma_j^0)^2 = \mathrm{Var}\,(Z_{i,j}\varepsilon_i)$ permet de réaliser cette idée, même si les ε_i ne sont pas i.i.d. gaussiens. Cela donne (7.5). Ensuite, le lemme 7.1 ci-dessous assure que sur cet événement régularisant, on a les inégalités désirées.

Lemme 7.1 (lemme 6 dans Belloni *et al.*, 2012)**.** *Considérons le modèle* (7.1)*, l'hypothèse de parcimonie* $|\delta_0|_0 \leq s$*, les hypothèses 4.4 et 7.1. Si la pénalité domine le score dans le sens où*

$$\frac{\widehat{\gamma}_j^0 \lambda}{n} \geq \max_{j \leq p} 2c \left| \frac{1}{n} \sum_{i=1}^n Z_{i,j}\varepsilon_i \right|,$$

ou de manière équivalente (7.4)*, alors, nous obtenons*

$$\left\| \widehat{\Gamma}^0 \left(\widehat{\delta} - \delta_0\right) \right\|_1 \leq \frac{(1 + c_0)}{\kappa_{c_0}} \left(u + \frac{1}{c}\right) \frac{\lambda s}{n\kappa_{c_0}}, \tag{7.6}$$

avec $c_0 = (uc + 1)/(lc - 1)$.

7.2 Partitionnement d'échantillon

Nous analysons comment utiliser le partitionnement d'échantillon (*sample-splitting*) pour relâcher l'hypothèse (4) de croissance du nombre de composantes non nulles. Nous la remplaçons par la condition plus faible :

$$\frac{s\log(\max(p,n))}{n} \to 0. \tag{7.7}$$

Comme dans Belloni *et al.* (2012), nous nous limitons au cas de deux échantillons, mais cela se généralise facilement au cas de K échantillons.

Désignons par a et b les deux échantillons de tailles $n_a = \lfloor n/2 \rfloor$ et $n_b = n - n_a$, $j^c = \{a,b\} \setminus j$ pour $j \in \{a,b\}$, et définissons l'estimateur basé sur le sample-splitting suivant

$$\begin{aligned}\check{\tau} = &\left[\sum_{i=1}^{n_a} \Gamma_1\left(W_i^a, \widehat{\eta}^b\right) + \sum_{i=1}^{n_b} \Gamma_1\left(W_i^b, \widehat{\eta}^a\right)\right]^{-1} \\ &\times \left(\left(\sum_{i=1}^{n_a} \Gamma_1\left(W_i^a, \widehat{\eta}^b\right)\right)\check{\tau}_a + \left(\sum_{i=1}^{n_b} \Gamma_1\left(W_i^b, \widehat{\eta}^a\right)\right)\check{\tau}_b\right)\end{aligned} \tag{7.8}$$

qui utilise

$$\check{\tau}_j = \left[\frac{1}{n_j}\sum_{i=1}^{n_j} \Gamma_1\left(W_i^j, \widehat{\eta}^{j^c}\right)\right]^{-1} \frac{1}{n_j}\sum_{i=1}^{n_j} \Gamma_2\left(W_i^j, \widehat{\eta}^{j^c}\right) \quad \text{for } j \in \{a,b\}.$$

Cet estimateur combine les deux estimateurs de l'effet de traitement basés sur chaque échantillon, où chacun utilise un estimateur préliminaire du paramètre de nuisance basé sur l'autre échantillon seulement.

Théorème 7.2 (Normalité asymptotique de l'estimateur split-sample immunisé, théorème 7 dans Belloni *et al.*, 2012). *L'estimateur immunisé $\check{\tau}$ défini par (7.8) dans le modèle affine-quadratique* (5.3) *sous les hypothèses 5.1,* ***la condition de croissance*** (7.7) *et en utilisant un estimateur de nuisance de première étape satisfaisant l'hypothèse 5.2 est asymptotiquement normal :*

$$\sqrt{n}\left(\check{\tau} - \tau_0\right) \to \mathcal{N}(0, \sigma_\Gamma^2),$$

avec $\sigma_\Gamma^2 := \mathbb{E}[\psi(W_i, \tau_0, \eta_0)^2]/\mathbb{E}[\Gamma_1(W_i, \eta_0)]^2$.

7.3 Inférence jointe sur un groupe de coefficients

Nous commençons par décrire le lien qui existe entre la procédure de double sélection, introduite dans la troisième partie, et la procédure de correction du biais du Lasso (ou *desparsification*) introduite par Zhang et Zhang (2014) et Van de Geer *et al.* (2014). Cette correction permet ensuite d'établir en section 7.3.2 la normalité asymptotique de l'estimateur Lasso d'un petit nombre de coefficient, une fois corrigé du biais. Chernozhukov *et al.* (2021) proposent aussi une méthode permettant de faire de l'inférence sur un groupe de coefficients, basée sur la procédure d'estimation par double sélection décrite dans la troisième partie. Dans un souci de présenter plusieurs approches possibles, nous allons décrire plutôt ici l'approche par correction explicite du biais, après avoir fait le lien entre les procédures de double sélection et *desparsification* du Lasso.

7.3.1 Double sélection et *desparsification* du Lasso

Considérons donc dans un cadre i.i.d. $(Y_i, X_i)_{i=1,\ldots,n}$, le modèle suivant

$$Y = X'\beta_0 + \varepsilon, \tag{7.9}$$

avec ε tel que $\mathbb{E}[\varepsilon] = 0$, $\mathbb{E}[\varepsilon^2] = \sigma^2 < \infty$, $\mathbb{E}[\varepsilon|D, X] = 0$, et p la dimension de X étant autorisée à être très supérieure à n. Le paramètre d'intérêt est le coefficient $\beta_{0,k}$ pour $k \in \{1, \ldots, p\}$. Ce modèle a été étudié dans la section 4.5 où nous avons présenté la méthode de la double sélection introduite par Chernozhukov *et al.* (2018). La remarque 3.4 détaille cette méthode en trois temps, qui conduit à l'expression (7.10) suivante pour le coefficient d'une coordonnée k de β_0 :

$$\breve{\beta}_k = \frac{n^{-1}\sum_{i=1}^n (Y_i - X'_{i,-k}\widehat{\beta}_{-k})(X_{i,k} - X'_{i,-k}\widehat{\gamma})}{n^{-1}\sum_{i=1}^n X_{i,k}(X_{i,k} - X'_{i,-k}\widehat{\gamma})}, \tag{7.10}$$

où $\widehat{\beta}_{-k}$ est un estimateur de β_{-k}, le vecteur de coefficients de la régression Post-Lasso de Y sur X auquel on a retiré la k-ième composante, et $\widehat{\gamma}$ est un estimateur de γ, le coefficient de la régression Post-Lasso de X_k sur X_{-k}. Cette procédure est équivalente au premier ordre à la procédure suivante :

1. On régresse Y sur (X_k, X_{-k}) en utilisant un (Post)-Lasso. On note $\widehat{\beta}^{[1]}$ l'estimateur associé.

2. On régresse X_k sur X_{-k} en utilisant un (Post)-Lasso. On note $\widehat{\gamma}^{[1]}$ l'estimateur associé et $\widehat{\nu} := X_k - X'_{-k}\widehat{\gamma}^{[1]}$ le résidu.

3. On utilise une régression IV de $Y - X'_{-k}\widehat{\beta}^{[1]}_{-k}$ sur X_k en utilisant $\widehat{\nu}$ comme instrument, conduisant à l'estimateur final de $\beta_{0,k}$:

$$\breve{\beta}^{[1]}_k = \frac{n^{-1}\sum_{i=1}^n (Y_i - X'_{i,-k}\widehat{\beta}^{[1]}_{-k})(X_{i,k} - X'_{i,-k}\widehat{\gamma}^{[1]})}{n^{-1}\sum_{i=1}^n X_{i,k}(X_{i,k} - X'_{i,-k}\widehat{\gamma}^{[1]})}, \tag{7.11}$$

ayant la même forme que (7.10).

Cette procédure est décrite dans Belloni *et al.* (2014). On peut réécrire (7.11) de façon à la voir comme une correction du biais de l'estimateur initial $\widehat{\beta}^{[1]}$ (Zhang et Zhang, 2014 ; Van de Geer *et al.*, 2014) :

$$\breve{\beta}^{[1]}_k = \left(\frac{1}{n}\sum_{i=1}^n X_{i,k}\widehat{\nu}_i\right)^{-1} \frac{1}{n}\sum_{i=1}^n \widehat{\nu}_i Y_i - \underbrace{\sum_{m\neq k} \widehat{\beta}^{[1]}_m \frac{n^{-1}\sum_{i=1}^n X_{i,m}\widehat{\nu}_i}{n^{-1}\sum_{i=1}^n X_{i,k}\widehat{\nu}_i}}_{\text{Correction du biais}}. \tag{7.12}$$

Décrivons l'intuition derrière (7.11). En adoptant les notations du théorème 4.2, on note $\mathbf{X} = [\mathbf{X}_1, \ldots, \mathbf{X}_p]$ la matrice $n \times p$ des vecteurs colonnes $\mathbf{X}_k$ de taille $n \times 1$ et $\mathbf{y}$ le vecteur de Y_i de taille $n \times 1$. En utilisant le théorème de Frisch-Waugh-Lovell (voir théorème 4.2) et en notant $\nu_{\mathbf{k}} = \mathcal{M}_{\mathbf{X_{-k}}}\mathbf{X_k}$ la projection de $\mathbf{X}_k$ sur le complément orthogonal de l'espace engendré par les colonnes de $\mathbf{X}_{-k}$, on a classiquement que $\beta_{0,k}$ peut être estimé *via*

$$\widehat{\beta}_k = (\mathbf{X_k}'\nu_{\mathbf{k}})^{-1}\nu_{\mathbf{k}}'\mathbf{y}.$$

Le problème lorsque l'on considère $p > n$ vient du fait que la projection $\nu_{\mathbf{k}}$ n'est plus définie. La « desparsification » proposée par Zhang et Zhang (2014) consiste donc à corriger $\nu_{\mathbf{k}}$ du biais qui est généré.

7.3.2 Normalité asymptotique de l'estimateur corrigé du biais

On décrit maintenant comment utiliser cette correction pour permettre de faire de l'inférence sur un groupe $G \subseteq \{1,\ldots,p\}$ de coefficients $\beta_{0,G} = \{\beta_{0,j},\ j \in G\}$. La définition de l'estimateur Lasso

$$\widehat{\beta} = \arg\min_{\beta\in\mathbb{R}^p} \frac{1}{n}\sum_{i=1}^{n}(Y_i - X_i'\beta)^2 + \lambda \|\beta\|_1$$

conduit à ce que $\widehat{\beta}$ vérifie les conditions de Karush-Kuhn-Tucker (KKT) :

$$-\frac{1}{n}\sum_{i=1}^{n} X_i(Y_i - X_i'\widehat{\beta}) + \frac{\lambda\widehat{\kappa}}{2} = 0, \tag{7.13}$$
$$\|\widehat{\kappa}\|_\infty \leq 1, \quad \widehat{\kappa}_k = \text{sign}(\widehat{\beta_k}) \quad \text{si } \widehat{\beta_k} \neq 0.$$

En utilisant le modèle (7.9) on a

$$-\frac{1}{n}\sum_{i=1}^{n} X_i(Y_i - X_i'\widehat{\beta}) = \frac{1}{n}\sum_{i=1}^{n} X_iX_i'(\widehat{\beta} - \beta_0) - \frac{1}{n}\sum_{i=1}^{n} X_i\varepsilon_i,$$

et avec $\widehat{\Sigma} = \sum_{i=1}^n X_iX_i'/n$, on peut réécrire la condition d'optimalité (7.13) :

$$\widehat{\Sigma}(\widehat{\beta} - \beta_0) + \frac{\lambda\widehat{\kappa}}{2} = \frac{1}{n}\sum_{i=1}^{n} X_i\varepsilon_i.$$

Si l'on possède une bonne approximation $\widehat{\Theta}$ de l'inverse de $\widehat{\Sigma}$, alors on a la décomposition suivante :

$$\underbrace{\widehat{\beta} + \widehat{\Theta}\frac{\lambda\widehat{\kappa}}{2}}_{\substack{\text{Estimateur avec}\\ \text{correction du biais } \check{\beta}}} - \beta_0 = \underbrace{\widehat{\Theta}\left(\frac{1}{n}\sum_{i=1}^{n} X_i\varepsilon_i\right)}_{\text{Terme asymptotiquement normal}} - \underbrace{\frac{\Delta}{\sqrt{n}}}_{\text{Terme négligeable}},$$

où

$$\Delta = \sqrt{n}\left(\widehat{\Theta}\widehat{\Sigma} - I\right)(\widehat{\beta} - \beta_0)$$

est un terme d'erreur lié à l'approximation de l'inverse $\widehat{\Theta}\widehat{\Sigma} \neq I$. On peut justement montrer que, sous certaines hypothèses, Δ est un terme négligeable asymptotiquement. Sous ces conditions, en utilisant la condition d'optimalité (7.13), le biais de l'estimateur $\widehat{\beta}_G$ des composantes β_G du groupe G est

$$B_G = \widehat{\Theta}_G\left(\frac{1}{n}\sum_{i=1}^{n} X_i(Y_i - X_i'\widehat{\beta})\right), \tag{7.14}$$

où Θ_G est la sous-matrice de Θ correspondant aux coefficients du groupe G. L'estimateur corrigé du biais $\breve{\beta}_G = \widehat{\beta}_G + B_G$, a donc une forme similaire à (7.11).

Avec des erreurs gaussiennes $\varepsilon \sim \mathcal{N}(0, \sigma_\varepsilon^2 I)$ et sous des hypothèses de croissance du nombre de régresseurs ($s^2 \log(p)^2/n \to 0$), Van de Geer *et al.* (2014) (théorème 2.2) montrent alors que dans ce contexte l'estimateur Lasso est asymptotiquement gaussien, pour tout groupe $G \subseteq \{1, \ldots, p\}$,

$$\sqrt{n}\left(\breve{\beta}_G - \beta_{0,G}\right) \xrightarrow{d} \mathcal{N}(0, \Xi_G), \tag{7.15}$$

où Ξ_G est la variance asymptotique $\Xi_G = \lim_{n\to\infty} \text{Var}\left(\frac{1}{\sqrt{n}} \sum_{i=1}^n \varepsilon_i \Theta_G X_i\right)$.

Notons que Breunig *et al.* (2020) relâchent l'hypothèse d'erreurs gaussiennes et utilisent cette correction du biais du Lasso pour proposer une méthode alternative à la procédure d'immunisation développée dans le cadre de modèles à variables instrumentales en section 6. À l'aide de cette correction, ils obtiennent un estimateur IV basé sur le Lasso qui est asymptotiquement normal, ce qui permet aussi de construire des régions de confiance simultanées dans ce contexte. Cette correction sera aussi utilisée dans un cadre non i.i.d. en section 11.3.1, dans le but de tester la causalité de Granger (voir Babii *et al.*, 2019).

Revenons maintenant sur la méthode d'estimation de l'inverse de Σ, noté $\widehat{\Theta}$, proposée initialement par Meinshausen et Bühlmann (2006). Celle-ci utilise que pour tout $k \in \{1, \ldots, p\}$, la matrice $\Sigma = \mathbb{E}[XX']$ peut se partitionner en

$$\begin{pmatrix} \Sigma_{k,k} & \Sigma_{-k,k} \\ \Sigma_{-k,k} & \Sigma_{-k,-k} \end{pmatrix},$$

quitte à réarranger les lignes. L'estimateur proposé consiste à régresser pour chaque $k \in \{1, \ldots, p\}$ la composante X_k sur les autres en utilisant un Lasso

$$\widehat{\gamma}_k = \underset{\gamma \in \mathbb{R}^{p-1}}{\arg\min} \left(\frac{1}{n} \sum_{i=1}^n (X_{i,k} - X'_{i,-k}\gamma)^2 + \lambda_k \|\gamma\|_1 \right),$$

puis à considérer l'estimateur $\widehat{\Theta} := \widehat{B}^{-2}\widehat{C}$ de l'inverse de Σ, avec

$$\widehat{C} = \begin{pmatrix} 1 & -\widehat{\gamma}_{1,2} & \dots & -\widehat{\gamma}_{1,p} \\ -\widehat{\gamma}_{1,2} & 1 & & \vdots \\ \vdots & & & \\ -\widehat{\gamma}_{p,1} & \dots & & 1 \end{pmatrix},$$

$\widehat{B}^2 = \text{Diag}(\widehat{b}_1^2, \dots, \widehat{b}_p^2)$, et $\widehat{b}_k^2 = \sum_{i=1}^n (X_{i,k} - X'_{i,-k}\widehat{\gamma}_k)^2/n + \lambda_k \|\widehat{\gamma}_k\|_1/2$. La propriété utile de cette approximation de l'inverse est que l'on a un contrôle explicite de l'écart entre $\widehat{\Sigma}\widehat{\Theta}$ et la matrice identité en norme infinie, en fonction de $\widehat{b}$ et des pénalités λ_k (voir (10) dans Van de Geer *et al.*, 2014).

7.4 Régularisation et sélection d'instruments en panels

Dans cette section, nous montrons brièvement comment utiliser le Lasso et la procédure de régularisation de la section 6.2 lorsque les observations sont distribuées de manière identique entre les individus mais sont corrélées dans le temps. Nous renvoyons à Belloni *et al.* (2016) pour plus de détails. Dans ce qui suit, les résultats sont valables pour $n \to \infty$ et T fixe, où n est le nombre d'individus et T le nombre de périodes observées, et avec une asymptotique jointe $n \to \infty$ et $T \to \infty$, le premier cadre étant plus réaliste dans un contexte macroéconomique.

Considérons le modèle de panel suivant :

$$Y_{it} = \tau_0 D_{it} + e_i + \varepsilon_{it} \tag{7.16}$$

$$D_{it} = Z_{it}^{'}\delta_0 + f_i + u_{it}, \tag{7.17}$$

où $\mathbb{E}[\varepsilon_{it}u_{it}] \neq 0$ mais $\mathbb{E}[\varepsilon_{it}|Z_{i1}, \dots, Z_{iT}] = \mathbb{E}[u_{it}|Z_{i1}, \dots, Z_{iT}] = 0$, et où nous avons un grand nombre p_z d'instruments Z_{it} satisfaisant $p_z \gg nT$. Pour des raisons de simplicité, nous ne considérons pas les cas où le nombre de contrôles est fixe ou de grande dimension, mais les idées de la double sélection de la section 6.1 peuvent être directement étendues ici. Nous utilisons la transformation classique *within*

$$\ddot{Y}_{it} = Y_{it} - \frac{1}{T}\sum_{t=1}^{T} Y_{it},$$

et respectivement $\ddot{Z}_{it}$ et $\ddot{\varepsilon}_{it}$ les transformations *within* de Z_{it} et ε_{it}, pour éliminer partiellement les effets fixes dans les deux équations. Ceci réduit le modèle à

$$\ddot{Y}_{it} = \tau_0 \ddot{D}_{it} + \ddot{\varepsilon}_{it} \tag{7.18}$$

$$\ddot{D}_{it} = \ddot{Z}_{it}'\delta_0 + \ddot{u}_{it}. \tag{7.19}$$

Nous utilisons ensuite l'hypothèse de parcimonie $\|\delta_0\|_0 \leq s$ et la régression *cluster-Lasso* de $\ddot{D}_{it}$ sur $\ddot{Z}_{it}$ pour estimer δ_0. Enfin pour estimer τ_0 nous utilisons la condition de moment orthogonale :

$$\mathbb{E}\left[\frac{1}{T}\sum_{i=1}^{T}\left(\ddot{Y}_{it} - \tau_0\left(\ddot{D}_{it} - \ddot{Z}_{it}'\delta_0\right)\right)\ddot{Z}_{it}'\delta_0\right] = 0.$$

Ceci nous donne l'estimateur de τ suivant :

$$\check{\tau} = \left[\frac{1}{nT}\sum_{i=1}^{n}\sum_{t=1}^{T}\Gamma_1\left(\ddot{D}_{it}, \ddot{Z}_{it}, \widehat{\delta}\right)\right]^{-1}\frac{1}{nT}\sum_{i=1}^{n}\sum_{t=1}^{T}\Gamma_2\left(\ddot{Y}_{it}, \ddot{Z}_{it}, \widehat{\delta}\right),$$

où

$$\Gamma_1(\ddot{D}_{it}, \ddot{Z}_{it}, \delta) = -\left(\ddot{D}_{it} - \ddot{Z}_{it}'\delta\right)\ddot{Z}_{it}'\delta,$$

$$\Gamma_2(\ddot{Y}_{it}, \ddot{Z}_{it}, \delta) = -\ddot{Y}_{it}\ddot{Z}_{it}'\delta.$$

Notons que la condition de moments $\mathbb{E}\left[\left(\ddot{Y}_{it} - \tau_0\ddot{D}_{it}\right)\ddot{Z}_{it}'\delta_0\right]$ satisfait aussi (ORT) parce qu'il n'y a pas de contrôles ici.

7.4.1 Le cluster-Lasso : intuition

Nous considérons la régression (7.19). L'estimation du coefficient du cluster-Lasso se fonde sur

$$\widehat{\delta} \in \arg\min_{\delta\in\mathbb{R}^{p_Z}} \frac{1}{nT}\sum_{i=1}^{n}\sum_{i=1}^{T}\left(\ddot{D}_{it} - \ddot{Z}_{it}'\delta\right)^2 + \frac{\lambda}{nT}\sum_{j=1}^{p_Z}\widehat{\gamma}_j\left|\delta_j\right|. \tag{7.20}$$

De la même manière que dans la section 6.2, les poids de la pénalité $\widehat{\gamma}_j$ sont choisis de manière à ce que « l'événement régularisant »

$$\frac{\lambda\widehat{\phi}_j}{nT} \geq 2c\left|\frac{1}{nT}\sum_{i=1}^{n}\sum_{t=1}^{T}\ddot{Z}_{itj}\ddot{\varepsilon}_{it}\right|$$

se produise avec une grande probabilité. Pour cela, comme dans (7.5), on utilise les théorèmes de déviations modérées provenant de la théorie sur l'auto-normalisation (voir le lemme 5 dans Belloni *et al.*, 2012). Les variables $U_{ij} := \sum_{t=1}^{T}\ddot{Z}_{itj}\ddot{\varepsilon}_{it}/T$, sont des variables aléatoires indépendantes par rapport à i, de moyenne nulle, et qui satisfont (si les moments d'ordre 3 sont finis) lorsque $n \to \infty$ et pour α suffisamment petit :

$$\mathbb{P}\left(\max_{1\leq j\leq p_z}\left|\frac{\sum_{i=1}^{n}U_{ij}/\sqrt{n}}{\sqrt{\sum_{i=1}^{n}U_{ij}^2/n}}\right| > \Phi^{-1}\left(1-\frac{\alpha}{2p}\right)\right) = o(1).$$

Cela conduit à un choix des poids de la pénalité idéale

$$\left(\widehat{\gamma}_j^0\right)^2 = \frac{1}{nT}\sum_{i=1}^{n}\sum_{t=1}^{T}\sum_{t'=1}^{T}\ddot{Z}_{itj}\ddot{Z}_{it'j}\ddot{\varepsilon}_{it}\ddot{\varepsilon}_{it'}.$$

Comme dans la section précédente, $\ddot{\varepsilon}_{it}$ est inconnu et nous commençons donc avec une pénalité conservatrice (un estimateur de $\mathrm{Var}(\sum_{i=1}^{T}\ddot{Z}_{itj}\ddot{D}_{it}/T)$) puis nous ré-injectons le $\ddot{\varepsilon}_{it}$ estimé et itérons. Comme dans la section 6.2, nous prenons $\lambda = 2c\sqrt{nT}\Phi^{-1}(1-\alpha/(2p_z))$.

On définit la statistique

$$i_T^Z = T\min_{1\leq j\leq p}\frac{\mathbb{E}\left[\sum_{t=1}^{T}\ddot{Z}_{itj}^2\ddot{\varepsilon}_{it}^2/T\right]}{\mathbb{E}\left[\left(\sum_{t=1}^{T}\ddot{Z}_{itj}\ddot{\varepsilon}_{it}\right)^2/T\right]}.$$

Belloni *et al.* (2016) appellent cette quantité i_T^Z « l'indice d'information », dans le sens où elle est inversement liée à la force de la dépendance intra-individuelle et peut varier entre $i_T^Z = 1$ (dépendance parfaite au sein du cluster i) et $i_T^z = T$ (indépendance parfaite au sein de i). Le théorème 7.3 montre que, par le biais de cette quantité, cette dépendance a un impact sur les vitesses de convergence.

On définit la matrice de Gram empirique $\ddot{\Sigma} = \{\ddot{\Sigma}_{jk}\}_{j,k=1}^{p}$, où

$$\ddot{\Sigma}_{jk} = \frac{1}{nT}\sum_{i=1}^{n}\sum_{t=1}^{T}\ddot{Z}_{itj}\ddot{Z}_{itk}/(nT).$$

Théorème 7.3 (Vitesses de convergence du cluster-Lasso en panels, théorème 1 dans Belloni *et al.*, 2016). *Prenons $\varepsilon > 0$. Soit $\{(D_{it}, Z_{it})\}_{i=1,\dots,n,t=1,\dots,T}$ un échantillon i.i.d. en i pour lequel $n, T \to \infty$ conjointement. Supposons que $s = o(ni_T^Z)$, $s\log(\max(p, nT)) = o(ni_T^Z)$, et les autres conditions de régularité (RE) et la condition de valeur propre sparse SE page 12 dans Belloni* et al. *(2016) basée sur $\ddot{\Sigma}$. Considérons un estimateur cluster-Lasso admissible $\widehat{\delta}$ avec une pénalité $\lambda = 2c\sqrt{nT}\Phi^{-1}(1-\alpha/(2p_Z))$ et des poids $\{\widehat{\gamma}_j\}_{j=1}^{p_z}$, $l\widehat{\gamma}_j^0 \le \widehat{\gamma}_j \le u\widehat{\gamma}_j^0$ où $l \xrightarrow{p} 1$, $u \xrightarrow{p} 1$. Alors, il existe C_1 et C_2 tels qu'avec probabilité $1 - \varepsilon$,*

$$\left\|\delta_0 - \widehat{\delta}\right\|_1 \le C_2\sqrt{\frac{s^2\log(\max(p, nT))}{ni_T^Z}}.$$

Notez que dans le théorème ci-dessus, la taille effective de l'échantillon ni_T^Z est intuitivement liée à la structure de dépendance temporelle : lorsque les observations sont totalement indépendantes dans le temps ($i_T^Z = T$), la taille est nT alors que si les observations sont parfaitement dépendantes ($i_T^Z = 1$), la taille est n. Le théorème 7.4 est une extension du théorème 7.1, et les preuves partagent les mêmes éléments clés.

Théorème 7.4 (Normalité asymptotique de l'estimateur de cluster-Lasso, théorème 2 dans Belloni *et al.*, 2016). *Supposons que les conditions du théorème 7.3 soient vérifiées, que la condition de croissance*

$$\frac{s^2\log(\max(p, nT))^2}{ni_T^D} = o(1)$$

soit vérifiée. Supposons que les conditions de moments données dans SMIV p. 16 dans Belloni et al. *(2016). Alors l'estimateur IV $\check{\tau}$ satisfait*

$$\sqrt{ni_T^D}V^{-1/2}(\check{\tau} - \tau_0) \xrightarrow{d} \mathcal{N}(0, 1),$$

où

$$V := i_T^D\frac{\mathbb{E}\left[\left(\sum_{t=1}^{T}\psi\left(\ddot{Y}_{it}, \ddot{D}_{it}, \ddot{Z}_{it}, \delta_0\right)\right)^2/T\right]}{T\,\mathbb{E}\left[\sum_{t=1}^{T}\Gamma_1\left(\ddot{D}_{it}, \ddot{Z}_{it}, \delta_0\right)/T\right]^2}.$$

7.4.2 Application à l'économie du crime

Nous considérons une application à l'économie du crime utilisant les données de Baltagi (2008) qui réplique Cornwell et Trumbull (1994). On note que Belloni *et al.* (2016) proposent aussi une application au contrôle des armes à feu. Les données consistent en un panel de données de 90 comtés de Caroline du Nord sur la période 1981-1987. Toutes les variables sont en logarithme, à l'exception des variables nominales régionales et temporelles. Les principales variables explicatives sont la probabilité d'une arrestation (mesurée par le rapport entre les arrestations et les infractions), la probabilité d'une condamnation à la suite d'une arrestation (mesurée par le rapport entre les condamnations et les arrestations), la probabilité d'une peine de prison à la suite d'une condamnation (mesurée par la proportion du total des condamnations aboutissant à des peines de prison), la peine de prison moyenne en jours comme indicateur de la sévérité de la sanction, le nombre de policiers par habitant comme mesure de la capacité du comté à détecter la criminalité, et la densité de population (qui est la population du comté divisée par la superficie du comté). Pour gérer l'endogénéité potentielle du nombre de policiers par habitant, nous utilisons les mêmes instruments que Cornwell et Trumbull (1994), à savoir la composition des infractions (rapport entre les crimes impliquant un contact direct et ceux qui n'en impliquent pas) et les recettes fiscales par habitant.

La méthode de sélection des variables présentée dans ce chapitre permet de résoudre une partie du compromis auquel le chercheur est confronté dans d'autres circonstances : inclure de nombreuses covariables afin d'inclure tous les facteurs de confusion potentiels sans diminuer la précision de l'estimation. Pour illustrer ce point, nous considérons les équations (7.16)-(7.17) avec : le même ensemble de contrôles (16) et d'instruments (2) que dans Cornwell et Trumbull (1994) et Baltagi (2008) ou un « grand ensemble » de contrôles (c'est-à-dire incluant les interactions et les transformations polynomiales jusqu'à l'ordre 2, ce qui donne 544 variables de contrôle) et IV (98). L'idée est que l'on peut ne pas être sûr de l'identité exacte des contrôles qui entrent dans l'équation.

Le tableau 7.1 se concentre sur l'effet du nombre de policiers par habitant sur les taux de criminalité. L'estimation cluster-Lasso est différente de celle de l'estimateur within avec peu de contrôles et IV (première colonne). Le point important est que l'estimateur cluster-Lasso ne nécessite pas de sélection *a priori*, et qu'il sélectionne des contrôles et des IV différents de ceux inclus dans l'ensemble de référence. L'estimation within pour le « grand ensemble » semble être biaisée car le nombre de contrôles est dans tous les cas proche du nombre d'observations.

Tableau 7.1 – Application à l'économie du crime de l'estimation avec double selection en cluster

	Estimateur de l'effet du nombre d'agent de police par individu		
	Within (1)	*Within « grand ensemble »* (2)	*Cluster-Lasso* (3)
Estimateur	0,477***	0,306***	0,714***
Erreur type	0,168	0,054	0,184

7.5 Bilan du chapitre

Mots clés

Erreurs non-gaussiennes, sélection du paramètre du Lasso, inégalité de concentration, partitionnement d'échantillon, régularisation et sélection d'instruments en panels, transformation *within*, cluster-Lasso.

Lectures complémentaires

Ces extensions sont principalement basées sur Belloni *et al.* (2012) et Belloni *et al.* (2016) dont nous conseillons la lecture. Mais ces notions sont aussi utilisées dans d'autres contextes comme le generic machine learning de Chernozhukov *et al.* (2017), présenté au chapitre 8, et le nowcasting dans Chernozhukov *et al.* (2021) présenté au chapitre 11. Baltagi (2008) fournit une exposition plus détaillée de l'application, notamment des motivations sur le choix des instruments.

Code et données

Les données pour l'application de la section 7.4.2 sont directement accessibles sous la forme de l'ensemble de données « Crime » dans le package **R** *plm*. Baltagi (2008) fournit une description complète des données. Le code « CrimeIV.R » est disponible dans le github du cours et utilise la fonction **rlassoIV** du package R **hdm**.

Questions

1. Comment modifieriez-vous la procédure d'estimation Lasso standard lorsque les erreurs sont non gaussiennes et hétéroscédastiques, si vous souhaitez obtenir les mêmes taux de convergence (à une constante près) ?
2. Expliquez le principe et les avantages du partitionnement d'échantillon (*sample-splitting*) ? Quels inconvénients voyez-vous ?

7.6 Preuves et résultats complémentaires

Preuve du lemme 7.1. Notons $L(\delta) = \sum_{i=1}^n \left(D_i' - Z_i'\delta\right)^2/n$. Comme $\widehat{\delta}$ est solution du problème de minimisation, nous obtenons

$$L\left(\widehat{\delta}\right) - L\left(\delta_0\right) \leq \frac{\lambda}{n}\left(\left\|\widehat{\Gamma}\delta_0\right\|_1 - \left\|\widehat{\Gamma}\widehat{\delta}\right\|_1\right). \tag{7.21}$$

Puis, avec (7.1) et en développant la fonction quadratique $L(\cdot)$,

$$\begin{aligned}\left(D_i - Z_i'\widehat{\delta}\right)^2 &= \left(D_i - Z_i'\delta - Z_i'(\widehat{\delta} - \delta)\right)^2 \\ &= \varepsilon_i^2 - 2\varepsilon_i Z_i'(\widehat{\delta} - \delta) + \left(Z_i'(\widehat{\delta} - \delta)\right)^2.\end{aligned}$$

En utilisant l'inégalité de Hölder et $S := 2(\widehat{\Gamma}^0)^{-1}\sum_{i=1}^n Z_i\varepsilon_i/n$, on a

$$\begin{aligned}\left|L\left(\widehat{\delta}\right) - L\left(\delta_0\right) - \frac{1}{n}\sum_{i=1}^n\left(Z_i'\left(\widehat{\delta} - \delta_0\right)\right)^2\right| &= \left|\frac{2}{n}\sum_{i=1}^n \varepsilon_i Z_i'\left(\widehat{\delta} - \delta_0\right)\right| \\ &\leq \|S\|_\infty \left\|\widehat{\Gamma}^0\left(\widehat{\delta} - \delta_0\right)\right\|_1.\end{aligned}$$

Ceci joint à (7.21) et $\lambda/n \geq c\|S\|_\infty$ conduit à

$$\left|\frac{1}{n}\sum_{i=1}^n\left(Z_i'\left(\widehat{\delta} - \delta_0\right)\right)^2\right|$$

$$\le \frac{\lambda}{n}\left(\left\|\widehat{\Gamma}\delta_0\right\|_1 - \left\|\widehat{\Gamma}\widehat{\delta}\right\|_1\right) + \|S\|_\infty \left\|\widehat{\Gamma}^0\left(\widehat{\delta}-\delta_0\right)\right\|_1$$
$$\le \frac{\lambda}{n}\left(\left\|\widehat{\Gamma}\left(\widehat{\delta}-\delta_0\right)_{S_0}\right\|_1 - \left\|\widehat{\Gamma}\left(\widehat{\delta}-\delta_0\right)_{S_0^c}\right\|_1\right) + \|S\|_\infty \left\|\widehat{\Gamma}^0\left(\widehat{\delta}-\delta_0\right)\right\|_1$$
$$\le \left(u+\frac{1}{c}\right)\frac{\lambda}{n}\left\|\widehat{\Gamma}^0\left(\widehat{\delta}-\delta_0\right)_{S_0}\right\|_1 - \left(l-\frac{1}{c}\right)\frac{\lambda}{n}\left\|\widehat{\Gamma}^0\left(\widehat{\delta}-\delta_0\right)_{S_0^c}\right\|_1. \quad (7.22)$$

Puis, l'hypothèse 4.4 entraîne $\|\widehat{\Gamma}^0(\widehat{\delta}-\delta_0)_{S_0^c}\|_1 \le c_0\|\widehat{\Gamma}^0(\widehat{\delta}-\delta_0)_{S_0}\|_1$. Par définition de κ_{c_0} nous obtenons $\kappa_{c_0}\|\widehat{\Gamma}^0(\widehat{\delta}-\delta_0)_{S_0}\|_2 \le \sqrt{|\sum_{i=1}^n (Z_i'(\widehat{\delta}-\delta_0))^2|/n}$ et avec l'inégalité de Cauchy-Schwarz $\|\widehat{\Gamma}^0(\widehat{\delta}-\delta_0)_{S_0}\|_2 \ge \|\widehat{\Gamma}^0(\widehat{\delta}-\delta_0)_{S_0}\|_1/\sqrt{s}$ d'où

$$\left\|\widehat{\Gamma}^0\left(\widehat{\delta}-\delta_0\right)_{S_0}\right\|_1 \le \frac{\sqrt{s}}{\kappa_{c_0}}\sqrt{\left|\frac{1}{n}\sum_{i=1}^n\left(Z_i'\left(\widehat{\delta}-\delta_0\right)\right)^2\right|}$$

qui, en (7.22), conduit à

$$\sqrt{\frac{1}{n}\sum_{i=1}^n\left(Z_i'\widehat{\delta}-Z_i'\delta_0\right)^2} \le \left(u+\frac{1}{c}\right)\frac{\lambda\sqrt{s}}{n\kappa_{c_0}}. \quad (7.23)$$

La conclusion du lemme est obtenue en utilisant (7.23) et

$$\left\|\widehat{\Gamma}^0\left(\widehat{\delta}-\delta_0\right)\right\|_1 \le (1+c_0)\left\|\widehat{\Gamma}^0\left(\widehat{\delta}-\delta_0\right)_{S_0}\right\|_1$$
$$\le (1+c_0)\frac{\sqrt{s}}{\kappa_{c_0}}\left|\frac{1}{n}\sum_{i=1}^n\left(Z_i'\left(\widehat{\delta}-\delta_0\right)\right)^2\right|.$$

□

Éléments de preuve pour le théorème 7.1. La preuve est basée sur trois étapes. Premièrement, le fait que pour ce choix de λ, en utilisant le lemme 5 dans Belloni *et al.* (2012), nous avons comme $\alpha \to 0$ et $n \to \infty$

$$\mathbb{P}\left(2c\sqrt{n}\left|\frac{\frac{1}{\sqrt{n}}\sum_{i=1}^n Z_{i,j}\varepsilon_i}{\gamma_j^0}\right| > \lambda\right) = o(1).$$

Ainsi, pour n suffisamment grand et α suffisamment petit, nous pouvons considérer l'événement régularisant,

$$\mathcal{E} := \left\{\left|\frac{\frac{1}{\sqrt{n}}\sum_{i=1}^n Z_{i,j}\varepsilon_i}{\gamma_j^0}\right| \le \frac{\lambda}{2c\sqrt{n}}\right\}$$

qui advient avec une probabilité plus grande que $1 - \alpha$. Deuxièmement, en utilisant le fait que

$$\kappa_{c_0} \geq \frac{1}{\|\widehat{\gamma}^0\|_\infty} \kappa_{(\|\widehat{\gamma}^0\|_\infty / \|1/\widehat{\gamma}^0\|_\infty) c_0} \left(\frac{1}{n} \sum_{i=1}^{n} Z_i Z_i^{'} \right) > 0.$$

Troisièmement, on applique le lemme 7.1 sur $\mathcal{E}$ avec $\lambda = 2c\sqrt{n}\Phi^{-1}(1 - \alpha/(2p))$, et en utilisant qu'il existe C_3 tel que $\Phi^{-1}(1-\alpha/(2p)) \leq C_3\sqrt{\log(p/\alpha)}$ on obtient

$$\begin{aligned}
\left\| \widehat{\Gamma}^0 \left(\widehat{\delta} - \delta_0 \right) \right\|_1 &\leq \frac{(1 + c_0)}{\kappa_{c_0}} \left(u + \frac{1}{c} \right) \frac{\lambda s}{n \kappa_{c_0}} \\
&\leq \frac{(1 + c_0)}{\kappa_{c_0}} \left(u + \frac{1}{c} \right) \Phi^{-1} \left(1 - \frac{\alpha}{2p} \right) \frac{2cs}{\sqrt{n}\kappa_{c_0}} \\
&\leq \frac{(1 + c_0)}{\kappa_{c_0}} \left(u + \frac{1}{c} \right) \frac{2cC_3}{\kappa_{c_0}} \frac{s\sqrt{\log(p/\alpha)}}{\sqrt{n}},
\end{aligned}$$

ce qui conduit au résultat. □

Preuve du théorème 7.2. La preuve consiste principalement à modifier la preuve du théorème 5.1 pour utiliser l'indépendance entre $(\varepsilon_i)_{i=1}^{n_j}$ et $\widehat{\eta}^{j^c}$ pour $j \in \{a, b\}$.

Étape 1 : analyse de $\check{\tau}_j$. Prenons $j \in \{a, b\}$.

Comme dans le théorème 5.1, la condition de croissance (7.7) suffit pour obtenir

$$n_j^{-1} \sum_{i=1}^{n_j} \Gamma_1 \left(W_i^j, \widehat{\eta}^{j^c} \right) \to \mathbb{E}\Gamma_1(W_i, \eta_0).$$

Puis, nous devons montrer que sous la condition plus faible (7.7), on a encore

$$\frac{1}{\sqrt{n_j}} \sum_{i=1}^{n_j} \psi \left(W_i^j, \tau_0, \widehat{\eta}^{j^c} \right) \to \mathcal{N}(0, \mathrm{Var}[\psi(W_i, \tau_0, \eta_0)]).$$

Nous utilisons que $\mathbb{E}[\varepsilon^j | X_i^j, \zeta_i^j] = 0$ et que $\{\varepsilon_i^j, \ 1 \leq i \leq n_j\}$ sont indépendants de l'échantillon j^c, pour obtenir

$$\begin{aligned}
&\mathbb{E} \left[\psi \left(W_i^j, \tau_0, \widehat{\eta}^{j^c} \right) - \psi \left(W_i^j, \tau_0, \eta_0 \right) \right] \\
&= \mathbb{E} \left[\mathbb{E} \left[\psi \left(W_i^j, \tau_0, \widehat{\eta}^{j^c} \right) - \psi(W_i^j, \tau_0, \eta_0) | X_i^j, \zeta_i^j, j^c \right] \right] \\
&= \mathbb{E} \left[\mathbb{E} \left[\varepsilon^j | X_i^j, \zeta_i^j \right] \left(\left(Z_i^j \right)^{'} (\widehat{\delta}^{j^c} - \delta_0) + \left(X_i^j \right)^{'} (\widehat{\gamma}^{j^c} - \gamma_0) - \left(X_i^j \right)^{'} (\widehat{\nu}^{j^c} - \nu_0) \right) \right]
\end{aligned}$$

$= 0$

Ensuite, en notant $\mathcal{W}_j := (X_i^j, \zeta_i^j, j^c)$, en utilisant l'inégalité de Chebyshev, le fait que $\widehat{\eta}^{j^c} - \eta^{j^c}$ sont indépendants de $\{\varepsilon_i^j,\ 1 \leq i \leq n_j\}$ par indépendance des deux sous-échantillons j et j^c, et que $\{\varepsilon_i^j,\ 1 \leq i \leq n_j\}$ ont une variance conditionnelle sur $\left(X_i^j, \zeta_i^j\right)$ bornée supérieurement par K, on obtient

$$
\begin{aligned}
&\mathbb{P}\left(\left|\frac{\sqrt{n}}{n_j}\sum_{i=1}^{n_j}\left(\psi\left(W_i^j, \tau_0, \widehat{\eta}^{j^c}\right) - \psi\left(W_i^j, \tau_0, \eta_0\right)\right)\right| > \varepsilon\right) \\
&\leq \frac{1}{\varepsilon^2}\mathbb{E}\left[\left|\frac{\sqrt{n}}{n_j}\sum_{i=1}^{n_j}\left(\psi\left(W_i^j, \tau_0, \widehat{\eta}^{j^c}\right) - \psi\left(W_i^j, \tau_0, \eta_0\right)\right)\right|^2\right] \\
&\leq \mathbb{E}\left[\sum_{i=1}^{n_j}\left(\left(Z_i^j\right)'\left(\widehat{\delta}^{j^c} - \delta_0\right) + (X_i^j)'\left(\widehat{\gamma}^{j^c} - \gamma_0\right) - \left(X_i^j\right)'\left(\widehat{\nu}^{j^c} - \nu_0\right)\right)^2 \sum_{i=1}^{n_j}\frac{n(\varepsilon_i^j)^2}{\varepsilon^2 n_j^2}\right] \\
&\leq \mathbb{E}\left[\mathbb{E}\left[\sum_{i=1}^{n_j}\left(\left(Z_i^j\right)'\left(\widehat{\delta}^{j^c} - \delta_0\right) + (X_i^j)'\left(\widehat{\gamma}^{j^c} - \gamma_0 - \widehat{\nu}^{j^c} + \nu_0\right)\right)^2 \sum_{i=1}^{n_j}\frac{n(\varepsilon_i^j)^2}{\varepsilon^2 n_j^2}\middle|\mathcal{W}_j\right]\right] \\
&\leq \mathbb{E}\left[\sum_{i=1}^{n_j}\left((Z_i^j)'\left(\widehat{\delta}^{j^c} - \delta_0\right) + (X_i^j)'\left(\widehat{\gamma}^{j^c} - \gamma_0 - \widehat{\nu}^{j^c} + \nu_0\right)\right)^2\right]\mathbb{E}\left[\sum_{i=1}^{n_j}\frac{n(\varepsilon_i^j)^2}{\varepsilon^2 n_j^2}\middle|\mathcal{W}_j\right] \\
&\leq \frac{K}{\varepsilon^2}\mathbb{E}\left[\frac{n}{n_j^2}\sum_{i=1}^{n_j}\left((Z_i^j)'\left(\widehat{\delta}^{j^c} - \delta_0\right) + (X_i^j)'\left(\widehat{\gamma}^{j^c} - \gamma_0\right) - (X_i^j)'\left(\widehat{\nu}^{j^c} - \nu_0\right)\right)^2\right] \\
&\leq \frac{K}{\varepsilon^2}\frac{n}{n_j}\frac{C_2}{\kappa_{\overline{C}}}\frac{s\log(\max(p, n_j))}{n_j}.
\end{aligned}
$$

En utilisant le théorème 7.1, on obtient que

$$
\sqrt{n_j}\left(\check{\tau}_j - \tau_0\right) = \left[\frac{1}{n_j}\sum_{i=1}^{n_j}\Gamma_1\left(W_i^j, \eta_0\right)\right]^{-1}\frac{1}{\sqrt{n_j}}\sum_{i=1}^{n_j}\psi\left(W_i^j, \tau_0, \eta_0\right) + o_P(1). \tag{7.24}
$$

Étape 2 : sur l'estimation agrégée $\check{\tau}$. En combinant les deux résultats, nous obtenons la représentation asymptotique de $\sqrt{n}\,(\check{\tau} - \tau_0)$

$$\begin{aligned}
&\sqrt{n}\,(\check{\tau} - \tau_0) \\
&= \left[\frac{1}{n}\sum_{i=1}^{n_a}\Gamma_1(W_i^a,\eta_0) + \frac{1}{n}\sum_{i=1}^{n_b}\Gamma_1(W_i^b,\eta_0)\right]^{-1} \\
&\times \left(\left(\sum_{i=1}^{n_a}\frac{\Gamma_1(W_i^a,\eta_0)}{\sqrt{n}}\right)(\check{\tau}_a - \tau_0) + \left(\sum_{i=1}^{n_b}\frac{\Gamma_1(W_i^b,\eta_0)}{\sqrt{n}}\right)(\check{\tau}_b - \tau_0)\right) + o_P(1) \\
&= \left[\frac{1}{n}\sum_{i=1}^{n}\Gamma_1(W_i,\eta_0)\right]^{-1}\left(\sum_{i=1}^{n_a}\frac{\psi(W_i^a,\tau_0,\eta_0)}{\sqrt{n}} + \sum_{i=1}^{n_b}\frac{\psi(W_i^b,\tau_0,\eta_0)}{\sqrt{n}}\right) + o_P(1),
\end{aligned}$$

ce qui conclut la preuve. □

Bibliographie

BABII, A., GHYSELS, E. et STRIAUKAS, J. (2019). High-dimensional granger causality tests with an application to vix and news. *arXiv preprint arXiv :1912.06307.*

BALTAGI, B. (2008). *Econometric analysis of panel data.* John Wiley & Sons.

BELLONI, A., CHEN, D., CHERNOZHUKOV, V. et HANSEN, C. (2012). Sparse models and methods for optimal instruments with an application to eminent domain. *Econometrica*, 80(6):2369–2429.

BELLONI, A., CHERNOZHUKOV, V., CHETVERIKOV, D. et HANSEN, C. (2018). High dimensional econometrics and regularized gmm. *arXiv :1806.01888, Contributed chapter for Handbook of Econometrics.*

BELLONI, A., CHERNOZHUKOV, V. et HANSEN, C. (2014). High-dimensional methods and inference on structural and treatment effects. *The Journal of Economic Perspectives*, 28(2):29–50.

BELLONI, A., CHERNOZHUKOV, V., HANSEN, C. et KOZBUR, D. (2016). Inference in high-dimensional panel models with an application to gun control. *Journal of Business & Economic Statistics*, 34(4):590–605.

BREUNIG, C., MAMMEN, E. et SIMONI, A. (2020). Ill-posed estimation in high-dimensional models with instrumental variables. *Journal of Econometrics*, 219(1):171–200.

CHERNOZHUKOV, V., CHETVERIKOV, D., DEMIRER, M., DUFLO, E., HANSEN, C., NEWEY, W. et ROBINS, J. (2018). Double/debiased machine learning for treatment and structural parameters. *The Econometrics Journal*, 21(1):C1–C68.

CHERNOZHUKOV, V., DEMIRER, M., DUFLO, E. et FERNANDEZ-VAL, I. (2017). Generic machine learning inference on heterogenous treatment effects in randomized experiments. *arXiv preprint arXiv :1712.04802.*

CHERNOZHUKOV, V., HÄRDLE, W. K., HUANG, C. et WANG, W. (2021). Lasso-driven inference in time and space. *The Annals of Statistics*, 49(3):1702–1735.

CORNWELL, C. et TRUMBULL, W. N. (1994). Estimating the economic model of crime with panel data. *The Review of economics and Statistics*, pages 360–366.

MEINSHAUSEN, N. et BÜHLMANN, P. (2006). High-dimensional graphs and variable selection with the lasso. *The annals of statistics*, 34(3):1436–1462.

Van de GEER, S., BÜHLMANN, P., RITOV, Y. et DEZEURE, R. (2014). On asymptotically optimal confidence regions and tests for high-dimensional models. *The Annals of Statistics*, 42(3):1166–1202.

ZHANG, C.-H. et ZHANG, S. S. (2014). Confidence intervals for low dimensional parameters in high dimensional linear models. *Journal of the Royal Statistical Society : Series B (Statistical Methodology)*, 76(1):217–242.

Troisième partie

Hétérogénéité des effets du traitement

Chapitre 8

Inférence sur les effets hétérogènes

Nous avons introduit au chapitre 3 les outils permettant l'estimation d'une statistique particulière de l'effet du traitement individuel $Y(1)-Y(0)$: l'effet du traitement moyen (ATE), $\tau_0 := \mathbb{E}[Y(1) - Y(0)]$. Le chapitre 5 a détaillé comment ces méthodes pouvaient s'étendre au cas d'un grand nombre de variables de contrôle. Cependant, cette moyenne peut cacher d'importantes disparités sur l'effet du traitement, liées aux caractéristiques individuelles observées X. Pour un traitement produisant en moyenne un effet positif, on serait en particulier intéressés par la possibilité de détecter si celui-ci ne nuit pas à certaines sous-populations, que l'on pourrait alors caractériser. Cette hétérogénéité sera alors utilisée au chapitre 9, où l'on se posera la question d'adapter au mieux l'allocation du traitement en fonction des caractéristiques individuelles X.

Un des outils pour identifier cette hétérogénéité est la fonction

$$\tau : \quad x \in \mathcal{X} \ \mapsto \mathbb{E}[Y(1) - Y(0)|X = x],$$

c'est-à-dire l'effet moyen du traitement conditionnellement aux caractéristiques (CATE, pour *Conditional Average Treatment Effect*). Puisque c'est une fonction, cet objet est de nature plus compliquée que l'ATE, qui est un scalaire. C'est notamment le cas lorsque le support de X est continu, où le CATE est alors intrinsèquement de grande dimension. Ce chapitre introduit les outils récemment développés permettant de caractériser l'hétérogénéité des effets du traitement et de tester statistiquement s'il existe des sous-groupes de la population qui sont impactés différemment par ce dernier.

La section 8.1 de ce chapitre commence par décrire plus formellement le problème et les limites de certaines approches simples. Les sections 8.2 et 8.3 décrivent respectivement les deux grandes directions prises dans la littérature. La première propose une estimation directe du CATE sous des conditions assez générales sur les méthodes de machine learning employées. La seconde adapte plus particulièrement certaines méthodes présentées au chapitre 2 pour pouvoir faire de l'inférence. Nous détaillons en section 8.4 comment utiliser cette dernière approche pour faire de l'inférence en présence d'endogénéité avec des forêts aléatoires causales. La complexité du CATE a aussi conduit à s'intéresser à des statistiques plus simples mais permettant de décrire et de tester l'hétérogénéité des effets du traitements. La section 8.5 détaille donc l'inférence sur les caractéristiques des effets hétérogènes avec sélection sur les observables. Enfin la section 8.7 condense toutes les preuves et résultats complémentaires de ce chapitre, et chaque section contient quelques applications des outils développés.

8.1 Effets hétérogènes du traitement

Pour un agent indexé par i, nous notons $Y_i(0)$ son résultat potentiel s'il n'est pas traité et $Y_i(1)$ son résultat potentiel s'il l'est. On observe l'exposition au traitement D_i et le résultat réalisé $Y_i = D_iY_i(1) + (1 - D_i)Y_i(0)$. Dans ce chapitre, on suppose que l'on a un échantillon i.i.d. (Y_i, D_i, X_i) $i = 1, \ldots, n$, où $X_i \in \mathcal{X}$ contient des caractéristiques observables de l'agent i. Dans cette section, nous maintenons l'hypothèse d'indépendance du traitement conditionnellement aux observables ou sélection sur les observables (*unconfoundedness*, voir chapitre 3, section 3.3) :

Hypothèse 8.1 (Indépendance conditionnelle aux observables).

$$D \perp\!\!\!\perp (Y(0), Y(1)) \mid X. \tag{8.1}$$

Une première idée pour décrire l'hétérogénéité des effets du traitement serait d'effectuer un regroupement de la population en sous-groupes basés sur les caractéristiques observées X, afin de réaliser le test suivant :

$$H_0 : \forall x \in \mathcal{X},\ \tau(x) = \tau_0,\ \text{vs}\ H_1 : \exists x \in \mathcal{X},\ \ \tau(x) \neq \tau_0,\ \text{où}\ \tau_0 = \mathbb{E}\left[Y(1) - Y(0)\right].$$

Le problème avec cette approche vient du fait que le chercheur 1) ne connaît souvent pas tous les sous-groupes (c'est-à-dire les ensembles d'interactions entre covariables) qui l'intéressent, et 2) voudrait effectuer plusieurs tests de ce type pour identifier la sous-population d'intérêt. Mais si l'on suppose que chaque test est effectué au niveau α, alors la probabilité de $1 - (1 - \alpha)^K$, où K est le nombre de tests effectués, qui est supérieure à α pour $K > 1$, et même tend vers 1 lorsque $K \to \infty$. Autrement dit : on ne contrôle plus le niveau du test. C'est le problème connu sous le nom des *tests multiples.* Cela limite l'utilisation de l'inférence dans ce cas. Il existe des corrections pour ce problème, par exemple, la correction de Bonferroni, qui ne tient pas compte de la corrélation entre les événements et qui est donc conservatrice (voir aussi Romano et Wolf, 2005 ; List *et al.*, 2016 ; Hsu, 2017, pour d'autres stratégies plus avancées). Cependant, il est toujours nécessaire de spécifier les hypothèses du test. En règle générale, le chercheur a une intuition sur les caractéristiques modulant l'effet du traitement et peut donc tester l'hypothèse d'égalité des effets entre ces sous-groupes. Toutefois, on peut se rendre compte que cet *a priori* n'est pas le plus pertinent. En outre, on voudrait aussi mettre en place une manière automatique de partitionner la population et de tester l'hétérogénéité des effets sur ces parties. Idéalement, on voudrait former ces partitions de manière à maximiser l'hétérogénéité entre les groupes. Ceci permettrait d'obtenir des différences significatives malgré des échantillons qui sont souvent de tailles limitées à cause du coût des expérimentations.

En utilisant la notation $\mu_j(\cdot) = \mathbb{E}\left[Y|X = \cdot, D = j\right]$ pour $j = 0, 1$, on peut ensuite observer que le CATE se décompose comme suit

$$\begin{aligned}\tau(x) &= \mathbb{E}\left[Y(1)|X = x\right] - \mathbb{E}\left[Y(0)|X = x\right] \\ &= \mu_1(x) - \mu_0(x), \quad \text{sous l'hypothèse de sélection sur les observables (8.1).}\end{aligned}$$

Ces deux fonctions μ_j sont des fonctions de régression de la variable de résultat observée Y sur les variables X, qui peuvent être estimées séparément sur les groupes de traitement $\{i : D_i = 1\}$ et de contrôle $\{i : D_i = 0\}$. Cependant, en échantillon fini, un écueil majeur de cette approche est que μ_1 et μ_0 vont alors avoir des biais de régularisation différents qui peuvent, lorsque l'on fait la différence pour former un estimateur du CATE, conduire à estimer de l'hétérogénéité là où il n'y en a pas. Le problème est en partie renforcé par le fait que les groupes de traitement et de contrôle peuvent être de tailles très différentes, conduisant à des précisions respectives des estimateurs de μ_1 et μ_0 aussi très différentes, ce qui impacte ce que l'on peut en déduire à propos de leurs différences.

Figure 8.1 – Exemple d'estimation de l'hétérogénéité du traitement conduisant à des artefacts : on détecte de l'hétérogénéité là où il n'y en a pas.

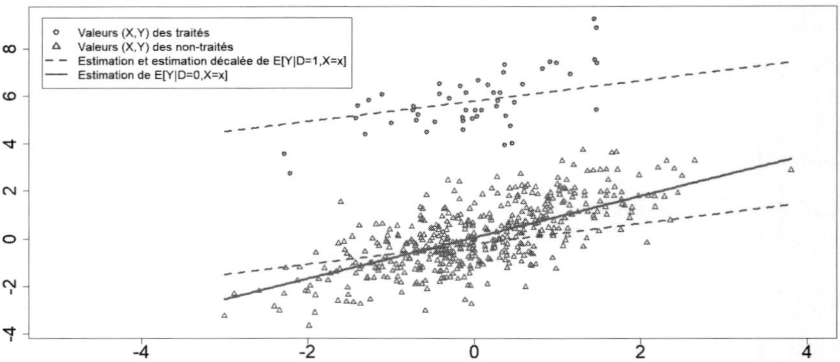

La littérature a alors principalement suivi deux types d'approches. La première historiquement (voir, *e.g.*, Imai et Ratkovic, 2014 ; Athey *et al.*, 2019 ; Farrell *et al.*, 2021) vise à adapter les différents méthodes de machine learning au contexte de l'estimation du CATE. Ces méthodes, étudiées dans le chapitre 8.3, permettent de faire de l'inférence sous des conditions parfois assez restrictives. Dans le cadre de la remarque ci-dessus et du modèle (8.2), Imai et

Ratkovic (2014) ont proposé d'utiliser plutôt l'estimateur joint :

$$(\widehat{\gamma}, \widehat{\delta}) = \arg\min_{\gamma,\delta} \sum_{i=1}^{n} (Y_i - X_i'\gamma + (D_i - 0.5)X_i'\delta)^2 + \lambda_1\|\gamma\|_1 + \lambda_2\|\delta\|_2,$$

avec $\widehat{\tau}(x) = x'\widehat{\delta}$, qui produit un estimateur parcimonieux de l'effet du traitement. L'exercice 15.3 donne plus de détails sur cet estimateur. Cependant, l'adaptation de chaque méthode requiert le développement d'une théorie associée, ce qui limite le choix de la méthode d'apprentissage pour estimer au mieux les fonctions $\mu_j(\cdot)$.

Une seconde approche (voir, *e.g.*, Robinson, 1988 ; Nie et Wager, 2020 ; Kennedy, 2020) considère plutôt les fonctions $m(\cdot) := \mathbb{E}[Y|X = \cdot]$ et $p(\cdot) := \mathbb{E}[D|X = \cdot]$ comme des *paramètres de nuisance*, *i.e.* des paramètres nécessaires à l'estimation du paramètre d'intérêt mais qui ne sont pas l'objet de l'étude, intervenant dans l'estimation du CATE. Ces deux paramètres peuvent être estimés par une large classe de méthodes de machine learning. L'estimateur développé possède une propriété de « quasi-oracle », c'est-à-dire qu'il est quasiment aussi performant que l'estimateur du CATE obtenu en connaissant les vraies fonctions m et p. Nous commençons par développer cette approche dans la section 8.2.

Remarque 8.1 : Un modèle linéaire en grande dimension

Illustrons ici le problème lorsque l'on estime l'hétérogénéité des effets du traitement en effectuant deux régressions séparément sur les groupes de traitement et de contrôle, sans utiliser d'objectif commun. Considérons un exemple utilisant une modélisation linéaire en grande dimension comme développée dans la partie précédente :

$$Y(j) = X'\beta_j + \varepsilon_j, \ \ \mathbb{E}[\varepsilon_j|X] = 0, \quad \text{pour } j = 0, 1, \tag{8.2}$$

où $\beta_0, \beta_1 \in \mathbb{R}^p$ et $p >> n$. Sous hypothèse de parcimonie des deux vecteurs β_0, β_1, $\|\beta_0\|_0, \|\beta_1\|_0 \leq s < p$, on peut les estimer séparément *via* Lasso sur les deux groupes de traitement et de contrôle :

$$\widehat{\beta}_j \in \arg\min_{\beta_j \in \mathbb{R}^p} \frac{1}{|i:\ D_i = j|} \sum_{i:\ D_i = j} (Y_i - X_i'\beta_j)^2 + \lambda_{j,n}\|\beta_j\|_1,$$

et en déduire un estimateur du CATE sous ce modèle $\widehat{\tau}(x) = x'(\widehat{\beta}_1 - \widehat{\beta}_0)$. Les régularisations différentes de β_0, β_1 peuvent alors mener à une mauvaise estimation de τ. En guise d'exemple, on considère le modèle (8.2) avec 150 variables explicatives X avec $\beta_{j,k} = 0$ quel que soit k différent de 1, $\beta_{1,1} = \beta_{0,1} = 1$, 400 observations et D qui suit une Bernoulli de paramètre 0,8. Sur la figure 8.1, on peut observer que l'on trouve de l'hétérogénéité quand on effectue l'estimation de β_0, β_1, séparément alors qu'il n'y en a pas dans ce modèle. Le lecteur pourra se référer à Künzel *et al.* (2019) pour d'autres exemples.

8.2 Estimation directe

On désigne les deux paramètres de nuisance, que l'on peut estimer directement à partir des données, par

$$p(x) := \mathbb{E}\left[D|X=x\right], \qquad \text{(SCORE DE PROPENSION)}$$

$$m(x) := \mathbb{E}\left[Y|X=x\right] = \mu_0(x) + p(x)\tau(x). \quad \text{(FONCTION DE RÉGRESSION)}$$

Nie et Wager (2020) basent leur estimateur des effets de traitement τ, appelé *R-learner*, sur la représentation suivante proposée par Robinson (1988) dans le cadre du modèle semi-paramétrique discuté dans la remarque ci-dessous.

$$Y_i - m(X_i) = (D_i - p(X_i))\tau(X_i) + \varepsilon_i, \quad \mathbb{E}\left[\varepsilon_i|X_i, D_i\right] = 0. \tag{8.3}$$

Le paramètre τ satisfait donc

$$\tau(\cdot) = \arg\min_{\tau} \left\{ \mathbb{E}\left[(Y_i - m(X_i) - (D_i - p(X_i))\tau(X_i))^2 \right] \right\}. \tag{8.4}$$

Pour refléter un potentiel *a priori* sur la forme de l'effet du traitement (*i.e*, linéaire, discontinu, régulier, etc.) et limiter la complexité du problème, on peut choisir de restreindre τ à appartenir à une classe de fonction Θ, limitant sa complexité. Avec une connaissance préliminaire des estimateurs $\widehat{m}$ et $\widehat{p}$ des fonctions m et p, nous estimons τ en minimisant de la perte empirique pénalisée par Λ_n qui prend en compte la complexité de la fonction τ :

$$\widehat{\tau}(\cdot) = \arg\min_{\tau\in\Theta} \left\{ \frac{1}{n}\sum_{i=1}^{n} ((Y_i - \widehat{m}(X_i) - (D_i - \widehat{p}(X_i))\tau(X_i))^2 + \Lambda_n(\tau(X_i)) \right\}. \tag{8.5}$$

Nie et Wager (2020) proposent ainsi un estimateur en deux étapes :

1. (Estimation des paramètres de nuisance) Ajustement de $\widehat{m}$ et $\widehat{p}$ par toute méthode visant à obtenir une des bonnes performances en prédiction (forêts aléatoires, réseaux neuronaux profonds, Lasso, etc.).

2. (Estimation des effets du traitement) Estimer les effets du traitement *via* une version plug-in de (8.5), en utilisant les estimateurs par ajustement croisé (par exemple *leave-one-out*, où la partition décrite en section 5.2 est constituée d'une seule observation par groupe) :

$$\widetilde{Y}_{(i)}(X_i) := Y_i - \widehat{m}_{(i)}(X_i) \text{ et } \widetilde{D}_{(i)}(X_i) := D_i - \widehat{p}_{(i)}(X_i).$$

Permettre une estimation en deux étapes, contrairement à la formulation de la forêt causale de la section 8.3 autorise de choisir des méthodes plus adaptées aux profils de m et p dans les premières étapes. En généralisant les intuitions et les méthodes du cas du modèle semi-paramétrique (8.7), dont les détails sont présentés dans la remarque ci-dessous, Nie et Wager (2020) montrent que l'on peut de cette manière répliquer les performances de l'estimateur oracle basé sur (8.5) mais qui suppose connu m et p, pourvu que :

$$\max(\mathbb{E}\left((\widehat{m}(X) - m(X))^2\right), \mathbb{E}\left((\widehat{p}(X) - p(X))^2\right)) = o_P(n^{-1/2}), \tag{8.6}$$

et que l'on ait un estimateur du score de propension uniformément consistant $\sup_{x \in \mathcal{X}} |\widehat{p}(x) - p(x)| \to_P 0$. La méthode utilise l'ajustement croisé (*cross-fitting*), introduit en section 5.2, et les espérances dans (8.6) sont implicitement conditionnelles à l'échantillon qui a permis de sélectionner les paramètres des estimateurs $\widehat{m}$ et $\widehat{p}$, qui sont considérés comme déterministes dans cette équation. La condition (8.6) impose une vitesse de convergence en norme quadratique sur les estimateurs de la fonction de regression et du score de propension. En pratique, cette condition est satisfaite par un grand nombre de méthodes non-paramétriques classiques présentées par exemple au chapitre 2, pourvu que les vraies fonctions p et m soient suffisamment régulières.

Une fois estimée, il reste toutefois à tester si l'hétérogénéité du traitement potentiellement détectée est statistiquement significative. La méthode proposée par Nie et Wager (2020) ne permet pas à ce jour de faire de l'inférence sans plus d'hypothèses sur la forme de τ. Une approche indirecte informelle et potentiellement soumise au risque de tests multiples (voir en section 8.3.5 et les papiers de Davis et Heller (2020) et Davis et Heller (2017)), consiste à utiliser l'estimateur du CATE obtenu pour guider l'analyse statistique en sous-groupes. Cela consiste à estimer ensuite séparément sur ces sous-groupes un effet moyen du traitement comme dans la deuxième partie de cet ouvrage et enfin à tester si les différences sont statistiquement significatives. Une autre approche est d'utiliser l'estimateur obtenu pour calculer la meilleure prédiction linéaire du CATE à partir de $\widehat{\tau}(x)$, introduite dans Chernozhukov *et al.* (2017) et discutée en détail en section 8.5.1. Ce dernier est un objet plus simple sur lequel l'inférence est possible. Enfin la section 8.3 propose une méthode moins flexible quant à la forme de τ, mais qui permet de faire de l'inférence directement.

Remarque 8.2 : Modèle semi-paramétrique

Afin de donner l'intuition de l'équation (8.3), on considère le modèle semi-paramétrique suivant pour $\tau(x) = \varphi(x)\beta$ et

$$Y(d) = f(X) + d\tau(X) + \varepsilon(d), \quad d \in \{0,1\} \tag{8.7}$$

où $\varphi : \mathcal{X} \to \mathbb{R}^p$ est une fonction connue. Dans l'esprit de Robinson (1988) et sous l'hypothèse 8.1, on obtient :

$$Y - m(X) = (D - p(X))\varphi(X)\beta + \varepsilon.$$

On peut donc construire un estimateur « oracle » asymptotiquement normal de β, c'est-à-dire en supposant m et p connus et en régressant $Y - m(X)$ sur $(D - p(X))\varphi(X)$.

Pour mettre en pratique cet estimateur, une technique générale est d'utiliser l'ajustement croisé (*cross-fitting*), introduit en section 5.2 :

1. Déterminer une partition $(I_k)_{k=1,\dots,K}$ de $\{1,\dots,n\}$ et estimer m et p respectivement en régressant avec la méthode de notre choix Y sur X et D sur X pour $i \in \{1,\dots,n\} \setminus I_k$;

2. Définir les variables transformées $\widetilde{Y}_i := Y_i - \widehat{m}_{k(i)}(X_i)$ et $\widetilde{D}_i := (D - \widehat{p}_{k(i)}(X))\varphi(X)$ où $\widehat{m}_{k(i)}$ et $\widehat{p}_{k(i)}$ sont les estimateurs obtenus avec l'échantillon ne contenant pas i ;
3. On estime enfin β par moindres carrés ordinaires de $\widetilde{Y}_i$ sur $\widetilde{D}_i$.

Le point important est que, lorsque

$$\max(\mathbb{E}\left((\widehat{m}(X) - m(X))^2\right), \mathbb{E}\left((\widehat{p}(X) - p(X))^2\right)) = o_P(n^{-1/2}),$$

alors l'estimateur par ajustement croisé converge en probabilité à vitesse $\sqrt{n}$ vers l'estimateur oracle, et la normalité asymptotique est conservée.

8.3 Inférence par forêts aléatoires causales

On ne peut pas utiliser directement les méthodes d'apprentissage statistique comme les forêts aléatoires pour estimer l'effet du traitement, puisque nous n'observons jamais à la fois Y_0 et Y_1 pour le même individu. Il n'est donc pas possible de calculer une erreur sur un échantillon de test pour l'effet du traitement. Une partie de la littérature a donc adapté ces outils au cadre de l'inférence causale. Les principales propriétés des *forêts aléatoires* sont rappelées en section 2.6, et nous montrons ici comment adapter ces méthodes pour estimer le CATE. Notons que nous nous restreignons aux forêts aléatoires, mais que d'autres méthodes ont été aussi récemment adaptées au cadre de l'inférence causale : Lasso (Imai et Ratkovic, 2014), réseaux de neurones (Farrell *et al.*, 2021), etc.

8.3.1 Arbres à échantillons doubles

Une manière de faire de l'inférence causale est de s'appuyer sur la propriété « d'honnêteté » de l'arbre (Athey et Imbens, 2016; Athey et Wager, 2021) que nous allons maintenant détailler. Comparé à l'arbre standard expliqué au chapitre 2, un arbre « honnête » ou arbre à « échantillons doubles » (*double sample trees* ou *honest trees*) n'utilise pas le même échantillon pour placer les coupures conduisant à la partition de l'espace des variables $\mathcal{X}$ et pour évaluer la valeur de l'estimateur sur les feuilles. Lorsque les observations sont indépendantes et identiquement distribuées, cela rend la construction de la partition indépendante de la valeur donnée sur chaque feuille de l'arbre. En particulier, ceci limite le sur-apprentissage en évitant une partition trop fine à un endroit de l'espace lié à certaines valeurs de Y sur le sous-échantillon utilisé.

Nous utilisons aussi des arbres à « coupure aléatoire », où la direction de la coupure est tirée au hasard. Nous expliquons plus loin ce choix, qui est utile pour prouver la consistance de l'estimateur. Nous étudions maintenant les propriétés des arbres à échantillons doubles, construits selon l'algorithme :

1. Pour chaque sous-échantillon possible de taille s dans $\{1, \ldots, n\}$, le diviser en 2 ensembles disjoints $\mathcal{I}$, $\mathcal{J}$ de tailles $|\mathcal{I}| = \lfloor s/2 \rfloor$ et $|\mathcal{J}| = \lceil s/2 \rceil$.
2. Construire un arbre de décision par partitionnement récursif, avec des séparations choisies en utilisant l'échantillon $\mathcal{J}$ (*i.e.* sans utiliser les observations de Y contenues dans l'échantillon $\mathcal{I}$).
3. Estimer les réponses dans les feuilles seulement avec l'échantillon $\mathcal{I}$.

8.3.2 Forêts aléatoires à deux échantillons

Dans une seconde étape, nous agrégeons les arbres formés sur tous les sous-échantillons possibles de taille s des données d'apprentissage. On obtient les forêts aléatoires à deux échantillons (*double sample random forests*, ou *bagging*) en agrégeant les arbres de décisions formés sur les différents sous-échantillons de taille s, où ceux-ci sont formés en sélectionnant les variables X pour la construction de manière aléatoire, cet aléa étant représenté par $\xi \sim \Xi$:

$$\widehat{\mu}(x; Z_1, \ldots, Z_n) = \binom{n}{s}^{-1} \sum_{1 \le i_1 < \cdots < i_s \le n} \mathbb{E}_{\xi \sim \Xi} \left[T_\xi(x; Z_{i_1}, \ldots, Z_{i_s}) \right], \quad (8.8)$$

où

- $T_\xi(x; Z_{i_1}, \ldots, Z_{i_s})$ est l'arbre de décision basé sur $(Z_{i_1}, \ldots, Z_{i_s})$, $Z_i := (D_i, X_i, Y_i)$;
- $\binom{n}{s}$ est le nombre de combinaisons de s éléments parmi n ;
- ξ résume le caractère aléatoire de la sélection de la variable lors de la croissance de l'arbre.

Le nombre d'éléments de la somme dans (8.8) étant très grand $\begin{pmatrix} n \\ s \end{pmatrix}$, on utilise une approximation de l'estimateur de l'équation (8.8) en utilisant une méthode de Monte-Carlo. Plus précisément, on tire sans remplacement B échantillons $\mathcal{I}_b$ de taille s où le b-ième échantillon est $(Z_{b,1}^*, \ldots, Z_{b,s}^*)$, et on considère l'approximation de (8.8) suivante :

$$\widehat{\mu}(x; Z_1, \ldots, Z_n) \approx \frac{1}{B} \sum_{b=1}^{B} T_{\xi_b^*}(x; Z_{b,1}^*, \ldots, Z_{b,s}^*), \tag{8.9}$$

où l'apprentissage est basé sur :

$$T_{\xi_b^*}(x; Z_{b,1}^*, \ldots, Z_{b,s}^*) = \sum_{i \in \mathcal{I}_b} \alpha_{b,i}^*(x) Y_{b,i}^*, \tag{8.10}$$

$$\alpha_{b,i}^*(x) = \frac{1\left\{X_{b,i}^* \in L_b^*(x)\right\}}{|\{i : \ X_{b,i}^* \in L_b^*(x)\}|},$$

Cette stratégie d'agrégation, appelée *bagging*, réduit la variance de l'estimateur de μ (Bühlmann et Yu, 2002). On note que la propriété « d'honnêteté » impose que les partitions L_b^* dans (8.10) soient indépendantes de $Y_{i,b}^*$.

8.3.3 Biais et honnêteté de la forêt aléatoire de régression

Nous considérons toujours des observations i.i.d. $(Y_i, X_i)_{i=1}^n$ et montrons la consistance d'un estimateur $\widehat{\mu}(\cdot)$ de $\mu(\cdot) = \mathbb{E}[Y_i | X_i = \cdot]$. Ces éléments permettent de former une intuition sur la nécessaire transformation des outils d'apprentissage statistique pour obtenir leur consistance ou la normalité asymptotique, au dépens des performances prédictives.

Définition 8.1 (Diamètre de la feuille)**.** Le diamètre de la feuille $L(x)$ est la longueur du plus long segment contenu dans $L(x)$, que nous désignons par $\text{Diam}(L(x))$.
Le diamètre de la feuille $L(x)$ parallèle au j-ième axe est la longueur du plus long segment contenu dans $L(x)$ parallèle au j-ième axe, que nous désignons par $\text{Diam}_j(L(x))$.

Pour assurer la consistance de l'estimateur, nous devons imposer que les feuilles deviennent petites dans **toutes les directions de l'espace des caractéristiques** $\mathcal{X}$ lorsque n (donc s) devient grand : $\text{Diam}(L(x)) \to 0$ comme $s \to \infty$ (voir lemme 8.1). Pour ce faire, nous imposons le caractère aléatoire dans la sélection des variables à chaque étape (arbre *random-split*). Nous avons besoin des hypothèses suivantes.

Hypothèse 8.2. - ***Arbre random-split*** *: la probabilité que la prochaine division se produise le long de la j-ème caractéristique est bornée par en dessous par δ/p, pour un $0 < \delta \leq 1$.*

- $\alpha-$***régulier*** *: de l'échantillon $\mathcal{I}$, chaque division laisse au moins une fraction α des observations de l'exemple d'apprentissage de chaque côté de la division.*
- ***Taille minimale de la feuille*** k *: il y a entre k et $2k-1$ observations dans chaque feuille terminale de l'arbre.*
- ***Arbre honnête :*** *les échantillons utilisés pour construire les nœuds et pour évaluer l'estimateur sur les feuilles sont différents.*

La taille minimale des feuilles k est un *paramètre de régularisation* qui doit être fixé par le chercheur. En pratique, on peut utiliser la *validation croisée* pour choisir k. Le lemme suivant est essentiel, mais il repose sur une hypothèse très forte concernant la distribution des covariables.

Lemme 8.1 (Contrôle du diamètre des feuilles dans les forêts aléatoires uniformes, lemme 2 dans Wager et Athey, 2017). *Soit T un arbre α-régulier satisfaisant l'hypothèse 8.2 et $X_1, \ldots, X_s \sim \mathcal{U}([0,1]^p)$ indépendamment. Soit $0 < \eta < 1$, alors pour s assez grand,*

$$\mathbb{P}\left(Diam_j(L(x)) \geq \left(\frac{s}{2k-1}\right)^{-\alpha_1\delta/p}\right) \leq \left(\frac{s}{2k-1}\right)^{-\alpha_2\delta/p},$$

avec

$$\begin{aligned}\alpha_1 &= 0,99(1-\eta)\log(1-\alpha)/\log(\alpha)\\ \alpha_2 &= \eta^2/(-2\log(\alpha)).\end{aligned}$$

Enfin, une hypothèse clé pour obtenir un estimateur consistant est que $x \mapsto \mu(x)$ soit lipschitzienne. Cela limite l'utilisation de ces forêts aléatoires aux fonctions de régression μ_j suffisamment régulières. C'est une hypothèse classique en estimation non-paramétrique, où de nombreuses méthodes telles que l'estimation par noyau, les splines de lissage (*smoothing splines*), les réseaux neuronaux, etc. ont toutes besoin d'une certaine forme de régularité de l'objet à estimer.

Lemme 8.2 (Contrôle du biais des forêts aléatoires à échantillons doubles, théorème 3 dans Wager et Athey, 2017). *Considérons T satisfaisant l'hypothèse 8.2, $x \mapsto \mu(x)$ qui est lipschitzienne, $\alpha \leq 0,2$, alors le biais de la forêt aléatoire pour $x \in \mathcal{X}$ est borné par*

$$|\mathbb{E}[\widehat{\mu}(x)] - \mu(x)| = \mathcal{O}\left(s^{-\alpha_3 \delta / p}\right),$$

où $\alpha_3 = \log(1-\alpha)/(2\log(\alpha))$.

La normalité asymptotique des forêts aléatoires de régression est démontrée dans le théorème 8 de Wager et Athey (2017). Ici, par souci de simplicité, nous énonçons directement la normalité asymptotique des forêts causales (théorème 11 dans Wager et Athey, 2017). Les forêts causales sont des forêts aléatoires pour l'estimation de l'effet de traitement, adaptées notamment à l'inférence causale, où la difficulté réside dans le fait que le résultat de la régression n'est pas directement observé.

8.3.4 Arbres causaux à échantillons doubles

L'algorithme des arbres causaux à échantillons doubles est similaire à l'algorithme des arbres à échantillons doubles mais les divisions sont choisies (critère de segmentation) pour maximiser la variance de

$$\begin{aligned}\widehat{\tau}(x) = \widehat{\mu}_1(x) - \widehat{\mu}_0(x) = & \frac{1}{|\{i,\ D_i = 1,\ X_i \in L(x)\}|} \sum_{i:\ D_i=1,\ X_i \in L(x)} Y_i \\ & - \frac{1}{|\{i:\ D_i = 0,\ X_i \in L(x)\}|} \sum_{i,\ D_i=0,\ X_i \in L(x)} Y_i. \end{aligned} \tag{8.11}$$

et l'hypothèse 8.2 est remplacée par

Hypothèse 8.3. - $\alpha-$***régularité :*** *chaque feuille $L(\cdot)$ laisse au moins une fraction α des exemples d'apprentissage disponibles de chaque côté de la division ;*

- ***Taille minimale des feuilles*** *k : il y a entre k et $2k-1$ observations de chaque groupe de traitement dans chaque feuille terminale de l'arbre (avec $D_i = 1$ ou avec $D_i = 0$) ;*
- ***Arbres honnêtes*** *: l'échantillon $\mathcal{J}$ utilisé pour placer les coupures (splits) est différent de l'échantillon $\mathcal{I}$ utilisé pour évaluer l'estimateur par* (8.11).

Sans la propriété d'honnêteté, l'estimateur de l'effet de traitement serait basé sur les feuilles qui conduisent à un effet de traitement élevé, mais cela signifie probablement que l'effet de traitement dans ces feuilles est biaisé.

Remarque 8.3 : Les forêts causales : résumé de l'algorithme

Résumons ici l'algorithme pour les forêts causales. À partir d'un échantillon i.i.d. (Y_i, X_i, D_i), $i = 1, \ldots, n$, où Y_i est la variable de résultat, X_i sont les caractéristiques, et D_i est l'indicatrice du traitement, et après avoir fixé une taille minimale des feuilles k pour chaque groupe de traitement $D = 0, 1$:

1. Tirer aléatoirement un échantillon de taille s dans $\{1, \ldots, n\}$ sans remplacement, et le diviser en 2 sous-échantillons $\mathcal{I}$ et $\mathcal{J}$ de tailles respectives $\lfloor s/2 \rfloor$ et $\lceil s/2 \rceil$;
2. Construire un arbre de décision par partitionnement récursif, avec des séparations choisies en utilisant l'échantillon $\mathcal{J}$ (*i.e.* sans utiliser les observations de Y contenues dans l'échantillon $\mathcal{I}$) et en minimisant sur l'échantillon $\mathcal{J}$ un critère d'erreur $MSE(\hat{\tau})$ adapté à l'effet du traitement, où $\widehat{\tau}$ est défini en (8.11) et $MSE(\hat{\tau})$ est discuté dans la remarque ci-dessous.
3. Estimer les réponses $\widehat{\tau}$ définies en (8.11) dans les feuilles en utilisant seulement l'échantillon $\mathcal{I}$.

L'ensemble d'hypothèses suivantes sur la distributions des covariables, la régularité de μ_j, et l'existence de la variance conditionnelle, permet d'obtenir la normalité asymptotique des forêts aléatoires causales.

Hypothèse 8.4 (Conditions de régularité pour la normalité asymptotique). *Les échantillons potentiels $(X_i, Y_i(1))$ et $(X_i, Y_i(0))$ satisfont, pour $j \in \{0,1\}$,*

- $X_i \sim \mathcal{U}([0,1]^p)$ *indépendamment ;*
- $\mu_j : x \mapsto \mathbb{E}[Y(j)|X=x]$ *and* $\mu_{j,2} : x \mapsto \mathbb{E}\left[Y(j)^2 | X=x\right]$ *sont lipschitziennes ;*
- $Var(Y(j)|X=x) > 0$ *and* $\mathbb{E}\left[|Y(j) - \mathbb{E}[Y(j)|X=x]|^{2+\delta_1}\right] \leq M$ *pour des constantes* $\delta_1, M > 0$ *uniformément sur* $x \in [0,1]^p$ *;*

On note l'estimateur jackknife infinitésimal (Efron, 2014 ; Wager *et al.*, 2014) par

$$\widehat{V}_{IJ}(x) = \frac{n-1}{n}\left(\frac{n}{n-s}\right)^2 \sum_{i=1}^{n}\left(\frac{1}{B-1}\sum_{b=1}^{B}\left(\widehat{\tau}_b^*(x) - \overline{\widehat{\tau}_b^*}(x)\right)\left(N_{i,b}^* - \overline{N_b^*}\right)\right),$$

où $N_{i,b}^*$ indique si la i-ième observation a été utilisée ou non pour le b-ième arbre bootstrap et $\overline{N_b^*}$, $\overline{\widehat{\tau}_b^*}$ sont des moyennes sur les B arbres bootstrap.

Théorème 8.1 (Normalité asymptotique, forêts aléatoires causales à échantillons doubles, théorème 1 dans Wager et Athey, 2017). *Supposons que nous ayons des échantillons i.i.d.* $Z_i = (X_i, Y_i, D_i)_{i=1}^n \in [0,1]^p \times \mathbb{R} \times \{0,1\}$*, l'hypothèse 8.1, et qu'il existe* $\varepsilon > 0$ *tel que* $\varepsilon \leq \mathbb{P}(D=1|X) \leq 1-\varepsilon$*. Supposons que l'hypothèse 8.4 soit vérifiée et considérons une forêt aléatoire causale à échantillons doubles satisfaisant l'hypothèse 8.3 avec* $\alpha \leq 0,2$*. Supposons que*

$$s = \lfloor n^\beta \rfloor, \text{ pour un certain } \beta_{\min} := 1 - \left(1 + \frac{p}{\delta}\frac{\log(\alpha^{-1})}{\log\left((1-\alpha)^{-1}\right)}\right)^{-1} < \beta < 1. \tag{8.12}$$

Alors, il existe une fonction des caractéristiques $C(\cdot)$ *et une constante* $\gamma > 0$*, de sorte que l'estimateur* $\widehat{\tau}(x)$ *du CATE en un point* x *est asymptotiquement normal :*

$$\frac{\widehat{\tau}(x) - \tau(x)}{\sigma_n(x)} \rightarrow_d \mathcal{N}(0,1),$$

avec $\sigma_n(x) := \frac{s}{n}\frac{C(x)}{\log(n/s)^\gamma}$*. La variance asymptotique* $\sigma_n(x)$ *peut être estimée de manière consistante à l'aide du jackknife infinitesimal :*

$$\widehat{V}_{IJ}(x)/\sigma_n^2(x) \xrightarrow{p} 1.$$

Plusieurs remarques s'imposent. Premièrement, à partir des restrictions sur β, on peut préciser la vitesse de convergence $n^{-1/(1+p\alpha_3/\delta)}$, ce qui ne permet pas d'envisager un cas de « grande dimension » au sens de la deuxième partie ($p \gg \log(n)$). Le théorème 8.1 permet de faire de l'inférence, c'est-à-dire de tester la significativité de l'effet du traitement pour une population avec des covariables x sans imposer d'*a priori* sur les groupes formés à partir des caractéristiques X, qui sont appris à partir des données. Troisièmement, le théorème 8.1 utilise une hypothèse très forte sur la distribution des covariables.

Remarque 8.4 : Sur le critère de segmentation

Si le résultat de la régression τ_i **était observé** et sans division de l'échantillon d'entraînement $\mathcal{S}^{\text{tr}}$ (comme pour l'algorithme de régression CART, voir rappels à la section 2.6.2), alors les coupures devraient minimiser la contrepartie empirique de la perte par erreur quadratique

$$\mathbb{E}\left[(\tau_i - \widehat{\tau}(X_i))^2\right] = \mathbb{E}\left[\tau_i^2\right] - 2\mathbb{E}\left[\widehat{\tau}(X_i)\tau_i\right] + \mathbb{E}\left[\widehat{\tau}(X_i)^2\right]$$

sur l'échantillon test $\mathcal{S}^{\text{te}}$. Ceci revient à minimiser

$$\begin{aligned}\text{MSE}_{\widehat{\tau}}\left(\mathcal{S}^{\text{te}}, \mathcal{S}^{\text{tr}}, T\right) &:= \frac{1}{|\mathcal{S}^{\text{te}}|}\sum_{i\in\mathcal{S}^{\text{te}}}\left(\left(\tau_i - \widehat{\tau}(X_i;\mathcal{S}^{\text{tr}},T)\right)^2 - \tau_i^2\right)\\ &= -\frac{2}{|\mathcal{S}^{\text{te}}|}\sum_{i\in\mathcal{S}^{\text{te}}}\tau_i\widehat{\tau}(X_i;\mathcal{S}^{\text{tr}},T) + \frac{1}{|\mathcal{S}^{\text{te}}|}\widehat{\tau}(X_i;\mathcal{S}^{\text{tr}},T)^2.\end{aligned} \tag{8.13}$$

Mais, comme τ_i n'est pas directement observé, Athey et Imbens (2016) utilisent un critère qui imite ce qui est fait dans l'algorithme CART. Ici, en utilisant que les estimateurs $\widehat{\mu}(X_i)$ sont constants sur chaque feuille L_m par définition, nous avons, pour $x \in L_m$

$$\begin{aligned}\sum_{i\,\in\mathcal{S},\ i\text{ s.t. }X_i\in L_m}\widehat{\mu}(X_i)^2 &= \sum_{i\,\in\mathcal{S},\ i\text{ s.t. }X_i\in L_m}\frac{\widehat{\mu}(X_i)}{|L_m|}\sum_{k\,\in\mathcal{S},\ k\text{ s.t. }X_k\in L_m}Y_k\\ &= \sum_{k\,\in\mathcal{S},\ k\text{ s.t. }X_k\in L_m}\frac{Y_k}{|L_m|}\sum_{i\,\in\mathcal{S},\ i\text{ s.t. }X_i\in L_m}\widehat{\mu}(X_i)\\ &= \sum_{k\,\in\mathcal{S},\ k\text{ s.t. }X_k\in L_m}\widehat{\mu}(X_k)Y_k.\end{aligned}$$

Ainsi, (8.13) donne que, dans le contexte de la régression, nous voulons minimiser l'estimateur sans biais de $\text{MSE}_{\widehat{\mu}}\left(\mathcal{S}^{\text{te}}, \mathcal{S}^{\text{tr}}, T\right)$ qui est

$$\text{MSE}_{\widehat{\mu}}\left(\mathcal{S}^{\text{tr}}, \mathcal{S}^{\text{tr}}, T\right) = -\frac{1}{|\mathcal{S}^{\text{tr}}|} \sum_{i \in \mathcal{S}^{\text{tr}}} \widehat{\tau}(X_i; \mathcal{S}^{\text{tr}}, T)^2.$$

Dans le contexte de l'effet de traitement, cela conduit Athey et Imbens (2016) à considérer par analogie la maximisation du critère réalisable

$$-\text{MSE}_{\widehat{\tau}}\left(\mathcal{S}^{\text{tr}}, \mathcal{S}^{\text{eval}}, T\right) = \frac{1}{|\mathcal{S}^{\text{eval}}|} \sum_{i \in \mathcal{S}^{\text{eval}}} \widehat{\tau}(X_i; \mathcal{S}^{\text{tr}}, T)^2,$$

où l'échantillon d'entraînement est divisé en un échantillon d'évaluation $\mathcal{S}^{\text{eval}}$ et un échantillon d'entraînement réel $\mathcal{S}^{\text{tr}}$.

Un autre critère intéressant analysé par Athey et Imbens (2016) est basé sur

$$T = \frac{|\widehat{\tau}_1 - \widehat{\tau}_2|}{\sqrt{\text{Var}(\widehat{\tau}_1) + \text{Var}(\widehat{\tau}_2)}},$$

où $\widehat{\tau}_1$ et $\widehat{\tau}_2$ sont les effets de traitement estimés dans chaque nœud enfant, avec les variances estimées $\text{Var}(\widehat{\tau}_1)$ et $\text{Var}(\widehat{\tau}_2)$, respectivement. Ce critère est un critère de type t-statistique, qui teste l'égalité des effets de traitement entre les deux nœuds enfants potentiels, et vise à sélectionner les plus différents.

Remarque 8.5 : Centrage local

Les idées issues de la littérature considérée dans les deux premières sections (*i.e.* Chernozhukov *et al.*, 2017) ont amené Athey et Wager (2021) à considérer un prétraitement de centrage local avant d'estimer les forêts aléatoires causales. Plus précisément, ils montrent, à l'aide de simulations, que l'estimation des forêts causales à échantillons doubles susmentionnées avec des résultats orthogonalisés

$$\widetilde{Y}_i = Y_i - \mathbb{E}\left[Y_i | X_i = x\right],$$
$$\widetilde{D}_i = D_i - \mathbb{E}\left[D_i | X_i = x\right],$$

améliore les performances de l'algorithme. En pratique, ils proposent d'utiliser des estimateurs basés sur des forêts aléatoires pour la fonction de régression dans les équations ci-dessus. Cela se traduit par l'utilisation des variables recentrées $\widetilde{Y}_i = Y_i - \widehat{Y}^{(-i)}(X_i)$ et $\widetilde{D}_i = D_i - \widehat{D}^{(-i)}(X_i)$, où $\widehat{Y}^{(-i)}(X_i)$ et $\widehat{D}^{(-i)}(X_i)$ sont des estimateurs leave-one-out (forêts aléatoires évaluées sans la i-ième observation, ce qui est peu coûteux en termes de calcul).

8.3.5 Applications

Davis et Heller (2017) et Davis et Heller (2020) estiment l'impact de deux programmes d'emploi des jeunes à Chicago. Ces deux essais contrôlés randomisés portent sur le même programme d'emplois d'été en 2012 et 2013. Ils ont une taille d'échantillon relativement importante (1 634 et 5 216 observations, respectivement) et observent un large ensemble de covariables. Le programme offre aux jeunes défavorisés âgés de 14 à 22 ans un emploi de 25 heures par semaine et un tuteur adulte. Les participants sont payés au salaire minimum de Chicago. Les chercheurs se concentrent sur deux résultats : les arrestations pour crime violent dans les deux ans suivant la répartition aléatoire et un indicateur de l'existence d'un emploi au cours des six trimestres suivant le programme.

Ils posent la question suivante : si nous divisons l'échantillon en un groupe prédit pour répondre positivement au programme et un autre qui ne l'est pas, parviendrons-nous à identifier les jeunes avec des effets de traitement plus importants ? Pour ce faire, ils entraînent la forêt causale sur la moitié de l'échantillon, puis utilisent les prédictions de l'effet du traitement sur l'autre partie. Ensuite, ils régressent les résultats sur les deux indicatrices $1\{\widehat{\tau}(X_i) > 0\}$, $D_i 1\{\widehat{\tau}(X_i) > 0\}$, et $D_i(1 - 1\{\widehat{\tau}(X_i) > 0\})$. Ils testent l'hypothèse nulle selon laquelle l'effet du traitement est égal entre les deux groupes. Leurs résultats montrent que, dans l'échantillon d'entraînement, le test est rejeté pour les deux variables de résultats d'intérêt, alors qu'il détecte une hétérogénéité significative uniquement pour le retour à l'emploi dans l'échantillon de test. Cela pourrait être le signe d'un certain sur-apprentissage. On note que le changement de la règle de partitionnement ne semble pas modifier beaucoup leurs résultats. Ils concluent de cette analyse que l'erreur d'échantillonnage peut cacher l'effet du traitement avec ces tailles d'échantillon.

Hussam *et al.* (2022) utilisent une forêt aléatoire causale pour évaluer l'impact de l'octroi d'une subvention de 100 \$ à des entrepreneurs sélectionnés au hasard en Inde, notamment sur leurs rendements. De plus, ils comparent le traitement prédit en utilisant les forêts causales basées sur les caractéristiques des entrepreneurs à l'effet du traitement lorsque la subvention est accordée en fonction des classements des entrepreneurs par les membres de la communauté. Ils constatent que les classements des pairs prédisent les retours sur investissement au-delà des caractéristiques observables, mais que le fait de rendre les classements publics incite à mentir, ce qui limite leur utilisation naïve pour allouer les subventions.

8.4 Inférence en présence d'endogénéité

8.4.1 Le problème de l'estimation de l'hétérogénéité du traitement avec endogénéité

Athey *et al.* (2019) généralisent l'estimation de l'hétérogénéité du traitement ci-dessus au cas où il y a potentiellement de l'endogénéité. L'objectif est de mesurer l'effet causal d'une politique tout en reconnaissant que l'intervention et le résultat sont liés par des facteurs non observés. L'hypothèse de sélection sur les observables (8.1) ne tient plus mais on suppose disposer de variables instrumentales. Par exemple, on peut s'intéresser à l'effet causal de la maternité sur la participation des femmes au marché du travail. Dans ce contexte, la variable instrumentale classiquement utilisée dans la littérature est la variable binaire « enfants mixtes », c'est-à-dire le fait d'avoir des enfants de sexes différents. L'idée étant que le désir d'avoir des enfants de sexes différents va impacter le nombre d'enfants mais n'aura pas d'impact direct sur la participation au marché du travail. Athey *et al.* (2019) considèrent le modèle suivant :

$$\begin{aligned} Y_i &= \tau(X_i)D_i + \mu_0(X_i) + \varepsilon_i, \qquad (8.14)\\ \mathbb{E}\left[Z_i\varepsilon_i|X_i = x\right] &= 0, \quad \mathbb{E}\left[\varepsilon_i|X_i = x\right] = 0 \quad \forall x \in \mathcal{X}. \end{aligned}$$

Remarque 8.6 : Lien avec le NPIV

On note que le modèle (8.14) est un cas très particulier du modèle dit à variable instrumentale non paramétrique (NPIV) (voir *e.g.* le chapitre

3 et Newey et Powell, 2003, Darolles *et al.*, 2011), qui prend la forme suivante

$$Y_i = \varphi(D_i, X_i) + \varepsilon, \quad \mathbb{E}\left[Z_i\varepsilon_i | X_i = x\right] = 0, \ \mathbb{E}\left[\varepsilon_i | X_i = x\right] = 0,$$

où $\varphi(D_i, X_i) = \tau(X_i)D_i + \mu_0(X_i)$. $\tau(\cdot)$ est l'impact causal hétérogène de D_i sur Y_i en utilisant Z_i comme instrument.

L'estimation est basée sur les conditions de moments suivantes, pour tout $x \in \mathcal{X}$,

$$\mathbb{E}\left[\psi_{\tau,\mu}(W_i)|X_i = x\right] := \mathbb{E}\left[(Y_i - \tau(X_i)D_i - \mu(X_i))\begin{pmatrix} Z_i \\ 1 \end{pmatrix}\middle| X_i = x\right] = 0, \tag{8.15}$$

où $W_i = (X_i, Y_i, D_i, Z_i)$. Dans ce contexte, τ est notre paramètre d'intérêt et μ est le paramètre de nuisance. Pour tout $x \in \mathcal{X}$, notons que $\tau(x)$ est identifié à partir des conditions de moments (8.15) comme $\text{Cov}(Y, Z|X = x)/\text{Cov}(D, Z|X = x)$. L'idée est d'utiliser les forêts aléatoires pour calculer les poids $\alpha_i(x)$ qui mesurent l'importance de la i-ième observation dans l'estimation de $\tau(\cdot)$ par l'équation de moment :

$$(\widehat{\tau}, \widehat{\mu}) \in \arg\min \left\{ \left\| \sum_{i=1}^{n} \alpha_i(\cdot)\psi_{\tau,\mu}(W_i) \right\|_2 \right\}, \quad \text{où } \alpha_i(x) := \frac{1\left\{X_i \in L(x)\right\}}{|\{i : X_i \in L(x)\}|},$$

et $\|\cdot\|_2$ est la norme euclidienne. S'il existe une solution unique, $(\tau(x), \mu(x))$ résout l'équation suivante

$$\sum_{i=1}^{n} \alpha_i(x)\psi_{\tau(x),\mu(x)}(W_i) = 0.$$

L'idée est alors d'étendre les forêts aléatoires précédentes pour apprendre en utilisant les données les poids α_i, et d'obtenir un estimateur asymptotiquement normal $\widehat{\tau}$ de τ. La différence principale par rapport au cas où l'hypothèse (8.1) est vérifiée étant que τ et μ sont tous deux implicitement définis.

8.4.2 L'algorithme de l'arbre de gradient

L'algorithme calcule les divisions (donc les poids et l'estimateur) de manière récursive. Partons d'un nœud parent P que nous cherchons à diviser en deux enfants C_1, C_2 en utilisant une coupure alignée sur l'axe telle qu'elle génère la meilleure amélioration de la précision de notre estimateur $\widehat{\tau}$, à savoir minimiser

$$\operatorname{err}(C_1, C_2) = \sum_{j=1}^{2} \mathbb{P}\left(X_i \in C_j | X_i \in P\right) \mathbb{E}\left[\left(\widehat{\tau}_{C_j}(\mathcal{J}) - \tau(X_i)\right)^2 | X_i \in C_j\right],$$

où $\widehat{\tau}_{C_j}(\mathcal{J})$ sont adaptés sur les enfants C_j dans la première partie de l'échantillon d'entraînement $\mathcal{J}$. Cependant, ici, nous n'avons pas accès à une estimation directe sans biais de $\operatorname{err}(C_1, C_2)$, ce qui nous amène à proposer une nouvelle procédure :

1. Dans une étape d'étiquetage, on calcule $(\widehat{\tau}_P(\mathcal{J}), \widehat{\mu}_P(\mathcal{J}))$ dans le nœud parent en utilisant

$$(\widehat{\tau}_P(\mathcal{J}), \widehat{\mu}_P(\mathcal{J})) \in \arg\min \left\{ \left\| \sum_{\{i \in \mathcal{J},\ X_i \in P\}} \psi_{\tau,\mu}(W_i) \right\|_2 \right\}, \tag{8.16}$$

puis l'on calcule :

$$\begin{aligned} A_P &:= \frac{1}{|\{i:\ X_i \in P\}|} \sum_{\{i:\ X_i \in P\}} \nabla \psi_{\widehat{\tau}_P, \widehat{\mu}_P}(W_i) \\ &= \frac{1}{|\{i:\ X_i \in P\}|} \sum_{\{i:\ X_i \in P\}} \begin{pmatrix} -D_i Z_i & -Z_i \\ -D_i & -1 \end{pmatrix}. \end{aligned}$$

Notez que dans le modèle avec variables instrumentales (8.14), le problème de minimisation de (8.16) a une solution explicite

$$\begin{pmatrix} \widehat{\tau}_P(\mathcal{J}) \\ \widehat{\mu}_P(\mathcal{J}) \end{pmatrix} = \begin{pmatrix} \dfrac{\sum_{\{i:\ X_i \in P\}} Z_i\left(Y_i - \overline{Y}_P\right)}{\sum_{\{i: X_i \in P\}} Z_i\left(D_i - \overline{D}_P\right)} \\ \dfrac{1}{|\{i:\ X_i \in P\}|} \sum_{\{i: X_i \in P\}} \left(Y_i - D_i \widehat{\tau}_P(\mathcal{J})\right) \end{pmatrix},$$

où $\overline{Y}_P = \sum_{\{i:\ X_i \in P\}} Y_i / |\{i:\ X_i \in P\}|$ et $\overline{D}_P = \sum_{\{i:\ X_i \in P\}} D_i / |\{i:\ X_i \in P\}|$. Puis nous calculons les *pseudo-résultats*

$$\rho_i := -(1,0) A_P^{-1} \psi_{\widehat{\tau}_P, \widehat{\mu}_P}(W_i) \in \mathbb{R}, \tag{8.17}$$

où $(1,0)$ est le vecteur dans $\mathbb{R}^2$ qui prend la coordonnée de τ.

2. Dans une étape de régression, on exécute une régression CART sur les pseudo-résultats, à savoir on trouve la partition qui maximise le critère

$$\tilde{\Delta}(C_1, C_2) = \sum_{j=1}^{2} \frac{1}{|\{i:\ X_i \in C_j\}|} \left(\sum_{\{i:\ X_i \in C_j\}} \rho_i \right)^2. \tag{8.18}$$

Ensuite, on ré-étiquette les observations de chaque enfant en résolvant l'équation d'estimation.

La motivation pour cette stratégie vient du fait qu'utiliser $\tilde{\Delta}(C_1, C_2)$ comme critère est une manière d'approximer la véritable erreur commise $\mathrm{err}(C_1, C_2)$. En effet, la proposition 1 dans Athey *et al.* (2019) donne que si : 1) A_P est un estimateur consistant de $\nabla\mathbb{E}\left[\psi_{\widehat{\tau}_P,\widehat{\mu}_P}(W_i)|X_i \in P\right]$, 2) le nœud parent a un rayon inférieur à $r > 0$, 3) les hypothèses de régularité du théorème 8.2 sont satisfaites, 4) on considére le nombre d'observation dans les nœuds enfants comme fixe et grand devant $1/r^2$, alors :

$$\mathrm{err}(C_1, C_2) = K(P) - \mathbb{E}\left[\tilde{\Delta}(C_1, C_2)\right] + o(r^2), \tag{8.19}$$

où $K(P)$ est un terme déterministe lié au caractère uniforme (pureté) de P.

Remarque 8.7 : Fonction d'influence

L'intuition pour l'utilisation des *pseudo-résultats* ρ_i vient de la preuve de la normalité asymptotique pour les Z-estimateurs, qui sont des estimateurs de θ_0 basés sur la condition de moment

$$\mathbb{E}\left[\psi_{\theta_0}(X_i)\right] = 0.$$

En utilisant la représentation asymptotique du Z-estimateur $\widehat{\theta}_n$, voir par exemple dans le théorème 5.21 page 52 de Van der Vaart (1998),

$$\widehat{\theta}_n = \theta_0 + \frac{1}{n}\nabla\psi_{\theta_0}^{-1}\sum_{i=1}^{n}\psi_{\theta_0}(X_i) + o_p\left(\frac{1}{\sqrt{n}}\right), \tag{8.20}$$

nous obtenons que l'influence de la n-ième observation sur l'estimateur est donnée par

$$\begin{aligned}
&\widehat{\theta}(X_1, \ldots, X_n) - \widehat{\theta}(X_1, \ldots, X_{n-1}) \\
&= \frac{1}{n}\nabla\psi_{\theta_0}^{-1}\psi_{\theta_0}(X_n) + \frac{1}{n}\nabla\psi_{\theta_0}^{-1}\sum_{i=1}^{n-1}\psi_{\theta_0}(X_i) - \frac{1}{n-1}\nabla\psi_{\theta_0}^{-1}\sum_{i=1}^{n-1}\psi_{\theta_0}(X_i) \\
&= \frac{1}{n}\nabla\psi_{\theta_0}^{-1}\psi_{\theta_0}(X_n) - \frac{1}{n(n-1)}\nabla\psi_{\theta_0}^{-1}\sum_{i=1}^{n-1}\psi_{\theta_0}(X_i) \\
&= \frac{1}{n}\nabla\psi_{\theta_0}^{-1}\psi_{\theta_0}(X_n) + o_P(1)
\end{aligned}$$

qui a la même forme que ρ_i. La mise à jour de l'erreur de l'estimateur lorsque l'on divise le parent P en (C_1, C_2) est approximée *via* le résultat (8.19) à l'aide de la moyenne des fonctions d'influence sur C_1 et C_2. Cette stratégie est similaire à l'analyse de l'asymptotique d'un Z-estimateur *via* (8.20).

8.4.3 Théorème central limite pour les forêts aléatoires généralisées

Nous étudions uniquement le cas du modèle triangulaire (8.14) et nous nous référons à Athey *et al.* (2019) pour le cas plus général de la normalité asymptotique pour les forêts aléatoires généralisées (*generalized random forests*, GRF désormais). On note

$$\begin{aligned} V(x) &= \nabla \mathbb{E}\left[\psi_{\tau,\mu}(W_i)|X_i = x\right] \\ &= -\begin{pmatrix} \mathbb{E}\left[D_i Z_i|X_i = x\right] & \mathbb{E}\left[Z_i|X_i = x\right] \\ \mathbb{E}\left[D_i|X_i = x\right] & 1 \end{pmatrix}, \end{aligned}$$

les pseudo-variables dépendantes ρ_i^* qui sont des oracles (*i.e.* qui ne sont pas accessibles) par

$$\rho_i^*(x) = -(1, 0)V(x)^{-1}\psi_{\tau(x),\mu(x)}(W_i) \in \mathbb{R}$$

et notons la pseudo-forêt qui en découle par

$$\tilde{\tau}^*(x) := \tau(x) + \sum_{i=1}^{n} \alpha_i(x)\rho_i^*(x) = \sum_{i=1}^{n} \alpha_i(x)\left(\tau(x) + \rho_i^*(x)\right).$$

$\tilde{\tau}^*(x)$ est utile car il a la même forme que l'élément de base pour l'apprentissage dans la U-statistique étudiée dans Wager et Athey (2017). Ainsi, les outils développés dans Wager et Athey (2017) et dans la section 8.3 peuvent être appliqués, ce qui permet d'établir la normalité asymptotique de $\widehat{\tau}(x)$ à condition que $\widehat{\tau}(x)$ et $\tilde{\tau}^*(x)$ soient proches asymptotiquement, ce qui est assuré par l'hypothèse 8.5. $\tilde{\tau}^*(x)$ est le résultat de la forêt de régression idéale entrainée avec les variables dépendantes $\tau(x) + \rho_i^*(x)$.

Hypothèse 8.5 (Conditions de régularité pour la normalité asymptotique des GRF). *Supposons*

- *une fonction $M_{\tau,\mu}$ lipschitzienne en la variable x : pour des valeurs fixes de (τ, μ_0),*

$$M_{\tau,\mu}(x) := \mathbb{E}\left[\psi_{\tau,\mu}(W_i)|X_i = x\right]$$

est lipschitzien en la variable x ;

- ***Identification régulière** : $V(x)$ est inversible pour tout $x \in \mathcal{X}$. Ceci vient du fait que l'instrument soit valide, c'est-à-dire corrélé avec D_i.*

Théorème 8.2 (Normalité asymptotique du GRF pour le modèle à variable instrumentale (8.14), théorème 5 dans Athey *et al.*, 2019). *Supposons que nous ayons des échantillons i.i.d. $W_i = (X_i, Z_i, Y_i, D_i)_{i=1}^n \in [0,1]^p \times \mathbb{R} \times \mathbb{R} \times \{0,1\}$, et qu'il existe $\varepsilon > 0$ tel que $\varepsilon \leq \mathbb{P}(D = 1|X) \leq 1 - \varepsilon$. Supposons les hypothèses 8.4 et 8.5 et considérons une forêt aléatoire causale à échantillons doubles satisfaisant l'hypothèse 8.3 avec $\alpha \leq 0,2$. Supposons que β satisfait* (8.12). *Alors, il existe $C(\cdot)$ et $\gamma > 0$, de sorte que l'estimateur $\widehat{\tau}(x)$ du CATE en un point x est asymptotiquement normal :*

$$\frac{\widehat{\tau}(x) - \tau(x)}{\sigma_n(x)} \to_d \mathcal{N}(0,1),$$

avec $\sigma_n(x) := sC(x)/(n \log(n/s)^\gamma)$.

Athey *et al.* (2019), tout comme Nie et Wager (2020), recommandent d'orthogonaliser les variables Y_i, D_i, Z_i, avec les estimateurs préliminaires *leave-one-out* $\widehat{m}^{(-i)}$, $\widehat{p}^{(-i)}$, et $\widehat{z}^{(-i)}$ de $\mathbb{E}[Y_i|X_i = x]$, $\mathbb{E}[D_i|X_i = x]$, et $\mathbb{E}[Z_i|X_i = x]$, ce qui donne

$$\widehat{\tau}(\cdot) = \frac{\sum_{i=1}^n \alpha_i(x)\left(Y_i - \widehat{m}^{(-i)}(X_i)\right)\left(Z_i - \widehat{z}^{(-i)}(X_i)\right)}{\sum_{i=1}^n \alpha_i(x)\left(D_i - \widehat{p}^{(-i)}(X_i)\right)\left(Z_i - \widehat{z}^{(-i)}(X_i)\right)}. \tag{8.21}$$

Cette option est implémentée dans le package R `grf`. On peut construire des intervalles de confiance pour la valeur de l'effet du traitement en un point $\tau(x)$, tels que

$$\lim_{n\to\infty} \mathbb{E}\left[\tau(x) \in \left(\widehat{\tau}(x) \pm \Phi^{-1}(1-\alpha/2)\widehat{\sigma}_n^2(x)\right)\right] = 1 - \alpha$$

à partir du fait que $\text{Var}[\tilde{\tau}^*(x)]/\sigma_n^2 \xrightarrow{p} 1$ et en utilisant la définition de $\rho_i^*(x)$ pour construire $\widehat{\sigma}_n^2(x)$.

8.4.4 Application à l'hétérogénéité de l'effet des formations subventionnées sur les revenus des stagiaires

Tout d'abord, nous recommandons vivement de consulter les simulations utilisées dans Athey et Wager (2019) à l'aide du paquet `grf` qui illustrent bien les performances des GRF.

Nous considérons ici une application des GRF pour estimer l'hétérogénéité de l'effet des formations subventionnées sur les revenus futurs des participants. Nous utilisons les données de Abadie *et al.* (2002). Nous réanalysons les données du Job Training Partnership Act (JTPA), qui est un vaste programme de formation financé par l'État. Les individus sont répartis au hasard entre le groupe de traitement et le groupe de contrôle du JTPA, le traitement consistant à offrir une formation. Seuls 60 % des individus dans le groupe de traitement ont accepté de suivre effectivement une formation, mais l'affectation aléatoire du traitement fournit un instrument pour le statut du traitement. De plus, comme il n'y a que 2 % des individus bénéficiant des services de la JTPA dans le groupe de contrôle, ils interprètent l'effet pour ces derniers comme l'effet sur ceux qui sont traités. Voir Abadie *et al.* (2002) pour plus de détails et une méthode alternative d'estimation des effets de cette formation sur la distribution des gains basée sur une régression quantile traitant le problème de l'endogénéité du traitement. Nous nous concentrons sur l'hétérogénéité de l'effet de la formation en fonction des interactions des caractéristiques de base : âge, indicateur de diplôme d'études secondaires, état civil, indicateurs de race noire et hispanique, perception de l'aide aux familles avec enfants à charge (AFDC), et une variable binaire indiquant si l'on a travaillé moins de 13 semaines au cours de l'année précédente. Nous désignons par Y le gain à un horizon de 30 mois, D l'inscription aux services JTPA, et Z l'offre de services.

Nous entraînons une forêt aléatoire généralisée sur 80 % de l'échantillon en séparant hommes et femmes, et en utilisant les variables instrumentales (notée « GRF ») ou non (notée « CRF »). Nous établissons plusieurs comparaisons.

Nous comparons les distributions de l'effet de traitement prédit sur 20 % de l'échantillon, qui est notre échantillon test, en utilisant GRF ou CRF. Bien sûr, une analyse plus approfondie des résultats est nécessaire et pourrait être effectuée en rapportant l'estimation précise de l'effet du traitement pour des sous-groupes de l'échantillon (ici, toutes les covariables sont des variables binaires, nous ne pouvons donc pas « tracer » le traitement estimé comme dans les simulations du package `grf`). De même que pour Abadie *et al.* (2002), le tableau 8.1 montre qu'il existe une différence importante entre les deux. Cela souligne l'importance d'utiliser une variable instrumentale dans ce contexte. Les résultats du tableau 8.1 peuvent également être comparés aux estimations du quantile des effets de traitement (QTE) sur l'échantillon test estimés par Abadie *et al.* (2002) en utilisant une régression quantile traitant l'endogénéité. Les deux sont très proches, ce qui est cohérent, mais l'absence de région de confiance uniforme pour le GRF nous empêche de faire plus de comparaisons, par exemple de tester si les effets sont égaux pour deux populations $H_0 : \tau(x_1) = \tau(x_2)$, pour certains $x_1, x_2 \in \mathcal{X}$ contre $H_1 : \tau(x_1) \neq \tau(x_2)$.

Tableau 8.1 – Tableau de l'effet estimé du traitement sur les gains à 30 mois

	ATE, OLS	ATE, 2SLS	ATE, RF	ATE, GRF	Quartile 1	Med.	Quartile 3
Hommes	3 754 (536)	1 593 (895)	3 185	2 365	962	2 247	4 276
Femmes	2 215 (334)	1 780 (532)	1 843	1 634	706	1 408	2 053

8.5 Inférence sur des caractéristiques des effets hétérogènes

Les sections précédentes ont montré que pour faire de l'inférence sur l'effet de traitement moyen conditionnel (CATE), il faut souvent faire des hypothèses fortes, qui peuvent ne pas toujours être valables (*e.g.* des covariables uniformément distribuées dans les forêts causales) ou non testables. En outre, l'application pratique de ces méthodes diffère très souvent de leurs contreparties théoriques (*e.g.* les paramètres de réglage sont choisis par validation croisée). Il peut y avoir un compromis entre les hypothèses que nous sommes prêts à faire et la quantité de connaissances sur l'objet ciblé que nous voulons obtenir. Suivant un courant de la littérature statistique (*e.g.* Lei *et al.*, 2017), Chernozhukov *et al.* (2017) proposent de changer le point de vue sur le CATE, et de faire de l'inférence sur **les caractéristiques clés** du CATE plutôt que le véritable objet lui-même, dans le cas d'expériences où le score de propension est connu. On note que les preuves peuvent s'étendre au cas où l'on possède un estimateur consistant du score de propension. Changer nos paramètres d'intérêt permet d'utiliser de nombreuses méthodes d'apprentissage automatiques, considérées comme des proxies du CATE, et de limiter le nombre d'hypothèses que nous devons faire (en particulier, les estimateurs résultant de ces méthodes ne doivent plus nécessairement être consistants). L'idée est de retraiter ces estimateurs issus du machine learning pour obtenir des estimateurs consistants *de résumés succincts* du CATE et non du CATE lui-même. Imposer que le score de propension soit connu est une restriction importante, mais c'est aussi un cadre assez commun, par exemple lors d'expériences randomisées contrôlées, potentiellement stratifiées selon certaines variables observées.

Le modèle est similaire à celui de la section 8.1 : nous observons la variable de résultat $Y = DY(1) + (1 - D)Y(0)$, la variable binaire de traitement D, les covariables $X \in \mathbb{R}^p$, et supposons la sélection sur les observables 8.1, le score de propension $p(x) := \mathbb{P}(D = 1|X = x)$ connu, et l'hypothèse de chevauchement (*overlapping*) $(\exists \varepsilon > 0, \quad s.t.\ \varepsilon \leq p(X) \leq 1 - \varepsilon)$. On a l'équation suivante

$$Y = \mu_0(X) + D\tau(X) + U, \quad \mathbb{E}[U|X, D] = 0, \tag{8.22}$$

$$\tau(X) = \mu_1(X) - \mu_0(X) = \mathbb{E}[Y(1)|X] - \mathbb{E}[Y(0)|X]. \tag{8.23}$$

8.5.1 Estimation des caractéristiques clés du CATE

Chernozhukov *et al.* (2017) proposent de séparer les données i.i.d. (Y_i, D_i, X_i) pour $i = 1, \ldots, n$ entre un échantillon auxiliaire (noté $Data_A$) et un échantillon principal (noté $Data_M$). La première étape consiste à estimer $x \to \mu_0(x)$ et $x \to \tau(x)$ sur l'échantillon auxiliaire. Les estimateurs suivants sont les estimateurs de μ_0 et τ respectivement qui résultent d'un algorithme d'apprentissage automatique (tout algorithme peut être considéré) :

$$m_0 : x \to m_0\left(x|\text{Data}_A\right), \tag{8.24}$$

$$T : x \to T\left(x|\text{Data}_A\right). \tag{8.25}$$

m_0 et T sont appelés *ML proxy predictors* car aucune hypothèse de performance ne leur est imposée, ils peuvent simplement être des proxies des vraies fonctions. Ensuite, ils proposent de retraiter ces estimateurs pour faire de l'inférence sur les caractéristiques clés suivantes du CATE sur l'échantillon principal :

1. le **meilleur prédicteur linéaire** (*Best Linear Predictor*, BLP) du CATE $\tau(\cdot)$ basé sur le prédicteur approché $T(\cdot)$;
2. **l'effet du traitement moyen pour des groupes ordonnés** (*Sorted Group Average Treatment Effects*, noté GATES), qui est la moyenne de $\tau(\cdot)$ sur les différents groupes induits par l'hétérogénéité de l'estimateur $T(\cdot)$.
3. **l'analyse de classification** (*CLassification ANalysis*, CLAN), qui est la moyenne des caractéristiques X sur les groupes induits par les quantiles de $T(\cdot)$.

Le meilleur prédicteur linéaire (BLP) du CATE. La première caractéristique clé (1), le meilleur prédicteur linéaire (BLP) du CATE utilisant le proxy T est défini comme la projection linéaire du CATE sur le plan engendré par 1 et ce proxy dans l'espace $L^2(P)$:

$$\begin{aligned} BLP\,[\tau(X)|T(X)] &= \underset{f(X)\in \mathrm{Span}(1,T(X))}{\arg\min} \mathbb{E}\left[(\tau(X)-f(X))^2\right] \\ &= \mathbb{E}\,[\tau(X)] + \frac{\mathrm{Cov}(\tau(X),T(X))}{\mathrm{Var}(T(X))}\,(T(X)-\mathbb{E}[T(X)]) \\ &= b_1 + b_2\,(T(X)-\mathbb{E}[T(X)])\,, \end{aligned} \tag{8.26}$$

où

$$(b_1,b_2) \in \underset{(B_1,B_2)\in\mathbb{R}^2}{\arg\min}\ \mathbb{E}\left[(\tau(X)-B_1-B_2T(X))^2\right]. \tag{8.27}$$

Nous n'observons pas $\tau(\cdot)$, mais nous observons en fait un signal non biaisé de $\tau(\cdot)$, qui est

$$\mathbb{E}\left[\frac{D-p(X)}{p(X)(1-p(X))}Y\middle| X\right] = \tau(X) \tag{8.28}$$

et, à partir de l'échantillon auxiliaire A, nous pouvons estimer un proxy $T(\cdot)$ de $\tau(\cdot)$. Ainsi, nous pouvons estimer $\mathrm{Cov}(\tau(X),T(X))/\mathrm{Var}(T(X))$ en utilisant

(8.28) en exécutant la régression

$$w(X)(D - p(X))Y = \beta_1 + \beta_2\,(T(X) - \mathbb{E}[T(X)]) + \varepsilon, \tag{8.29}$$

$$\mathbb{E}\left[\varepsilon \begin{pmatrix} 1 \\ T(X) - \mathbb{E}[T(X)] \end{pmatrix}\right] = \begin{pmatrix} 0 \\ 0 \end{pmatrix}, \tag{8.30}$$

où $w(X) = ((1 - p(X))p(X))^{-1}$.

Théorème 8.3 (Convergence de l'estimateur du meilleur prédicteur linéaire, théorème 2.2 dans Chernozhukov *et al.*, 2017). *Considérons les fonctions* $x \mapsto T(x)$ *et* $x \mapsto m_0(x)$ *comme fixes et le score de propension* p *connu. Supposons que* Y *et* X *ont des moments d'ordre 2 finis et que* $\mathbb{E}\left[X'X\right]$ *est de rang plein. Ensuite, prenons* (β_1, β_2) *définis comme* (8.29), *qui résout également le problème* (8.27), *donc*

$$\beta_1 = \mathbb{E}\left[\tau(X)\right] \quad et \quad \beta_2 = \frac{Cov(\tau(X), T(X))}{Var(T(X))}.$$

Plusieurs remarques s'imposent. Premièrement, l'identification est constructive et simple : la procédure d'estimation des MCO pondérés est décrite dans 8.5.3. Deuxièmement, cette stratégie ne suppose pas que l'estimateur $T(X)$ soit un estimateur consistant de $\tau(X)$, ce qui permet d'utiliser le paramètre de très grande dimension $p \gg n$. **Cependant**, nous n'estimons que la meilleure projection linéaire de τ sur $(T(X), 1)$, ce qui signifie que si $T(X)$ est un mauvais prédicteur, nous ne connaissons que peu de choses sur le vrai τ. De plus, contrairement à la section 8.1, nous supposons le score de propension p connu ici. Enfin, notons deux cas extrêmes intéressants :

- si $T(X)$ est une approximation parfaite de $\tau(X)$ et $\tau(X)$ n'est pas une constante, alors $\beta_2 = 1$;
- si $T(X)$ est un bruit complet, non corrélé à $\tau(X)$, alors $\beta_2 = 0$.

Tester si $\beta_2 = 0$ revient à faire un test simple de l'hypothèse jointe qu'il y a de l'hétérogénéité et que $T(X)$ est pertinent (ce qui est un problème si nous ne rejetons pas, car on ne peut pas séparer les deux hypothèses).

Remarque 8.8 : Estimateur alternatif

Pour réduire le bruit généré par le poids de type Horvitz-Thompson $H := (D - p(X))/(p(X)(1 - p(X)))$ dans (8.30), Chernozhukov *et al.* (2017) recommandent d'utiliser la régression suivante au lieu de (8.29)

$$w(X)(D - p(X))Y = \mu' Z_1 H + \beta_0 + \beta_1 (T(X) - \mathbb{E}[T(X)]) + \varepsilon,$$

où $Z_1 = (1, m_0(X), T(X))$.

Sorted Group Average Treatment Effects. Nous pouvons également diviser le support du prédicteur machine learning $T(X)$ en régions distinctes pour définir des groupes de réponse au traitement similaires et faire de l'inférence sur l'effet attendu de leur traitement

$$GATES : \quad \mathbb{E}[\tau(X)|G_1] \leq \cdots \leq \mathbb{E}[\tau(X)|G_K],$$

pour $G_k = 1\{l_{k-1} \leq T(X) \leq l_k\}$ avec $-\infty = l_0 \leq l_1 \cdots \leq l_K = \infty$. Pour cela, Chernozhukov *et al.* (2017) considèrent la régression du signal sans biais $w(X)(D - p(X)Y$ sur les indicatrices $1\{i \in G_1\}, \ldots, 1\{i \in G_K\}$. Les paramètres de projection qui en résultent sont les GATES.

8.5.2 Inférence pour des caractéristiques clés du CATE

Pour les caractéristiques clées du CATE suivantes :

- $\theta = \beta_2$, le paramètre pondérant le prédicteur de l'hétérogénéité du CATE (fondé sur le BLP) ;
- $\theta = \beta_1 + \beta_2(T(x) - \mathbb{E}[T])$, la prédiction individuelle de τ,

Chernozhukov *et al.* (2017) proposent aussi des méthodes permettant de faire de l'inférence en traitant les *deux sources d'incertitude* qui apparaissent lors de l'utilisation de méthodes de partitionnement d'échantillon (*sample-splitting*, voir par exemple section 5.2). Plus précisément, l'utilisation de différentes partitions en deux parties $\{A, M\}$ de l'échantillon initial et l'agrégation des différentes estimations $\widehat{\theta}_A$ apportent :

1. une *incertitude conditionnelle*, qui est l'incertitude de l'estimation concernant le paramètre θ, *conditionnellement à la division des données* ;

2. une *incertitude dite variationnelle*, qui est induite par le *sample-splitting*.

Pour faire de l'inférence avec des méthodes utilisant le sample-splitting, il faut ajuster le niveau de confiance normal d'une manière spécifique.

Notons

- la *médiane inférieure* (qui est la médiane usuelle)

$$\underline{\text{Med}}(X) := \inf\{x \in \mathbb{R} : \ \mathbb{P}_X(X \le x) \ge 1/2\};$$

- la *médiane supérieure* $\overline{\text{Med}}(X) := \sup\{x \in \mathbb{R} : \ \mathbb{P}_X(X \ge x) \ge 1/2\}$ (le quantile distinct suivant d'une variable aléatoire) ;
- $\text{Med}(X) := (\overline{\text{Med}}(X) + \underline{\text{Med}}(X))/2$,

où pour une variable continue les deux notions coïncident.

Commençons par préciser ces deux sources d'incertitude, qui proviennent de l'utilisation répétée des partitions $\{A, M\}$ de l'échantillon initial $\{Y_i, D_i, X_i\}_{i=1}^n$.

1. *Incertitude conditionnelle* : conditionnellement aux données de l'échantillon A (ci-après $Data_A$), les estimateurs ML des sections précédentes donnent que, lorsque le cardinal de l'ensemble M (noté $|M|$) va vers l'infini, avec une forte probabilité et sous les hypothèses du théorème 8.3 :

$$\mathbb{P}\left(\frac{\widehat{\theta}_A - \theta_A}{\widehat{\sigma}_A} \le z \middle| \text{Data}_A\right) \to \Phi(z),$$

   où Φ est la c.d.f. de la loi normale standard. On obtient les intervalles de confiance **conditionnels** suivants

$$\mathbb{P}\left(\theta_A \in [L_A, U_A] \middle| \text{Data}_A\right) = 1 - \alpha + o_P(1),$$

   où $[L_A, U_A] := \left[\widehat{\theta}_A \pm \Phi^{-1}(1-\alpha/2)\widehat{\sigma}_A\right]$.

2. *Incertitude « variationnelle »* : pour faire de l'inférence inconditionnelle à la division de l'échantillon opérée, Chernozhukov *et al.* (2017) proposent :

(a) soit d'ajuster les p-valeurs $p_A = \Phi\left(\frac{\widehat{\theta}_A - \theta_A}{\widehat{\sigma}_A}\right)$ pour le test

$$H_0 : \ \theta_A = \theta_0, \quad H_1 : \theta_A < \theta_0 \tag{8.31}$$

pour prendre en compte le sample-splitting ;

(b) ou d'agréger les estimateurs et d'ajuster les intervalles de confiance (voir par exemple section 5.2).

Notons que conditionnellement à $Data_A$, $\widehat{\theta}_A$ est une variable aléatoire.

Ajuster les p-valeurs pour tenir compte du partitionnement d'échantillon. Remarquons d'abord que sous H_0, asymptotiquement $p_A \sim \mathcal{U}(0,1)$ **conditionnellement aux données** A, mais que conditionnellement à l'ensemble des données, il subsiste encore du hasard. Ainsi, Chernozhukov *et al.* (2017) suggèrent d'utiliser $2p_{0,5}$, où

$$p_{0.5} = \underline{\text{Med}}\,(p_A|\text{Data}) \leq \alpha/2. \tag{8.32}$$

comme p-valeur pour le test, de telle sorte que l'on rejette l'hypothèse nulle si $2p_{0,5} < \alpha$ (où α est le niveau du test). Cette règle est basée sur le fait que la médiane M de J variables aléatoires uniformément distribuées (pas nécessairement indépendantes) satisfait $P(M \leq \alpha/2) \leq \alpha$, de telle sorte que l'on contrôle l'erreur de type I. Le théorème 8.4 montre la validité uniforme (sur les distributions P dans $\mathcal{P}$, toutes les distributions possibles des données satisfaisant H_0) des p-valeurs ajustées par sample-splitting.

Hypothèse 8.6 (Niveau asymptotique uniforme pour le test conditionnel)**.** *Supposons que toutes les partitions $Data_A$ des données dans l'ensemble $\mathcal{A}$ sont « régulières », dans le sens où sous H_0, pour*

$$p_A = \Phi\left(\frac{\widehat{\theta}_A - \theta_A}{\widehat{\sigma}_A}\right) \quad \textit{and} \quad p_A = 1 - \Phi\left(\frac{\widehat{\theta}_A - \theta_A}{\widehat{\sigma}_A}\right),$$

pour tout $x \in [0,1]$, $\sup_{P\in\mathcal{P}} |\mathbb{P}_P\left(p_A \leq x | Data_A \in \mathcal{A}\right) - x| \leq \delta = o(1)$, et $\inf_{P\in\mathcal{P}} P(Data_A \in \mathcal{A})$ converge vers 1.

Cette hypothèse 8.6 garantie que la distribution non conditionnelle à Data_A de la p-valeur p_A converge asymptotiquement vers la distribution d'une variable aléatoire uniforme, et ce uniformément sur la classe $\mathcal{P}$.

Théorème 8.4 (Niveau asymptotique uniforme, théorème 3.1 dans Chernozhukov *et al.*, 2017). *Si l'on fait l'hypothèse 8.6, alors sous H_0, on a*

$$\sup_{P \in \mathbb{P}} \mathbb{P}_P(p_{0.5} \leq \alpha/2) \leq \alpha + 2\delta = \alpha + o(1).$$

À partir des p-valeurs adaptées au sample-splitting et en inversant le test, on peut ainsi déduire l'intervalle de confiance suivant

$$CI := \{\theta \in \mathbb{R}, \quad p_u(\theta) > \alpha/2, \; p_l(\theta) > \alpha/2\},$$

pour $\alpha < 0,25$, où, pour $\widehat{\sigma}_A > 0$,

$$\begin{aligned} p_l(\theta) :=& \underline{\text{Med}}\left(1 - \Phi\left(\frac{\widehat{\theta}_A - \theta_A}{\widehat{\sigma}_A}\right)\middle|\text{Data}\right) \\ p_u(\theta) :=& \underline{\text{Med}}\left(\Phi\left(\frac{\widehat{\theta}_A - \theta_A}{\widehat{\sigma}_A}\right)\middle|\text{Data}\right). \end{aligned}$$

Estimateur adapté et intervalles de confiances. Chernozhukov *et al.* (2017) proposent d'agréger les estimateurs obtenus à partir de plusieurs partitions de l'échantillon initial à travers

$$\widehat{\theta} := \text{Med}\left(\widehat{\theta}_A \middle| \text{Data}\right)$$

et de reporter les intervalles de confiance suivants avec le niveau nominal $1-2\alpha$:

$$[l; u] := \left[\overline{\text{Med}}(L_A|\text{Data}); \underline{\text{Med}}(U_A|\text{Data})\right],$$

où $[L_A, U_A] := \left[\widehat{\theta}_A \pm \Phi^{-1}(1-\alpha/2)\widehat{\sigma}_A\right]$. Le théorème 3.2 dans Chernozhukov *et al.* (2017) montre la validité uniforme de ce type d'intervalle de confiance, en utilisant la validité de l'intervalle de confiance CI introduit plus haut, qui est moins large mais plus difficile à calculer.

8.5.3 Algorithme : inférence sur les caractéristiques principales du CATE

Nous décrivons l'algorithme utilisé dans Chernozhukov *et al.* (2017) pour faire de l'inférence sur les caractéristiques principales du CATE, avant de considérer la simulation et les applications dans les deux sections suivantes. Considérons l'échantillon i.i.d. $(Y_i, X_i, D_i)_{i=1}^n$. Ces algorithmes basés sur des estimateurs alternatifs pour le BLP et le GATES sont plus stables (voir Chernozhukov *et al.* (2017) pour une preuve formelle de l'équivalence théorique).

Étape 0. On fixe le nombre de partitionnements (*sample-splitting*) S, le niveau de significativité α.

Étape 1. On calcule les scores de propension $p(X_i)$.

Étape 2. On considère S partitionnements en deux des indices $i \in \{1, \ldots, n\}$ dans l'échantillon principal M, et l'échantillon auxiliaire A. Pour chaque partitionnements $s \in \{1, \ldots, S\}$, on

> **Étape 2.1**. Accorde et entraîne chaque méthode ML séparément pour apprendre m_0 et T en utilisant A. Pour chaque observation i dans M, on calcule l'effet de base prédit $m_0(X_i)$ et l'effet de traitement prédit $T(X_i)$.
>
> **Étape 2.2**. On estime les paramètres du BLP par MCO pondérés dans M *via*
>
> $$Y_i = \widehat{\alpha}' Z_{1,i} + \widehat{\beta}_1 (D_i - p(X_i)) + \widehat{\beta}_2 (D_i - p(X_i)) \left(T(X_i) - \overline{T}^M\right) + \widehat{\varepsilon}_i,$$
>
> pour $i \in M$, où $\overline{T}^M$ est la moyenne de $T(X_i)$ dans M, qui est telle que
>
> $$\frac{1}{|M|} \sum_{i \in M} w(X_i) \widehat{\varepsilon}_i Z_i = 0,$$
>
> où
>
> $$\begin{aligned} Z_i &= \left[Z_{1,i}', D_i - p(X_i), (D_i - p(X_i)) \left(T(X_i) - \overline{T}^M\right)\right]', \\ w(X_i) &= (p(X_i)(1 - p(X_i)))^{-1}, \\ Z_{1,i} &= (1, m_0(X_i), T(X_i))'. \end{aligned}$$

Étape 2.3. On estime les paramètres du GATES par MCO pondérés M *via*

$$Y_i = \widehat{\alpha}' Z_{1,i} + \sum_{k=1}^{K} \widehat{\gamma}_k \left(D_i - p(X_i)\right) 1 \left\{T(X_i) \in I_k\right\} + \widehat{\varepsilon}_i, \quad i \in M$$

tels que

$$\frac{1}{|M|} \sum_{i \in M} w(X_i) \widehat{\varepsilon}_i W_i = 0,$$

$$W_i = \left[Z'_{1,i}, \{(D_i - p(X_i)) 1 \left\{T(X_i) \in I_k\right\}\}_{k=1}^{K}\right]',$$
$$I_k = [l_{k-1}, l_k], \; l_k = q_{k/K}(T(X_i)).$$

Étape 2.4. On calcule les mesures de performance pour chaque méthode ML

$$\widehat{\Lambda} = \left|\widehat{\beta}_2\right|^2 \widehat{\mathrm{Var}}\left(T(X)\right) \quad \text{and} \quad \widehat{\overline{\Lambda}} = \sum_{k=1}^{K} \widehat{\gamma}_k^2 \mathbb{P}\left(T(X) \in I_k\right).$$

Étape 3. On choisit les méthodes ML qui maximisent $\widehat{\Lambda}$ et $\widehat{\overline{\Lambda}}$.

Étape 4. On calcule les estimations, le niveau de confiance de $(1-\alpha)$ et les valeurs conditionnelles de p pour tous les paramètres d'intérêt.

Étape 5. On calcule les intervalles de confiance ajustés $(1-2\alpha)$ et les p-valeurs ajustées en utilisant la méthode variationnelle décrite dans la section 8.5.2.

Plusieurs remarques s'imposent. Tout d'abord, notons que la maximisation de $\widehat{\Lambda}$ dans l'étape 2.4 est équivalente à la maximisation de la corrélation entre le proxy prédicteur ML et le vrai τ. Maximiser $\widehat{\overline{\Lambda}}$ dans l'étape 2.4 équivaut à maximiser la partie de la variation de τ qui est expliquée par

$$\sum_{k=1}^{K} \widehat{\gamma}_k \left(D_i - p(X_i)\right) 1 \left\{T(X_i) \in I_k\right\}.$$

8.5.4 Simulations

Nous illustrons le comportement des outils introduits sur des simulations dans cette section et renvoyons à l'exercice 15.4 pour une application à l'hétérogénéité de l'écart salarial entre les sexes.

Nous mettons en œuvre cette stratégie dans un cadre où

$$\tau(x) = \zeta(x_1)\zeta(x_2), \quad \text{avec } \zeta(u) = 1 + \frac{1}{1 + e^{-20(u-1/3)}},$$

à partir d'une adaptation du code `github.com/demirermert/MLInference`. Le modèle de réseau neuronal est capable de bien s'adapter à l'hétérogénéité, puisque β_2 est proche de 1. Ceci est rassurant car la forme de ζ est une sigmoïde, qui est la fonction de base du réseau neuronal ici (c'est-à-dire la *fonction d'activation*, cf. section 2.7). Regardons maintenant ce que l'on appelle les « CLAN » sur le tableau 8.4, qui sont les caractéristiques moyennes pour les groupes les plus et les moins affectés $\mathbb{E}[X_k|G_5]$ et $\mathbb{E}[X_k|G_1]$ pour les deux variables X_1 et X_2. On montre que les méthodes ML sont capables de détecter correctement que ceux qui se trouvent dans le carré supérieur droit (resp. inférieur gauche) dans l'espace (X_1, X_2) sont ceux qui bénéficient le plus (resp. le moins) du traitement.

Tableau 8.2 – Tableau des mesures de performance pour GATES et BLP pour les quatre méthodes ML utilisées

	Elastic Net	Boosting	Réseaux de neurones	Forêts aléatoires
$\widehat{\overline{\Lambda}}$	8,359	8,444	8,507	8,379
$\widehat{\Lambda}$	0,882	0,941	0,968	0,892

Note : Estimation sur la base de 100 splits.

Tableau 8.3 – Tableau des estimées de l'ATE et du paramètre β_2 pour le BLP.

	Réseaux de neur.	Réseaux de neurones	Boosting	Boosting	Vraie
	ATE	HET	ATE	HET	ATE
	2,758	1,003	2,759	0,910	2,753
90 % IC	(2,679 ; 2,836)	(0,921 ; 1,085)	(2,680 ; 2,838)	(0,832 ; 0,986)	

Note : Estimation utilisant 100 partitions pour les deux meilleures méthodes selon la procédure de sélection basée sur Λ : réseaux de neurones et boosting trees. β_2 est noté HET.

Figure 8.2 – Estimé du GATES avec intervalles de confiance robustes.

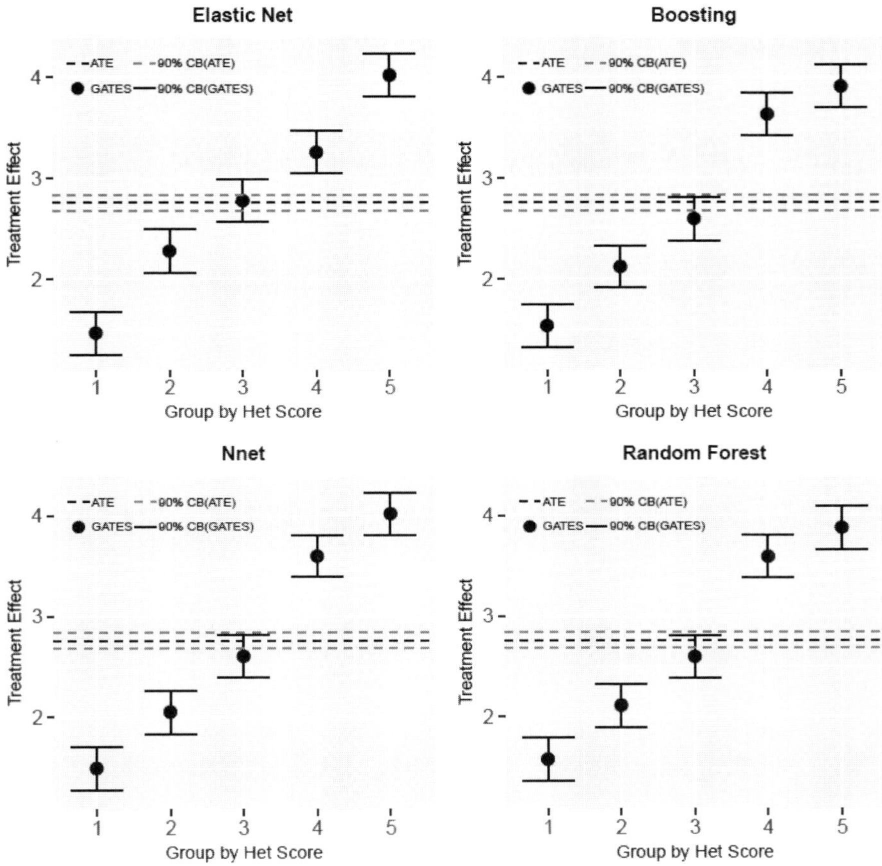

Note : Estimation basée sur 100 partitions pour les 4 méthodes de machine learning utilisée. Les quantiles du vrai effet du traitement sont min : 1,00, 25 % : 2,00, 50 % : 2,54, 75 % : 3,92, max : 3,99.

Tableau 8.4 – Caractéristiques moyennes estimées pour les groupes les plus et les moins affectés $\mathbb{E}[X_k|G_5]$ et $\mathbb{E}[X_k|G_1]$.

	Réseaux de neurones			Boosting		
	Plus Affecté	Moins Affecté	Différence	Plus Affecté	Moins Affecté	Différence
X_1	0,777	0,235	0,539	0,720	0,248	0,475
	(0,762 ; 0,793)	(0,219 ; 0,252)	(0,517 ; 0,561)	(0,703 ; 0,737)	(0,231 ; 0,264)	(0,451 ; 0,498)
X_2	0,768	0,238	0,529	0,715	0,268	0,453
	(0,752 ; 0,785)	(0,221 ; 0,256)	(0,504 ; 0,553)	(0,698 ; 0,734)	(0,250 ; 0,285)	(0,427 ; 0,478)

Note : Réalisé sur la base de 100 divisions (voir CLAN dans Chernozhukov *et al.* (2017)) pour les deux variables X_1 et X_2 avec des intervalles de confiance robustes pour les quatre méthodes ML utilisées. Le « moins affecté » correspond au groupe G_1 et le « plus affecté » correspond au groupe G_5.

8.6 Bilan du chapitre

Mots clés

Effets hétérogènes du traitement, *Conditional Average Treatment Effect* (CATE), paramètres de nuisance, *R-learner*, propriété « d'honnêteté » de l'arbre (*honest trees*), *bagging*, les forêts causales, critère de segmentation, endogénéité, l'arbre de gradient, *Generic Machine Learning*, caractéristiques clés du CATE, meilleur prédicteur linéaire (*Best Linear Predictor*) du CATE, Incertitude « variationnelle ».

Lectures complémentaires

Athey et Wager (2019) développent une application des forêts aléatoires causales en utilisant le package `grf` dans le but d'estimer, à partir des données de l'étude nationale des mentalités d'apprentissage, l'effet d'une intervention de type « nudge » (des suggestions indirectes) pour essayer d'insuffler aux étudiants la croyance que l'intelligence peut être développée par la réussite scolaire.

Code et données

L'estimation en deux étapes de (8.5) proposée par Nie et Wager (2020) est implémentée dans le package R `rlearner`, `github.com/xnie/rlearner`. Le code et les données associés à Athey et Wager (2019) sont fournis sur `github.com/grf-labs`. Des simulations pour la section 8.4.4 sont également disponibles à cette adresse.

Les données de Abadie *et al.* (2002) pour l'application de la section 8.4.4 peuvent être téléchargées sur `economics.mit.edu/faculty/angrist/data1/data/abangim02`.

Les simulations de la section 8.5.4 utilisent une adaptation du code de `github.com/demirermert/MLInference`. Ce code github contient également le jeu de données et le code pour reproduire l'application dans Chernozhukov *et al.* (2017).

Questions

1. Quel problème fondamental pose l'utilisation de méthodes de machine learning standard lorsque l'on souhaite estimer les effets causaux ?
2. Expliquez brièvement le problème mis en évidence par cette citation

de Athey (2017) et proposez une méthode vue dans ce chapitre pour le surmonter. « [In the context of evaluating the allocation of a treatment whose aim was to retain customers]. *The overlap between the group with highest risk of [not buying again] and the group who would respond most to interventions was only 50 %. Thus, treating the problem of retaining customers as if it were a prediction problem yielded lower payoffs to the firm.* »

3. Expliquez intuitivement ce que les splits aléatoires dans la construction des forêts aléatoires causales apportent en théorie. Que perd-on par rapport aux forêts aléatoires causales avec des divisions sélectionnées de manière optimale ?
4. Peut-on estimer l'effet de traitement moyen conditionnel

$$\tau : x \mapsto \mathbb{E}\left[Y(1) - Y(0)|X = x\right]$$

en utilisant l'approche du *generic machine learning* ? Discutez.
5. Nous souhaitons faire de l'inférence sur un paramètre θ en utilisant un seul échantillon que l'on divise en deux data $= \{A, M\}$. Nous utilisons le sous-échantillon M pour entraîner un estimateur ML $\widehat{\theta}$. Nous utilisons ensuite le sous-échantillon A pour l'évaluer, ce qui conduit à l'estimateur $\widehat{\theta}_A$. Quel type d'inférence pouvons-nous faire ? Quel problème soulève-t-elle ?
6. Expliquez intuitivement pourquoi le partitionnement de l'échantillon est utile dans l'estimation des forêts aléatoires causales pour obtenir la convergence de l'estimateur de l'effet de traitement hétérogène. Comment appelle-t-on cette propriété ?
7. Quelles sont les principales différences entre les forêts aléatoires et les forêts aléatoires causales ? Comment sont-elles mises en œuvre dans la pratique ?
8. Décrivez le meilleur prédicteur linéaire du CATE en utilisant deux proxies d'apprentissage automatique m_0 et T de, respectivement, $\mathbb{E}\left[Y|X, D = 0\right]$ et du CATE.

8.7 Preuves et résultats complémentaires

Preuve du lemme 8.1. Prenons $0 < \eta < 1$ et désignons par

- $c(x)$ le nombre de coupures conduisant à la feuille $L(x)$,
- $c_j(x)$ le nombre de coupures créant la feuille $L(x)$ le long de l'axe j.

Puis, en utilisant que T est α-régulier, le nombre minimal d'observations dans $L(x)$ est $s\alpha^{c(x)}$, $\alpha > 1$, qui est donc inférieur ou égal à $2k-1$. On obtient ainsi

$$c(x) \geq c_0 := \frac{\log\left(s/(2k-1)\right)}{\log(\alpha^{-1})}.$$

En utilisant le fait que T est un arbre divisé au hasard, avec une grande probabilité, nous avons

$$c_j(x) \geq Z, \quad Z \sim \text{Binomial}\left(c_0, \frac{\delta}{p}\right)$$

que le nombre total minimal de coupures qui conduisent à $L(x)$ est c_0 et qu'à chacun de ces nœuds, la probabilité de tirer la j-ième coordonnée est bornée par le bas par δ/p. Ensuite, nous utilisons la borne multiplicative de Chernoff

$$\mathbb{P}\left(c_j(x) \leq (1-\eta)\mu_0\right) \leq e^{-\eta^2\mu_0/2}, \tag{8.33}$$

où $\mu_0 = \mathbb{E}[Z] = \delta c_0/p$. Enfin, Wager et Walther (2015) montrent que le diamètre de la feuille le long de l'axe j est lié au nombre d'observations dans la feuille, **quand les covariables sont uniformément distribuées**, $L(x)$ *via*

$$\text{Diam}(L(x)) \leq (1-\alpha)^{0.99 c_j(x)}.$$

En combinant cette inégalité avec (8.33) cela nous conduit au résultat. □

Preuve du lemme 8.2. Commençons par la définition (8.8) qui entraîne $\mathbb{E}\left[\widehat{\mu}(x)\right] = \mathbb{E}\left[T(x; Z_i)\right]$. Puis, nous définissons $\tilde{\mu}(x)$ comme $\widehat{\mu}(x)$ en remplaçant $\alpha_i(x)$ par

$$\tilde{\alpha}_i(x) = \frac{1\left\{X_i \in L(x)\right\}}{s|L(x)|},$$

où $|L(x)|$ est la mesure de Lebesgue de la feuille $L(x)$. En utilisant l'hypothèse d'honnêteté (c'est-à-dire que Y est indépendant de $L(x)$) pour la troisième égalité et que $\mathbb{P}\left(X_i \in L(x) | L(x)\right) = |L(x)|$ pour la quatrième égalité, nous avons

$$\begin{aligned}
&\mathbb{E}\left[\tilde{\mu}(x)\right] - \mu(x) \\
&= \mathbb{E}\left[T(x; Z)\right] - \mathbb{E}\left[Y | X = x\right]
\end{aligned}$$

$$
\begin{aligned}
&= \mathbb{E}\left[\mathbb{E}\left[\sum_{i\in\{i_1,\dots,i_s\}} \frac{1\{X_i \in L(x)\}}{s|L(x)|} Y_i \middle| L(x), X_i \in L(x)\right]\right] - \mathbb{E}[Y|X=x] \\
&= \frac{1}{s}\sum_{i\in\{i_1,\dots,i_s\}} \mathbb{E}\left[\frac{1\{X_i \in L(x)\}}{|L(x)|}\middle| L(x)\right] \mathbb{E}[\mathbb{E}[Y_i|X_i \in L(x)]] - \mathbb{E}[Y|X=x] \\
&= \mathbb{E}[\mathbb{E}[Y|X \in L(x)] - \mathbb{E}[Y|X=x]].
\end{aligned}
$$

Puis, en utilisant que $x \mapsto \mathbb{E}[Y|X=x]$ est lipschitzienne, il existe une constante $C > 0$,

$$
|\mathbb{E}[Y|X \in L(x)] - \mathbb{E}[Y|X=x]| \leq C\mathrm{Diam}(L(x)). \tag{8.34}
$$

Ensuite, en utilisant le fait que la longueur diagonale d'un hyper-cube unitaire en dimension p est $\sqrt{p}$,

$$
\left\{\mathrm{Diam}(L(x)) \geq \sqrt{p}\left(\frac{s}{2k-1}\right)^{-\alpha_1\delta/p}\right\}
$$

est un sous-ensemble de

$$
\bigcup_{j=1}^{p}\left\{\mathrm{Diam}_j(L(x)) \geq \left(\frac{s}{2k-1}\right)^{-\alpha_1\delta/p}\right\},
$$

et en utilisant le lemme 8.1, il vient

$$
\begin{aligned}
&\mathbb{P}\left(\mathrm{Diam}(L(x)) \geq \sqrt{p}\left(\frac{s}{2k-1}\right)^{-\alpha_1\delta/p}\right) \\
&\leq \sum_{j=1}^{p}\mathbb{P}\left(\mathrm{Diam}_j(L(x)) \geq \left(\frac{s}{2k-1}\right)^{-\alpha_1\delta/p}\right) \\
&\leq p\left(\frac{s}{2k-1}\right)^{-\alpha_2\delta/p}.
\end{aligned}
$$

Nous concluons en prenant $\eta = \sqrt{\log((1-\alpha)^{-1})} \leq 0,49$ (donc $0,99(1-\eta) \geq 0,51$, d'où le facteur $1/2$ dans α_3) et avec $\mathbb{E}[\tilde{\mu}(x) - \widehat{\mu}(x)] = \mathcal{O}\left(n^{-1/2}\right)$. □

Les idées clés pour la preuve du théorème 8.1. Une forêt aléatoire est une U-statistique, ce qui signifie qu'elle peut être écrite comme suit

$$
\mu = \binom{n}{s}^{-1} \sum_{\boldsymbol{i}\in\{1,\dots,n\}^s,\ \text{with } \boldsymbol{i}_1<\dots<\boldsymbol{i}_s} T(Z_{\boldsymbol{i}_1},\dots,Z_{\boldsymbol{i}_s})
$$

pour une fonction bornée T (voir le chapitre 12 p.162 dans Van der Vaart (1998)). Notons que sous les hypothèses du théorème 8.1, la fonction de régression étant Lipschitz sur un intervalle fermé borné, elle est bornée. La façon habituelle de prouver la normalité asymptotique pour les U-statistiques est d'utiliser la projection $\mathring{\widehat{\mu}}(x)$ de $\widehat{\mu}(x)$ sur la classe $\mathcal{S}$ de toutes les statistiques de la forme

$$\sum_{i=1}^{n} g_i^x(Z_i)$$

où $\mathbb{E}\left[(g_i^x(Z_i))^2\right] < \infty$, que l'on appelle la projection de Hájek. Alors, à partir de $\widehat{\mu}(x) = (\widehat{\mu}(x) - \mathring{\widehat{\mu}}(x)) + \mathring{\widehat{\mu}}(x)$, la preuve revient à montrer que $\widehat{\mu}(x) - \mathring{\widehat{\mu}}(x) \xrightarrow{p} 0$ et à appliquer le théorème central limite à la projection $\mathring{\widehat{\mu}}(x)$. Plus précisément, nous utilisons la proposition 8.1 (qui est le lemme 11.10 dans le chapitre 11 de Van der Vaart (1998)).

Proposition 8.1. *Soit $Z_1, \ldots, Z_n$ des vecteurs aléatoires indépendants, alors la projection d'une variable aléatoire W avec un second moment fini sur la classe $\mathcal{S}$ est donnée par*

$$\mathring{W} = \mathbb{E}[W] + \sum_{i=1}^{n} (\mathbb{E}[W|Z_i] - \mathbb{E}[W]).$$

Preuve de la proposition 8.1. La preuve découle du fait que $\mathring{W}$ appartient à $\mathcal{S}$ et parce que nous pouvons vérifier que pour tout $S \in \mathcal{S}$,

$$\mathbb{E}\left[(W - \mathring{W})S\right] = 0.$$

En effet, pour tout $i \in \{1, \ldots, n\}$,

$$\mathbb{E}\left[(W - \mathring{W})g_i(Z_i)\right] = \mathbb{E}\left[\underbrace{\left(\mathbb{E}[W|Z_i] - \mathbb{E}[\mathring{W}|Z_i]\right)}_{=0} g_i(Z_i)\right]$$

parce que pour tout $j \neq i$, par indépendance $\mathbb{E}[\mathbb{E}[W|Z_i]|Z_j] = \mathbb{E}[W]$. □

Ensuite, un résultat important (voir le théorème 11.2 dans Van der Vaart (1998)), permettant de ramener l'analyse asymptotique de $(W - E(W))/\mathrm{Sd}(W)$

à celle basée sur la projection $(\overset{\circ}{W} - \mathbb{E}[\overset{\circ}{W}])/\mathrm{Sd}(\overset{\circ}{W})$, stipule que si la projection $\overset{\circ}{W}$ satisfait

$$\lim_{n\to\infty} \frac{\mathrm{Var}(W)}{\mathrm{Var}(\overset{\circ}{W})} \to 1 \tag{8.35}$$

alors

$$\frac{W - \mathbb{E}[W]}{\mathrm{Sd}(W)} - \frac{\overset{\circ}{W} - \mathbb{E}[\overset{\circ}{W}]}{\mathrm{Sd}(\overset{\circ}{W})} \xrightarrow{p} 0.$$

Ainsi, pour prouver la normalité asymptotique de la forêt aléatoire, on pourrait essayer de montrer (8.35). Cependant, ceci n'est pas valable pour les arbres de régression. Par conséquent, Wager et Athey (2017) montrent plutôt une adaptation proche de cette propriété (8.35) (à savoir que les arbres de régression sont ν-incrémentaux) qui stipule que sous les conditions du théorème 8.1, il existe $C_1(\cdot)$ tel que

$$\liminf_{s\to\infty} \frac{\mathrm{Var}(\overset{\circ}{T}(x))}{\mathrm{Var}(T(x))} \log(s)^p \geq C_1(x). \tag{8.36}$$

où on note par simplicité $T(x) := \mathbb{E}_{\xi\sim\Xi}[T_\xi(x; Z_1, Z_2, \ldots, Z_s)]$ (où l'espérance est seulement sur le caractère aléatoire de ξ, donc $T(x)$ dépend de $Z_1, Z_2, \ldots, Z_s$). Ensuite, ils utilisent que par l'indépendance des observations et la permutation de symétrie des arbres T, pour un sous-échantillon $\mathcal{I}_b$ de $\{1, \ldots, n\}$,

$$\mathbb{E}[T(x; Z_{b,1}, \ldots, Z_{b,s})|Z_j = z] = \begin{cases} \mathbb{E}[T(x; z, Z_{b,2}, \ldots, Z_{b,s})] & \text{if } j \in \mathcal{I}_b \\ \mathbb{E}[T(x; Z_{b,1}, Z_{b,2}, \ldots, Z_{b,s})] & \text{if } j \notin \mathcal{I}_b \end{cases}$$

ce qui entraîne dans (8.8) que, pour $i \in \{1, \ldots, n\}$, en avec $C_n^s = \begin{pmatrix} n \\ s \end{pmatrix}$,

$$\begin{aligned}
&\mathbb{E}[\widehat{\mu}(x)|Z_i = z] - \mathbb{E}[\widehat{\mu}(x)] \\
&= \sum_{\mathcal{I}_b : i \in \mathcal{I}_b} \frac{\mathbb{E}[\mathbb{E}_{\xi\sim\Xi}[T_\xi(x; Z_{b,1}, ., Z_{b,s})]|Z_i = z] - \mathbb{E}[\mathbb{E}_{\xi\sim\Xi}[T_\xi(x; Z_{b,1}, ., Z_{b,s})]]}{C_n^s}, \\
&= (C_n^s)^{-1} C_{n-1}^{s-1}(\mathbb{E}[\mathbb{E}_{\xi\sim\Xi}[T_\xi(x; z, Z_2, ., Z_s)]] - \mathbb{E}[\mathbb{E}_{\xi\sim\Xi}[T_\xi(x; Z_1, Z_2, ., Z_s)]]) \\
&= \frac{s}{n}(\mathbb{E}[\mathbb{E}_{\xi\sim\Xi}[T_\xi(x; z, Z_2, \ldots, Z_s)]] - \mathbb{E}[\mathbb{E}_{\xi\sim\Xi}[T_\xi(x; Z_1, Z_2, \ldots, Z_s)]]),
\end{aligned}$$

et on a

$$\overset{\circ}{\widehat{\mu}}(x) = \mathbb{E}[\widehat{\mu}(x)] + \sum_{i=1}^{n} (\mathbb{E}[\widehat{\mu}(x)|Z_i] - \mathbb{E}[\widehat{\mu}(x)])$$

$$= \mathbb{E}\left[T(x)\right] + \frac{s}{n}\sum_{i=1}^{n}\left(\mathbb{E}\left[T(x)|Z_i\right] - \mathbb{E}\left[T(x)\right]\right). \tag{8.37}$$

De plus, on a

$$\overset{\circ}{T}(x) = \mathbb{E}\left[T(x)\right] + \sum_{i=1}^{s}\left(\mathbb{E}\left[T(x)|Z_i\right] - \mathbb{E}\left[T(x)\right]\right). \tag{8.38}$$

En utilisant (8.37)-(8.38) on obtient $\sigma_n^2(x) = s\text{Var}(\overset{\circ}{T}(x))/n$. Soit $\sigma_n^2(x)$ la variance de $\overset{\circ}{\widehat{\mu}}(x)$. Le lemme 7 dans Wager et Athey (2017) montre que

$$\begin{aligned}\frac{\mathbb{E}\left[\left(\widehat{\mu}(x) - \overset{\circ}{\widehat{\mu}}(x)\right)^2\right]}{\sigma_n^2(x)} &\leq \left(\frac{s}{n}\right)^2 \frac{\text{Var}(T(x))}{\sigma_n^2(x)} \\ &= \frac{s}{n}\frac{\text{Var}(T(x))}{\text{Var}(\overset{\circ}{T}(x))} \quad \left(\text{avec } \sigma_n^2(x) = \frac{s}{n}\text{Var}(\overset{\circ}{T}(x))\right),\end{aligned}$$

ce qui, avec (8.36), entraîne que

$$\frac{\mathbb{E}\left[\left(\widehat{\mu}(x) - \overset{\circ}{\widehat{\mu}}(x)\right)^2\right]}{\sigma_n^2(x)} \to 0.$$

Il reste à montrer que le côté droit de l'équation (8.37) satisfait aux conditions du théorème central limite de Lyapunov. □

Preuve du théorème 8.3. Nous montrons seulement que

$$\beta_2 = \frac{\text{Cov}(\tau(X), T(X))}{\text{Var}(T(X))},$$

puisque la preuve pour β_1 suit un raisonnement similaire. Les équations normales (8.30) qui identifient (β_1, β_2) donnent, pour β_2, les valeurs suivantes

$$\beta_2 = \frac{\text{Cov}(w(X)(D - p(X))Y, T(X) - \mathbb{E}\left[T(X)\right])}{\text{Var}(T(X) - \mathbb{E}\left[T(X)\right])}. \tag{8.39}$$

Le dénominateur vaut $\text{Var}(T(X))$. Maintenant, comme $T(X) - \mathbb{E}\left[T(X)\right]$ est de moyenne nulle, le numérateur de (8.39) est

$$\begin{aligned}&\text{Cov}(w(X)(D - p(X))Y, T(X) - \mathbb{E}\left[T(X)\right]) \\ &= \mathbb{E}\left[w(X)(D - p(X))Y(T(X) - \mathbb{E}\left[T(X)\right])\right].\end{aligned} \tag{8.40}$$

Rappelons que $Y = \mu_0(X) + D\tau(X) + U$ donc le résultat provient de (8.40) et des trois points suivants. Premièrement, en utilisant la loi des espérances itérées, nous avons

$$\begin{aligned}
&\mathbb{E}\left[w(X)(D-p(X))\mu_0(X)(T(X)-\mathbb{E}\left[(X)\right])\right] \\
&= \mathbb{E}\left[w(X)\mu_0(X)(T(X)-\mathbb{E}\left[(X)\right])\underbrace{\mathbb{E}\left[D-p(X)|X\right]}_{=0}\right] \\
&= 0.
\end{aligned}$$

Puis, on a $D|X \sim \mathcal{B}(p(X))$ alors

$$\mathbb{E}\left[w(X)(D-p(X))D|X\right] = \mathbb{E}\left[w(X)(D-p(X))^2|X\right] = 1,$$

et donc

$$\begin{aligned}
\mathbb{E}\left[w(X)(D-p(X))D\tau(X)(T(X)-\mathbb{E}\left[T(X)\right])\right] &= \mathbb{E}\left[\tau(X)(T(X)-\mathbb{E}\left[T(X)\right])\right] \\
&= \mathrm{Cov}\left(\tau(X), T(X)\right).
\end{aligned}$$

Enfin, on a

$$\begin{aligned}
&\mathbb{E}\left[w(X)(D-p(X))U(T(X)-\mathbb{E}\left[T(X)\right])\right] \\
&= \mathbb{E}\left[w(X)(D-p(X))\underbrace{\mathbb{E}\left[U|D,X\right]}_{=0}(T(X)-\mathbb{E}\left[T(X)\right])\right] \\
&= 0,
\end{aligned}$$

ce qui conduit au résultat. □

Intuitions pour la preuve du théorème 8.2. La preuve découle du fait que $\tilde{\tau}^*(x)$ est formellement équivalent au résultat d'une forêt de régression, donc en utilisant le théorème 8.1 nous avons

$$\frac{\tilde{\tau}^*(x) - \tau(x)}{\sigma_n(x)} \to_d \mathcal{N}(0,1).$$

Ensuite, d'après le théorème 3 (consistance de $(\widehat{\tau}, \widehat{\mu})$) et le lemme 4 de Athey *et al.* (2019) nous avons

$$\frac{n}{s}\left(\tilde{\tau}^*(x) - \widehat{\tau}(x)\right)^2 = \mathcal{O}_p\left(\left(\frac{s}{n}\right)^{2/3}\right) \tag{8.41}$$

donc $(\tilde{\tau}^*(x) - \hat{\tau}(x))/\sigma_n \xrightarrow{p} 0$ ce qui donne le résultat. La partie technique du théorème est la preuve du lemme 4 qui donne (8.41). □

Preuve du théorème 8.4. On a que $p_{0,5} \leq \alpha/2$ ce qui est équivalent à $\mathbb{E}\left[1\left\{p_A \leq \alpha/2\right\}|\text{Data}\right] \geq 1/2$, ce qui entraîne

$$\begin{aligned}\mathbb{P}_P\left(p_{0.5} \leq \alpha/2\right) =& \mathbb{E}_P\left[1\left\{\mathbb{E}_P\left[1\left\{p_A \leq \alpha/2\right\}|\text{Data}\right] \geq 1/2\right\}\right] \\ \leq& \mathbb{P}_P\left(p_A \leq \alpha/2\right)/(1/2) \quad \text{(en utilisant l'inégalité de Markov)} \\ \leq& 2\left(\alpha/2 + \delta + P_P(Data \notin \mathcal{A})\right) \quad \text{(en utilisant l'hypothèse 8.6).}\end{aligned}$$

□

Bibliographie

ABADIE, A., ANGRIST, J. et IMBENS, G. (2002). Instrumental variables estimates of the effect of subsidized training on the quantiles of trainee earnings. *Econometrica*, 70(1):91–117.

ATHEY, S. (2017). Beyond prediction : Using big data for policy problems. *Science*, 355(6324): 483–485.

ATHEY, S. et IMBENS, G. (2016). Recursive partitioning for heterogeneous causal effects. *Proceedings of the National Academy of Sciences*, 113(27):7353–7360.

ATHEY, S., TIBSHIRANI, J. et WAGER, S. (2019). Generalized random forests. *The Annals of Statistics*, 47(2):1148–1178.

ATHEY, S. et WAGER, S. (2019). Estimating treatment effects with causal forests : An application. *arXiv preprint arXiv :1902.07409.*

ATHEY, S. et WAGER, S. (2021). Policy learning with observational data. *Econometrica*, 89(1):133–161.

BÜHLMANN, P. et YU, B. (2002). Analyzing bagging. *The Annals of Statistics*, 30(4):927–961.

CHERNOZHUKOV, V., DEMIRER, M., DUFLO, E. et FERNANDEZ-VAL, I. (2017). Generic machine learning inference on heterogenous treatment effects in randomized experiments. *arXiv preprint arXiv :1712.04802.*

DAROLLES, S., FAN, Y., FLORENS, J.-P. et RENAULT, E. (2011). Nonparametric instrumental regression. *Econometrica*, 79(5):1541–1565.

DAVIS, J. et HELLER, S. B. (2017). Using causal forests to predict treatment heterogeneity : An application to summer jobs. *American Economic Review*, 107(5):546–50.

DAVIS, J. M. et HELLER, S. B. (2020). Rethinking the Benefits of Youth Employment Programs : The Heterogeneous Effects of Summer Jobs. *The Review of Economics and Statistics*, 102(4):664–677.

EFRON, B. (2014). Estimation and accuracy after model selection. *Journal of the American Statistical Association*, 109(507):991–1007.

FARRELL, M. H., LIANG, T. et MISRA, S. (2021). Deep neural networks for estimation and inference. *Econometrica*, 89(1):181–213.

HSU, Y.-C. (2017). Consistent tests for conditional treatment effects. *The Econometrics Journal*, 20(1):1–22.

HUSSAM, R., RIGOL, N. et ROTH, B. N. (2022). Targeting high ability entrepreneurs using community information : Mechanism design in the field. *American Economic Review*, 112(3):861–898.

IMAI, K. et RATKOVIC, M. (2014). Covariate balancing propensity score. *Journal of the Royal Statistical Society : Series B (Statistical Methodology)*, 76(1):243–263.

KENNEDY, E. H. (2020). Optimal doubly robust estimation of heterogeneous causal effects. *arXiv preprint arXiv :2004.14497.*

KÜNZEL, S. R., SEKHON, J. S., BICKEL, P. J. et YU, B. (2019). Metalearners for estimating heterogeneous treatment effects using machine learning. *Proceedings of the national academy of sciences*, 116(10):4156–4165.

LEI, J., G'SELL, M., RINALDO, A., TIBSHIRANI, R. J. et WASSERMAN, L. (2017). Distribution-free predictive inference for regression. *Journal of the American Statistical Association.*

LIST, J. A., SHAIKH, A. M. et XU, Y. (2016). Multiple hypothesis testing in experimental economics. Rapport technique, National Bureau of Economic Research.

NEWEY, W. K. et POWELL, J. L. (2003). Instrumental variable estimation of nonparametric models. *Econometrica*, 71(5):1565–1578.

NIE, X. et WAGER, S. (2020). Quasi-oracle estimation of heterogeneous treatment effects. *Biometrika*, 108(2):299–319.

ROBINSON, P. M. (1988). Root-n-consistent semiparametric regression. *Econometrica*, pages 931–954.

ROMANO, J. P. et WOLF, M. (2005). Stepwise multiple testing as formalized data snooping. *Econometrica*, 73(4):1237–1282.

Van der VAART, A. W. (1998). *Asymptotic statistics.* Cambridge University Press.

WAGER, S. et ATHEY, S. (2017). Estimation and inference of heterogeneous treatment effects using random forests. *Journal of the American Statistical Association.*

WAGER, S., HASTIE, T. et EFRON, B. (2014). Confidence intervals for random forests : The jackknife and the infinitesimal jackknife. *The Journal of Machine Learning Research*, 15(1):1625–1651.

WAGER, S. et WALTHER, G. (2015). Adaptive Concentration of Regression Trees, with Application to Random Forests. *ArXiv e-prints.*

Chapitre 9

Apprendre la politique optimale

Considérons le problème d'un planificateur qui dispose de ressources budgétaires limitées pour subventionner un programme. Il est légitime de se demander si l'on peut parvenir à informer sa décision en apprenant la politique optimale d'allocation à ce programme (*optimal policy learning*) à partir des résultats d'une expérience randomisée. Le problème consiste donc à déterminer une allocation fixe de ressources, qui constitue le traitement, à une population cible. Plusieurs objectifs peuvent être poursuivis, mais par simplicité nous supposons qu'il veut maximiser le bien-être espéré pour cette population, sous ces contraintes de ressources. En pratique et par souci de simplicité, le bien-être sera ici associé à une variable de résultat directement mesurable, par exemple le retour à l'emploi ou les revenus de court/long terme pour un programme de formation, ou spécifié au travers d'une forme fonctionnelle supposée connue.

La section 9.1 commence par introduire formellement la problématique et donne la forme de la politique optimale dans un cadre simplifié. Après avoir introduit le critère du regret minimax comme mesure de performance, la section 9.2.1 détaille les outils pour estimer la politique optimale en maximisant le bien-être empirique lorsque le score de propension est connu. Dans de nombreux cas, ce dernier doit cependant être estimé. La section 9.2.2 décrit comment adapter les outils développés à ce contexte. Enfin la section 9.3 développe une application à l'optimisation d'un programme de formation.

9.1 Problématique : apprentissage de la politique optimale

9.1.1 La politique optimale dans un cadre simplifié

Présentons plus formellement le cadre simplifié utilisé dans Bhattacharya et Dupas (2012). Soit Y le résultat observé au niveau individuel et D un traitement binaire, qui doit être déterminé par une règle de décision spécifique. Le chercheur dispose également d'informations X sur les individus, sur lesquelles la décision d'allocation $\pi : \mathcal{X} \to \{0,1\}$, où $\mathcal{X}$ est le support de X, peut se baser. La fonction π représente la politique d'affectation des agents ayant les caractéristiques X au groupe de traitement ou de contrôle. Notons ici que π est un classifieur binaire. Nous désignons par $Y = DY(1)+(1-D)Y(0)$, où $Y(0)$ et $Y(1)$ sont les valeurs du résultat potentiel Y respectivement sans et avec traitement. Nous supposons encore ici que le traitement peut être considéré comme aléatoire conditionnellement aux variables observées (*unconfoundedness*).

Hypothèse 9.1 (Indépendance conditionnelle)**.**

$$D \perp\!\!\!\perp (Y(0), Y(1)) \mid X, \tag{9.1}$$

En particulier, cela exclut le cas où les personnes ayant les effets anticipés les plus importants sur la base de certaines variables non observables sont aussi les plus susceptibles d'être traitées. Une façon de modéliser ce problème du planificateur consiste à déterminer une allocation $\pi : \mathcal{X} \to [0,1]$ de sorte que l'utilité espérée

$$W(\pi) := \mathbb{E}\left(Y(\pi(X))\right) = \int_{x\in\mathcal{X}} \mathbb{E}\left[Y(\pi(X))|X=x\right] dF_X(x) \tag{9.2}$$

soit maximisée – on assimile ici par simplicité l'utilité et la variable de résultat Y – sous la contrainte $c \geq \mathbb{E}(\pi(X))$, où c est une borne supérieure sur la fraction des individus qui peuvent être traités, supposée être proportionnelle à la contrainte budgétaire. En utilisant l'hypothèse 9.1 pour décomposer (9.2), le problème se réécrit sous la forme :

$$\max_{\pi(\cdot)} \int_{x\in\mathcal{X}} \mu_1(x)\pi(x) + \mu_0(x)(1-\pi(x))dF_X(x) \tag{9.3}$$
$$s.c. \quad \int_{x\in\mathcal{X}} \pi(x)dF_X(x) \leq c,$$

avec $\mu_j(x) := \mathbb{E}[Y|\ X = x,\ D = j]$, $j \in \{0,1\}$. Sous cette même hypothèse 9.1, $\tau(x) := \mathbb{E}[Y(1) - Y(0)|\ X = x]$, l'effet du traitement moyen conditionnel (CATE pour *Conditional Average Treatment Effect*), peut être décomposé en :

$$\tau(x) = \mu_1(x) - \mu_0(x).$$

On remarque alors que la fonction objectif du problème (9.3) se réécrit

$$\int_{x\in\mathcal{X}} \mu_0(x) + \tau(x)\pi(x)dF_X(x).$$

Hypothèse 9.2. *Supposons que*

(i) pour un $\delta \geq 0$, on a $\mathbb{P}(\tau(X) > \delta) > c$ (la contrainte est pertinente),

(ii) $F_{\tau(X)}$ est strictement croissante et $\tau(X)$ a un support borné.

L'hypothèse 9.2 (ii) implique que $\gamma \in \mathcal{X} \mapsto \mathbb{P}(\tau(X) \geq \gamma)$ est décroissante.

Proposition 9.1. *Sous les hypothèses* (9.1)-(9.2), *la politique optimale solution de* (9.3) *prend la forme*

$$\pi(X) = 1\{\tau(X) \geq \gamma\},\ \gamma \ s.c.\ c = \int_{x\in\mathcal{X}} \pi(x)dF_X(x). \tag{9.4}$$

La politique optimale (9.4) (ou *classifieur de Bayes*) consiste donc à allouer au traitement les agents pour lesquels le bénéfice est supérieur au coût. Le problème empiriquement est double : le bénéfice doit d'abord être estimé et cette politique est ensuite potentiellement très complexe à implémenter, si les groupes qui bénéficient le plus du traitement sont très hétérogènes. Dans (9.4), γ est le $(1-c)$ quantile de la variable aléatoire $\tau(X)$, qui est unique lorsque $F_{\tau(X)}$ est croissant. Ce problème illustre donc de manière simple que la connaissance de l'effet hétérogène du traitement $\tau(\cdot)$ permettrait idéalement d'attribuer le traitement de manière efficace.

Remarque 9.1 : Formulation duale et extension

Notez que la formulation duale du problème est également intéressante : on chercherait à estimer le coût minimum pour obtenir une valeur moyenne donnée du résultat dans la population

$$\min_{\pi(\cdot)} \int_{x\in\mathcal{X}} \pi(x)dF_X(x) \tag{9.5}$$
$$\text{s.c.} \quad \int_{x\in\mathcal{X}} \mu_1(x)\pi(x) + \mu_0(x)(1-\pi(x))dF_X(x) = b,$$

Notez également qu'une extension directe de (9.3) permet de gérer l'hétérogénéité du coût du traitement dans la population $h(\cdot)$, ce qui donne lieu à la contrainte budgétaire modifiée suivante

$$c = \int_{x\in\mathcal{X}} h(x)\pi(x)dF_X(x),$$

et la solution pour le problème modifié (9.3)

$$\pi(X) = 1\left\{\tau(X) - h(X) \geq \gamma\right\}, \ \gamma \ \text{s.c.} \ c = \int_{x\in\mathcal{X}} h(x)\pi(x)dF_X(x).$$

De manière plus générale, il est donc intéressant d'identifier les populations qui bénéficient plus ou moins du traitement. Une limite qui n'est pas abordée dans le cadre ci-dessus est le fait qu'il peut y avoir des externalités négatives : les agents traités vont bénéficier au détriment des agents non traités. Par exemple, Crépon *et al.* (2013) estiment ces effets sur le marché du travail. Une autre limite est que l'approche ci-dessus *via* (9.4) suggère pour l'estimation une approche dite « *plug-in* » : estimer le CATE pour trouver la politique optimale. Le problème d'apprentissage de la politique optimale paraît pourtant plus simple, puisque l'on veut seulement déterminer une règle d'affectation au traitement (potentiellement sous contraintes) et non pas estimer précisément l'hétérogénéité de l'effet du traitement.

9.1.2 Le critère de regret minimax

Un compromis ressort de cette présentation : d'un côté, la richesse des variables X disponibles permettrait d'adapter au plus fin, de « cibler », l'allocation au traitement. D'un autre côté, la complexité de la politique d'allocation va augmenter avec la dimension des variables disponibles. Ce compromis est d'autant plus critique que les politiques obtenues, pour être mises en pratique, doivent souvent répondre à certaines contraintes qui limitent les variables qui peuvent être utilisées pour prendre la décision de traiter, par exemple pour des questions légales ou d'équité. Cela limite aussi la complexité de la politique : elle doit souvent être claire, explicable, simple à implémenter. Ceci justifie que l'on cherche à obtenir la politique optimale au sein d'une classe de politiques Π qui incorpore ces contraintes. On ne suppose pas que la politique optimale donnée par (9.4) appartient à la classe Π et on ne cherche pas non plus à l'estimer. L'objectif, introduit et motivé dans Manski (2004) et Stoye (2009) est plutôt d'apprendre, à partir des données d'une expérience randomisée et d'une spécification donnée l'espérance d'utilité W et de sa contrepartie empirique, une politique $\widehat{\pi}$ qui va minimiser le regret

$$R(\pi) = W(\pi^*) - W(\pi), \tag{9.6}$$

par rapport *à la meilleure politique dans la classe* Π,

$$\pi^* = \arg\max\{W(\pi) : \ \pi \in \Pi\}$$

avec un contrôle du *regret* $R(\widehat{\pi})$ dans le pire des cas (*minimax regret criterion*) :

$$\sup_{P_n} \mathbb{E}(R(\widehat{\pi})),$$

où $\mathbb{E}$ est l'espérance par rapport à la distribution des données $(Y_i, D_i, X_i)_{i=1}^n$.

9.2 Maximisation du bien-être empirique

Nous présentons ici l'apprentissage de la politique optimale par maximisation du bien-être empirique, qui consiste à estimer $W(\pi)$ et à considérer l'argmax de cet estimateur. Nous commençons par le cadre simple où le score de propension est connu en section 9.2.1 puis expliquons comment se ramener à ce cas quand on doit estimer ce paramètre de nuisance en section 9.2.2. Il existe bien sûr désormais beaucoup de variantes de ce cas initial, par exemple avec contraintes d'équité (Viviano et Bradic, 2020), dans des expériences naturelles (Athey et Wager, 2021) ou en présence d'interactions (Viviano, 2019).

9.2.1 Maximisation du bien-être empirique avec score de propension connu

On considère le cadre d'une expérience randomisée ci-dessus avec l'hypothèse d'indépendance conditionnelle (9.1). De manière similaire à ce qui a été présenté dans l'exemple introductif et avec le score de propension $p(x) = \mathbb{E}[D = 1|X = x]$, le critère de bien-être $W(\pi)$ se réécrit :

$$\begin{aligned} W(\pi) &= \mathbb{E}\left[\frac{YD}{p(X)}\pi(X) + \frac{Y(1-D)}{1-p(X)}(1-\pi(X))\right] \\ &= \mathbb{E}(Y(0)) + \mathbb{E}\left[\left(\frac{YD}{p(X)} - \frac{Y(1-D)}{1-p(X)}\right)\pi(X)\right], \end{aligned} \tag{9.7}$$

où l'on reconnaît une structure proche de l'estimateur utilisant l'inverse du score de propension décrit en (3.5). L'idée proposée par Kitagawa et Tetenov (2018) est de maximiser le bien-être empirique :

$$\widetilde{\pi} = \arg\max_{\pi \in \Pi} \widehat{W}(\pi) \tag{9.8}$$

où

$$\widehat{W}(\pi) = \frac{1}{n}\sum_{i=1}^{n}\left[\frac{Y_i D_i}{p(X_i)} - \frac{Y_i(1-D_i)}{1-p(X_i)}\right]\pi(X_i).$$

Remarque 9.2 : Complexité d'une classe de décisions binaires

La dimension de Vapnik-Chervonenkis (ou VC-dimension, voir Vapnik, 1998 ; Van der vaart et Wellner, 1996) est souvent utilisée pour mesurer la complexité d'une classe d'ensembles.

Dans notre contexte, c'est la plus grande valeur $l \in \mathbb{N}$ telle qu'il existe un ensemble de l points $x^l = \{x_1, \ldots, x_l\}$ dans $\mathcal{X}$ qui soit « éclaté » par Π : c'est-à-dire que pour tout vecteur $v \in \{0,1\}^l$ il existe une politique

π_v contrainte à appartenir à la classe Π telle que $\pi_v(x_i) = v_i$, $i = 1, \ldots, l$.

Considérons des exemples qui ont une VC-dimension finie ou non :

- *Règles d'éligibilité linéaires* : la classe de politiques de la forme $\pi(x) = 1\{\beta_0 + x'\beta_1 \geq 0\}$, avec $(\beta_0, \beta_1) \in \mathbb{R}^{p+1}$ a une VC-dimension $VC(\Pi) = p + 1$;
- *Arbres de décision* : la classe d'arbre de décisions de profondeur L a une VC-dimension de l'ordre de $2^L \log(p)$;
- *Règles d'éligibilité monotones* : par exemple pour $x \in [0, 1]^2$, et si l'on décide de traiter les agents tels que $x_2 \geq f(x_1)$ où f est strictement croissante. Comme tout ensemble de points $x^l = \{x_1, \ldots, x_l\}$ avec $x_i = (a_i, a_i^2)$, $a_1 < \cdots < a_l$ peut être éclaté par Π, alors la VC-dimension est infinie.

Hypothèse 9.3. — *Hypothèse de chevauchement : il existe $\eta > 0$ tel que*

$$0 < \eta \leq p(x) \leq 1 - \eta < 1, \quad x \in \mathcal{X} \tag{9.9}$$

— *Variables bornées : il existe $M < \infty$ tel que $|Y| < M$ presque sûrement.*

— *Complexité de Π : La classe Π a une dimension de Vapnik-Chervonenkis $VC(\Pi)$ finie et est dénombrable.*

Pour des raisons de simplicité on se limitera au cadre de la VC-dimension finie dans ce chapitre, mais on note que Mbakop et Tabord-Meehan (2021) considèrent la maximisation contrainte à une collection de classes qui approximent une classe plus complexe, potentiellement de VC-dimension infinie, notamment les politiques monotones, mentionnées dans la remarque ci-dessus. Notons par $\mathcal{P}(M, \eta)$ l'ensemble des distributions des données qui satisfont les hypothèses (9.3).

Théorème 9.1 (Borne supérieure sur le regret, théorème 2.1 dans Kitagawa et Tetenov, 2018). *Supposons (9.3), alors on a le contrôle uniforme*

$$\sup_{P \in \mathcal{P}(M,\eta)} \mathbb{E}_P \left(W(\pi^*) - W(\widetilde{\pi}) \right) \leq \frac{CM}{\eta} \sqrt{\frac{VC(\Pi)}{n}}, \tag{9.10}$$

où C est une constante, $\pi^* = \arg\max \{W(\pi) \ : \ \pi \in \Pi\}$, et $\widetilde{\pi}$ est défini dans (9.8).

Le théorème 9.1 montre donc que l'espérance du regret dans le pire des cas de distribution des données $P \in \mathcal{P}(M, \eta)$ décroît en $\sqrt{VC(\Pi)/n}$. Ceci autorise donc des classes Π dont la complexité $VC(\Pi)$ augmente avec la taille d'échantillon, mais moins rapidement que n. De plus, Kitagawa et Tetenov (2018) montrent aussi une borne inférieure sur le risque, qui est le terme de gauche dans (9.10) : le meilleur risque est borné par en dessous par une borne qui est du même ordre $\sqrt{VC(\Pi)/n}$ que la borne supérieure (9.10). Ceci montre que la vitesse $\sqrt{VC(\Pi)/n}$ est optimale dans la classe $P \in \mathcal{P}(M, \eta)$.

Donnons quelques intuitions de la preuve du théorème 9.1. On a, pour toute politique $\pi \in \Pi$,

$$\begin{aligned} W(\pi) - W(\widetilde{\pi}) &= W(\pi) - \widehat{W}(\widetilde{\pi}) + \widehat{W}(\widetilde{\pi}) - W(\widetilde{\pi}) \\ &\leq W(\pi) - \widehat{W}(\widetilde{\pi}) + \sup_{\pi' \in \Pi} |\widehat{W}(\pi') - W(\pi')| \\ &\leq 2 \sup_{\pi' \in \Pi} |\widehat{W}(\pi') - W(\pi')| \end{aligned}$$

et donc en particulier pour $\pi = \pi^*$,

$$R(\widetilde{\pi}) \leq 2 \sup_{\pi' \in \Pi} |\widehat{W}(\pi') - W(\pi')|.$$

Le terme $\widehat{W}(\pi') - W(\pi')$ peut alors être vu comme un processus empirique centré, c'est-à-dire sous la forme :

$$\frac{1}{\sqrt{n}} \sum_{i=1}^{n} (f_{\pi'}(Y_i, X_i, D_i) - \mathbb{E}[f_{\pi'}(Y_i, X_i, D_i)]),$$

pour des fonctions

$$f_{\pi'}(Y_i, X_i, D_i) := \left(\frac{Y_i D_i}{p(X_i)} - \frac{Y_i(1 - D_i)}{1 - p(X_i)} \right) \pi'(X_i)$$

indexées par $\pi' \in \Pi$. Le résultat découle alors des inégalités sur l'espérance du supremum de processus empiriques indexées par des classes Π dont la complexité, *via* la VC-dimension, est contrôlée (Van der vaart et Wellner, 1996).

Aspects computationnels. Comme on apprend la politique optimale au travers d'un argmax dans le problème (9.8), il est important d'en décrire aussi les aspects computationnels. En effet, comme le problème (9.8) n'est pas un problème d'optimisation convexe en général, ces derniers sont importants. Pour cela, il est utile de re-paramétrer le problème, en notant que la fonction objectif (9.7) peut être recentrée et qu'il est équivalent de maximiser « l'avantage » de la politique π :

$$\begin{aligned} A(\pi) &= 2W(\pi) - \mathbb{E}[Y(0) + Y(1)] \\ &= \mathbb{E}[(2\pi(X) - 1)\tau(X)] \quad (\text{avec} \quad W(\pi) = \mathbb{E}[Y(\pi(X))]). \end{aligned} \tag{9.11}$$

On maximise alors l'avantage empirique :

$$\begin{aligned} \widetilde{A}(\pi) &= \frac{1}{n}\sum_{i=1}^{n}(2\pi(X_i) - 1)\left(\frac{Y_i D_i}{p(X_i)} - \frac{Y_i(1 - D_i)}{1 - p(X_i)}\right) \\ &= \frac{1}{n}\sum_{i=1}^{n}(2\pi(X_i) - 1)\Gamma_i, \quad \Gamma_i = \frac{Y_i D_i}{p(X_i)} - \frac{Y_i(1 - D_i)}{1 - p(X_i)} \qquad (9.12) \\ &= \frac{1}{n}\sum_{i=1}^{n}(2\pi(X_i) - 1)\text{sign}(\Gamma_i)\ |\Gamma_i|. \qquad (9.13) \end{aligned}$$

La formulation (9.13) fait apparaître l'apprentissage de politiques par maximisation empirique comme un *problème d'optimisation pondérée dans le cadre d'une classification.* On peut utiliser les outils développés en classification pondérées (voir *e.g.*, Athey et Wager, 2021 ; Zhou *et al.*, 2018 pour plus de détails) pour résoudre ce problème. Dans certains cas particuliers de classes de politiques, le problème peut être résolu exactement en utilisant une reformulation comme programme d'optimisation mixte en nombres entiers (*Mixed Integer Programming*). C'est le cas des classes Π linéaires (voir Appendice C de Kitagawa et Tetenov, 2018) ou des arbres de décision de profondeur finie (voir Zhou *et al.*, 2018). Cependant, la complexité du calcul augmentant avec la taille de l'échantillon, cela limite l'utilisation de cette approche exacte. Il existe aussi des algorithmes proposant des solutions approchées (pour des classes Π d'arbres de décision de profondeur finie, voir Zhou *et al.*, 2018) mais beaucoup moins coûteux en temps de calcul. Kitagawa et Tetenov (2018) proposent de

« convexifier » le risque en minimisant plutôt

$$\mathbb{E}[\phi(Yf(X))], \quad \text{où } \pi(x) = 1\{f(x) \geq 0\}, \tag{9.14}$$

pour des fonctions convexes ϕ bien choisies et certaines classes de fonctions f. Lorsque le vrai minimiseur π^* appartient à la classe Π considérée, alors la minimisation du risque de substitution (9.14), qui est un problème (convexe) beaucoup plus simple à résoudre que le problème de classification original consistant à maximiser (9.11), permet aussi la minimisation du risque initial (voir, *e.g.*, Zhang, 2004 ; Bartlett *et al.*, 2006). Cependant cette hypothèse n'est pas souhaitable dans le contexte de l'estimation de la politique optimale. Kitagawa et Tetenov (2018) donnent des conditions sous lesquelles la minimisation du risque de substitution (9.14) revient à minimiser le risque initial, *sans supposer que* la politique optimale appartient à la classe Π.

9.2.2 Maximisation du bien-être empirique avec score de propension estimé

Dans l'estimateur de la section 9.2.1, on a pour l'instant supposé connu le score de propension p. Dans la même logique que dans la section 8.1, on construit maintenant un estimateur doublement robuste à l'estimation de score de propension p, qui est ici un paramètre de nuisance. Dans le même esprit que l'estimateur proposé par Hahn (1998) (voir l'estimateur de l'inverse du score de propension augmenté (3.8)), Athey et Wager (2021) introduisent une modification des poids Γ_i dans (9.12) :

$$\widetilde{A}(\pi) = \frac{1}{n}\sum_{i=1}^{n}(2\pi(X_i) - 1)\Gamma_i^*$$
$$\Gamma_i^* = \mu_1(X_i) - \mu_0(X_i) + \frac{(Y_i - \mu_1(X_i))D_i}{p(X_i)} - \frac{(Y_i - \mu_0(X_i))(1 - D_i)}{1 - p(X_i)}.$$

Ces poids modifiés ont seulement un impact en échantillon fini, et en contrepartie ne changent pas en population de $\tilde{A}$, qui reste A. Ils sont introduit pour rendre les moments définissant A localement robustes (ou Neyman orthogonaux) à l'estimation des paramètres de nuisance qui sont ici μ_0, μ_1, et le score de propension p. Les poids Γ_i^* sont encore des poids « oracle » puisque les fonctions μ_j et p sont supposées connues. Comme dans la section 8.1, Athey et Wager (2021) utilisent alors l'ajustement croisé (*cross-fitting*), introduit en section 5.2, pour proposer un estimateur réalisable :

$$\widehat{A}(\pi) = \frac{1}{n}\sum_{i=1}^{n}(2\pi(X_i) - 1)\widehat{\Gamma}_i$$

$$\widehat{\Gamma}_i = \widehat{\mu}_1^{k(i)}(X_i) - \widehat{\mu}_0^{k(i)}(X_i) + \frac{(Y_i - \widehat{\mu}_1^{k(i)}(X_i))D_i}{\widehat{p}^{k(i)}(X_i)} - \frac{(Y_i - \widehat{\mu}_0^{k(i)}(X_i))(1 - D_i)}{1 - \widehat{p}^{k(i)}(X_i)}, \tag{9.15}$$

où $k(i)$ indique l'indice du sous-groupe de la partition $(I_k)_{k=1,\dots,K}$ des indices de l'échantillon $\{1, \dots, n\}$ dans lequel se trouve l'individu i, et

$$\widehat{\pi} = \arg\max_{\pi \in \Pi} \widehat{A}(\pi). \tag{9.16}$$

On suppose, comme dans le chapitre 8.1 que les fonctions μ_j, $j = 1, 2$ et p sont estimées suffisamment bien au sens suivant :

1. consistance uniforme des estimateurs

$$\sup_{x \in \mathcal{X}} |\widehat{\mu_j}(x) - \mu_j(x)|, \ \sup_{x \in \mathcal{X}} |\widehat{p}(x) - p(x)| \xrightarrow{p} 0;$$

2. et vitesse de convergence en norme L_2

$$\max\left(\mathbb{E}\left[(\widehat{\mu_j}(X) - \mu_j(X))^2\right], \mathbb{E}\left[(\widehat{p}(X) - p(X))^2\right]\right) = o_P(n^{-1/2}).$$

Ceci autorise un grand nombre de méthodes de machine learning sous différentes hypothèses de régularités classiques en estimation nonparamétrique (voir Zhou *et al.* (2018) pour plus de références et différents exemples de vitesses pour des classes de fonctions (paramétriques, classes de Holder ou de Sobolev, *Reproducing Kernel Hilbert Space* (RKHS)). Pour adapter les méthodes du chapitre 8.1, l'objectif est d'obtenir que l'estimateur avec paramètres de nuisance estimés $\widehat{A}$ soit proche de celui où ces derniers sont connus $\widetilde{A}$, soit pour une politique fixe $\pi \in \Pi$:

$$\sqrt{n}(\widehat{A}(\pi) - \widetilde{A}(\pi)) \xrightarrow{p} 0.$$

Cependant, pour pouvoir se ramener au cas où le score de propension est connu, et comme l'estimateur maximise le risque empirique sur $\pi \in \Pi$, il faut un résultat plus fort, valide uniformément sur l'ensemble des politiques $\pi \in \Pi$. Athey et Wager (2021) obtiennent alors le résultat clé suivant (lemme 4) qui garantit, si $VC(\Pi) \leq n^{1/2}$ que

$$\sqrt{n} \sup\{|\widehat{A}(\pi) - A^*(\pi)| : \pi \in \Pi\} \xrightarrow{p} 0$$

Le théorème 1 de Athey et Wager (2021) garantit alors une borne supérieure de la forme (9.10) dans le théorème 9.1, les fonctions μ_0, μ_1 et p étant estimées.

9.3 Application à l'optimisation d'un programme de formation

Nous continuons l'étude de l'expérience randomisée développée dans la section 8.4.4 et dans Kitagawa et Tetenov (2018) et Mbakop et Tabord-Meehan (2021). Nous ré-analysons ici les données du Job Training Partnership Act (JTPA), qui est un vaste programme de formation financé par l'État fédéral américain, dans l'objectif de déterminer une politique de formation optimale basée, pour simplifiée, uniquement sur les salaires passés et sur l'éducation. Deux tiers des individus sont répartis au hasard entre le groupe de traitement et le groupe de contrôle du JTPA, le traitement consistant à offrir une formation. On se concentre ici sur l'intention de traiter, et sur l'effet sur les revenus individuels à 30 mois. Malgré le fait que le score de propension soit connu, on utilise l'approche (9.15)-(9.16) de Athey et Wager (2021), où l'effet du traitement τ et le score de propension sont estimés en utilisant des forêts aléatoires (causale pour τ). La politique optimale est ensuite estimée *via* (9.16) en utilisant des arbres de décisions de profondeur fixe (1, 2, et 3 présentés figure 9.1). L'avantage est estimé en utilisant du partitionnement d'échantillon en $K = 10$, *via*

$$\widehat{A}_{CV} = \frac{1}{n} \sum_{k=1}^{K} \sum_{i \in \mathcal{S}_k} (2\widehat{\pi}^{(-k)}(X_i) - 1)\widehat{\Gamma}_i,$$

sur les différentes partitions de l'échantillon $\mathcal{S}_k$, et le gain reporté dans le tableau 9.1 de la même manière.

Figure 9.1 – Exemple d'arbre de décision de profondeurs fixes 1 (gauche) et 2 (droite) obtenus par maximisation du bien-être empirique

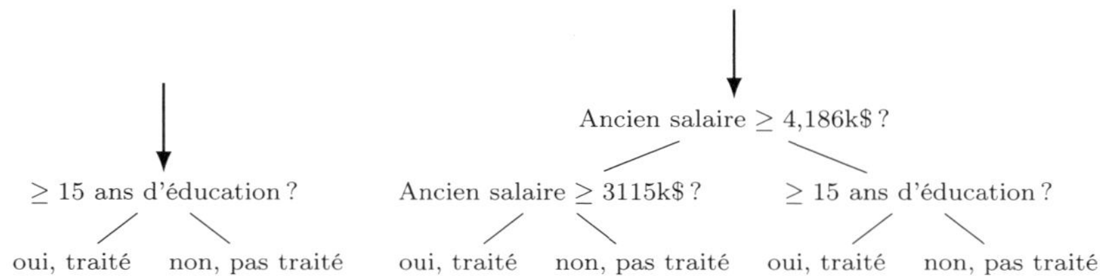

La figure 9.2 présente les politiques de traitement obtenues en minimisant le risque empirique en se restreignant aux classes d'arbres de décision de profondeurs fixes et sans restriction. Dans le cas de la classe des arbres de décision de profondeur 1, on obtient la même politique dans la classe des politiques par « quadrants » présentée en figure 1 dans Kitagawa et Tetenov (2018). On peut observer dans le tableau 9.1 que cette politique relativement simple apporte déjà un gain par rapport à la politique uniforme où l'on traite toute la population. Le gain est augmenté progressivement avec la complexité de la classe d'arbres considérée. Le gain « optimal » sans restrictions est important comparé à la politique uniforme, mais on note sur la figure 9.2 que ce dernier donne un plan d'allocation relativement complexe vis à vis des deux variables pertinentes ici que sont l'éducation et le précédent salaire. Cette analyse quantifie donc ce que l'on perdrait à utiliser la règle d'allocation très simple basée sur des arbres de décision de profondeur 1 plutôt qu'une règle optimale mais complexe à mettre en place. La décroissance des gains avec la profondeur de l'arbre pour ces profondeurs relativement faibles et fixées à l'avance laisse à penser que ces classes ne sont pas particulièrement bien adaptées au problème, et que des classes linéaires ou polynomiales en l'éducation comme dans Kitagawa et Tetenov (2018) seraient de meilleurs choix. On note que Kitagawa et Tetenov (2018) illustrent aussi comment sont modifiées les politiques obtenues lorsque l'on tient compte du coût de traitement.

Tableau 9.1 – Gains estimés selon la politique choisie en utilisant les années d'éducation et le salaire annuel avant d'entrer dans le programme

	Score de propension connu		Score de propension estimé	
	Gain moyen estimé ($)	Pop. traitée (%)	Gain moyen estimé ($)	Pop. traitée (%)
Tous traités	1 179,99	100	1 254,22	100
	(333,16)		(327,50)	
Arbre prof. 1	1 260,71	96	1 343,78	96
	(322,30)		(316,63)	
Arbre prof. 2	1 352,88	87	1 436,73	86
	(304,53)		(298,20)	
Arbre prof. 3	1 584,59	88	1 620,49	88
	(304,24)		(299,65)	
Optimal	2 131,32	77	2 166,80	77
	(278,10)		(273,92)	

Notes : On adopte la même convention que Kitagawa et Tetenov (2018) et les gains reportés sont les écarts à la moyenne des revenus dans les 30 mois suivant la formation. Contrairement à Kitagawa et Tetenov (2018), on utilise l'AIPW pour l'estimation mais comme eux l'IPW pour le calcul du gain.

Figure 9.2 – Décisions de traitement obtenues par maximisation du risque empirique et plug-in nonparamétrique de l'effet du traitement estimé

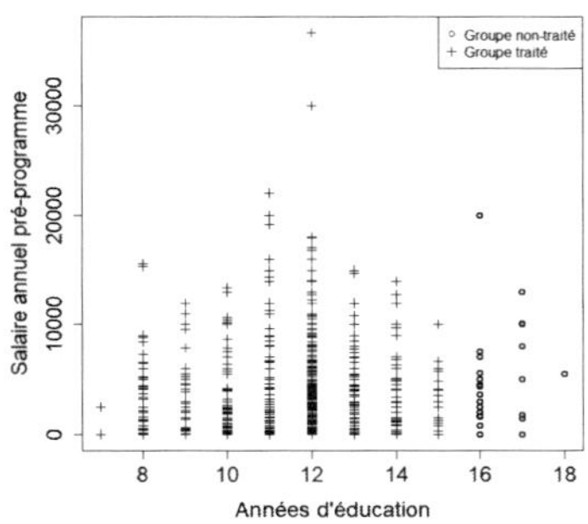

(a) Restreint aux arbres de profondeur 1

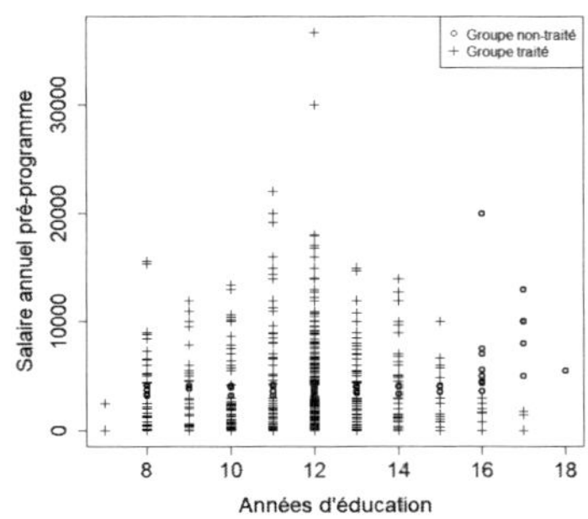

(b) Restreint aux arbres de profondeur 2

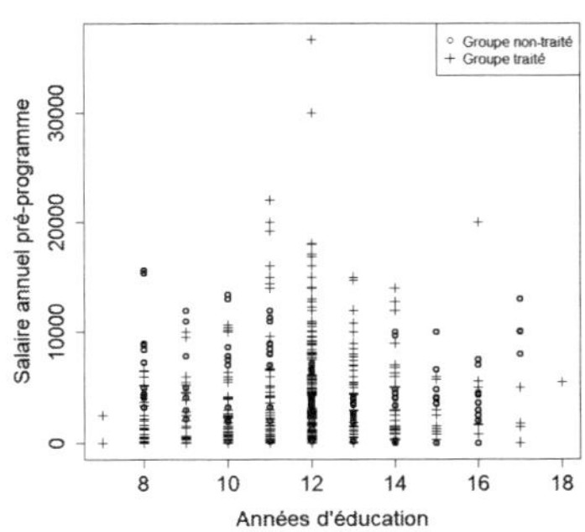

(c) Basé sur le plug-in de l'effet du traitement

Note : chaque point représente un échantillon de 1 000 observations tirées au hasard parmi les 11 008 observations.

9.4 Bilan du chapitre

Mots clés

Apprendre la politique optimale (*optimal policy learning*), critère de regret minimax (*minimax regret criterion*), maximisation du bien-être empirique, complexité d'une classe d'ensembles, *VC-dimension*.

Lectures complémentaires

Nous conseillons la lecture des articles fondateurs de Manski (2004), Stoye (2009) et Kitagawa et Tetenov (2018). Notamment, nous recommandons la lecture du traitement de l'application de la section 9.3 par Kitagawa et Tetenov (2018) : ils considèrent des classes différentes de celles considérées ici et illustrent aussi comment sont modifiées les politiques obtenues lorsque l'on tient compte du coût de traitement. Enfin, la littérature sur le sujet est florissante, et adresse maintenant des contextes plus réalistes et complexes que celui développé ici, voir Viviano et Bradic 2020 ; Athey et Wager 2021 ; Viviano, 2019.

Code et données

Le code `policy_learning_jtpa.R` associé à l'application de la section 9.3 est disponible sur le github du cours. Les données et les codes pour répliquer de manière plus complète l'application de Mbakop et Tabord-Meehan (2021) peuvent être téléchargées sur `onlinelibrary.wiley.com/doi/abs/10.3982/ECTA16437`.

Questions

1. Montrez la proposition 9.1.
2. Quel est l'objectif introduit pour apprendre la politique optimale ? Donnez les avantages et inconvénients à considérer le pire des cas comme mesure.
3. Pour quelles raisons statistiques et opérationnelles est-il souhaitable de limiter la complexité des classes de politiques considérées ?
4. Quelle est la mesure utilisée pour la complexité des classes de politiques considérées ? Est-elle autorisée à croître avec le nombre d'observations, et si oui comment ?
5. Donnez 3 exemples de classes de politiques que l'on peut considérer et discutez le classement de leurs complexités.

6. Quel est le gain computationel à réécrire la maximisation du risque empirique sous la forme de la maximisation de l'avantage

$$\widetilde{A}(\pi) = \frac{1}{n}\sum_{i=1}^{n}(2\pi(X_i) - 1)\ \mathrm{sign}(\Gamma_i)\|\Gamma_i\|?$$

Bibliographie

Athey, S. et Wager, S. (2021). Policy learning with observational data. *Econometrica*, 89(1):133–161.

Bartlett, P. L., Jordan, M. I. et McAuliffe, J. D. (2006). Convexity, classification, and risk bounds. *Journal of the American Statistical Association*, 101(473):138–156.

Bhattacharya, D. et Dupas, P. (2012). Inferring welfare maximizing treatment assignment under budget constraints. *Journal of Econometrics*, 167(1):168–196.

Crépon, B., Duflo, E., Gurgand, M., Rathelot, R. et Zamora, P. (2013). Do labor market policies have displacement effects ? evidence from a clustered randomized experiment. *The Quarterly Journal of Economics*, 128(2):531–580.

Hahn, J. (1998). On the role of the propensity score in efficient semiparametric estimation of average treatment effects. *Econometrica*, 66(2):315–332.

Kitagawa, T. et Tetenov, A. (2018). Who should be treated ? Empirical welfare maximization methods for treatment choice. *Econometrica*, 86(2):591–616.

Manski, C. F. (2004). Statistical treatment rules for heterogeneous populations. *Econometrica*, 72(4):1221–1246.

Mbakop, E. et Tabord-Meehan, M. (2021). Model selection for treatment choice : Penalized welfare maximization. *Econometrica*, 89(2):825–848.

Stoye, J. (2009). Minimax regret treatment choice with finite samples. *Journal of Econometrics*, 151(1):70–81.

Van der vaart, A. et Wellner, J. (1996). *Weak Convergence and Empirical Processes : With Applications to Statistics.* Springer Series in Statistics. Springer.

Vapnik, V. (1998). *Statistical learning theory.* Wiley, New York.

Viviano, D. (2019). Policy targeting under network interference. *arXiv preprint arXiv :1906.10258.*

Viviano, D. et Bradic, J. (2020). Fair policy targeting. *arXiv preprint arXiv :2005.12395.*

Zhang, T. (2004). Statistical behavior and consistency of classification methods based on convex risk minimization. *The Annals of Statistics*, 32(1):56–85.

Zhou, Z., Athey, S. et Wager, S. (2018). Offline multi-action policy learning : Generalization and optimization. *arXiv preprint arXiv :1810.04778.*

Quatrième partie

Effets agrégés et prévision macroéconomique

Chapitre 10

La méthode du contrôle synthétique

La méthode du contrôle synthétique est considérée par Athey et Imbens (2017) comme « l'innovation la plus importante dans la littérature sur l'évaluation des politiques au cours des quinze dernières années ». Introduite en particulier par Abadie et Gardeazabal (2003) et Abadie *et al.* (2010), sa popularité dans les travaux empiriques ne cesse de croître, ce qui s'illustre par des applications dans des domaines variés tels que la fiscalité et la migration des joueurs de football (Kleven *et al.*, 2013), l'immigration (Bohn *et al.*, 2014), les politiques de santé (Hackmann *et al.*, 2015), le salaire minimum (Allegretto *et al.*, 2017), les politiques régionales (Gobillon et Magnac, 2016), les lois sur la prostitution (Cunningham et Shah, 2017), la valeur financière des liens avec les décideurs politiques (Acemoglu *et al.*, 2016), et bien d'autres encore.

Parfois considérée comme une alternative à la méthodes de la différence de différences lorsque seules des données agrégées sont disponibles (Angrist et Pischke, 2009, section 5.2), la méthode du contrôle synthétique offre une procédure guidée par les données pour sélectionner une unité de comparaison, appelée « unité synthétique ». L'unité synthétique est construite comme une combinaison convexe d'unités de contrôle (également appelées « pool de donneurs ») qui reproduit au mieux l'unité traitée pendant la période pré-traitement. Du fait des propriétés d'une telle solution, certaines unités du groupe de contrôle se verront attribuer un poids de zéro. *A contrario*, l'estimateur de différence de différences attribut un poids de $1/n_0$ à chaque unité de contrôle, où n_0 est la taille du groupe de contrôle. Cette remarque sera détaillée dans le cœur du chapitre, mais elle donne d'ores et déjà un aperçu de la flexibilité qu'offre cette méthode en fournissant une façon de pondérer chaque unité de contrôle de sorte à obtenir le meilleur *contrefactuel* (*i.e.* l'estimateur de la variable de résultat en l'absence de traitement) possible, au sens où il reproduit l'unité traitée durant la période pré-traitement.

Bien que le lien avec l'approche de la différence de différences soit direct, la méthode du contrôle synthétique est également liée aux estimateurs de matching (Abadie et Cattaneo, 2018, section 4, pour une brève introduction) car la résolution du programme du contrôle synthétique revient à réaliser un appariement en minimisant une certaine distance. Pour en savoir plus sur ce sujet, le lecteur peut se référer à la section 10.6 ainsi qu'à Abadie et L'Hour (2021). Au-delà de ces aspects techniques, le succès de cette méthode s'explique par sa simplicité et son illustration très visuelle, comme nous le verrons. Elle offre également un outil quantitatif de plus à destination des études comparatives, un type de tâche traditionnellement de nature plus qualitative.

La section 10.1 introduit la méthode, tandis que la section 10.2 propose un résultat sur le biais de l'estimateur qui donne une bonne intuition sur son fonctionnement. La section 10.3 est de nature plus méthodologique et explore les cas d'usage du contrôle synthétique ainsi que les potentiels écueils à éviter. La section 10.4 présente la manière d'effectuer des tests et de construire des intervalles de confiance. L'article phare de Abadie *et al.* (2010) est reproduit dans la section 10.5. Enfin, la section 10.6 discute de l'extension à des cas où plusieurs unités sont traitées.

10.1 Cadre et estimation

Pour présenter la méthode du contrôle synthétique, on se place dans un cadre des données de panel. La présentation mise en avant ici est inspirée de Doudchenko et Imbens (2016). On observe $n_0 + 1$ unités à chaque date $t = 1, \ldots, T$. L'unité 1 est traitée à partir de la date $T_0 + 1$, tandis que les unités 2 à $n_0 + 1$ ne sont jamais traitées. Les unités 2 à $n_0 + 1$ forment ce qu'on appelle le « pool de donneurs » car ces unités peuvent être sélectionnées ou non pour participer à l'unité synthétique. Soit $Y_{i,t}(0)$ le résultat potentiel (ou *outcome* potentielle) de l'unité i à la date t si elle n'est pas traitée et $Y_{i,t}(1)$ le résultat potentiel si elle l'est. On observe l'exposition au traitement de chaque unité à chaque date $(D_{i,t})$ et le résultat réalisé $Y_{i,t}^{obs}$ défini par :

$$Y_{i,t}^{obs} = Y_{i,t}(D_{i,t}) = \begin{cases} Y_{i,t}(0) & \text{si } D_{i,t} = 0 \\ Y_{i,t}(1) & \text{si } D_{i,t} = 1 \end{cases}$$

Le paramètre d'intérêt est l'effet de l'intervention sur l'unité 1 durant la période post-traitement, c'est-à-dire entre les dates $T_0 + 1$ et T :

$$\tau_t := Y_{1,t}(1) - Y_{1,t}(0),\ t = T_0 + 1, \ldots, T$$

Remarque 10.1 : À propos de la dimension

La plupart des articles empiriques qui utilisent la méthode de contrôle synthétique font usage de données de panel long où T est relativement grand ou proportionnel à n_0, et où il y a au plus une dizaine d'unités traitées. Par exemple, dans Abadie *et al.* (2010), $T = 40$, $n_0 = 38$ pour une seule unité traitée ; dans Acemoglu *et al.* (2016), $T \approx 300$, $n_0 = 513$ pour une dizaine d'unités traitées. Cela contraste fortement avec les applications traditionnelles qui font usage de données de panel standard ou de données en coupe répétées où n_0 est très grand alors que T varie de deux à une dizaine de dates. Dans la plupart des applications où la méthode est utilisée, une « unité » est une ville, une région ou même un pays, d'où la taille limitée de l'échantillon. T_0 est nécessairement plus grand que 1 mais il est généralement situé après le milieu de la période, *i.e.* $T_0 > (T-1)/2$, de manière à avoir une longue période pré-traitement qui permet *d'entraîner* (au sens de l'apprentissage automatique) l'unité synthétique (voir le théorème 10.1 pour une justification). Cela conduit à ne pas retenir le cadre asymptotique souvent considéré en économétrie dans lequel le nombre d'unités croît vers l'infini.

La représentation sous forme matricielle donne une meilleure illustration de la nature du problème. On observe la matrice suivante :

$$\boldsymbol{Y}^{obs} := \left(Y_{i,t}^{obs}\right)_{\substack{t=T,\ldots,1 \\ i=1,\ldots,n_0+1}} = \begin{pmatrix} Y_{1,T}(1) & Y_{2,T}(0) & \cdots & Y_{n_0+1,T}(0) \\ \vdots & \vdots & & \vdots \\ Y_{1,T_0+1}(1) & Y_{2,T_0+1}(0) & \cdots & Y_{n_0+1,T_0+1}(0) \\ Y_{1,T_0}(0) & Y_{2,T_0}(0) & \cdots & Y_{n_0+1,T_0}(0) \\ \vdots & \vdots & & \vdots \\ Y_{1,1}(0) & Y_{2,1}(0) & \cdots & Y_{n_0+1,1}(0) \end{pmatrix}.$$

Ainsi, nous rencontrons le problème de variable manquante suivant, aussi appelé le *problème fondamental de l'inférence causale* (Holland, 1986), puisque la matrice des résultats en l'absence de traitement a la forme suivante :

$$\boldsymbol{Y}(0) := \begin{pmatrix} ? & Y_{2,T}(0) & \cdots & Y_{N+1,T}(0) \\ \vdots & \vdots & & \vdots \\ ? & Y_{2,T_0+1}(0) & \cdots & Y_{n_0+1,T_0+1}(0) \\ Y_{1,T_0}(0) & Y_{2,T_0}(0) & \cdots & Y_{n_0+1,T_0}(0) \\ \vdots & \vdots & & \vdots \\ Y_{1,1}(0) & Y_{2,1}(0) & \cdots & Y_{n_0+1,1}(0) \end{pmatrix}.$$

La méthode du contrôle synthétique vise à estimer les $T - T_0 - 1$ éléments manquants sur la première colonne en repondérant les n_0 éléments observés à la fin de chaque ligne pour produire un contrefactuel :

$$\boldsymbol{Y}(0) = \begin{pmatrix} \boxed{?} & \boxed{Y_{2,T}(0)} & \boxed{\cdots} & \boxed{Y_{n_0+1,T}(0)} \\ \vdots & \vdots & & \vdots \\ ? & Y_{2,T_0+1}(0) & \cdots & Y_{n_0+1,T_0+1}(0) \\ Y_{1,T_0}(0) & Y_{2,T_0}(0) & \cdots & Y_{n_0+1,T_0}(0) \\ \vdots & \vdots & & \vdots \\ Y_{1,1}(0) & Y_{2,1}(0) & \cdots & Y_{n_0+1,1}(0) \end{pmatrix}.$$

Une fois cette intuition de base en place, il faut calculer des poids à appliquer à chaque unité $i = 2, \ldots, n_0 + 1$. Pour $i = 1, \ldots, n_0 + 1$, on définit X_i comme le vecteur de dimension p mesurant les caractéristiques pré-intervention de l'unité i. Dans bon nombre d'applications, les p caractéristiques pré-intervention ne contiendront que les résultats pré-traitement (dans ce cas $p = T_0$) mais on peut vouloir ajouter d'autres prédicteurs du résultat observé pendant la période pré-traitement qui peuvent ou non être invariants dans le temps, nous les rassemblons dans un vecteur Z_i tel que pour l'unité traitée :

$$\underset{(p\times 1)}{X_i} := \begin{pmatrix} Y_{i,1}^{obs} \\ Y_{i,2}^{obs} \\ \vdots \\ Y_{i,T_0}^{obs} \\ Z_i \end{pmatrix}.$$

On définit X_c la matrice de dimension $p \times n_0$ en concaténant $[X_2, \dots, X_{n_0+1}]$. Pour une matrice $p \times p$ diagonale V, on définit la norme $\|X\|_V = \sqrt{X'VX}$. Considérons $\omega = (\omega_2, \dots, \omega_{n_0+1})$ un vecteur de paramètres de taille n_0 vérifiant les contraintes suivantes :

$$\omega_i \geq 0, \quad \text{pour } i = 2, \dots, n_0 + 1, \qquad \text{(POSITIVITE)}$$

$$\sum_{i\geq 2} \omega_i = 1. \qquad \text{(SOMME-A-UN)}$$

Ces contraintes empêchent l'interpolation en dehors du support des données, *i.e.* le contrefactuel ne peut pas prendre une valeur supérieure à la valeur maximale ou inférieure à la valeur minimale observée pour une unité de contrôle. La solution du contrôle synthétique ω^* résout le programme suivant :

$$\min_{\omega} \|X_1 - X_c\omega\|_V^2, \qquad \text{(SYNTH)}$$

sous les contraintes (POSITIVITE) et (SOMME-A-UN). Autrement dit : l'unité synthétique est la projection de l'unité traitée sur l'enveloppe convexe définie par les unités de contrôle.

L'estimateur du contrôle synthétique est quant à lui défini comme la différence entre le résultat observé pour le traité et le résultat synthétique :

$$\widehat{\tau}_t := Y_{1,t}^{obs} - \sum_{i=2}^{n_0+1} \omega_i^* Y_{i,t}^{obs}.$$

Remarquons qu'un estimateur de différence de différences donnerait :

$$\widehat{\tau}_t^{DID} := Y_{1,t}^{obs} - \left(Y_{1,T_0}^{obs} + \frac{1}{n_0} \sum_{i=2}^{n_0+1} Y_{i,t}^{obs} - Y_{i,T_0}^{obs} \right),$$

en pondérant de façon égale chaque membre du pool de donneurs, et en prenant pour contrefactuel la mesure du résultat observée durant la dernière période pour le traité, ajustée de la variation moyenne de la variable de résultat observée sur le groupe de contrôle.

Remarque 10.2 : À propos du choix des variables X_i

X_1 et X_c doivent contenir des variables de pré-traitement qui sont de bons prédicteurs de la variable d'intérêt. Dans l'exemple de l'exode de Mariel (Card, 1990) où les variables d'intérêt sont les salaires et le chômage, il s'agit d'indicateurs démographiques agrégés (sexe, origine ethnique, âge), de niveaux d'éducation, de revenu médian, de Produit Intérieur Brut (PIB) par habitant. En raison de la nature chronologique du problème, l'inclusion des résultats avant traitement est fortement conseillée par le théorème 10.1. *e.g.* inclure les taux de chômage 1975-1979 offre un moyen de créer une unité de contrôle qui vérifie l'hypothèse de tendance commune (*Common Trend Assumption*, CTA). On remarque que la validité de la méthode du contrôle synthétique repose implicitement sur une hypothèse d'indépendance conditionnelle à des facteurs observables de la forme $\mathbb{E}[Y_{i,t}(0)|X_i, D_i] = \mathbb{E}[Y_{i,t}(0)|X_i]$. Dans la mesure où l'unité synthétique est suffisamment semblable à l'unité traitée au sens des variables sélectionnées, on pense qu'elle forme un contrefactuel crédible.

Remarque 10.3 : À propos du choix de V

La matrice V dans la fonction objectif est une matrice diagonale dont chaque élément (positif) sur la diagonale reflète les croyances préalables du chercheur sur l'importance de chaque variable pour l'intervention étudiée. Soit v_j le j-ème élément de la diagonale. Dans ce cas, le programme du contrôle synthétique (SYNTH) s'écrit :

$$\arg\min_{\omega} \sum_{j=1}^{p} v_j \left[X_{1,j} - \sum_{i=2}^{n_0+1} \omega_i X_{c,ij} \right]^2 .$$

Puisque ω^* dépend de V, on utilise la notation $\omega^*(V)$. Cependant, l'économètre appliqué n'a pas toujours d'idée pré-conçue sur la matrice de pondération V à adopter. Abadie *et al.* (2010) proposent alors de choisir $v_1, \ldots, v_p$ en utilisant une minimisation imbriquée de l'erreur de prédiction quadratique moyenne (*Mean-Squared Prediction Error*, MSPE) sur la période précédent le traitement :

$$MSPE(V) := \sum_{t=1}^{T_0} \left[Y_{1,t}^{obs} - \sum_{i=2}^{n_0+1} \omega_i^*(V) Y_{i,t}^{obs} \right]^2 .$$

On peut également utiliser une forme de validation croisée (Abadie et

L'Hour, 2021). Pour simplifier l'exposé et parce que c'est le choix le plus naturel, on suppose que la période de validation se situe à la fin de la période de pré-intervention, bien que d'autres choix soient possibles. La procédure est la suivante :

1. On partitionne la période de pré-intervention qui contient T_0 dates en $T_0 - k$ dates initiales d'apprentissage et k dates de validation ultérieures.
2. Pour chaque période de validation, $t \in \{T_0 - k, \ldots, T_0\}$, on calcule

$$\widehat{\tau}_t(V) = Y_{1,t}^{obs} - \sum_{i=2}^{n_0+1} \omega_i^*(V) Y_{i,t}^{obs},$$

   où $\omega_i^*(V)$ résout (SYNTH) avec X mesuré dans la période d'apprentissage $\{1, \ldots, T_0 - k - 1\}$.
3. On choisit V de sorte à minimiser l'erreur quadratique moyenne de prédiction sur la période de validation,

$$\text{MSPE}(V) = \frac{1}{k} \sum_{t=T_0-k}^{T_0} \widehat{\tau}_t(V)^2.$$

L'intuition derrière le fonctionnement de cette stratégie repose sur la nullité de l'effet de traitement calculé durant la période de validation.

10.2 Résultat sur le biais

Pourquoi le contrôle synthétique fonctionne-t-il ? Cette section détaille le résultat donné par Abadie *et al.* (2010) sur le biais de l'estimateur. On suppose que le processus générateur des données pour la variable d'intérêt en l'absence de traitement est donné par un modèle factoriel à la manière du modèle (2.11) étudié au chapitre 11 :

$$Y_{i,t}(0) = \delta_t + Z_i'\theta_t + \lambda_t'\mu_i + \varepsilon_{i,t}, \tag{10.1}$$

où δ_t est un effet fixe temporel, θ_t est un vecteur de paramètres variant dans le temps, Z_i sont des covariables observées, λ_t sont des facteurs communs non observés de dimension F, μ_i sont des facteurs de chargement non observés (dimension F) et $\varepsilon_{i,t}$ sont des chocs transitoires non observés. Pour les lecteurs non familiers des modèles factoriels, on peut considérer le vecteur λ_t comme la dynamique macroéconomique sous-jacente qui affecte différemment chaque unité à travers μ_i. Au lieu d'en tenir compte en utilisant plusieurs variables macroéconomiques observées, on peut vouloir les capturer avec un petit nombre de facteurs, de manière similaire à ce qui est fait dans une analyse en composantes principales. En substance, le contrôle synthétique fonctionne car il offre une méthode simple pour approximer la dynamique factorielle $\lambda_t'\mu_i$.

Hypothèse 10.1 (Chocs transitoires i.i.d.). *$(\varepsilon_{i,t})_{i=1,\ldots,n_0+1,t=1,\ldots,T}$ sont des variables aléatoires i.i.d. à la fois en i et en t, de moyenne nulle et de variance σ^2. De plus, pour un entier $m > 2$, $\mathbb{E}|\varepsilon_{i,t}|^m < \infty$.*

Hypothèse 10.2 (Appariement synthétique parfait). *La distance d'appariement est nulle :*

$$\|X_1 - X_c\omega^*\|_V^2 = 0.$$

Autrement dit : l'unité synthétique reproduit parfaitement l'unité traitée durant la période précédant le traitement.

C'est un point crucial pour prouver le théorème suivant. Notons qu'il s'agit d'une situation fréquente dans de nombreuses applications en raison d'un certain sur-ajustement lorsque $n_0 > p$ puisqu'il y a plus de paramètres que de variables à reproduire. Cependant, lorsque p croît, cette hypothèse a de moins en moins de chances d'être vérifiée car la probabilité pour l'unité traitée d'être inclue dans l'enveloppe convexe formée par les unités non traitées tend de manière exponentielle vers 0 (problème connu sous le nom de « fléau de la dimension »). Une discussion précise est donnée dans Ferman et Pinto (2016). Soit $\xi(M)$ la plus petite valeur propre de :

$$\frac{1}{M}\sum_{t=T_0-M+1}^{T_0} \lambda_t\lambda_t'.$$

Soit $\lambda^{\mathbf{P}}$ la matrice $T_0 \times F$ dont la t-ième ligne est égale à λ_t'. On fait l'hypothèse suivante :

Hypothèse 10.3 (Inversibilité de la matrice des facteurs). *$\xi(M) \geq c_\xi > 0$ pour tout entier positif $M \geq F$. Par conséquent, $\lambda^{\mathbf{P}\prime}\lambda^{\mathbf{P}}$ est inversible. De plus, supposons que $|\lambda_t|_\infty \leq \bar{\lambda}$, pour $1 \leq t \leq T$.*

Théorème 10.1 (Biais du contrôle synthétique). *Sous les hypothèses 10.1, 10.2 et 10.3, pour $t \in \{T_0+1, \ldots, T\}$:*

$$\mathbb{E}\widehat{\tau}_t - \tau_t \underset{T_0 \to +\infty}{\longrightarrow} 0.$$

La preuve de ce résultat, intéressante en elle-même, se trouve en annexe de ce chapitre.

Remarque 10.4

Ce résultat, dû à Abadie *et al.* (2010), montre que le biais de l'estimateur du contrôle synthétique tend vers zéro lorsque le nombre de dates précédant la mise en place du traitement augmente. Il ne dit rien, par exemple, à propos de la convergence ℓ_1 ou ℓ_2, notamment parce que dans la preuve en annexe $\mathbb{E}(|R_{3,t}|) = \mathbb{E}(|\varepsilon_{1,t} - \varepsilon_{2,t}|)$ ne décroît pas lorsque T_0 augmente. En effet, nous n'observons qu'une seule unité traitée, d'où l'existence d'un terme de variance qui ne disparaît pas.

10.3 Quand et pourquoi utiliser le contrôle synthétique

Quand utiliser le contrôle synthétique est-il une bonne idée ? Abadie (2021) donne quelques lignes directrices permettant de cadrer l'utilisation de cette méthode. On commence par trois conditions générales, qui ne sont pas strictement propres au contrôle synthétique. Puis, nous discutons des conditions qui s'appliquent plus spécifiquement aux études comparatives de nature macroéconomique et au contrôle synthétique.

Premièrement, il ne doit y avoir aucune anticipation de la politique de la part des agents. En pratique, l'effet de la politique peut avoir lieu avant sa mise en œvre formelle si les agents prospectifs réagissent par anticipation, dès son annonce. Pour remédier à ce problème, il est possible d'antidater l'intervention en la ramenant à la date de son annonce, plutôt qu'à la date de son entrée en vigueur. Deuxièmement, il est nécessaire de s'assurer de l'absence d'effets de débordement (*spillover effects*). En effet, si les retombées d'une politique sont importantes et touchent des unités géographiquement voisines, sélectionner ces voisins pour faire partie du pool de donneurs peut également aboutir à biaiser les résultats en sous-estimant l'effet réel de la politique. Il peut donc être préférable d'éliminer les unités ayant pu être affectées par la politique, ou bien de les considérer comme elles-mêmes traitées. Troisièmement, il doit y avoir suffisamment de dates post-intervention pour pouvoir détecter un effet qui peut mettre du temps à se faire jour.

Quatrièmement, l'effet du traitement doit être suffisamment important pour pouvoir être distingué de la volatilité présente dans la variable d'intérêt. Autrement dit : les configurations dans lesquelles le contrôle synthétique a de bonne chance de détecter un effet sont celles pour lesquelles le ratio du signal au bruit est *a priori* relativement élevé. Contrairement aux configurations micro-économétriques plus classiques où l'incertitude peut être réduite par le truchement d'une moyenne sur un grand nombre d'individus, le cadre du contrôle synthétique, où l'on ne dispose que d'un petit nombre d'unités traitées, limite cette possibilité. On ne peut donc l'utiliser que pour évaluer des effets dont on pressent que l'impact est significatif au sens économique du terme. Notons aussi qu'une volatilité trop forte de la variable d'intérêt augmente le risque de sur-ajustement (*over-fitting*). En effet, dans le modèle factoriel (10.1), si la variance des chocs transitoires est relativement grande par rapport au terme inobservé que l'on cherche à approximer ($\lambda_t' \mu_i$), et étant donné que le nombre de dates pré-traitement T_0 n'est pas toujours suffisamment important, l'unité synthétique peut résulter d'un ajustement du bruit ($\varepsilon_{i,t}$) plutôt que de la composante factorielle. Dans les cas où cette volatilité est trop importante, il peut être judicieux de filtrer la série chronologique au préalable *via* une moyenne mobile. Cinquièmement, le pool de donneurs doit être composé uniquement d'unités homogènes en terme de traitement ou d'absence de traitement. Autrement dit : on souhaite s'assurer qu'aucune unité pouvant entrer dans la constitution de l'unité synthétique n'a subi un traitement ou une politique visant à agir sur la même variable de résultat, car cela serait susceptible de biaiser les résultats. Ainsi, dans l'exemple du programme de lutte contre le tabac que l'on étudiera plus loin, on ne veut pas prendre en compte certains États américains ayant également changé leur législation anti-tabac durant la période considérée. En outre, ces unités doivent également être suffisamment similaires aux unités traitées en termes de caractéristiques pour justifier une comparaison. Ainsi, il n'est pas toujours possible d'appliquer la méthode du contrôle synthétique, notamment lorsqu'un pool de donneurs valides n'est pas disponible. Cette condition est vérifiable *via* une « condition d'enveloppe convexe » : l'unité synthétique est une combinaison convexe des unités appartenant au pool de donneurs. Par conséquent, le contrefactuel se trouve dans l'enveloppe convexe définie par le pool de donneurs. Une fois construite, le chercheur doit vérifier que les caractéristiques de l'unité synthétique sont suffisamment proches de celles de l'unité traitée. Dans certains cas, l'unité traitée est si particulière qu'il est impossible de construire un contrefactuel crédible ce qui se traduit par le fait que celle-ci se trouve trop éloignée de l'unité synthétique durant la période pré-traitement.

Lorsque ces conditions sont réunies, la méthode du contrôle synthétique offre certains avantages. Le premier est l'absence d'extrapolation : le contrefactuel ne peut pas prendre une valeur supérieure au maximum ou inférieure au minimum observé dans le pool de donneurs à chaque date. L'estimateur du contrôle synthétique empêche l'extrapolation, car les poids sont positifs et leur somme est égale à un. La deuxième est la transparence de l'ajustement. Faisant écho à la « condition d'enveloppe convexe » du paragraphe précédent, lorsque $||X_1 - X_c\omega^*||_V^2 > 0$, cela signifie que X_1 n'est pas dans l'enveloppe convexe définie à partir des unités non traitées, et que l'on ne peut donc pas reproduire parfaitement X_1. *A contrario*, l'utilisation d'une régression linéaire permet toujours de reproduire parfaitement l'unité traitée, mais cela peut aboutir à des résultats fallacieux (Abadie *et al.*, 2015). Troisièmement, elle offre une protection contre la recherche de spécification. En effet, seules les caractéristiques mesurées durant la période précédant le traitement sont nécessaires pour calculer les poids. Ils peuvent donc être calculés avant que le traitement ait lieu afin de ne pas se livrer à une recherche de spécification pour obtenir les résultats souhaités. Enfin, la parcimonie de la solution facilite l'interprétation qualitative du contrefactuel, ouvrant les possibilités de discussions entre experts.

10.4 Inférence par test de permutation

On remarque que lors de la définition de la quantité d'intérêt, τ_t, nous n'avons pas utilisé d'espérance comme cela est fait *e.g.* dans Abadie *et al.* (2010). Cela s'explique par le fait que la méthode du contrôle synthétique est développée dans un cadre où l'on observe non pas un échantillon aléatoire d'individus issu d'une super-population mais des données agrégées. L'incertitude ne provient donc pas de l'échantillonnage (ou du moins, elle est négligeable), mais de l'affectation du traitement entre des unités bien définies. Un exemple illustrant ce point est Card (1990) qui utilise *l'exode de Mariel* comme une expérience naturelle pour mesurer l'effet d'un afflux important et soudain de migrants sur les salaires et l'emploi des travailleurs autochtones moins qualifiés sur le marché du travail de Miami. Entre avril et octobre 1980, environ 125 000 Cubains ont fui Fidel Castro et ont demandé l'asile en Floride, ce qui a soudainement augmenté la main-d'œuvre de Miami de 7 %. Card utilise les données au niveau individuel du *Current Population Survey* (CPS) pour Miami et quatre villes de comparaison (Atlanta, Los Angeles, Houston et Tampa-St. Petersburg) pour effectuer une analyse similaire à la différence dans les différences. Le tableau 10.1 présente une version abrégée d'un tableau de l'article :

Tableau 10.1 – Estimateur de différence de différences sur le taux de chômage

	Année		
	1979	1981	1981-1979
Miami	8,3 (1,7)	9,6 (1,8)	1,3 (2,5)
Villes comparables	10,3 (0,8)	12,6 (0,9)	2,3 (1,2)
Miami-Villes comparables	-2,0 (1,9)	-3,0 (2,0)	-1,0 (2,8)

Note : D'après le tableau 4 dans Card (1990). Travailleurs afro-américains. Écart-types entre parenthèses.

Croit-on vraiment qu'il y a autant d'incertitude autour du taux de chômage au niveau de la ville ? De façon anecdotique, l'écart-type pour l'estimation du taux de chômage français est proche de 0,2. La morale de l'histoire est que si les données agrégées que nous traitons sont exprimées par habitant, $Y_{i,t}^{obs}$ est probablement déjà une moyenne sur un échantillon suffisamment grand pour appliquer la loi des grands nombres. Par exemple, $Y_{i,t}^{obs} = \bar{U}_{i,t} \approx \mathbb{E}(U_{k,it})$ où $U_{k,it}$ est une variable de Bernoulli égale à un lorsque l'individu k est au chômage au temps t dans la ville i. Pour en savoir plus sur ce sujet, voir *e.g.* Abadie *et al.* (2020). Cette observation justifie l'utilisation d'un autre type d'inférence dans la méthodologie du contrôle synthétique.

10.4.1 Introduction aux tests de permutation dans un cadre simple

Dans cette section, on quitte temporairement le cadre du contrôle synthétique pour se placer dans un cadre avec des données en coupe (sans dimension temporelle) afin d'introduire ce que l'on appelle les *p-values exactes de Fisher* qui servent à réaliser des tests de permutation (voir également le chapitre 5 dans Imbens et Rubin, 2015). On se place dans un cadre simple d'une expérience randomisée à une seule date où nous observons une séquence i.i.d. $(D_i, Y_i^{obs})_{i=1,\ldots,n}$ avec :

$$Y_i^{obs} = Y_i(D_i) = \begin{cases} Y_i(0) & \text{si } D_i = 0 \\ Y_i(1) & \text{si } D_i = 1 \end{cases}$$

$(Y_i(0), Y_i(1)) \perp D_i$. On désigne le résultat manquant par $Y_i^{mis} := Y_i(1 - D_i)$. L'idée de Fisher consiste à tester l'hypothèse nulle d'un effet de traitement constant pour tous. L'hypothèse nulle s'écrit pour une constante C :

$$H_0(C) : \text{« } Y_i(1) = Y_i(0) + C,\ i = 1, \ldots, n \text{ ».}$$

Cette hypothèse ne doit pas être confondue avec un effet de traitement constant *en moyenne*, $n^{-1} \sum_{i=1}^{n} Y_i(1) - Y_i(0) = C$. Elle semble beaucoup plus forte et implique logiquement une hypothèse sur un effet de traitement moyen constant. Cependant, le paradoxe discuté dans Ding (2017) montre que lorsque l'hypothèse nulle ne tient pas, il existe des cas où l'hypothèse neymanienne d'absence d'effet de traitement en moyenne est rejetée alors que l'hypothèse nulle forte de Fisher ne l'est pas, ce qui contredit le lien logique entre les deux hypothèses. Ce résultat surprenant peut être expliqué par le manque de puissance des tests de Fisher.

Sous $H_0(C)$ il est possible de retrouver la variable de résultat dans le régime dans lequel on n'observe pas l'unité, simplement par imputation de l'effet de traitement constant : $Y_i^{mis} = Y_i^{obs} - (2D_i - 1)C$. Autrement dit, sous $H_0(C)$, on peut résoudre le problème de variable manquante par imputation. Dans le cas où $C = 0$, cela signifie que l'affectation du traitement ne devrait pas avoir d'importance puisque les résultats potentiels sous les deux régimes de traitement sont les mêmes. On se donne un estimateur de l'effet du traitement $\widehat{\theta}(\boldsymbol{D})$, qui dépend en pratique à la fois de l'allocation du traitement $\boldsymbol{D} = (D_1, \ldots, D_n)$ et des résultats observés $\boldsymbol{Y} = (Y_1, \ldots, Y_n)$, mais on ne signifie que la dépendance dans l'allocation par simplification. Par exemple, $\widehat{\theta}(\boldsymbol{D})$ peut être la différence des moyennes de la variable de résultat entre traités et non traités. Rappelons qu'une permutation π est une fonction bijective $\pi : \{1, \ldots, n\} \to \{1, \ldots, n\}$. Grâce à $H_0(C)$, nous pouvons calculer toute statistique d'effet de traitement $\widehat{\theta}(\boldsymbol{D}_\pi)$ pour l'allocation $\boldsymbol{D}_\pi := (D_{\pi(1)}, \ldots, D_{\pi(n)})$ sous toute permutation $\pi \in \Pi$, l'ensemble de toutes les permutations des n premiers entiers vers eux-mêmes. On note $\boldsymbol{D}^{obs} := (D_1, \ldots, D_n)$ le vecteur des affectations observées. La p-value de Fisher est définie de la manière suivante :

$$p(C) := \frac{1}{|\Pi|} \sum_{\pi \in \Pi} \mathbf{1} \left\{ \widehat{\theta}(\boldsymbol{D}_\pi) \geq \widehat{\theta}(\boldsymbol{D}^{obs}) \right\}$$

En pratique, comme Π peut être très grand, la distribution est approximée par Monte-Carlo, en utilisant la procédure :

1. Pour $b = 1, \ldots, B$, on tire une nouvelle permutation de l'affectation du traitement $\boldsymbol{D}_b$, et on calcule la statistique $\widehat{\theta}(\boldsymbol{D}_b)$ en utilisant $H_0(C)$.
2. On approxime la p-value de Fisher en utilisant :
$$\widehat{p}(C) := \frac{1}{B+1} \left(1 + \sum_{b=1}^{B} \mathbf{1} \left\{ \widehat{\theta}(\boldsymbol{D}_b) \geq \widehat{\theta}(\boldsymbol{D}^{obs}) \right\} \right).$$
3. On rejette $H_0(C)$ si $\widehat{p}(C)$ est inférieur à un seuil prédéterminé : l'allocation du traitement observée donne un effet qui est anormalement grand par rapport à la distribution randomisée. Pour $\alpha \in (0, 1)$, le test est :
$$\varphi_\alpha = \mathbf{1} \left\{ \widehat{p}(C) \leq \alpha \right\}. \tag{10.2}$$

Lemme 10.1 (Niveau du test). *Supposons que* $\boldsymbol{D}^{obs} = (D_1, \ldots, D_n)$ *est échangeable par rapport à* Π *sous* $H_0(C)$. *Ensuite, pour* $\alpha \in]0, 1[$, *le test* (10.2) *est de niveau* α, *i.e. sous* $H_0(C)$:

$$\mathbb{P}\left[p(C) \leq \alpha\right] \leq \alpha.$$

Notons que $\boldsymbol{D}^{obs} = (D_1, \ldots, D_n)$ est échangeable par rapport à Π si par exemple $D_1, \ldots, D_n$ sont des variables aléatoires i.i.d. La preuve du lemme 10.1, en annexe de ce chapitre, est inspirée de Chernozhukov *et al.* (2021).

Illustrons cette intuition par un exercice de simulations. Soit $\mathbb{P}(D = 1) = .2$ et on tire un unique échantillon de taille $n = 200$ selon $Y|D \sim \mathcal{N}(\tau_0 D, 1)$ pour $\tau_0 \in \{0; 0,75\}$. On se donne pour estimateur la valeur absolue de la différence entre l'estimateur de l'effet du traitement moyen et C :

$$\widehat{\theta} = \left| \frac{1}{n_1} \sum_{i:D_i=1} Y_i^{obs} - \frac{1}{n - n_1} \sum_{i:D_i=0} Y_i^{obs} - C \right|,$$

que l'on recalcule sous un grand nombre de permutations aléatoires π de $\mathbf{D}$ (tout en ne permutant pas $\mathbf{Y}$).

Figure 10.1 – Un test de Fisher simple : $H_0 : C = 0$ fausse *vs.* $H_0 : C = 0$ vraie

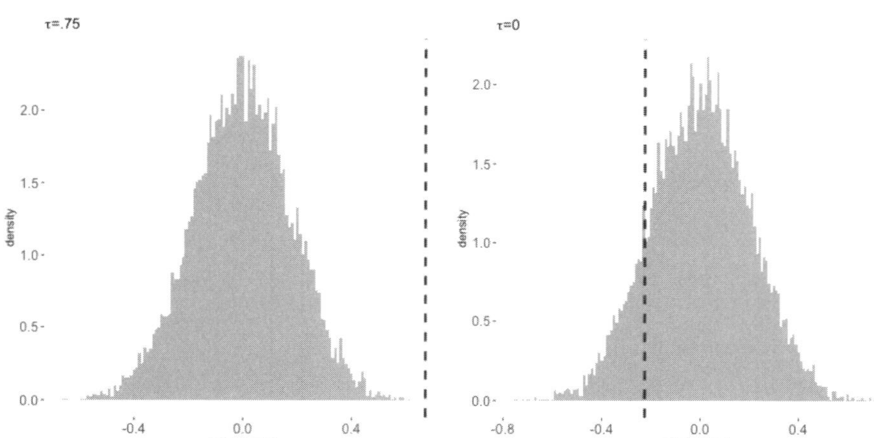

Note : histogramme réalisé à partir de l'estimateur recalculé des permutations aléatoires de l'allocation au traitement. La ligne pointillée verticale est la valeur de l'estimateur sous l'allocation initiale. À gauche, $\widehat{p} = 0.006$ ($\widehat{\theta} = .671$), à droite $\widehat{p} = 0.271$ ($\widehat{\theta} = -0.23$) pour l'hypothèse nulle d'aucun effet du traitement.

La figure 10.1 représente la distribution de l'estimateur précédent calculée à partir des permutations aléatoires de l'allocation au traitement et sous hypothèse d'absence d'effet ($C = 0$). La valeur de l'estimateur pour la première allocation tirée est représentée par la droite en pointillée. $H_0(0)$ est fausse sur le panneau de gauche ($\tau_0 = 0,75$), et vraie sur le panneau de droite ($\tau_0 = 0$). Dans le premier cas, la statistique observée se situe dans la queue de la distribution des estimations calculées sous une permutation aléatoire. En ce sens, l'effet observé est anormalement grand : l'effet estimé est significatif. Dans le second cas, l'effet observé se situe dans le ventre de la distribution, ce qui le rend non significatif. Les p-values indiquées sous le graphique quantifient la conclusion associée aux tests de Fisher.

10.4.2 Intervalles de confiance par inversion de tests

À partir des tests présentés dans la section précédente, nous pouvons construire des intervalles de confiance en exploitant la dualité entre ces deux notions. Le plus souvent, cette dualité est utilisée intuitivement pour conclure quant à la signifcativité d'une estimation *via* son intervalle de confiance – *i.e.* contient-il la valeur zéro ? Ici, nous l'utilisons dans la direction opposée. L'intuition pour construire un intervalle de confiance de niveau $1 - \alpha$ est la suivante : effectuer le test de l'hypothèse $H_0(C)$ au niveau $\alpha \in (0,1)$ et inclure dans l'intervalle de confiance toute valeur de C pour laquelle $H_0(C)$ n'est pas rejetée. Plus formellement, l'intervalle de confiance sera défini comme suit :

$$IC_{1-\alpha} = \{C \in \mathbb{R} \mid \widehat{p}(C) > \alpha\}.$$

On note θ_0 la vraie valeur de l'effet de traitement, on peut calculer la probabilité que l'intervalle obtenu ainsi contienne bien θ_0 :

$$\mathbb{P}\left[IC_{1-\alpha} \ni \theta_0\right] = \mathbb{P}\left[\widehat{p}(\theta_0) > \alpha\right] = 1 - \mathbb{P}\left[\widehat{p}(\theta_0) \leq \alpha\right] \geq 1 - \alpha,$$

en utilisant le lemme 10.1. Ainsi, $IC_{1-\alpha}$ est bien de niveau $1 - \alpha$.

La figure 10.2 montre la p-value en fonction de la valeur de C dans l'hypothèse nulle testée pour les deux cas $\tau_0 \in \{0; 0,75\}$. Dans le premier cas, $\tau_0 = 0,75$, l'intervalle de confiance à 95 % est approximativement de $[.3, 1]$.

Figure 10.2 – p-value en fonction de la valeur C dans l'hypothèse nulle

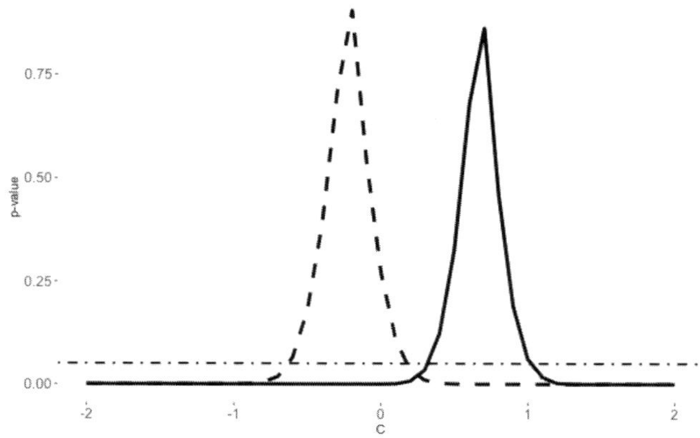

Note : La courbe pleine illustre le premier cas $\tau = 0,75$, la courbe en pointillés le second $\tau = 0$. La droite horizontale a pour équation $y = .05$.

Dans le second cas, $\tau_0 = 0$, l'intervalle de confiance à 95 % est approximativement $[-.6, .25]$. On remarque que contrairement aux intervalles de confiance asymptotiques ou basés sur la distribution normale, ces intervalles ne sont pas symétriques autour de la valeur estimée. En pratique, comme nous le verrons dans l'application présentée ci-dessous, pour des raisons d'efficacité computationnelle, on ne trace pas nécessairement toute la courbe $C \to \widehat{p}(C)$ mais on recherche numériquement les solutions C^* de $\widehat{p}(C) = \alpha$.

10.5 Application empirique : programme de lutte contre le tabac

Cette section sert à la fois d'illustration aux concepts vus précédemment, mais également à détailler la mise en œuvre de certaines procédures d'inférence.

En janvier 1989, l'État de la Californie a promulgué la « Proposition 99 », l'un des premiers programmes de lutte contre le tabac à grande échelle, instaurant une augmentation de la taxe sur les cigarettes de 25 cents par paquet, une affectation des recettes fiscales aux budgets de lutte contre le tabagisme, un financement de campagnes de prévention, etc. Quel a été son effet sur la consommation de tabac par habitant ? Il s'agit de l'exemple emblématique uti-

Figure 10.3 – Proposition 99 : Californie *vs.* reste des États-Unis

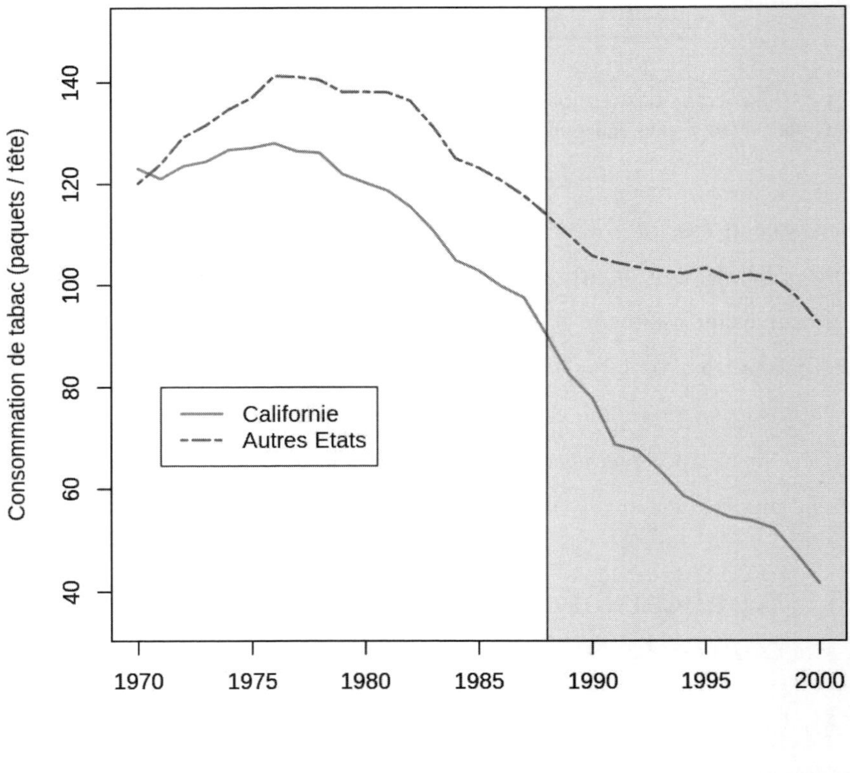

Note : d'après les données sources d'Abadie *et al.* (2010). La courbe pointillée est une moyenne simple de trente-huit États.

lisé pour illustrer la méthode du contrôle synthétique, où l'objectif est de créer une Californie synthétique en repondérant les États qui n'ont pas modifié leur législation sur le tabac. X_i mesure le prix de détail des cigarettes, le logarithme du revenu par habitant, le pourcentage de la population âgée de 15 à 24 ans, la consommation de bière par habitant (moyennes de 1980 à 1988), la consommation de cigarettes de 1970 à 1974, 1980 et 1988. Tous les détails de cette application sont donnés dans Abadie *et al.* (2010). La plupart des tableaux et figures de cette section sont reproduits à partir des données brutes de cet article.

La figure 10.3 représente la consommation de cigarette en Californie et dans trente-huit autres États n'ayant pas modifié leur législation contre le tabac. Il est très clair que l'on n'observe aucune tendance commune.

Figure 10.4 – Proposition 99 : Californie *vs.* Californie synthétique

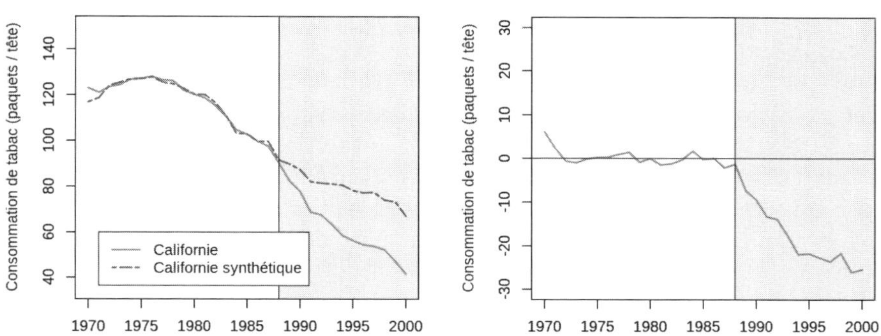

Note : d'après les données sources d'Abadie *et al.* (2010). Le graphique de droite représente l'effet de traitement au cours du temps comme la différence entre la courbe pleine et la courbe en pointillés du graphique de gauche.

La figure 10.4 compare les mêmes données pour la Californie et son homologue synthétique qui n'a pas appliqué le traitement. L'unité synthétique est composée de l'Utah (34,3 %), du Nevada (23,6 %), du Montana (18,2 %), du Colorado (17,5 %) et du Connecticut (6,2 %). Et le tableau 10.2 compare les caractéristiques de la Californie, de son unité synthétique et des 38 autres États.

Tableau 10.2 – Proposition 99 : Comparabilité des États

	Californie		*Moyenne des*
	observée	*synthétique*	*38 autres États*
	(1)	(2)	(3)
PIB par tête (log)	10,1	9,9	9,8
Prix des cigarettes	89,4	89,3	87,3
Pourcentage de 15-24 ans	0,2	0,2	0,2
Consommation de bières par tête	24,3	24,1	23,7
Consommation de cigarettes par tête, 1988	90,1	91,4	113,8
Consommation de cigarettes par tête, 1980	120,2	120,2	138,1
Consommation de cigarettes par tête, 1975	127,1	126,9	136,9

L'unité synthétique reproduit fidèlement le comportement de la consommation de tabac de la Californie avant le traitement. L'effet du traitement est donné par la différence entre la ligne pleine et la ligne pointillée. La Proposition 99 a entraîné une baisse de la consommation estimée à environ 25 paquets par habitant en 2000.

Remarque 10.5 : Parcimonie de la solution

Dans la plupart des cas, n_0, le nombre d'unités de contrôle, est plus grand que p, le nombre de caractéristiques pré-traitement. En conséquence de cette observation et du problème d'optimisation sous contrainte (SYNTH) s.c. (POSITIVITE) et (SOMME-A-UN), la solution obtenue est souvent parcimonieuse, c'est-à-dire $\|\omega^*\|_0 << n_0$: seul un petit nombre d'unités non traitées est utilisé pour produire l'unité synthétique. C'est le cas dans cet exemple puisque seuls cinq États ont un poids non nul. Le théorème 1 d'Abadie et L'Hour (2021) montre que sous des conditions de régularité faibles $\|\omega^*\|_0 \leq p + 1$.

Nous montrons également qu'une condition nécessaire pour que $\omega_i^* > 0$ se produise est que l'unité de contrôle i soit connectée à l'unité traitée dans un pavage particulier du nuage de points défini par les colonnes de (X_1, X_c), appelé triangulation de Delaunay.

Pour évaluer la significativité de cet effet, on adapte la méthode proposée à la section 10.4 au cadre du contrôle synthétique, où il y a plusieurs dates et donc plusieurs variables de résultat. On souhaite tester l'hypothèse :

$$H_0 : «Y_{1,t}(1) = Y_{1,t}(0),\ t = T_0 + 1, \ldots, T».$$

La procédure d'inférence consiste à réaffecter le traitement de manière aléatoire à l'un des trente-huit États et à le comparer à l'estimateur de contrôle synthétique observé avec l'affectation initiale du traitement (*i.e.* Californie comme seul État traité). Comme il y a plusieurs dates dans cet exemple, il faut définir une statistique $\widehat{\theta}$ permettant de les agréger. Une première possibilité est simplement de prendre la moyenne de l'erreur de prédiction quadratique (ou *Mean Squared Prediction Error*, MSPE) sur toutes les dates postérieures au traitement. Soit $\mathcal{T}_1 = \{T_0 + 1, \ldots, T\}$, on a :

$$\frac{1}{|\mathcal{T}_1|} \sum_{t \in \mathcal{T}_1} \widehat{\tau}_t^2, \tag{MSPE}$$

où $\widehat{\tau}_t = Y_{1,t}^{obs} - \sum_{j=2}^{n} \omega_j^* Y_{j,t}^{obs}$. Dans Abadie et L'Hour (2021), nous suggèrons d'utiliser le ratio entre la moyenne de l'erreur de prédiction quadratique aux dates post-traitement et cette même moyenne calculée aux dates pré-traitement $\mathcal{T}_0 = \{1, \ldots, T_0\}$, de sorte à sous-pondérer les unités les moins bien reproduites durant la période pré-traitement et à sur-pondérer les autres :

$$\frac{1}{|\mathcal{T}_1|} \sum_{t \in \mathcal{T}_1} \widehat{\tau}_t^2 \Bigg/ \frac{1}{|\mathcal{T}_0|} \sum_{t \in \mathcal{T}_0} \widehat{\tau}_t^2. \tag{10.3}$$

Dans quelle mesure ces deux statistiques sont-elles plus grandes lorsqu'on les calcule pour l'État de Californie, par rapport à ces mêmes statistiques lorsque l'on fait comme si n'importe quel autre État était l'État traité ? La figure 10.5 représente l'histogramme de ces deux statistiques. Le calcul a été effectué de la manière suivante : pour chacun des trente-neuf États (Californie incluse), on considère qu'il reçoit la mesure (même si ce n'est pas la Californie) et que les trente-huit autres ne la reçoivent pas (même la Californie peut être considérée comme non traitée dans ce cas), on calcule les poids de contrôle synthétique, puis les deux statistiques précédentes. On obtient une p-value de 0,2 dans le premier cas, et de 0,03 dans le second. On constate que la Californie est l'État pour lequel l'effet est le plus grand, lorsque l'on prend en compte la qualité de l'ajustement pré-traitement.

On souhaite désormais calculer un intervalle de confiance pour un niveau $1 - \alpha$ donné. Commençons pas une approche simple permettant d'illustrer la

Figure 10.5 – Proposition 99 : tests de permutation

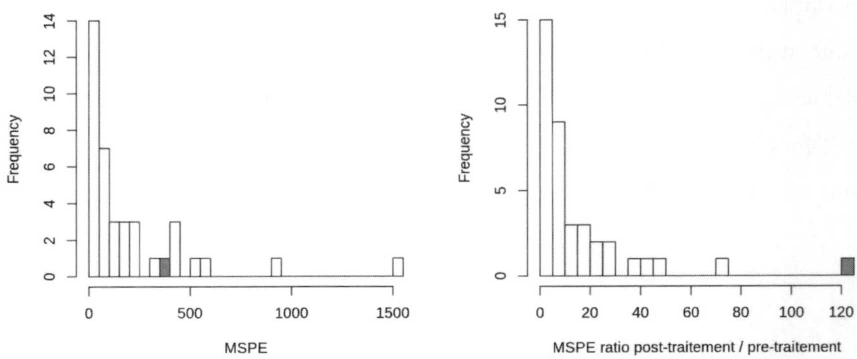

Note : d'après les données sources d'Abadie *et al.* (2010). Valeur pour la Californie en foncé.

mise en pratique de cette méthode. On va se baser sur un test de Fisher de l'hypothèse nulle pour un effet de traitement constant dans le temps, du type :

$$H_0(C) : « \, Y_{1,t}(1) = Y_{1,t}(0) + C, \, t = T_0 + 1, \ldots, T \, ».$$

Il s'agit ensuite de choisir une statistique de test qui sera proche de zéro si $H_0(C)$ est vraie et qui sera « grande » si $H_0(C)$ est fausse. Prenons la statistique du ratio entre le MSPE moyen post-traitement et le MSPE moyen pré-traitement :

$$\frac{1}{|\mathcal{T}_1|} \sum_{t \in \mathcal{T}_1} (\widehat{\tau}_t - C)^2 \Bigg/ \frac{1}{|\mathcal{T}_0|} \sum_{t \in \mathcal{T}_0} \widehat{\tau}_t^2.$$

Intuitivement, cette statistique doit être faible sous $H_0(C)$ puisque l'effet de traitement doit valoir C, et diverger vers l'infini sinon. On peut calculer cette statistique dans le cadre de l'assignation observée au traitement (*i.e.* lorsque la Californie reçoit le traitement), mais également dans toute autre configuration souhaitée (*i.e.* en réassignant le traitement à un autre État). Dans ce second cas, puisque l'on est sous $H_0(C)$, on doit opérer les ajustements suivants :

1. La Californie, indexée par $i = 1$, voit sa consommation de tabac « placebo » varier de C à chaque date post-traitement : $Y_{1,t}^{obs} - C$ pour $t \in \mathcal{T}_1$ puisque sous cette hypothèse, elle en considérée comme non traitée.

2. L'État qui se retrouve soudainement traité, indexé par $i = i^*$, voit sa consommation de tabac « placebo » varier de C à chaque date post-traitement : $Y_{i^*,t}^{obs} + C$ pour $t \in \mathcal{T}_1$.

Soient $\widehat{S}_1, \ldots, \widehat{S}_{n_0+1}$ les statistiques calculées sous chaque réassignation possible du traitement. La p-value de Fisher pour l'hypothèse $H_0(C)$ est alors donnée par :

$$\widehat{p}(C) := \frac{1}{n_0 + 1} \sum_{i=1}^{n_0+1} \mathbf{1}\left\{\widehat{S}_i \geq \widehat{S}_1\right\},$$

où la Californie est toujours indexée par $i = 1$. Finalement, on va chercher à calculer les bornes $\widehat{C}_l$ et $\widehat{C}_u$ de l'intervalle de confiance de niveau $1 - \alpha$. Autrement dit, on cherche $[\widehat{C}_l, \widehat{C}_u]$ tel que pour tout $C \in [\widehat{C}_l, \widehat{C}_u]$, $\widehat{p}(C) > \alpha$ et $C \notin [\widehat{C}_l, \widehat{C}_u]$, $\widehat{p}(C) \leq \alpha$. On calcule ces bornes par dichotomie puisque cette fonction n'a pas d'expression analytique simple. Notons que la solution n'est pas unique puisque la fonction de p-value est *a priori* constante par morceaux. Illustrons la mise en œuvre de cet algorithme pour le calcul de la borne supérieure $\widehat{C}_u$:

1. On se donne deux valeurs initiales a et b telles que $\widehat{p}(a) - \alpha > 0$ et $\widehat{p}(b) - \alpha < 0$. On peut procéder par un tâtonnement assez grossier pour cette initialisation.
2. On se donne une tolérance sur la convergence $\delta > 0$.
3. On répète alors la série d'opérations suivantes jusqu'à ce que $|b - a| < \delta$:
   (a) On calcule $m = (a + b)/2$ et $\widehat{p}(m)$.
   (b) Si $(\widehat{p}(b) - \alpha) \times (\widehat{p}(m) - \alpha) > 0$ (b et m sont du même côté du zéro de la fonction $x \to \widehat{p}(x) - \alpha$), alors on fixe $b = m$
   (c) Sinon on fixe $a = m$.

La méthode pour le calcul de $\widehat{C}_l$ est la même. La figure 10.6 affiche l'intervalle de confiance de niveau 80 % basé sur cette méthode de calcul (courbes pointillées). On constate que puisque l'effet de la politique met du temps pour se diffuser, l'effet de traitement n'est pas constant au cours du temps, et que cette approche est donc inappropriée. On peut mettre en œuvre la même méthode en inversant le test de Fisher pour chaque date. Toujours sur la figure 10.6, cet intervalle est tracé en pointillés.

Figure 10.6 – Proposition 99 : intervalles de confiance

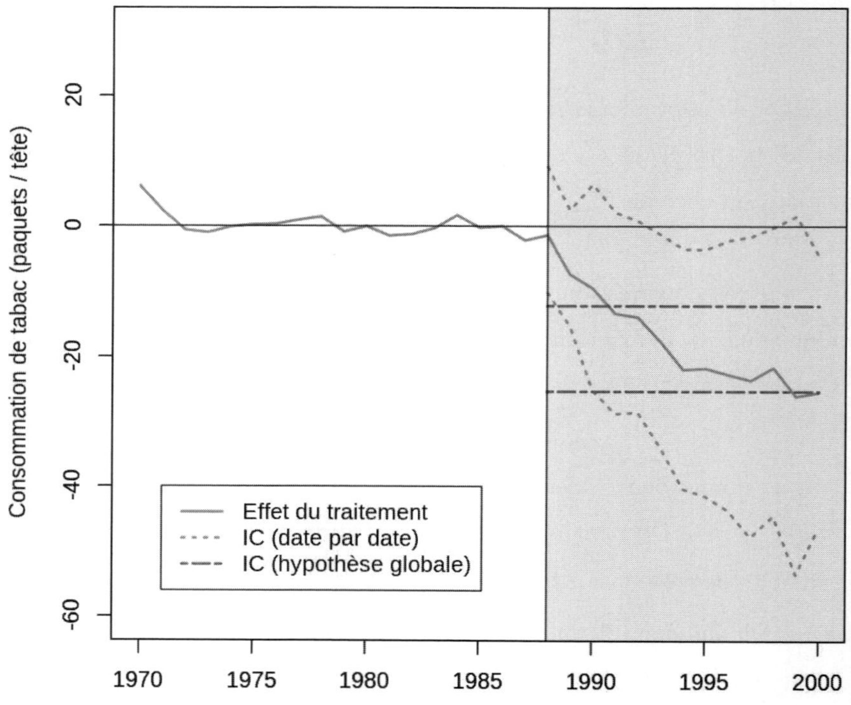

Tester par des permutations sur les dates par inférence conformelle. Une autre façon de tester l'hypothèse H_0 : «$Y_{1,t}(1) = Y_{1,t}(0) + C_t, t = T_0 + 1, \dots, T$» pour une certaine trajectoire spécifiée par l'utilisateur $(C_t)_{t=T_0+1,\dots,T}$ repose sur la comparaison de la distribution de $(\widehat{u}_t)_{t=1,\dots,T}$ avant et après le traitement où $\widehat{u}_t$ est défini par :

$$\widehat{u}_t = \begin{cases} Y_{1,t}^{obs} - \sum_{i=2}^{n_0+1} \omega_i^* Y_{i,t}^{obs} & \text{if } t \leq T_0, \\ Y_{1,t}^{obs} - C_t - \sum_{i=2}^{n_0+1} \omega_i^* Y_{i,t}^{obs} & \text{if } t \geq T_0 + 1. \end{cases}$$

Attention ici, les poids de contrôle synthétique sont directement calculés sous l'hypothèse nulle. Ensuite, on calcule la statistique :

$$S(\widehat{u}) = \frac{1}{\sqrt{T - T_0}} \left| \sum_{t=T_0+1}^{T} \widehat{u}_t \right|,$$

sous toutes les permutations $\pi \in \Pi$ de $\{1, \dots, T\}$ et on calcule la p-value :

$$\widehat{p} = \frac{1}{|\Pi|} \sum_{\pi \in \Pi} \mathbf{1}\left\{S(\widehat{u}_\pi) \geq S(\widehat{u})\right\}.$$

La validité de cette approche est développée dans Chernozhukov *et al.* (2021). Elle est très attrayante sur le plan computationnel puisque les termes d'erreur sont définis une fois pour toutes et n'ont pas besoin d'être recalculés sous chaque permutation.

10.6 Plusieurs unités traitées

Jusqu'à présent, nous n'avons considéré que des cas d'application avec une seule unité traitée pour lesquels on utilise la méthode du contrôle synthétique pour créer un seul contrefactuel. Comment cette méthode s'applique-t-elle à un cas comportant plusieurs unités traitées ? Deux solutions potentielles avec leurs avantages et leurs inconvénients peuvent être envisagées : (i) créer une unité synthétique pour chaque unité traitée et en faire la moyenne ou (ii) créer une unité synthétique pour la moyenne des unités traitées.

Considérons la première solution qui s'accompagne d'une série de problèmes potentiels à résoudre. En particulier, le fait de considérer de nombreuses unités traitées augmente la probabilité qu'au moins une d'entre elles tombe dans l'enveloppe convexe définie par les unités non traitées, et donc que la solution du contrôle synthétique (SYNTH) ne soit pas unique. Dans Abadie et L'Hour (2021), nous introduisons un terme de pénalité dans (SYNTH) et calculons une unité synthétique pour chaque traité (indexé par i ici). Ainsi, s'il y a n_1 traités, pour chaque $i = 1, \ldots, n_1$, les poids de contrôle synthétiques résolvent :

$$\omega_i^*(\lambda) = \arg\min_{\omega} \|X_i - X_c\omega\|_V^2 + \lambda \sum_{j=n_1+1}^{n_1+n_0} \omega_j \|X_i - X_j\|_V^2 \qquad \text{(PENSYNTH)}$$

sous les contraintes (POSITIVITE) et (SOMME-A-UN). $\lambda > 0$ est un paramètre d'ajustement (ressemblant à la pénalité Lasso). λ définit le compromis entre la bonne reproduction du traité et la somme de la distance par paire entre le traité et chaque unité de contrôle. $\lambda \to 0$ est le cas du contrôle synthétique pur, tandis que $\lambda \to \infty$ donne le cas de l'appariement par paire au plus proche du voisin. *In fine*, on fait la moyenne de la différence entre les unités traitées et leurs unités synthétiques respectives :

$$\widehat{\tau}_t(\lambda) := \frac{1}{n_1} \sum_{i=1}^{n_1} \left[Y_{i,t}^{obs} - \sum_{j=n_1+1}^{n_0+n_1} \omega_{i,j}^*(\lambda) Y_{j,t}^{obs} \right].$$

La théorie et les moyens de choisir λ sont développés dans Abadie et L'Hour (2021). L'estimateur résultant réduit également le risque d'avoir un biais d'interpolation important en excluant de l'unité synthétique des unités très éloignées de l'unité traitée.

D'autre part, Ben-Michael *et al.* (2021) proposent un contrôle synthétique dit « partiellement mis en commun » :

$$\begin{aligned}\left(\omega_1^*(\nu), \ldots, \omega_{n_1}^*(\nu)\right) = \arg\min & \frac{\nu}{2} \frac{1}{n_1} \sum_{i=1}^{n_1} \|X_i - X_c\omega_i\|_V^2 \\ & + \frac{1-\nu}{2} \frac{1}{p} \sum_{j=1}^{p} \left[\frac{1}{n_1} \sum_{i=1}^{n_1} X_{i,j} - X_{c,j}\omega_i \right]^2,\end{aligned}$$
$$\text{(POOLED-SYNTH)}$$

sous les contraintes (POSITIVITE) et (SOMME-A-UN) pour $\nu \in [0, 1]$. Cet estimateur équilibre deux objectifs : bien reproduire chaque traité individuellement (la première partie, similaire à la méthode de contrôle synthétique standard) et bien reproduire la moyenne des traités pour chaque caractéristique (la seconde partie). Les auteurs soutiennent que la construction d'une unité synthétique pour chaque unité traitée séparément, puis le calcul de la moyenne, peut entraîner un ajustement sous-optimal de la moyenne des unités traitées et peut conduire à un biais potentiel. Ils montrent que leur estimateur est une solution à ce problème.

10.7 Bilan du chapitre

Mots clés

Unité synthétique, unités de contrôle, hypothèse de tendance commune (*common trend assumption*), parcimonie de la solution du contrôle synthétique, inférence par test de permutation, p-value de Fisher, intervalle de confiance calculé par inversion d'un test, extension à plusieurs unités traitées.

Lectures complémentaires

Les articles principaux ayant contribué à forger la méthode sont Abadie et Gardeazabal (2003), Abadie *et al.* (2010) et Abadie *et al.* (2015). Abadie *et al.* (2010), où les auteurs étudient l'effet d'un programme de lutte anti-tabac à grande échelle en Californie, en est le plus emblématique. Nous en reprenons les données dans la section 10.5. Abadie (2021) décrit la méthodologie à suivre pour l'application de la méthode de contrôle synthétique. Doudchenko et Imbens (2016) établissent le lien entre le contrôle synthétique, la différence de différences, la régression et le calage. Il convient également de mentionner une vidéo d'Alberto Abadie sur le sujet : `youtu.be/2jzLODZfr_Y`. Enfin, le numéro du 536 du *Journal of the American Statistical Association* est un numéro spécial sur les avancées récentes en matière de contrôle synthétique.

Code et données

Les packages R, STATA et Matlab pour utiliser le contrôle synthétique sont disponibles sur `web.stanford.edu/~jhain/synthpage.html`.

Questions

1. Compte tenu de la configuration du chapitre 10, l'estimateur du contrôle synthétique est-il un estimateur convergent de l'effet du traitement sur les unités traitées ? Expliquez pourquoi ou pourquoi pas.
2. Donnez trois avantages à l'utilisation de la méthode du contrôle synthétique lorsqu'elle est appropriée. Expliquez brièvement ces avantages.
3. « *L'estimateur de contrôle synthétique n'utilise pas l'échantillon complet des unités de contrôle* ». Expliquez et critiquez.
4. Comment pouvez-vous utiliser les tests pour construire des intervalles de confiance ?
5. Vous utilisez un test exact de Fisher pour tester l'hypothèse d'absence d'effet de traitement H_0 : « $Y_i(1) = Y_i(0)$ ». La p-valeur que vous avez obtenue est de 0,02. L'intervalle de confiance de 0,9 que vous obtenez en exploitant la même méthodologie est de $[-0,50, 0,36]$. Est-ce possible ?
6. Soit le modèle : $Y_i = D_i\tau_0 + X_i'\beta_0 + \varepsilon_i$ où D_i est une variable binaire et $\varepsilon_i \perp (X_i, D_i)$. Décrivez une méthodologie basée sur les tests de Fisher pour effectuer de l'inférence sur τ_0.

10.8 Preuves et résultats complémentaires

10.8.1 Preuves des résultats principaux

Preuve du théorème 10.1. En faisant usage de la spécification en terme de modèle à facteurs, pour tout $t = 1, \ldots, T$:

$$\begin{aligned}
\widehat{\tau}_t =& Y_{1,t}(1) - Y_{1,t}(0) + \left[Y_{1,t}(0) - \sum_{i=2}^{n_0+1} \omega_i^* Y_{i,t}(0)\right] \\
=& \tau_t + \delta_t \left[1 - \sum_{i=2}^{n_0+1} \omega_i^*\right] + \left[Z_1 - \sum_{i=2}^{n_0+1} \omega_i^* Z_i\right]' \theta_t + \lambda_t' \left[\mu_1 - \sum_{i=2}^{n_0+1} \omega_i^* \mu_i\right] \\
&+ \left[\varepsilon_{1,t} - \sum_{i=2}^{n_0+1} \omega_i^* \varepsilon_{i,t}\right] \\
=& \tau_t + \lambda_t' \left[\mu_1 - \sum_{i=2}^{n_0+1} \omega_i^* \mu_i\right] + \left[\varepsilon_{1,t} - \sum_{i=2}^{n_0+1} \omega_i^* \varepsilon_{i,t}\right],
\end{aligned} \tag{10.4}$$

où la dernière ligne provient de (SOMME-A-UN) et de l'appariement parfait de l'unité synthétique, l'hypothèse 10.2. Maintenant, considérons les résultats du prétraitement écrits en notations matricielles. $\mathbf{Y_i^P}$ est le vecteur $T_0 \times 1$ des résultats du prétraitement pour l'unité i avec le t-ième élément égal à $Y_{i,t}^{obs}$. Le vecteur $T_0 \times 1$ des chocs transitoires de prétraitement est $\varepsilon_\mathbf{i}^\mathbf{P}$. Remarquez que parce que $\mathbf{Y_1^P} = (Y_{1,t}(0))_{t=1,\ldots,T_0}$, en suivant les mêmes étapes que ci-dessus :

$$\mathbf{Y_1^P} - \sum_{i=2}^{n_0+1} \omega_i^* \mathbf{Y_i^P} = \lambda^\mathbf{P} \left[\mu_1 - \sum_{i=2}^{n_0+1} \omega_i^* \mu_i\right] + \left[\varepsilon_\mathbf{1}^\mathbf{P} - \sum_{i=2}^{n_0+1} \omega_i^* \varepsilon_\mathbf{i}^\mathbf{P}\right]. \tag{10.5}$$

D'après l'équation (10.5), en utilisant l'hypothèse 10.3 :

$$\begin{aligned}\left[\mu_1 - \sum_{i=2}^{n_0+1} \omega_i^* \mu_i\right] = \left(\lambda^{\mathbf{P}\prime}\lambda^\mathbf{P}\right)^{-1} \lambda^{\mathbf{P}\prime} \left[\mathbf{Y_1^P} - \sum_{i=2}^{n_0+1} \omega_i^* \mathbf{Y_i^P}\right] \\ - \left(\lambda^{\mathbf{P}\prime}\lambda^\mathbf{P}\right)^{-1} \lambda^{\mathbf{P}\prime} \left[\varepsilon_\mathbf{1}^\mathbf{P} - \sum_{i=2}^{n_0+1} \omega_i^* \varepsilon_\mathbf{i}^\mathbf{P}\right].\end{aligned} \tag{10.6}$$

L'équation (10.6) ci-dessus permet de comprendre la nature de la méthodologie du contrôle synthétique : la qualité de l'approximation des coefficients de chargement factoriel du traité, μ_1, par l'unité synthétique dépend de la distance entre les résultats pré-traitement du traité et ceux de l'unité synthétique. Cette observation plaide pour l'inclusion des résultats de pré-traitement dans le programme (SYNTH), et constitue le point crucial du théorème. De plus, étant donné que l'hypothèse 10.2 est vérifiée, le premier terme de l'équation (10.6) disparaît, et nous avons donc une bonne décomposition du biais pour $t > T_0$ en insérant l'équation (10.6) dans l'équation (10.4) :

$$\begin{aligned}\widehat{\tau}_t - \tau_t = &\underbrace{\lambda_t' \left(\lambda^{\mathbf{P}\prime}\lambda^\mathbf{P}\right)^{-1} \lambda^{\mathbf{P}\prime} \sum_{i=2}^{n_0+1} \omega_i^* \varepsilon_\mathbf{i}^\mathbf{P}}_{:=R_{1,t}} - \underbrace{\lambda_t' \left(\lambda^{\mathbf{P}\prime}\lambda^\mathbf{P}\right)^{-1} \lambda^{\mathbf{P}\prime} \varepsilon_\mathbf{1}^\mathbf{P}}_{:=R_{2,t}} \\ &+ \underbrace{\left[\varepsilon_{1,t} - \sum_{i=2}^{n_0+1} \omega_i^* \varepsilon_{i,t}\right]}_{:=R_{3,t}}.\end{aligned}$$

Lorsque $t > T_0$, $R_{2,t}$ et $R_{3,t}$ ont une moyenne nulle grâce à l'hypothèse 10.1. Ce n'est pas le cas pour $R_{1,t}$ car il n'y a aucune raison de penser que $\varepsilon_{i,t}$ et ω_i^*

sont indépendants pour $t \leq T_0$ puisque ω_i^* dépend de $\mathbf{Y_1^P}, \ldots, \mathbf{Y_{n_0+1}^P}$, et par conséquent de $\varepsilon_{\mathbf{1}}^{\mathbf{P}}, \ldots, \varepsilon_{\mathbf{n_0+1}}^{\mathbf{P}}$. On peut réécrire :

$$R_{1,t} = \sum_{i=2}^{n_0+1} \omega_i^* \lambda_t' \left(\lambda^{\mathbf{P}\prime} \lambda^{\mathbf{P}}\right)^{-1} \lambda^{\mathbf{P}\prime} \varepsilon_{\mathbf{i}}^{\mathbf{P}} = \sum_{i=2}^{n_0+1} \omega_i^* \sum_{s=1}^{T_0} \lambda_t' \left(\sum_{t=1}^{T_0} \lambda_t \lambda_t'\right)^{-1} \lambda_s \varepsilon_{i,s}.$$

Par l'inégalité de Cauchy-Schwarz, puisque $\left(\sum_{t=1}^{T_0} \lambda_t \lambda_t'\right)^{-1}$ est symétrique et définie positive, et en utilisant l'hypothèse 10.3 :

$$\begin{aligned} \left(\lambda_t' \left(\sum_{t=1}^{T_0} \lambda_t \lambda_t'\right)^{-1} \lambda_s\right)^2 &\leq \left(\lambda_t' \left(\sum_{t=1}^{T_0} \lambda_t \lambda_t'\right)^{-1} \lambda_t\right) \left(\lambda_s' \left(\sum_{t=1}^{T_0} \lambda_t \lambda_t'\right)^{-1} \lambda_s\right) \\ &\leq \left(\frac{F\bar{\lambda}^2}{T_0 c_\xi}\right)^2. \end{aligned}$$

Soit $\tilde{\varepsilon}_i := \sum_{s=1}^{T_0} \lambda_t' \left(\sum_{t=1}^{T_0} \lambda_t \lambda_t'\right)^{-1} \lambda_s \varepsilon_{i,s}$. En utilisant l'hypothèse 10.1 et l'inégalité de Holder :

$$|R_{1,t}| \leq \sum_{i=2}^{n_0+1} \omega_i^* |\tilde{\varepsilon}_i| \leq \left(\sum_{i=2}^{n_0+1} \omega_i^* |\tilde{\varepsilon}_i|^m\right)^{1/m} \leq \left(\sum_{i=2}^{n_0+1} |\tilde{\varepsilon}_i|^m\right)^{1/m}.$$

D'après l'inégalité de Holder, on a encore :

$$\mathbb{E}\left(\sum_{i=2}^{n_0+1} \omega_i^* |\tilde{\varepsilon}_i|\right) \leq \left(\mathbb{E}\left[\sum_{i=2}^{n_0+1} |\tilde{\varepsilon}_i|^m\right]\right)^{1/m}. \tag{10.7}$$

Et grâce à l'inégalité de Rosenthal (lemme 10.2), pour une certaine constante $C(m)$ définie dans l'énoncé de l'inégalité :

$$\mathbb{E}|\tilde{\varepsilon}_i|^m \leq C(m) \left(\frac{F\bar{\lambda}^2}{T_0 c_\xi}\right)^m \max\left(\sum_{t=1}^{T_0} \mathbb{E}|\varepsilon_{j,t}|^m, \left(\sum_{t=1}^{T_0} \mathbb{E}|\varepsilon_{j,t}|^2\right)^{m/2}\right).$$

D'après l'équation ci-dessus et (10.7), et en utilisant l'hypothèse 10.1 :

$$\mathbb{E}|R_{1,t}| \leq C(m)^{1/m} \left(\frac{F\bar{\lambda}^2}{c_\xi}\right) n_0^{1/m} \max\left(\frac{(\mathbb{E}|\varepsilon_{i,t}|^m)^{1/m}}{T_0^{1-1/m}}, \frac{\sigma}{\sqrt{T_0}}\right).$$

D'après la décomposition ci-dessus et l'inégalité de Jensen :

$$|\mathbb{E}\widehat{\tau}_t - \tau_t| \leq \mathbb{E}|R_{1,t}| \leq C(m)^{1/m} \left(\frac{F\bar{\lambda}^2}{c_\xi}\right) n_0^{1/m} \max\left(\frac{(\mathbb{E}|\varepsilon_{i,t}|^m)^{1/m}}{T_0^{1-1/m}}, \frac{\sigma}{\sqrt{T_0}}\right).$$

□

Preuve du lemme 10.1

Soit $\{\widehat{\theta}^{(i)}\}_{i=1}^{|\Pi|}$ un réarrangement non-décroissant de $\{\widehat{\theta}(\boldsymbol{D}_\pi) : \pi \in \Pi\}$. On a :

$$\mathbf{1}\{p(C) \leq \alpha\} = \mathbf{1}\left\{\widehat{\theta}(\boldsymbol{D}^{obs}) > \widehat{\theta}^{(k)}\right\},$$

pour $k = \lceil(1-\alpha) \times |\Pi|\rceil$. Puisque Π forme un groupe, les quantiles sous randomisation sont invariants :

$$\widehat{\theta}(\boldsymbol{D}_\pi)^{(k)} = \widehat{\theta}^{(k)}, \text{ pour tout } \pi \in \Pi,$$

ainsi :

$$\sum_{\pi\in\Pi} \mathbf{1}\left\{\widehat{\theta}(\boldsymbol{D}_\pi) > \widehat{\theta}(\boldsymbol{D}_\pi)^{(k)}\right\} = \sum_{\pi\in\Pi} \mathbf{1}\left\{\widehat{\theta}(\boldsymbol{D}^{obs}) > \widehat{\theta}^{(k)}\right\} \leq \alpha|\Pi|.$$

Par échangeabilité et pour tout $\pi \in \Pi$, $\mathbf{1}\left\{\widehat{\theta}(\boldsymbol{D}^{obs}) > \widehat{\theta}^{(k)}\right\}$ est distribué comme $\mathbf{1}\left\{\widehat{\theta}(\boldsymbol{D}_\pi) > \widehat{\theta}(\boldsymbol{D}_\pi)^{(k)}\right\}$. Ainsi, on a :

$$\begin{aligned}\alpha \geq &\frac{1}{|\Pi|}\sum_{\pi\in\Pi} \mathbf{1}\left\{\widehat{\theta}(\boldsymbol{D}_\pi) > \widehat{\theta}(\boldsymbol{D}_\pi)^{(k)}\right\}\\ &= \mathbb{E}\left[\mathbf{1}\left\{\widehat{\theta}(\boldsymbol{D}^{obs}) > \widehat{\theta}^{(k)}\right\}\right] = \mathbb{E}[\mathbf{1}\{p(C) \leq \alpha\}].\end{aligned}$$

□

10.8.2 Résultats complémentaires

Lemme 10.2 (Inégalité de Rosenthal). *Soient $\xi_1, \ldots, \xi_n$, n variables aléatoires indépendantes de moyenne nulle, $\mathbb{E}|\xi_i|^m < \infty$ pour un certain entier paire $m > 2$ et soit $S_n = \sum_{i=1}^n \xi_i$. Ainsi :*

$$\mathbb{E}|S_n|^m \leq C(m) \max\left(\sum_{i=1}^n \mathbb{E}|\xi_i|^m, \left[\sum_{i=1}^n \mathbb{E}|\xi_i|^2\right]^{m/2}\right),$$

où $C(m) := \mathbb{E}(X-1)^m$ avec $X \sim \mathcal{P}(1)$.

Preuve du lemme 10.2 voir Ibragimov et Sharakhmetov (2002). □

Bibliographie

ABADIE, A. (2021). Using synthetic controls : Feasibility, data requirements, and methodological aspects. *Journal of Economic Literature*, 59(2):391–425.

ABADIE, A., ATHEY, S., IMBENS, G. W. et WOOLDRIDGE, J. M. (2020). Sampling-based versus design-based uncertainty in regression analysis. *Econometrica*, 88(1):265–296.

ABADIE, A. et CATTANEO, M. D. (2018). Econometric methods for program evaluation. *Annual Review of Economics*, 10(1):465–503.

ABADIE, A., DIAMOND, A. et HAINMUELLER, J. (2010). Synthetic control methods for comparative case studies : Estimating the effect of california's tobacco control program. *Journal of the American Statistical Association*, 105(490):493–505.

ABADIE, A., DIAMOND, A. et HAINMUELLER, J. (2015). Comparative politics and the synthetic control method. *American Journal of Political Science*, 59(2):495–510.

ABADIE, A. et GARDEAZABAL, J. (2003). The Economic Costs of Conflict : A Case Study of the Basque Country. *American Economic Review*, 93(1):113–132.

ABADIE, A. et L'HOUR, J. (2021). A penalized synthetic control estimator for disaggregated data. *Journal of the American Statistical Association*, 116(536):1817–1834.

ACEMOGLU, D., JOHNSON, S., KERMANI, A., KWAK, J. et MITTON, T. (2016). The value of connections in turbulent times : Evidence from the united states. *Journal of Financial Economics*, 121:368–391.

ALLEGRETTO, S., DUBE, A., REICH, M. et ZIPPERER, B. (2017). Credible research designs for minimum wage studies : A response to neumark, salas, and wascher. *ILR Review*, 70(3):559–592.

ANGRIST, J. et PISCHKE, J.-S. (2009). *Mostly Harmless Econometrics : An Empiricist's Companion*. Princeton University Press, 1re édition.

ATHEY, S. et IMBENS, G. W. (2017). The state of applied econometrics : Causality and policy evaluation. *Journal of Economic Perspectives*, 31(2):3–32.

BEN-MICHAEL, E., FELLER, A. et ROTHSTEIN, J. (2021). The augmented synthetic control method. *Journal of the American Statistical Association*, 116(536):1789–1803.

BOHN, S., LOFSTROM, M. et RAPHAEL, S. (2014). Did the 2007 legal arizona workers act reduce the state's unauthorized immigrant population ? *Review of Economics and Statistics*, 96(2):258–269.

CARD, D. (1990). The impact of the mariel boatlift on the miami labor market. *ILR Review*, 43(2):245–257.

CHERNOZHUKOV, V., WÜTHRICH, K. et ZHU, Y. (2021). An exact and robust conformal inference method for counterfactual and synthetic controls. *Journal of the American Statistical Association*, 116(536):1849–1864.

CUNNINGHAM, S. et SHAH, M. (2017). Decriminalizing Indoor Prostitution : Implications for Sexual Violence and Public Health. *The Review of Economic Studies*, 85(3):1683–1715.

DING, P. (2017). A Paradox from Randomization-Based Causal Inference. *Statistical Science*, 32(3):331–345.

DOUDCHENKO, N. et IMBENS, G. W. (2016). Balancing, regression, difference-in-differences and synthetic control methods : A synthesis. *NBER Working Papers*, 22791.

FERMAN, B. et PINTO, C. (2016). Revisiting the synthetic control estimator. *Working Paper.*

GOBILLON, L. et MAGNAC, T. (2016). Regional policy evaluation : Interactive fixed effects and synthetic controls. *The Review of Economics and Statistics*, 98(3):535–551.

HACKMANN, M. B., KOLSTAD, J. T. et KOWALSKI, A. E. (2015). Adverse selection and an individual mandate : When theory meets practice. *American Economic Review*, 105(3): 1030–1066.

HOLLAND, P. W. (1986). Statistics and causal inference. *Journal of the American Statistical Association*, 81(396):945–960.

IBRAGIMOV, R. et SHARAKHMETOV, S. (2002). The exact constant in the rosenthal inequality for random variables with mean zero. *Theory of Probability & Its Applications*, 46(1):127–132.

IMBENS, G. W. et RUBIN, D. B. (2015). *Causal Inference for Statistics, Social, and Biomedical Sciences.* Cambridge Books. Cambridge University Press.

KLEVEN, H. J., LANDAIS, C. et SAEZ, E. (2013). Taxation and international migration of superstars : Evidence from the european football market. *American Economic Review*, 103(5):1892–1924.

Chapitre 11

Prévision en grande dimension

L'ajustement des politiques économiques et monétaires en temps réel nécessitent l'information la plus fiable possible sur les conditions économiques actuelles et futures. Cependant, la plupart des séries économiques sont diffusées avec un décalage de quelques semaines (*e.g.* inflation, carnets de commande des entreprises), voire quelques mois (*e.g.* PIB, consommation des ménages). L'évaluation des conditions économiques en temps réel, dit *nowcasting* (voir, *e.g.*, Giannone *et al.*, 2008), et de manière plus générale la prévision à différents horizons, *forecasting*, sont donc des tâches importantes où il est intéressant de ne pas se restreindre *a priori* les différentes sources d'informations que l'on peut vouloir utiliser. De plus, ces différentes informations en temps réel, qu'elles soient conventionnelles (*e.g.* emploi salarié, chômage, revenus, commerce, consommation) ou non (*e.g.* articles de journaux, trafic maritime, transactions bancaires, Google trends, etc), sont souvent diffusées à des fréquences différentes : journalière (flux d'informations, cours de bourse), hebdomadaire (actualisation des droits au chômage), mensuelle (inflation), de la variable que l'on cherche à prédire. Cette dernière est souvent diffusée à plus basse fréquence, trimestrielle comme le PIB ou le chômage au sens du Bureau International du Travail (BIT). On notera également qu'en général plus la qualité d'une donnée est grande, et moins elle est fréquente ou rapide à calculer.

L'exemple le plus représentatif de nowcasting est celui de la prédiction du PIB américain par la banque centrale de New York, qui, jusqu'en septembre 2021, publiait ses prévisions tout les vendredis matins à 11 h 15 (plus de détails dans Bok *et al.*, 2018). Les prévisions de la banque centrale sont disponibles sur leur site web `newyorkfed.org/research/policy/nowcast`. Celles-ci ont été suspendues pour cause « d'incertitude entourant la pandémie et la volatilité des données qui en découle ». Ces prévisions sont basées sur un modèle à facteurs utilisant 37 variables économiques traditionnelles. Il est légitime de se demander si les méthodes de grande dimension développées dans la deuxième partie de ce livre ne pourraient pas permettre d'extraire de l'information utile à la prévision à court terme, en utilisant d'autres sources d'information comme les données textuelles (Bybee *et al.*, 2020, considèrent 180 sections thématiques du *Wall Street Journal*), les données satellites (voir, *e.g.*, Moriwaki, 2019, pour la prévision du chômage), ou les données de moteurs de recherche (voir, *e.g.*, Ferrara et Simoni, 2022). Le fait que l'on ne possède souvent qu'un horizon temporel limité avec les variables macroéconomiques à prédire nous plonge naturellement dans le contexte de la grande dimension.

L'utilisation des méthodes de sélection de la deuxième partie suppose toutefois de les adapter à la structure des données temporelles. La première caractéristique fondamentale est que l'on ne peut plus faire l'hypothèse d'indépendance des observations. Les séries temporelles économiques et financières sont aussi connues pour posséder des queues de distribution épaisses, alors que les méthodes de la deuxième partie supposaient la normalité ou des queues exponentielles. Ensuite, nous devons aussi prendre en compte le fait que les séries ne sont pas échantillonnées à la même fréquence (on dit qu'elles ne sont pas *alignées*). De plus, ces différentes variables explicatives ont souvent une « structure » particulière, *i.e.*, sont liés à différents thèmes : macroéconomie, différents secteurs d'activité, variables financières, news, etc. et on aimerait pouvoir incorporer la connaissance de cette structure dans le processus de sélection.

Dans ce chapitre, nous allons donc d'abord étendre dans la section 11.1 les méthodes de la deuxième partie pour prendre en compte ces spécificités. Nous présenterons ensuite en section 11.2 les limites de celles-ci, selon deux grandes directions. La première est la critique de l'hypothèse de parcimonie et la seconde celle de la linéarité. Enfin, une motivation importante de ces méthodes est de permettre de faire de l'inférence, et ainsi de tester statistiquement si certaines variables contiennent bien de l'information utile à la prédiction, ce qui est décrit en section 11.3. Ces parties sont toutes trois associées à des illustrations empiriques.

11.1 Régression en grande dimension pour la prévision

11.1.1 Séries temporelles en grande dimension

Plusieurs travaux proposent des extensions des outils de grande dimension de la deuxième partie aux séries temporelles, dans un cadre fréquentiste (voir, *e.g.*, Alquier et Doukhan, 2011 ; Basu et Michailidis, 2015 ; Kock et Callot, 2015 ; Uematsu et Tanaka, 2019 ; Babii *et al.*, 2019 ; Ferrara et Simoni, 2022 ; Chernozhukov *et al.*, 2021 ; Babii *et al.*, 2022b) et bayésien (voir, *e.g.*, De Mol *et al.*, 2008 ; Mogliani et Simoni, 2021). Dans cette section, nous suivrons principalement l'approche développée dans Chernozhukov *et al.* (2021), proche de la formalisation de la deuxième partie, et dans Babii *et al.* (2019, 2022a,b), qui considèrent des séries échantillonnées à différentes périodes (*mixed frequency data sampling*, MIDAS par la suite) et d'autres types de dépendances.

11.1.2 Modèle et estimateur

Considérons un horizon de prévision $h = 0, 1, 2\ldots$, la situation $h = 0$ correspondant au nowcasting. Considérons aussi le modèle de prévision suivant

$$Y_{t+h} = X_t'\beta_0 + \varepsilon_t, \quad \mathbb{E}(\varepsilon_t X_t) = 0, \ t = 1, \ldots, T, \tag{11.1}$$

où $X_t \in \mathbb{R}^p$, avec p potentiellement plus grand que n. Le vecteur X_t peut contenir des valeurs passées de Y_t et des transformations des variables explicatives initiales (voir remarque ci-dessous). Dans la suite de ce chapitre, nous considérons la prévision en temps réel et fixons $h = 0$ pour simplifier. On peut aussi généraliser les méthodes développées dans le chapitre 4 à un système de régressions de ce type, voir Chernozhukov *et al.* (2021). On suppose ici par simplicité la parcimonie exacte, c'est-à-dire que le nombre de coefficients de β_0 différents de 0 est borné par s :

$$\|\beta_0\|_0 \leq s << n. \tag{11.2}$$

Comme dans la deuxième partie, on utilise un estimateur de β^0 pénalisé en norme ℓ^1 :

$$\widehat{\beta} = \underset{\beta \in \mathbb{R}^p}{\operatorname{argmin}} \quad \frac{1}{T}\sum_{t=1}^{T}(Y_t - X_t'\beta)^2 + \frac{\lambda}{T}\sum_{k=1}^{p}|\beta_k|\widehat{\Gamma}_k, \tag{11.3}$$

où λ est un paramètre fixé ci-dessous et les $\widehat{\Gamma}_k$ sont des estimateurs des pénalités « idéales » Γ_k^0 que l'on décrit maintenant. Notons la variable

$$S_k = \frac{1}{\sqrt{T}}\sum_{t=1}^{T}\varepsilon_t X_{k,t},$$

où $\varepsilon_t = Y_t - X_t'\beta_0$ n'est pas directement observé. De ce fait, le paramètre et pénalités idéaux, respectivement λ^0 et Γ_k^0, sont définis par : $\lambda^0 = Q(1-\alpha)$ où Q désigne le quantile de $2c\sqrt{T}\max_{1\leq k\leq p}|S_k/\Gamma_k^0|$ et Γ_k^0 est la variance de long terme de S_k, soit :

$$\Gamma_k^0 = \sqrt{\sum_{l=-\infty}^{\infty}\mathbb{E}(X_{k,t}\varepsilon_t X_{k,t-l}\varepsilon_{t-l})}.$$

Ces estimateurs $\widehat{\Gamma}_k$ sont sélectionnés de manière similaire au chapitre 7, ou par cross-validation (voir section 5.2 ou, plus appliqué à ce contexte, dans *e.g.*, Babii *et al.*, 2019, 2022b). La difficulté supplémentaire par rapport au chapitre 7, est qu'il faut ici tenir compte de la dépendance temporelle dans l'estimation de ces pénalités. Chernozhukov *et al.* (2021) proposent de procéder en deux étapes à l'aide d'un bootstrap par blocs :

1. Obtenir un estimateur très préliminaire $\check{\beta}$ de β_0 à l'aide de (11.3) où le paramètre est basé sur l'approximation gaussienne $\lambda = 2c'\sqrt{T}\Phi^{-1}(1-\alpha'/(2p))$ où $c' = 0,5$ et $\alpha' = 0,1$, et les pénalités sont par exemple prises uniformes $\check{\Gamma}_k = 1$. On forme alors des estimateurs préliminaires des erreurs $\check{\varepsilon}_t = Y_t - X_t'\check{\beta}$.

2. Obtenir un second estimateur préliminaire $\widetilde{\beta}$ de β^0 à l'aide de (11.3) où le paramètre λ est toujours basé sur l'approximation gaussienne et les pénalités sont cette fois adaptées en utilisant l'estimateur Newey-West

$$\widehat{\Gamma}_k = \sum_{l=-h_T}^{h_T} k\left(\frac{l}{h_T}\right) \mathrm{Cov}(X_{k,t}\breve{\varepsilon}_t \ , \ X_{k,t-l}\breve{\varepsilon}_{t-l}),$$

où $k(z) = (1 - |z|)1\{|z| \leq 1\}$ et $h_T \to \infty$ est un paramètre de coupure (par exemple $h_T = 1,3T^{1/2}$, voir Lazarus *et al.*, 2018).

3. Actualiser les estimateurs des erreurs $\widetilde{\varepsilon}_k = Y_t - X_t'\widetilde{\beta}$ et recalculer $\widetilde{\Gamma}_k$ avec $\widetilde{\varepsilon}_k$. Diviser $\{\widetilde{\varepsilon}_k\}$ en l_T blocs de b_T observations, puis choisir $\lambda = 2c\sqrt{T}q_{1-\alpha}^{[B]}$, où $q_{1-\alpha}^{[B]}$ est le $1-\alpha$ quantile de $\max_{1\leq k\leq p} |Z_k^{[B]}/\widetilde{\Gamma}_k|$,

$$Z_k^{[B]} = \frac{1}{\sqrt{T}} \sum_{i=1}^{l_T} e_i \sum_{l=(i-1)b_T+1}^{ib_T} \widetilde{\varepsilon}_l X_{k,l},$$

et $e_i \sim \mathcal{N}(0,1)$ i.i.d.

11.1.3 Séries échantillonnées différemment (MIDAS)

On peut mettre sous la forme du modèle (11.1) des cas plus réalistes rencontrés en pratique, notamment avec des séries échantillonnées à différentes fréquences (MIDAS) et satisfaisant un modèle autoregressif (type ARDL-MIDAS, voir, *e.g.* Ghysels *et al.*, 2005, 2007). Considérons l'équation suivante

$$Y_t = \mu + \sum_{j=1}^{J} \rho_j Y_{t-j} + \sum_{k=1}^{p} \frac{1}{m_k} \sum_{j=1}^{m_k} \beta_{k,j} X_{t-(j-1)/m_k,k} + \varepsilon_t, \tag{11.4}$$

où pour tout $k \in \{1,\ldots,p\}$, les variables $X_{t,k}$ sont échantillonnées à des fréquences m_k plus élevées que celle de la variable à prédire Y_t (par exemple trimestrielle pour le PIB), conduisant aux séries

$$(X_{t-(j-1)/m_k,k})_{j=1,\ldots,m_k,\ t=1,\ldots,T}.$$

La figure 11.1 illustre un cas possible, où l'on peut se demander si pour prédire Y_t à partir du passé de X_t, qui est échantillonnée à une fréquence plus élevée, on peut éviter d'utiliser toutes les valeurs de X_t disponibles entre $t-1$

Figure 11.1 – Illustration de deux séries échantillonnées à des fréquences différentes : Y_t annuellement et X_t mensuellement

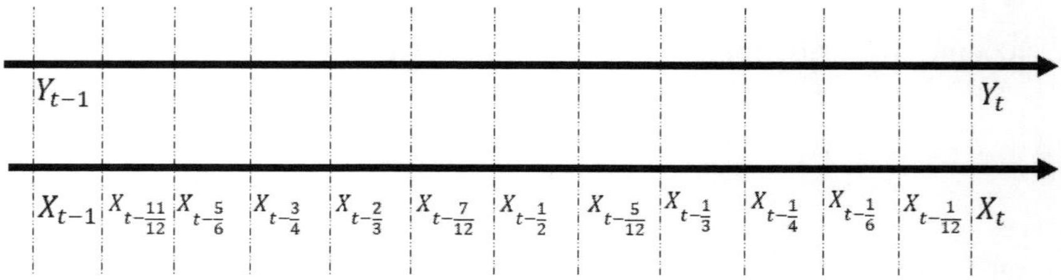

et t, ou si l'on peut utiliser une combinaison de celles-ci. L'approche MIDAS consiste ainsi à réduire la dimension du problème en passant de l'estimation de β_k de dimension m_k à l'estimation de $\widetilde{\beta}_k$ de dimension $L < m_k$. Pour cela on considère une fonction de pondération $\omega : [0,1] \times \mathbb{R}^L \to \mathbb{R}$ pour gérer les différents échantillonnages :

$$\frac{1}{m_k}\sum_{j=1}^{m_k} \beta_{k,j} X_{t-(j-1)/m_k,k} = \frac{1}{m_k}\sum_{j=1}^{m_k} \omega\left(\frac{j-1}{m_k}, \widetilde{\beta}_k\right) X_{t-(j-1)/m_k,k}.$$

L'approche standard (Ghysels *et al.*, 2007) consiste à utiliser la spécification

$$\omega\left(\frac{j-1}{m_k}, \widetilde{\beta}_k\right) = \frac{e^{\widetilde{\beta}_1 j + \widetilde{\beta}_2 j^2 + \cdots + \widetilde{\beta}_l j^L}}{\sum_{j=1}^{m_k} e^{\widetilde{\beta}_1 j + \widetilde{\beta}_2 j^2 + \cdots + \widetilde{\beta}_l j^L}},$$

appelée « Exponential Almon lags », les polynômes d'Almon faisant référence à $\{1, k, k^2, \ldots\}$ en séries temporelles. Une approche plus récente, avec de nombreux avantages en termes de temps de calcul, consiste à utiliser une approximation de cette fonction $t \in [0,1] \mapsto \omega(t, \widetilde{\beta}_k)$ par une décomposition sur une collection de fonctions appelée *dictionnaire* $\{w_l(\cdot) : l = 1, \ldots, L\}$. Évalué en $(j-1)/m_k$, $j = 1\ldots, m_k$, on a donc

$$\omega\left(\frac{j-1}{m_k}, \widetilde{\beta}_k\right) \simeq \sum_{l=1}^{L} w_l\left(\frac{j-1}{m_k}\right)\widetilde{\beta}_{k,l},$$

ce qui conduit à la représentation

$$\begin{aligned}\frac{1}{m_k}\sum_{j=1}^{m_k} \beta_{k,j} X_{t-(j-1)/m_k,k} &\simeq \frac{1}{m_k}\sum_{j=1}^{m_k}\sum_{l=1}^{L} w_l\left(\frac{j-1}{m_k}\right)\widetilde{\beta}_{k,l} X_{t-(j-1)/m_k,k} \\ &= \sum_{l=1}^{L} \widetilde{\beta}_{k,l}\left(\frac{1}{m_k}\sum_{j=1}^{m_k} w_l\left(\frac{j-1}{m_k}\right) X_{t-(j-1)/m_k,k}\right)\end{aligned}$$

$$= \widetilde{\beta}'_{k,\cdot} Z_{t,k,\cdot},$$

en utilisant la notation

$$Z_{t,k,l} = \frac{1}{m_k} \sum_{j=1}^{m_k} w_l \left(\frac{j-1}{m_k} \right) X_{t-(j-1)/m_k,k}.$$

On peut par exemple utiliser comme dictionnaire les polynômes de Legendre, qui forment une base orthogonale de $L_2([0,1])$. En réinjectant dans (11.4), on obtient donc la formulation linéaire suivante

$$Y_t = (\mu, Y_{t-1}, \ldots, Y_{t-J}, Z'_{t,1,\cdot}, \ldots, Z'_{t,p,\cdot})(1, \rho_1, \ldots, \rho_J, \widetilde{\beta}'_{1,\cdot}, \ldots, \widetilde{\beta}'_{p,\cdot})' + \varepsilon_t. \tag{11.5}$$

En mettant cela sous forme matricielle, on se ramène alors à un modèle similaire à (11.1) et donc à un estimateur de la forme (11.3).

Dans certains cas pratiques, le modèle est associé à une certaine structure des variables prédictives, qu'il est intéressant d'inclure dans la procédure d'estimation pénalisée. On peut vouloir à la fois sélectionner les groupes de variables qui sont les plus pertinents pour la prédiction, mais aussi, au sein de ces groupes sélectionner celles qui sont importantes. Les coefficients ρ et $\beta_{k,\cdot}$ dans la formulation linéaire (11.5) du modèle MIDAS (11.4) étant de natures différentes, il existe naturellement une structure par groupe. Babii *et al.* (2019, 2022b) estiment donc les paramètres de la formulation du modèle (11.5) à l'aide du sparse-group Lasso, introduit par Lounici *et al.* (2011), qui consiste à utiliser, au lieu de la norme ℓ_1 dans (11.3), une pénalisation en norme « mixte » :

$$\Omega_\gamma(\beta) = \gamma \|\beta\|_1 + (1-\gamma)\|\beta\|_{2,1}, \tag{11.6}$$

où $\gamma \in [0,1]$ est un poids indexant le compromis entre la norme ℓ_1 et la norme de groupe $\|\beta\|_{2,1} = \sum_{g \in \mathcal{G}} \|\beta_g\|_2$ où la structure de groupe $\mathcal{G}$ est une partition de $\{1, \ldots, p\}$ pour $\beta \in \mathbb{R}^p$. Par exemple, certaines variables macroéconomiques, financières, ou textuelles comme dans l'application en section 11.2.3, peuvent être très liées, et l'on voudrait introduire cette information dans la pénalisation.

11.1.4 Propriétés asymptotiques

Pour établir les propriétés asymptotiques de l'estimateur (11.3), il nous faut préciser la structure de dépendance des observations dans le modèle (11.1). Nous présentons ici les résultats avec la structure de dépendance introduite dans Wu, 2005 ; Wu et Wu, 2016 ; Zhang et Wu, 2017 qui considèrent que les variables et erreurs ont une représentation fonctionnelle dépendant d'innovations indépendantes. Nous renvoyons à la remarque ci-dessous décrivant comment utiliser plutôt la notion de *mixing* dans notre contexte pour décrire la dépendance (voir Doukhan, 2012).

Hypothèse 11.1 (Structure de dépendance). *Pour tout $k = 1, \dots, p$, on suppose que $X_{k,t}$ et ε_t sont des processus stationnaires ayant les représentations $X_{k,t} = g_k(\dots, \xi_{-1}, \xi_0, \xi_1, \dots, \xi_{t-1}, \xi_t)$ et $\varepsilon_t = h(\dots, \eta_{-1}, \eta_0, \eta_1, \dots, \eta_{t-1}, \eta_t)$, où ξ_t, η_t sont des innovations i.i.d. et g_k, h sont des fonctions mesurables par rapport à la filtration engendrée par $(\dots, \eta_{-1}, \xi_{-1}, \eta_0, \xi_0, \eta_0, \dots, \xi_{t-1}, \eta_{t-1}, \xi_t, \eta_t)$.*

La notion de dépendance de l'hypothèse 11.1 est assez intuitive et facile à utiliser. Pour obtenir des résultats asymptotiques, il nous faut aussi introduire des caractéristiques quantifiant l'importance de la dépendance des processus $(X_{k,\cdot})$, $(\varepsilon_\cdot)$, et $(X_{k,\cdot}\varepsilon_\cdot)$. On définit les quantités suivantes, en considérant une copie i.i.d. ξ_0^* de ξ_0 et en notant $X_{k,t}^* = g_k(\dots, \xi_0^*, \dots, \xi_{t-1}, \xi_t)$ le processus où ξ_0^* remplace ξ_0 :

1. $\theta_{q,k,t} := \mathbb{E}(|X_{k,t} - X_{k,t}^*|^q)^{1/q}$ pour $q > 0$, est une mesure de dépendance de ξ_0 sur $X_{k,t}$, l'effet cumulatif étant mesuré par $\Theta_{m,q,k} = \sum_{t=m}^{\infty} \theta_{q,k,t}$;
2. la mesure de dépendance ajustée $\|X_{k,\cdot}\|_{q,\zeta} = \sup_{m \geq 0}(m+1)^\zeta \Theta_{m,q,k}$, avec $\zeta > 0$.

On introduit les mêmes quantités pour $(\varepsilon_\cdot)$ et $(X_{k,\cdot}\varepsilon_\cdot)$.

Hypothèse 11.2 (Structure de dépendance, suite). *On a les conditions de moments :*

$$\|\varepsilon\|_{q,\zeta} < \infty \text{ et, pour tout } k = 1, \dots, p, \; \|X_{k,\cdot}\|_{q,\zeta} < \infty, \; q \geq 8.$$

La plus grande valeur de ζ telle que l'hypothèse 11.2 soit vérifiée caractérise la dépendance du processus. De larges classes de processus usuels, par exemple AR(1) avec un coefficient inférieur à 1 en valeur absolue ou certains ARCH(1), satisfont ces conditions (voir Appendice C.2 dans Chernozhukov *et al.* (2021)). On fait enfin l'hypothèse suivante, qui est une variante de l'hypothèse de valeur propre restreinte 4.4.

Hypothèse 11.3 (Valeur propre restreinte, variante). *Soit $\overline{c} \geq 1$, avec grande probabilité on a :*

$$\kappa(\overline{c}) = \min_{\beta \in \mathcal{C}[\mathcal{S},\overline{c}]} \frac{\sqrt{s}\|X'\beta\|_2}{\|\beta\|_1} > 0,$$

où $\mathcal{C}[\mathcal{S},\overline{c}]$ est défini en (4.4), $\mathcal{S} = \{k : \ \beta_k^0 \neq 0\}$ est l'ensemble des coefficients non nuls, $s = |\mathcal{S}|$ est le nombre de coefficients non nuls.

Sous les hypothèses 11.1, 11.3, et l'hypothèse de parcimonie 11.2, il découle d'une modification directe de la preuve du lemme 7.1 de la deuxième partie (voir aussi le théorème 1 dans Belloni et Chernozhukov (2013)), que si

$$\frac{\lambda}{T} \geq 2c \max_{1 \leq k \leq p} \left| \frac{S_k/\sqrt{T}}{\Gamma_k^0} \right|, \tag{11.7}$$

avec $c > 1$, $\overline{c} = (c+1)/(c-1)$, alors

$$\left\| \widehat{\beta} - \beta_0 \right\|_1 \leq \left(\frac{(1+2\overline{c})(1+1/c)s}{\kappa(2\overline{c})\kappa(\overline{c})} \max_{1 \leq k \leq p} \Gamma_k^0 \right) \frac{\lambda}{T}. \tag{11.8}$$

Remarquons que l'inégalité de concentration (7.5) utilisée dans le cas d'observations i.i.d. pour conclure au théorème 7.1 en assurant que l'évènement (11.7) arrive avec grande probabilité doit être adaptée au cas non i.i.d. de ce chapitre. On reporte ici cette inégalité, puis on commente les différents régimes de vitesses qu'elle induit. Ces régimes dépendent des queues de distribution et de l'importance de la dépendance.

Théorème 11.1 (Inégalité de Fuk-Nagaev, théorème 2 dans Wu et Wu, 2016 ou théorème 5 dans Chernozhukov *et al.*, 2021). *Sous les hypothèses 11.1 et 11.2 on a*

$$P\left(2c\sqrt{T} \max_{1 \leq k \leq p} \left| \frac{S_k}{\Gamma_k^0} \right| \geq r \right)$$

$$\leq \sum_{k=1}^{p} \left(\frac{C_0 \|X_{k,\cdot}\varepsilon_\cdot\|_{q,\zeta}^q}{(\Gamma_k^0)^q} \frac{\omega_T T}{r^q} + C_1 \exp\left(\frac{-C_2 r^2}{T(\|X_{k,\cdot}\varepsilon_\cdot\|_{2,\zeta}^2/(\Gamma_k^0)^2)} \right) \right),$$

avec $\omega_T = 1$ *si* $\zeta > 1/2 - 1/q$ *(faible dépendance) et* $\omega_T = T^{q/2-1-\zeta q}$ *sinon (forte dépendance).*

Cette inégalité, qui étend l'inégalité de Fuk-Nagaev, conduit avec (11.8) et λ comme le $1-\alpha$ quantile de la distribution de $2c\sqrt{n}\max_{1\leq k\leq p}|S_k/\Gamma_k^0|$ à la vitesse de convergence

$$\left\|\widehat{\beta} - \beta^0\right\|_1$$

$$\leq C_3 \max_{1\leq k\leq p} \max \left(\underbrace{\sqrt{\frac{s^2 \log(p/\alpha)}{T}}}_{\text{terme « exponentiel »}} \|X_{k,\cdot}\varepsilon_\cdot\|_{2,\zeta}, \underbrace{\left(\frac{p\omega_T/\alpha}{T^{q-1}}\right)^{1/q}}_{\text{terme « polynomial »}} \|X_{k,\cdot}\varepsilon_\cdot\|_{q,\zeta} \right),$$

où C_3 est une constante indépendante de T. Dans cette vitesse intervient un terme autorisant la dimension p à croître exponentiellement avec le nombre d'observations T et un terme polynomial. Ainsi, lorsque le second domine le premier, on ne peut pas autoriser le nombre de variables p à croître avec T exponentiellement comme dans les résultats de la deuxième partie. Si les termes de dépendance $\|X_{k,\cdot}\varepsilon_\cdot\|_{2,\zeta}$ et $\|X_{k,\cdot}\varepsilon_\cdot\|_{q,\zeta}$ sont bornés (voir Chernozhukov *et al.* (2021) pour des exemples), on peut autoriser une croissance de p en T^κ, où κ est typiquement décroissant en la persistance du processus et en l'épaisseur des queues de distribution.

11.1.5 Autre hypothèse de dépendance : *mixing*

Il existe des alternatives à l'hypothèse de dépendance 11.1. La notion de « mixing » relâche l'hypothèse d'indépendance en se basant sur l'idée de borner la décroissance des corrélations avec le passé et le futur du processus en fonction de l'écart temporel, voir *e.g.* Doukhan (2012). Soit un processus $X = (X_t)_{t\in\mathbb{Z}}$, on note $P = (X_{t_1}, \ldots, X_{t_l})$ et $F = (X_{t_{l+1}}, \ldots, X_{t_m})$ respectivement une partie de son passé et de son futur. Le coefficient d'« $\alpha-$mixing » est défini comme une fonction de l'écart $t_{l+1} - t_l \geq r$:

$$\alpha(r) = \sup_{P,F \ t.q. \ t_{l+1}-t_l \geq r} \frac{1}{2} \sup_{\|f\|_\infty \leq 1, \ \|g\|_\infty \leq 1} |\mathrm{Cov}(f(P), g(F)|,$$

où $\|f\|_\infty$ est la norme sup d'une fonction f. Ceci capture donc la covariance maximale de fonctions de parties du passé et du futur étant éloignées d'au moins r. Le processus est dit fortement mélangeant si $\alpha(r) \to_{r\to\infty} 0$. Cette notion de dépendance traditionnelle d'α-mixing (et aussi celle de β-mixing) n'est pas suffisamment faible pour englober certains cas usuels. Andrews (1984) a notamment montré que les processus AR(1) n'étaient pas α-mixing en général : c'est le cas du processus simple $X_t = (X_{t-1} + \xi_t)/2$, où les ξ_t sont i.i.d. suivant une loi de Bernoulli de paramètre $1/2$.

Les processus τ-mixing sont introduits dans Dedecker et Prieur (2005) afin d'avoir une notion plus faible que les processus α- et β-mixing, tout en permettant d'obtenir des résultats asymptotiques. Pour un processus stationnaire $\xi_t \in \mathbb{R}$ avec un passé $\mathcal{P}_t$, on définit

$$\tau(r) = \sup_{j\geq 1} \frac{1}{j} \sup_{t+r\leq t_1 < \cdots < t_j} \tau(\mathcal{P}_t, (\xi_{t_1}, \ldots, \xi_{t_j})),$$

avec $\tau(\mathcal{P}_t, \zeta) = \mathbb{E}\left|\sup_{f\in \mathrm{Lip}_1} |\mathbb{E}(f(\zeta)|\mathcal{P}_t) - \mathbb{E}(f(\zeta))|\right|$ et Lip_1 est l'ensemble des fonctions 1-Lipschitz sur $\mathbb{R}$. Le processus est dit τ-mixing si $\tau(r) \to_{r\to\infty} 0$. Babii *et al.* (2019) utilisent cette notion et donnent une inégalité de type Fuk-Nagaev adaptée sous des hypothèses de moments bornés et de vitesse de décroissance de $\tau(r)$. Cette inégalité comporte aussi les deux mêmes régimes polynomiaux et exponentiels que dans le théorème 11.1.

11.2 Limites et autres méthodes

11.2.1 Approche critique de l'hypothèse de parcimonie

Les méthodes permettant de faire de l'inférence dans le cadre de grande dimension sont principalement de deux types. Les premières sont basées sur l'hypothèse de parcimonie, et postulent *a priori* que seul un petit nombre de variables parmi tous les régresseurs sont utiles pour la prédiction. Le second type de méthodes, dites « denses », comme les modèles à facteurs, reconnaissent que toutes les variables ont potentiellement un pouvoir explicatif, mais sont basées sur des outils de réduction de la dimension pour extraire un maximum d'information. Ceci amène à avoir un regard critique sur la pertinence empirique d'imposer cette hypothèse de parcimonie lorsque l'on utilise le premier type de méthodes : dans certains cas elle apparaît comme naturelle, mais ce n'est pas le cadre général. De plus, comme elle est nécessaire pour l'estimation, si le modèle est mal spécifié au sens où cette hypothèse n'est pas valide, rien ne permet de la réfuter dans le cadre que nous avons décrit jusqu'ici, conduisant à « l'illusion de la parcimonie » décrite dans Giannone *et al.* (2021).

De manière plus précise, Giannone *et al.* (2021) proposent d'introduire un modèle permettant d'indiquer si le problème économique peut être considéré comme « parcimonieux » plutôt que « dense », *i.e.* probablement caractérisé par un faible nombre de variables explicatives. Ils considèrent pour cela un modèle linéaire visant à prédire la variable y_t :

$$y_t = \nu_t'\phi + x_t'\beta + \varepsilon_t,$$

où le terme d'erreur est supposé être i.i.d. distribué selon une loi normale $\mathcal{N}(0, \sigma^2)$, et ν_t et x_t sont des regresseurs de dimensions respectives k et l avec $k >> l$, et de variance normalisée à 1. Les deux types de regresseurs ont un statut différent : les variables ν_t sont celles que le chercheur veut toujours inclure, alors que certaines des composantes de x_t peuvent avoir des coefficients nuls. L'idée est alors d'imposer un *a priori* bayésien (voir, *e.g.*, Robert *et al.*, 2007) sur les coefficients de x_t autorisant qu'ils soient dégénérés en un Dirac en 0 avec une certaine probabilité (dit *a priori spike-and-slab*). Ceci autorise la parcimonie mais ne l'impose pas dans l'*a priori* de départ. Plus précisément, ils considèrent, pour tout $i = 1, \ldots, k$:

$$p(\sigma^2) \sim 1/\sigma^2, \quad \phi \sim \text{Loi non informative},$$

$$\beta_i|\sigma^2, \gamma^2, q \sim \begin{cases} \mathcal{N}(0, \sigma^2\gamma^2) & \text{avec probabilité } q \\ \text{Dirac en } 0 & \text{avec probabilité } 1-q. \end{cases}$$

Le point important à noter sur cet *a priori* est que les coefficients β sont égaux à zéro avec probabilité $1 - q$ et ont une distribution normale sinon. L'hyperparamètre γ^2 contrôle la variance de cette gaussienne, et offre la possibilité de rétrécissement (*shrinkage*) des paramètres sans les forcer à être nuls. Ils considèrent aussi un *a priori* sur les paramètres $q \sim \text{Beta}(1,1)$, et γ^2, défini au travers d'un *a priori* sur le $R^2(\gamma^2, q) = \frac{qk\gamma^2 v_x}{qk\gamma^2 v_x + 1} \sim \text{Beta}(1,1)$ (loi non informative), où $v_x = 1$ est la variance des regresseurs, et R^2 est la part de la variance de y_t expliquée par $x_t'\beta$ comparée à l'erreur. La limite de l'approche ci-dessus est que ce modèle paramétrique peut avoir de très mauvaises performances s'il est mal spécifié, par exemple si les coefficients β non nuls ne sont pas distribués de manière normale. En prenant en compte cette limite, on peut interpréter les résultats de ce modèle comme donnant un exemple de distribution *a priori* sur les coefficients qui conduit à un *a posteriori* non parcimonieux.

À l'aide de simulations, cohérentes ou pas avec le cadre gaussien présenté plus haut, ils montrent que dans le cas où le processus de génération des données n'est pas parcimonieux, le Lasso sur-estime beaucoup le degré de parcimonie, en contraignant beaucoup trop de coefficients à être nuls. Au contraire, leur modèle est robuste à cette déviation et permet de mieux approcher le vrai niveau de parcimonie. Les auteurs étudient ensuite six jeux de données économiques de contextes différents. L'hypothèse de parcimonie ne semble que rarement justifiée : la distribution de q n'est pas, dans tout les cas sauf 1, concentrée en 0. De plus, l'identité des coefficients non nuls est assez incertaine. Ces résultats illustrent l'importance dans un contexte de prédiction, de questionner et justifier l'utilisation d'un modèle imposant que seul un petit nombre de variables a un pouvoir explicatif.

11.2.2 Une approche mixte : FARM

Fan *et al.* (2022) introduisent un modèle de régression ayant les deux composantes parcimonieuses et denses, à l'aide de facteurs latents (voir aussi Fan *et al.*, 2021, pour un modèle du même type dans le contexte des données de panels), qui permet donc de prendre en compte la critique de la section précédente. On suppose que l'on observe un échantillon $(x_t, Y_t)_{t=1}^n$ i.i.d. de (x, Y) satisfaisant à un *Factor Augmented sparse linear Regression Model* (FARM) composé :

1. d'un modèle à facteur pour les régresseurs x_t :

$$x_t = Bf_t + \nu_t, \tag{11.9}$$

   où B est une matrice de pondération des facteurs de taille $p \times r$, f_t est un vecteur de facteurs de taille $r \times 1$ formés à partir de $x_t \in \mathbb{R}^p$, où p est potentiellement de grande dimension ;

2. d'une équation principale faisant intervenir les résidus ν_t du modèle à facteurs, de grande dimension p, dont on suppose que seulement un petit nombre ont un pouvoir explicatif, et les facteurs latents f_t :

$$Y_t = f_t'\gamma^* + \nu_t'\beta^* + \varepsilon_t, \tag{11.10}$$

   avec $\gamma^* \in \mathbb{R}^r$ et $\beta^* \in \mathbb{R}^p$.

Le modèle (11.9)-(11.10) englobe la *factor augmented regression* présentée en (2.11), lorsque $\beta^* = 0$. En utilisant $\varphi^* = \gamma^* - B'\beta^* \in \mathbb{R}^r$ pour réécrire (11.10), on obtient

$$Y_t = f_t'\varphi^* + x_t'\beta^* + \varepsilon_t. \tag{11.11}$$

Ceci montre que c'est aussi un cas plus général de régression où l'on impose la parcimonie ($\varphi^* = 0$). L'avantage de cette approche, c'est qu'elle répond à une des critiques formulées dans la partie précédente puisqu'elle comporte une composante dense, ce qui autorise un test du fait que les deux composantes sont utiles pour la prédiction. En effet, on peut tester que le modèle à facteurs est adapté *via*

$$H_0 : \beta^* = 0 \quad \text{contre} \quad H_1 : \beta^* \neq 0$$

sur la base d'une *desparsification* du Lasso présentée dans la section 7.3. Mais on peut aussi tester que le modèle parcimonieux est adapté *via*

$$H_0 : \varphi^* = 0 \quad \text{contre} \quad H_1 : \varphi^* \neq 0.$$

On peut aussi se restreindre à tester une version en plus faible dimension ne considérant que certaines composantes $S \in \{1, \ldots, d\}$ de x pour limiter le problème de grande dimension.

Réécrivons le modèle (11.9)-(11.10) sous forme matricielle :

$$X = FB' + \mathcal{V} \tag{11.12}$$

$$Y = F\gamma^* + \mathcal{V}\beta^* + \mathcal{E}, \tag{11.13}$$

avec $X = (x_1, \ldots, x_n)'$, $F = (f_1, \ldots, f_n)'$, $\mathcal{V} = (\nu_1, \ldots, \nu_n)'$, $Y = (Y_1, \ldots, Y_n)'$, et $\mathcal{E} = (\varepsilon_1, \ldots, \varepsilon_n)'$. Fan *et al.* (2022) suggèrent la procédure d'estimation suivante :

1. En imposant les contraintes d'identification présentées en section 2.5, on estime les facteurs *via*

$$(\widehat{F}, \widehat{B}) = \underset{F \in \mathbb{R}^{n \times r}, B \in \mathbb{R}^{d \times r}}{\text{argmin}} \|X - FB'\|_{\mathbb{F}}^2,$$

sous la contrainte que $\frac{1}{n}F'F = I_r$ et que $B'B$ soit diagonale.

2. L'estimateur régularisé Lasso de β^*, γ^* est alors obtenu *via*

$$(\widehat{\beta}, \widehat{\gamma}) = \text{argmin} \left\{ \frac{1}{2n} \left\| Y - \widehat{\mathcal{V}}\beta - \widehat{F}\gamma \right\|_2^2 + \lambda \|\beta\|_1 \right\}$$

où seules les composantes de β sont pénalisées. On a donc, par moindres carrés,

$$\widehat{\gamma} = (\widehat{F}'\widehat{F})^{-1}\widehat{F}'Y = \frac{1}{n}\widehat{F}'Y,$$

et $\widehat{\beta}$ est obtenu en utilisant une régression Lasso de $\widetilde{Y} = (1 - \widehat{P})Y$ sur $\widehat{\mathcal{V}}$, où $\widehat{P} = \widehat{F}\widehat{F}'/n$ est le projecteur sur l'espace vectoriel engendré par les colonnes de $\widehat{F}$.

Sous des hypothèses classiques permettant l'étude asymptotique des modèles à facteurs, voir section 2.5 et du Lasso, voir section 4, Fan *et al.* (2022) montrent la consistance de $\widehat{\gamma}$ et $\widehat{\beta}$.

Remarque 11.1 : Utilisation de méthodes de ML non-linéaires

Une autre limite des modèles traités dans ce chapitre est que même si l'on peut introduire un grand nombre de transformations non-linéaires des régresseurs, ces modèles sont linéaires dans les paramètres, alors qu'il y a potentiellement beaucoup de sources de non-linéarité qui peuvent entrer dans la modélisation de variables comme le PIB, l'inflation, les taux d'intérêt ou le chômage. La prise en compte de celles-ci à l'aide du machine learning reste la principale motivation pour utiliser ces outils dans le cadre la prévision macroéconomique (*e.g.*, Masini *et al.*, 2021 ; Goulet-Coulombe *et al.*, 2022 ; Medeiros, 2022).

Dans certains contextes comme la modélisation de l'inflation (voir Medeiros *et al.*, 2021), des méthodes de machine learning comme les forêts aléatoires peuvent surpasser les méthodes classiques. Cependant, malgré les progrès théoriques dans le cas i.i.d. (section 8.4.4) et pour des données dépendantes (Davis et Nielsen, 2020), la compréhension théorique de ces outils et des conditions sous lesquelles ils peuvent dominer les méthodes classiques dans ce dernier cas reste limitée. Kock et Teräsvirta (2016) soulignent aussi les difficultés liées à l'utilisation des réseaux de neurones pour la prédiction de l'indice des prix et du chômage : les prédictions sont très sensibles aux hyperparamètres et à la définition de la fenêtre d'estimation. Ils montrent qu'il est difficile d'obtenir des conclusions claires et uniformes quant aux contextes dans lesquels ils permettent d'obtenir de meilleurs résultats que les méthodes traditionnelles (*i.e.* un modèle auto-régressif linéaire avec prévisions récursives).

11.2.3 Application : nowcasting du PIB américain

Pour notre application, nous utilisons le jeu de données classique de la Federal Reserve Bank of New York (FRED), qui donne un ensemble de séries macroéconomiques et financières d'intérêt (voir McCracken et Ng, 2016, pour plus de détails). L'objectif est de prédire le PIB grâce à ces données, ainsi qu'à des séries issues du traitement du *Wall Street Journal*. Nous utilisons une approche simplifiée en termes de nombre de variables, mais nous renvoyons à Babii *et al.* (2022b) pour plus de détails sur cette application. Plus précisément, nous utilisons trois indicateurs financiers et leurs *lags* (le Chicago Fed National Activity Index, la croissance de l'emploi hors secteur agricole i.e. les *non-farm payrolls*, et l'Aruoba-Diebold-Scotti Business Conditions Index), qui sont des indicateurs disponibles mensuellement, donc à une fréquence plus élevée que le PIB que l'on cherche à prédire. Nous utilisons les neuf mois précédents pour chaque variable explicative considérée, et les quatre trimestres précédents pour le PIB. Nous considérons aussi des données textuelles produites par Bybee *et al.* (2020). Ce sont des séries quantifiant l'attention portée à certains sujets dans le *Wall Street Journal.* Celles-ci sont formées à partir d'une analyse en thèmes déterminés à partir des données, sur la base d'un modèle à allocation latente de type Dirichlet (LDA) qui sera présenté dans la section 12.4.3 de la partie sur le traitement textuel (voir aussi le détail des résultats sur www.structureofnews.com). Nous utilisons quatre *lags* mensuels de chacune des quatre-vingt-huit séries textuelles sélectionnées, qui ont l'avantage d'être disponibles au moment de la prédiction du PIB (et la technique d'estimation de ces séries en fenêtre glissante permet de ne pas avoir de problème de biais d'information future).

Au bout du compte, le modèle que l'on considère est donc de type ARDL-MIDAS comme celui de l'équation (11.4) de la remarque ci-dessus. La fenêtre d'apprentissage va de Q1 1990 à Q1 2002 (quarante-neuf trimestres) et nous évaluons les performances sur Q2 2002 à Q3 2019. Nous comparons ici plusieurs modèles :

1. Un modèle AR(1) simple, qui constitue notre référence (label « AR(1) ») ;
2. Un modèle sparse-group-Lasso-MIDAS, comme dans la remarque ci-dessus et basé sur le package R **midasml**, où l'on impose une structure de groupe pour chaque variable économique ou textuelle différente (englobant donc les différents décalages) ; les paramètres sont sélectionnés par cross-validation (label « Sg-lasso ») ;
3. Un modèle Lasso-MIDAS comme celui présenté dans la section 11.1.2, où l'on considère deux choix de paramètres de régularisation : soit basé sur l'approximation gaussienne (label « Gauss-lasso »), soit sur le bootstrap par blocs (label « Boot-lasso »). Une version est disponible dans le package R **tsapp**.

La figure 11.2 et le tableau 11.1 présentent les résultats de l'estimation

Figure 11.2 – Prévision en temps réel du PIB américain à partir de données financières, macroéconomiques, et textuelles

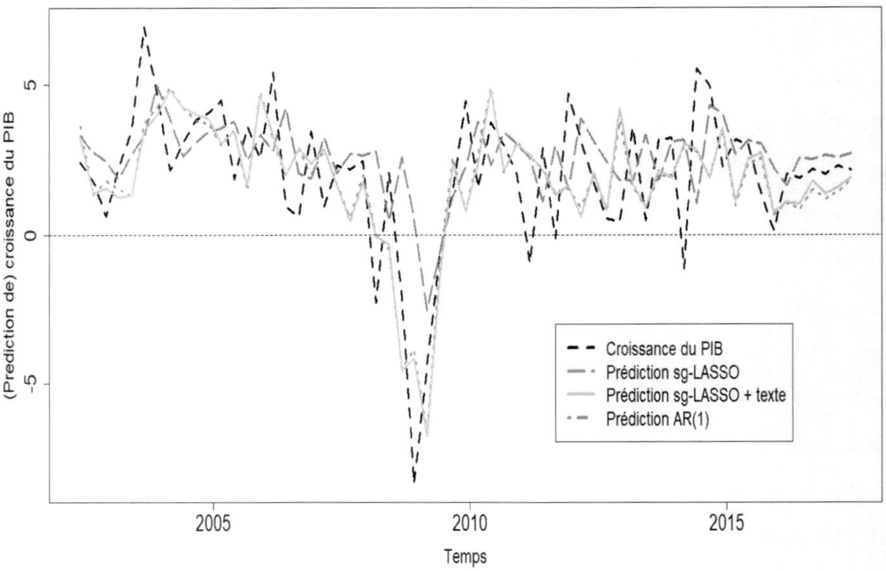

Tableau 11.1 – Tableau des mesures de performance sur l'échantillon de test pour les différentes méthodes de prédiction

	AR(1)	Gauss-Lasso	Boot-Lasso	Sg-Lasso, sans texte	Sg-Lasso
Err. quadratique moy.	5,115	4,110	3,999	3,626	3,558
Gain par rapport à AR(1) (%)		19,6	21,8	29,1	30,4

out-of-sample, où l'on observe que les méthodes de grande dimension ont de meilleures performances que la référence AR(1). Le sparse-group-Lasso sans données textuelles donne aussi de meilleurs résultats que le Lasso où la pénalité est choisie par bootstrap par blocs, qui est elle même très proche de celle choisie par l'approximation gaussienne (et non représentée sur la figure pour cette raison). Ceci peut provenir du fait que la pénalité donne une information supplémentaire, ici sur la structure des données. Le paramètre γ de la pénalité Ω_γ du sparse-group-Lasso a été choisi comme fixe, mais les performances peuvent encore être améliorées en choisissant celui-ci par cross-validation comme dans Babii *et al.* (2022b). Les gains à l'utilisation des données textuelles, en plus des données financières et macroéconomiques utilisées, apparaissent cependant ici comme assez faibles. Nous renvoyons à Babii *et al.* (2022b) pour une comparaison statistique plus précise et une analyse plus poussée des gains à utiliser les données textuelles dans ce contexte de nowcasting.

11.3 Tester la causalité au sens de Granger

La prévision de séries temporelles par apprentissage statistique n'est pas la seule tâche digne d'intérêt lorsque l'on dispose de telles données. Une autre tâche statistique courante consiste à *tester* des hypothèses, comme c'est le cas dans l'application empirique précédente, où l'on cherche à identifier les variables qui sont significatives. Pour ce faire, nous allons utiliser une adaptation du théorème central limite afin d'établir des régions de confiances simultanées pour des *groupes de coefficients* estimés par Lasso. La section 11.3.1 étend donc au cas des séries temporelles les résultats décrits en section 7.3. Comme mentionné dans la deuxième partie, compte tenu de l'estimation des autres composantes de grande dimension, qui sont des paramètres de nuisance ici, il nous faut employer un procédé d'orthogonalisation pour pouvoir espérer être robuste au biais de régularisation qui surgit suite à la sélection.

11.3.1 Inférence jointe sur un groupe de coefficients avec des séries temporelles

Cette partie complète la section 7.3 de ce livre, en présentant les modifications à faire lorsque l'on est dans un contexte de données non i.i.d. Considérons de nouveau le contexte de la section 11.1.2 et le modèle (11.1), toujours avec $h = 0$. L'objectif est ici de faire de l'inférence simultanée pour un groupe de coefficients $G \subseteq \{1, \ldots, p\}$ de coefficients $\beta_{0,G} = \{\beta_{0,j},\ j \in G\}$. La méthode d'estimation de l'inverse de Σ, noté $\widehat{\Theta}$, proposée par Meinshausen et Bühlmann (2006) et décrite en section 7.3 peut s'adapter directement. De même, l'estimateur de $\beta_{0,G}$ corrigé du biais est $\breve{\beta}_G = \widehat{\beta}_G + B_G$, avec l'estimateur initial $\widehat{\beta}$ étant le sparse-group Lasso introduit à la section 11.1.2 :

$$\widehat{\beta} = \arg\min_{\beta \in \mathbb{R}^p} \frac{1}{T} \sum_{i=1}^{T} (Y_t - X_t'\beta)^2 + \lambda \Omega_\gamma(\beta),$$

la pénalité Ω_γ étant définie en (11.6) et la correction du biais prenant la forme

$$B_G = \widehat{\Theta}_G \left(\frac{1}{T} \sum_{t=1}^{T} X_t(Y_t - X_t'\widehat{\beta}) \right), \tag{11.14}$$

où Θ_G est la sous-matrice de Θ correspondant aux coefficients du groupe G.

Sous des hypothèses de stationnarité, de restriction sur la dépendance (τ-mixing, voir la remarque en section 11.1.4), ainsi que de moments (autorisant des queues épaisses), et de croissance du nombre de régresseurs ($s^2 \log(p)^2/T \to 0$), Babii *et al.* (2019) montrent ensuite que l'estimateur sparse-group Lasso $\widehat{\beta}_G$ corrigé du biais B_G est asymptotiquement gaussien, pour tout groupe $G \subseteq \{1, \ldots, p\}$,

$$\sqrt{T}\left(\check{\beta}_G - \beta_{0,G}\right) \xrightarrow{d} \mathcal{N}(0, \Xi_G), \tag{11.15}$$

où Ξ_G est la variance de long terme $\Xi_G = \lim_{T\to\infty} \operatorname{Var}\left(\frac{1}{\sqrt{T}} \sum_{t=1}^{T} \varepsilon_t \Theta_G X_t\right)$ et Θ_G est la sous-matrice de Θ correspondant aux coefficients du groupe G.

11.3.2 Tests de la causalité de Granger en grande dimension

Pour rappel, la « causalité de Granger », introduite par Granger (1969) et Sims (1972), est une propriété structurelle caractérisant le fait qu'une variable aide à prédire une autre, même une fois que tout son passé et le reste de l'information disponible ont été pris en compte. Cette notion est « statistique » parce qu'elle est liée à la capacité de prédiction d'une variable, et ne permet pas, en règle générale, d'établir sur des situations contrefactuelles rigoureuses (Pearl, 2000). C'est donc une notion moins forte que la causalité définie au sens de l'effet de traitement, sur laquelle s'appuient les deuxième et troisième parties de cet ouvrage. Plus précisément, considérons trois séries temporelles $W_t := (Y_t, X_t, Z_t)$, et notons par $PL(Y_{t+1}|(W_t)_{t\in\mathbb{R}})$ la projection linéaire de Y_{t+1} sur $(W_t)_{t\in\mathbb{R}}$, l'ensemble de l'information disponible à la date t. On dit que $(Z_t)_{t\in\mathbb{R}}$ ne cause pas $(Y_t)_{t\in\mathbb{R}}$ au sens de Granger si

$$PL(Y_{t+1}|(W_t)_{t\in\mathbb{R}}) = PL(Y_{t+1}|(Y_t)_{t\in\mathbb{R}}, (X_t)_{t\in\mathbb{R}}).$$

Des formes plus fortes de cette définition peuvent aussi être définies en termes d'espérances conditionnelles ou de distributions. Ainsi, si l'on considère la projection linéaire,

$$Y_{t+1} = \alpha_0 + \sum_{j=0}^{K} \beta_j Z_{t-j} + \underbrace{\sum_{j=0}^{\infty} \gamma_j X_{t-j} + \sum_{j=0}^{\infty} \delta_j Y_{t-j}}_{\text{Contrôles pour « toute l'information disponible à t »}} + \varepsilon_{t+1}, \tag{11.16}$$

une implication de la non-causalité de Granger est

$$H_0 : \ \beta_j = 0 \ \forall j \in \{0, \dots, K\}, \quad H_1 : \ \exists j \in \{0, \dots, K\}, \ \beta_j \neq 0. \tag{11.17}$$

On peut tester cette implication. On note que, dans (11.16), le nombre de variables de contrôle est en général de grande dimension. Lorsque l'historique est restreint, un test de la causalité de Granger se fait au travers d'un test de Wald ou d'un F-test, où l'on reporte la F-statistique associée à $\beta_0 = \cdots = \beta_K = 0$.

Muni du résultat de normalité asymptotique (11.15) (voir aussi les sections 4.2 et 5.6 dans Chernozhukov *et al.* (2021)), nous pouvons tester la causalité de Granger, en incluant un grand nombre de variables explicatives. Considérons le modèle :

$$Y_{t+1} = \sum_{j=0}^{K} \beta_j Z_{t-j} + \sum_{j=K+1}^{p} \beta_j W_j + \varepsilon_{t+1}, \tag{11.18}$$

où W est un vecteur de taille $p - K$ comprenant une constante et le passé de variables de contrôles X et de Y, et ε_{t+1} est une innovation indépendante de W_j et du passé de Z_t. Dans ce cadre, avec $G = \{0, \dots, K\}$, on veut tester si $(Z_t, \dots, Z_{t-K})$ apporte une information utile pour prédire Y_{t+1} qui ne serait pas contenue dans W. Ceci équivaut donc à tester (11.17). Sous les hypothèses qui conduisent à (11.15), on connaît la distribution asymptotique de la statistique de Wald :

$$\mathcal{W}_T := T \left(\widehat{\beta}_G + B_G - \beta_{0,G} \right)' \widehat{\Xi}_G^{-1} \left(\widehat{\beta}_G + B_G - \beta_{0,G} \right) \xrightarrow{d} \chi^2_{|G|},$$

où $\chi^2_{|G|}$ est une distribution du χ^2 à $|G| = K + 1$ degrés de liberté et $\widehat{\Xi}_G$ est un estimateur consistant robuste à l'hétéroscédasticité et à l'autocorrélation

(HAC) de la variance de long terme Ξ_G (voir l'adaptation de Newey *et al.*, 1987 ; Andrews, 1991 par Babii *et al.* (2019) dans le cadre de la grande dimension et de l'estimation par Lasso des résidus). Le test est alors rejeté au niveau α lorsque la statistique $\mathcal{W}_T$ est strictement plus grande que le quantile $1-\alpha$ de la distribution $\chi^2_{|G|}$.

Chernozhukov *et al.* (2021) proposent une méthode permettant de faire de l'inférence sur un groupe de coefficients dans le cadre de séries temporelles introduit dans la section 11.1.1. Ils utilisent pour cela une procédure d'estimation par double sélection, proche de celle déjà décrite dans la deuxième partie dans le cadre i.i.d. La modification principale à noter est l'utilisation d'un bootstrap par blocs. Le test réalisé ici peut donc aussi se faire avec cette approche.

11.3.3 Application : texte et prédiction du PIB

Nous reprenons le contexte de l'application de la section 11.2.3 précédente, dans le but d'effectuer le test de Granger pour les variables textuelles. Nous utilisons le package `R` `midasml` pour estimer $\widehat{\Xi}_G$ et B_G. Dans le cas du « sparse-group Lasso avec texte » de la section 11.2.3, on se focalise sur le pouvoir explicatif des coefficients appartenant aux catégories liées à la finance, à la croissance, et à la crise (voir le détail de ces catégories selon les codifications de `www.structureofnews.com` dans le tableau 11.2). Le tableau 11.2 présente les résultats des tests lorsque l'on considère le pouvoir explicatif de ces groupes de variables prises ensemble ou séparément. Dans tout les cas, le test n'est pas rejeté au seuil de 5 %. Les variables qui semblent avoir le plus de potentiel explicatif sont les variables liées à la finance, ce qui fait sens au vu de l'importance de la crise de 2008 dans la période considérée. Ceci tend à confirmer que dans ce contexte l'information apportée par le texte pour la prédiction est faible. Nous renvoyons à Babii *et al.* (2019) pour une application similaire sur des news et sur l'indice boursier VIX (indicateur de la volatilité du S&P 500, le principal indice boursier américain) où, au contraire, ils montrent que les news traitant de la crise financière semblent avoir un impact sur le VIX, au sens de la causalité de Granger.

Tableau 11.2 – Résultats du Test de Granger

Catégorie	Toutes	Groupe Finance	Groupe Croissance	Groupe Crise
Statistique	6,711	5,442	0,985	1,111
Valeur critique 5 %	16,91	7,814	5,991	5,991
P-valeur	0,667	0,142	0,611	0,573

Note : Le test n'est rejeté à 5 % pour aucune des catégories de nouvelles testées. Groupe « Finance » contient les nouvelles relatives à *Profits, M.A, Savings-loans*, Groupe « Croissance » à *Economic.growth, Revenue.growth*, et Groupe « Crise » à *Financial.crisis, Recession*, selon les codifications de `www.structureofnews.com`.

11.4 Bilan du chapitre

Mots clés

Nowcasting, grande dimension, *mixed frequency data sampling* (MIDAS), bootstrap par blocs, Lasso avec structure de groupes (*Sparse-group*), hypothèses de dépendance, inégalité de Fuk-Nagaev, méthodes parcimonieuses, méthodes denses, *Factor Augmented sparse linear Regression Model* (FARM), causalité au sens de Granger, desparsification du Lasso.

Lectures complémentaires

Nous n'avons que brièvement évoqué les méthodes non-linéaires, alors cette littérature est riche. Nous renvoyons à Masini *et al.* (2021) et Medeiros (2022) pour des traitements plus étendus de ces méthodes, qui sont très proches de la présentation de ces outils dans le cadre i.i.d. de notre chapitre 2 introductif, à l'exception du choix de la fenêtre d'estimation pour le découpage entre échantillons d'entraînement et d'évaluation qui doit être bien adapté à la structure des données temporelles. À l'exception de la section 11.2.1, nous avons développé une approche uniquement fréquentiste. Nous recommandons la lecture de De Mol *et al.* (2008), Mogliani et Simoni (2021) pour une approche bayésienne.

Code et données

Le code `Nowcasting_application.R` utilisé pour les applications de cette section est disponible sur le github du cours. Il utilise le traitement textuel des journaux `Monthly_Topic_Attention_(Theta).csv` disponible sur `www.structureofnews.com` et effectué par Bybee *et al.* (2020). Le package R `midasml` permet d'implémenter les méthodes MIDAS de la section 11.1.2 et est aussi utile pour l'implémentation du test de la causalité de Granger. Le package R `tsapp` contient une implémentation directe du bootstrap par blocs (label « boot-Lasso ») mentionné en section 11.1.2.

Questions

1. Quelles sont les spécificités des séries temporelles macroéconomiques et financières qui demandent une adaptation des résultats théoriques sur le Lasso développés dans les parties précédentes ?
2. Donnez l'interprétation de la pénalisation en norme « mixte » du *sparse-group Lasso.*
3. Pourquoi faut-il une correction du biais du Lasso pour faire de l'inférence sur un groupe de paramètres ?
4. Quel est le risque à utiliser une méthode supposant la parcimonie ? Expliquez en quoi l'approche FARM permet de répondre à ce problème.

Bibliographie

ALQUIER, P. et DOUKHAN, P. (2011). Sparsity considerations for dependent variables. *Electronic Journal of Statistics*, 5(none):750–774.

ANDREWS, D. W. (1984). Non-strong mixing autoregressive processes. *Journal of Applied Probability*, 21(4):930–934.

ANDREWS, D. W. (1991). Heteroskedasticity and autocorrelation consistent covariance matrix estimation. *Econometrica*, pages 817–858.

BABII, A., BALL, R. T., GHYSELS, E. et STRIAUKAS, J. (2022a). Machine learning panel data regressions with heavy-tailed dependent data : Theory and application. *Journal of Econometrics.*

BABII, A., GHYSELS, E. et STRIAUKAS, J. (2019). High-dimensional granger causality tests with an application to vix and news. *arXiv preprint arXiv :1912.06307.*

BABII, A., GHYSELS, E. et STRIAUKAS, J. (2022b). Machine learning time series regressions with an application to nowcasting. *Journal of Business & Economic Statistics*, 40(3):1094–1106.

BAJARI, P. L., CEN, Z., CHERNOZHUKOV, V., MANUKONDA, M., WANG, J., HUERTA, R., LI, J., LENG, L., MONOKROUSSOS, G., VIJAYKUNAR, S. et WAN, S. (2021). Hedonic prices and quality adjusted price indices powered by ai. cemmap working paper CWP04/21, Centre for Microdata Methods and Practice (cemmap), London.

BASU, S. et MICHAILIDIS, G. (2015). Regularized estimation in sparse high-dimensional time series models. *The Annals of Statistics*, 43(4):1535–1567.

BELLONI, A. et CHERNOZHUKOV, V. (2013). Least squares after model selection in high-dimensional sparse models. *Bernoulli*, 19(2):521–547.

Bok, B., Caratelli, D., Giannone, D., Sbordone, A. M. et Tambalotti, A. (2018). Macroeconomic nowcasting and forecasting with big data. *Annual Review of Economics*, 10:615–643.

Bybee, L., Kelly, B. T., Manela, A. et Xiu, D. (2020). The structure of economic news. Rapport technique, National Bureau of Economic Research.

Chernozhukov, V., Härdle, W. K., Huang, C. et Wang, W. (2021). Lasso-driven inference in time and space. *The Annals of Statistics*, 49(3):1702–1735.

Davis, R. A. et Nielsen, M. S. (2020). Modeling of time series using random forests : Theoretical developments. *Electronic Journal of Statistics*, 14(2):3644–3671.

De Mol, C., Giannone, D. et Reichlin, L. (2008). Forecasting using a large number of predictors : Is bayesian shrinkage a valid alternative to principal components ? *Journal of Econometrics*, 146(2):318–328.

Dedecker, J. et Prieur, C. (2005). New dependence coefficients. examples and applications to statistics. *Probability Theory and Related Fields*, 132(2):203–236.

Doukhan, P. (2012). *Mixing : properties and examples*, volume 85. Springer Science & Business Media.

Fan, J., Lou, Z. et Yu, M. (2022). Are latent factor regression and sparse regression adequate ? *arXiv preprint arXiv :2203.01219.*

Fan, J., Masini, R. et Medeiros, M. C. (2021). Bridging factor and sparse models. *arXiv preprint arXiv :2102.11341.*

Ferrara, L. et Simoni, A. (2019). When are Google data useful to nowcast GDP ? An approach via pre-selection and shrinkage. Working Papers 2019-04, Center for Research in Economics and Statistics.

Ferrara, L. et Simoni, A. (2022). When are google data useful to nowcast gdp ? *Journal of Business and Economic Statistics.*

Ghysels, E., Santa-Clara, P. et Valkanov, R. (2005). There is a risk-return trade-off after all. *Journal of financial economics*, 76(3):509–548.

Ghysels, E., Sinko, A. et Valkanov, R. (2007). Midas regressions : Further results and new directions. *Econometric reviews*, 26(1):53–90.

Giannone, D., Lenza, M. et Primiceri, G. E. (2021). Economic predictions with big data : The illusion of sparsity. *Econometrica*, 89(5):2409–2437.

Giannone, D., Reichlin, L. et Small, D. (2008). Nowcasting : The real-time informational content of macroeconomic data. *Journal of monetary economics*, 55(4):665–676.

Goulet-Coulombe, P., Leroux, M., Stevanovic, D. et Surprenant, S. (2022). How is machine learning useful for macroeconomic forecasting ? *Journal of Applied Econometrics*, 37(5):920–964.

Granger, C. W. (1969). Investigating causal relations by econometric models and cross-spectral methods. *Econometrica*, pages 424–438.

Hoberg, G. et Phillips, G. (2016). Text-based network industries and endogenous product differentiation. *Journal of Political Economy*, 124(5):1423–1465.

Ke, Z. T., Kelly, B. T. et Xiu, D. (2019). Predicting returns with text data. Working Paper 26186, National Bureau of Economic Research.

Kock, A. et Teräsvirta, T. (2016). Forecasting macroeconomic variables using neural network models and three automated model selection techniques. *Econometric Reviews*, 35(8-10):1753–1779.

Kock, A. B. et Callot, L. (2015). Oracle inequalities for high dimensional vector autoregressions. *Journal of Econometrics*, 186(2):325–344.

Kozlowski, A. C., Taddy, M. et Evans, J. A. (2019). The geometry of culture : Analyzing the meanings of class through word embeddings. *American Sociological Review*, 84(5):905–949.

Lazarus, E., Lewis, D. J., Stock, J. H. et Watson, M. W. (2018). Har inference : Recommendations for practice. *Journal of Business & Economic Statistics*, 36(4):541–559.

Lounici, K., Pontil, M., Van De Geer, S. et Tsybakov, A. B. (2011). Oracle inequalities and optimal inference under group sparsity. *The annals of statistics*, 39(4):2164–2204.

Masini, R. P., Medeiros, M. C. et Mendes, E. F. (2021). Machine learning advances for time series forecasting. *Journal of Economic Surveys*.

McCracken, M. W. et Ng, S. (2016). Fred-md : A monthly database for macroeconomic research. *Journal of Business & Economic Statistics*, 34(4):574–589.

Medeiros, M. C. (2022). Forecasting with machine learning methods. *in Econometrics with Machine Learning*, pages 111–149.

Medeiros, M. C., Vasconcelos, G. F., Veiga, Á. et Zilberman, E. (2021). Forecasting inflation in a data-rich environment : the benefits of machine learning methods. *Journal of Business & Economic Statistics*, 39(1):98–119.

Meinshausen, N. et Bühlmann, P. (2006). High-dimensional graphs and variable selection with the lasso. *The annals of statistics*, 34(3):1436–1462.

Mogliani, M. et Simoni, A. (2021). Bayesian midas penalized regressions : estimation, selection, and prediction. *Journal of Econometrics*, 222(1):833–860.

Moriwaki, D. (2019). Nowcasting unemployment rates with smartphone gps data. *In International Workshop on Multiple-Aspect Analysis of Semantic Trajectories*, pages 21–33. Springer.

Newey, W. K., West, K. D. *et al.* (1987). A simple, positive semi-definite, heteroskedasticity and autocorrelation consistent covariance matrix. *Econometrica*, 55(3):703–708.

Pearl, J. (2000). *Causality : Models, Reasoning, and Inference.* Cambridge University Press, New York, NY, USA.

Robert, C. P. *et al.* (2007). *The Bayesian choice : from decision-theoretic foundations to computational implementation*, volume 2. Springer.

Sims, C. A. (1972). Money, income, and causality. *The American Economic Review*, 62(4): 540–552.

Stephens-Davidowitz, S. (2014). The cost of racial animus on a black candidate : Evidence using Google search data. *Journal of Public Economics*, 118(C):26–40.

Uematsu, Y. et Tanaka, S. (2019). High-dimensional macroeconomic forecasting and variable selection via penalized regression. *The Econometrics Journal*, 22(1):34–56.

Wu, W. B. (2005). Nonlinear system theory : Another look at dependence. *Proceedings of the National Academy of Sciences*, 102(40):14150–14154.

Wu, W.-B. et Wu, Y. N. (2016). Performance bounds for parameter estimates of high-dimensional linear models with correlated errors. *Electronic Journal of Statistics*, 10(1): 352–379.

Zhang, D. et Wu, W. B. (2017). Gaussian approximation for high dimensional time series. *The Annals of Statistics*, 45(5):1895–1919.

Cinquième partie

Données textuelles

Le traitement du langage naturel (ou *natural language processing*, NLP) désigne l'ensemble des concepts et méthodes informatiques permettant de traiter automatiquement le langage humain. La notion de *naturel* fait référence ici à l'opposition existante entre les langages informatiques, tels que le `C++`, `python` etc., qui sont dénués de toute ambiguïté sémantique, et les langues humaines pour lesquelles les mots sont très souvent polysémiques, et dont le sens varie fortement selon le contexte. On ne traite ici que de la manifestation écrite du langage, et non du traitement de sa forme orale (domaine connu sous le terme d'*automatic speech recognition*, ASR), plus complexe et à l'heure actuelle moins utilisé dans la littérature économique. Notons d'entrée de jeu que le NLP est un domaine qui dépasse très largement la statistique ou l'économétrie, mais dont les avancées récentes, symbolisées par l'engouement et les craintes suscitées par ChatGPT, peuvent s'avérer très utiles pour l'économiste empirique. De fait, une multitude de données économiques pertinentes se trouvent uniquement sous la forme d'une chaîne de caractères : articles de journaux, discours des banquiers centraux, rapport des analystes boursiers, déclarations politiques, commentaires laissés sur les réseaux sociaux, rapports de décès, messages marketing ventant les mérites d'un produit, etc. Qu'il s'agisse de l'exploitation de la fréquence de termes utilisés sur des moteurs de recherche afin de réaliser des prévisions économiques (*e.g.* Ferrara et Simoni, 2019 ; Ke *et al.*, 2019), de mesurer la haine raciale (*e.g.* Stephens-Davidowitz, 2014), d'encoder des informations textuelles permettant de capturer des informations qualitatives sur un produit ou un service (*e.g.* Hoberg et Phillips, 2016 ; Bajari *et al.*, 2021), de capturer des stéréotypes culturels (*e.g.* Kozlowski *et al.*, 2019), etc. les données textuelles sont une mine d'or encore trop peu exploitée par l'économiste empirique.

À l'exclusion des cas d'applications les plus simples, un traitement suffisamment riche des données textuelles nécessite de manipuler des objets mathématiques de grande dimension, et donc d'employer des outils adéquats, tels que ceux vus au chapitre 4. Si l'on prend par exemple un message de n termes construit à partir d'un dictionnaire de W mots, alors la représentation vectorielle unique d'un message donné est prise dans un espace de dimension W^n. Cela implique donc souvent de pré-traiter le corpus de documents pour réduire la dimension du problème, notamment en supprimant les *stopwords*, en *lemmatisant*, ou en *racinisant*. Cependant, même après cette étape, le problème à traiter reste souvent de grande dimension, et les méthodes employées doivent gérer cette spécificité.

En outre, si l'on considère par exemple une représentation vectorielle simple d'une phrase de dix mots écrite dans un langage utilisant un vocabulaire de W mots (où W bien plus grand que dix, la langue française compte quelques dizaine de milliers de mots), on se retrouve avec un vecteur de taille W rempli de zéros sauf aux positions des mots présents dans la phrase – c'est ce que l'on appelle la représentation en vecteur *one-hot*. On a donc un vecteur de *features* très parcimonieux. Or d'une part, la plupart des algorithmes modernes de machine learning fonctionnent mieux avec des vecteurs denses. Et d'autre part, cette représentation est insuffisante car elle ne sera pas en mesure de capturer la similarité sémantique entre deux phrases utilisant des termes synonymes. C'est pourquoi le traitement du langage naturel repose en large partie sur la notion de plongement lexical (*word embeddings*), c'est-à-dire d'une représentation mathématique condensée de chaque mot reflétant la structure du langage.

Cette partie est découpée en trois chapitres. Le chapitre 12 introduit de manière générale le traitement statistique des données textuelles, en montrant comment traiter ces données non structurées de façon à se rattacher dans la mesure du possible, aux techniques statistiques standard. Le chapitre 13 introduit la représentation distribuée des mots, permettant d'aboutir à des plongements lexicaux porteurs de sens, reflétant la structure du langage. Le chapitre 14, enfin, traite de plusieurs tâches d'apprentissage supervisé pouvant être utiles à l'économiste empirique et aborde la construction de réseaux de neurones spécifiques.

Le fil conducteur de cette partie est la complexification du modèle de langage qui sous-tend les approches adoptées. Autrement dit, on part d'une représentation très frustre des mots, pour aller vers une représentation imitant la structure du langage. Ainsi, le premier chapitre fait usage d'outils reposant principalement sur la fréquence des mots. Le deuxième chapitre introduit la notion de plongements lexicaux, permettant de refléter des notions linguistiques *via* des opérations mathématiques simples. Le dernier chapitre présente enfin des outils autorisant la prise en compte du contexte d'usage des mots afin de mieux en capturer le sens.

Chapitre 12

Travailler avec des données textuelles

Dans ce chapitre, nous débutons le traitement d'un type de données souvent délaissé des cours d'économétrie : le texte. L'objectif principal est de rendre le lecteur familier des outils essentiels pour convertir les chaînes de caractères en données numériques exploitables. Ce chapitre offre également une introduction à la modélisation du langage.

Il est constitué de deux parties complémentaires. Tout d'abord, nous présentons les concepts fondamentaux du NLP et les techniques de base qui permettent de transformer un texte brut en un ou plusieurs vecteurs de nombres. Ces techniques incluent le nettoyage (*e.g.* lemmatisation, racinisation, suppression des stop-words), la *tokenisation*, le calcul de la matrice terme-document, ainsi que des scores TF-IDF (*term frequency-inverse document frequency*). Le but de ces méthodes est de préparer les données textuelles pour une analyse plus approfondie utilisant des outils standards (*e.g.* régression linéaire).

Ensuite, nous explorerons des modèles de langage rudimentaires. Ces modèles permettent d'extraire de manière synthétique de la connaissance d'un corpus de textes, à la manière d'une analyse en composantes principales. Nous discuterons notamment du modèle unigramme, qui repose sur la fréquence des mots, et des modèles de sujets latents, qui permettent de découvrir des thèmes sous-jacents dans un ensemble de documents.

Il est important de noter que ce chapitre se concentre principalement sur les outils les plus simples du NLP et n'aborde pas encore les plongements textuels. Ces techniques plus avancées seront introduites dans le chapitre suivant, afin d'offrir une progression graduelle dans l'apprentissage du traitement du langage naturel.

12.1 Introduction

Le traitement du langage recouvre un ensemble de tâches diverses telles que la modélisation du langage, l'étiquetage morpho-syntaxique, l'extraction d'information, la génération de texte, la reconnaissance d'entités nommées, etc. On se contente ici d'introduire les briques de base, et de voir comment les données textuelles peuvent être exploitées *via* des méthodes statistiques classiques.

12.1.1 Définitions

Commençons par définir les concepts suivants :

— Un *n-gramme de mots* est une séquence de mots de taille n. Ainsi par exemple, la phrase *« Le chien ronge un os. »* est constituée des *uni-grammes* $\{le, chien, ronge, un, os\}$, des *bi-grammes*

$$\{le\ chien, chien\ ronge, ronge\ un, un\ os\}\,.$$

— Un *n-gramme de caractères* désigne une séquence de caractères de taille n. Ainsi, le mot *« chien »* est constitué des *bi-grammes* $\{ch, hi, ie, en\}$ et des *tri-grammes* $\{chi, hie, ien\}$.

— Un *token*, que l'on note w, est l'unité sémantique de base. Il est défini en tant qu'élément d'un dictionnaire $\mathcal{W}$, qui est un ensemble de taille $W := |\mathcal{W}|$. On indexe un token soit directement par $w \in \mathcal{W}$, soit *via* sa position dans $\mathcal{W}$, $w \in \{1, \ldots, W\}$, de façon interchangeable. Le token n'est pas défini *a priori* mais dépend de la tâche d'apprentissage considérée. Notons que de façon basique, un token peut être un mot, mais également selon les applications un n-gramme de mots, ou bien un n-gramme de caractères.

— Un *document* est une séquence de n tokens, que l'on note

$$\boldsymbol{v} := (w_1, \ldots, w_{t-1}, w_t, w_{t+1}, \ldots, w_n),$$

où w_t est le t-ème token dans la séquence. Selon les applications, un document peut être une phrase, un paragraphe, un article de journal, un livre, etc.

— Un *corpus* est une collection de D documents.

12.1.2 Feuille de route pour exploiter des données textuelles

Pour la plupart des applications économétriques simples, l'analyse des données textuelles peut être décomposée en trois grandes étapes principales (selon une terminologie inspirée par Gentzkow *et al.*, 2019a). Supposons que l'on dispose d'un corpus de D documents, et que l'on ait un vocabulaire de W termes.

1. **Représentation numérique du texte brut selon un modèle de langage**. Une représentation traditionnellement utilisée est la matrice *terme-document*, qui prend la forme d'une matrice $\boldsymbol{C}$ (cf. section 12.2.3). Cette matrice est généralement de grande dimension car elle a pour taille *nombre de documents* $\times$ *nombre de termes pertinents* ($D \times W$). Elle est en outre très parcimonieuse au sens où elle contient beaucoup de zéros. Plus généralement, un document peut être représenté comme une séquence d'indices correspondant à la place des mots dans un dictionnaire.

2. **Extraction d'information utile** (*information retrieval*) à partir de l'étape précédente. Une hypothèse standard est que la matrice *terme-document* peut être représentée dans un espace latent de faible dimension $\boldsymbol{V}$. Cela peut consister à réduire la dimension de $\boldsymbol{C}$ *via* des outils tels que l'analyse en composante principale, ou à adopter une représentation distribuée des mots (cf. chapitre 13). Pour les applications les plus simples, cette étape est facultative (dans ce cas $\boldsymbol{V} = \boldsymbol{C}$) ou peut se limiter à la sélection des colonnes de la matrice $\boldsymbol{C}$ (c'est-à-dire des termes pertinents du vocabulaire). Par exemple, lorsque l'on cherche à réaliser une

analyse de sentiment pour un corpus de texte de nature financière, un choix populaire est d'utiliser le lexique établi par Loughran et McDonald (2011) qui contient des termes à connotations positives et négatives. De manière sous-jacente lors de cette étape, il existe toujours un arbitrage entre maximiser l'information et minimiser le bruit.

3. **Analyse causale ou prédictive**. L'estimation d'une quantité d'intérêt dépendant de la distribution d'une certaine variable d'intérêt Y, conditionnellement à $\boldsymbol{V}$. Cette quantité peut prendre la forme d'une prédiction ou bien d'un paramètre particulier.

La recherche d'informations sur les caractéristiques latentes de faible dimension $\boldsymbol{V}$ est fondamentale pour que l'analyse causale soit interprétable. Supposons par exemple que nous cherchions à comprendre comment le CV d'un demandeur d'emploi influence son retour à l'emploi, c'est-à-dire sa probabilité de trouver un emploi dans une fenêtre de six mois (notre variable d'intérêt Y ici). Chaque CV étant unique, nous ne pouvons pas estimer directement l'effet d'une biographie individuelle. L'économètre pourrait définir une fonction de codage qui met en correspondance la représentation du texte avec l'espace latent de nombreuses façons. Cette mise en correspondance pourrait être apprise automatiquement à partir des données textuelles, en recherchant la présence ou l'absence du mot « plombier », ou d'un groupe de mots ou de phrases qui indiquent qu'une personne possède ce type de formation. On pourrait aussi vouloir regrouper les individus aux compétences substituables, par exemple en cherchant à définir des « *clusters* » de CV similaires (cf. chapitre 13). Cette phase d'apprentissage et la structure que le chercheur donne à la représentation textuelle doivent être soigneusement adaptées en fonction de l'utilisation finale de $\widehat{\boldsymbol{V}}$ dans l'analyse ultérieure.

Enfin, notons que cette méthodologie en trois étapes est valide dans la perspective d'un traitement « manuel » du texte. À l'heure actuelle et depuis la fin des années 2010, des approches « prêtes à l'emploi », telles celles popularisées par la librairie `transformers` d'HuggingFace, sont disponibles et généralement constituées de deux étapes : (i) une étape de *tokenisation* qui correspond peu ou prou à l'étape 1 ci-dessus, en plus de l'étape de normalisation que l'on étudiera à la section suivante, mais conserve l'aspect séquentiel du texte, ainsi (ii) qu'une étape d'*inférence* qui englobe les étapes 2 et 3 et consiste à passer la séquence tokenisée dans un réseau de neurones constitué de millions, voire de milliards, de paramètres pour en extraire une représentation numérique pertinente et contextualisée (équivalent de l'étape 2) ou bien directement une valeur numérique reflétant une tâche d'intérêt (on saute ici directement à l'étape 3). Pour chacune de ces deux étapes, on distingue une phase d'*apprentissage* qui permet d'apprendre les paramètres du modèles grâce à des données adéquates (vocabulaire pour le tokeniseur, paramètres pour le réseau de neurones) et une phase de *prédiction* qui fait usage de ces algorithmes. Cette approche moderne sera introduite au chapitre 14.

12.2 Outils pour traiter les données

12.2.1 Pré-traitements

Intéressons-nous à la définition concrète de l'unité sémantique de base pour une tâche d'analyse textuelle, c'est-à-dire à la définition du *token*. L'idée de cette phase du traitement des données est de passer d'un document à une liste de tokens pertinents pour l'analyse, en passant par plusieurs étapes :

1. **Normalisation** : cette étape vise à formater les chaînes de caractères composant les documents, en les encodant dans un format pertinent tel que l'UTF-8. Cette étape peut aussi forcer la mise en minuscule des mots afin de ne dédoubler que certains tokens. Dans le cas de textes provenant de réseaux sociaux, il peut par exemple être intéressant de supprimer les accents si l'on suspecte que les utilisateurs du réseau n'ont pas systématiquement pris soin d'en faire usage.

2. **Tokenisation** : on divise chaque chaîne de caractères en éléments individuels pertinents qui vont constituer le dictionnaire. C'est à ce moment que l'on décide de la nature des tokens à utiliser. Il peut s'agir de considérer uniquement des mots, ou bien des bi-grammes, tri-grammes etc.

de mots, voir des n-grammes de caractères. On peut vouloir conserver la ponctuation et les chiffres selon l'application car ils peuvent être signifiants, ou bien vouloir les éliminer. S'il s'agit de documents provenant d'internet, tels que des tweets, il est peut être intéressant de conserver les émojis. Lorsque l'on considère des n-grammes avec $n > 1$, on peut également vouloir éliminer certains n-grammes qui n'ont pas vraiment de sens (section 12.2.2). De plus en plus, cette étape est réalisée de manière automatique, sans nécessairement qu'un token définisse une unité sémantique intelligible. À ce propos, Mielke *et al.* (2021) proposent une histoire méthodologique de la tokenisation.

3. **Suppression des *stop-words*** : les « *stop-words* » sont des mots qui n'ont pas de sens par eux-mêmes, tels que les articles ou les prépositions. On décide en général de les supprimer.

4. **Racinisation et lemmatisation** :

   — **Racinisation** ou **désuffixation** : cette étape consiste à tronquer un mot pour obtenir son radical, en éliminant les suffixes ou les préfixes. Par exemple, le terme « *dénoyauter* » a pour radical le mot « *noyau* ». En langue anglaise, un algorithme de racinisation standard est le *Porter stemmer.*

   — **Lemmatisation** : cette étape consiste à trouver le *lemme* d'un mot. Lorsqu'il s'agit d'un nom, cela consiste à revenir à sa forme singulière à partir de sa forme plurielle, ou à passer d'un féminin au masculin. Lorsqu'il s'agit d'un verbe, cela consiste à revenir à l'infinitif. Cette étape est proche de la racinisation, mais c'est une opération plus complexe, car elle fait appelle à des notions de linguistique plus abstraites et les techniques utilisées sont plus difficiles à mettre en œuvre.

Ces quatre étapes définissent une approche de type « *bottom-up* » cherchant à élaguer l'univers des termes utilisés dans le corpus. On peut leur préférer un approche inverse où l'on part d'une liste de termes bien définis que l'on cherche à détecter dans le corpus. Mais même dans le contexte d'une telle approche, il peut être intéressant de raciniser ou lemmatiser afin d'améliorer le rappel.

Remarque 12.1 : Expressions régulières

Les étapes décrites précédemment sont rendues automatiques dans la plupart des bibliothèques de traitement du langage naturel tels que `nltk` ou `spaCy`. Toutefois, il est important d'évoquer ici le langage de gestion des chaînes de caractères que sont les *expressions régulières*. Une expression régulière est une chaîne de caractères qui peut faire usage de caractères spéciaux appelés *quantificateurs*, pour décrire un ensemble de chaînes de caractères selon une syntaxe particulière. Ces expressions permettent donc de définir des *patterns* de mots (ou *motifs* de mot). Par exemple, l'expression régulière `chi*` va désigner des mots tels que « chien » ou « chimpanzé » mais pas « archive » ou « château » puisque le quantificateur `*` désigne zéro, un ou plusieurs caractères quelconques. Les expressions régulières s'avèrent très souvent utiles, par exemple pour repérer des quantités, des volumes ou des prix dans un document.

Cet outil est hors du spectre de notre ouvrage. Cependant, le chapitre 2 de Jurafsky et Martin (2019) traite des expressions régulières en détail.

Prenons un exemple : « *Le Kentucky a été le plus endeuillé par ce phénomène météorologique violent, touchant particulièrement les immenses plaines américaines, des colonnes noires balayant le sol, illuminées par des éclairs intermittents.* »

Le tokenisation en unigrammes montre que cette phrase est composée des 27 unigrammes uniques suivants : endeuillé, noires, éclairs, américaines, ., illuminées, kentucky, plaines, des, colonnes, sol, intermittents, plus, phénomène, immenses, particulièrement, a, le, „ météorologique, les, touchant, par, violent, balayant, ce, été.

Après exclusion des stop-words *via* la librairie `nltk`, on se retrouve avec la liste des 21 éléments suivants : endeuillé, noires, éclairs, américaines, ., illuminées, kentucky, plaines, colonnes, sol, intermittents, plus, phénomène, immenses, particulièrement, a, „ météorologique, touchant, violent, balayant. On note que cette opération est sujet à discussion puisqu'elle conserve le mot *a*, mais supprimer le verbe *été*. La liste de stop-words est donc arbitraire et doit être remise en cause selon le cas d'application.

Le passage par un raciniseur donne la liste suivante : endeuill, noir, éclair, américain, ., illumin, kentucky, plain, colon, sol, intermittent, plus, phénomen, immens, particuli, a, „ météorolog, touch, violent, balai.

12.2.2 Sélection des n-grammes par information mutuelle

Lorsque l'on souhaite définir le vocabulaire, il est souvent nécessaire de trier les tokens, par exemple en éliminant les stop-words, comme cela été évoqué dans la section précédente. Néanmoins, cette tâche est plus délicate lorsqu'il s'agit de sélectionner des bi-grammes par exemple. Prenons l'exemple de la phrase « Il habite dans la ville de New York. » constituée des bi-grammes : « il habite », « habite dans », « dans la », « la ville », « ville de », « de New », « New York ». Intuitivement, seul le bi-gramme « New York » mérite d'être conservé car il se réfère à un nom de ville, tandis que les autres bi-grammes n'apportent *a priori* pas plus d'information que les unigrammes les constituant.

Pour trier automatiquement les bi-grammes qui ont un sens des autres, on peut se servir de l'information mutuelle ponctuelle (*point-wise mutual information*, PMI) définie entre un mot cible w_t et un mot de contexte w_c par la formule suivante qui sera calculée sur tout le corpus :

$$PMI(w_t, w_c) = \log_2 \left(\frac{\widehat{P}(w_t, w_c)}{\widehat{P}(w_t)\widehat{P}(w_c)} \right).$$

Le numérateur donne la probabilité empirique d'observer le mot w_c dans le contexte du mot w_t pour un contexte défini soit comme un bi-gramme, soit comme une fenêtre autour du mot w_t (section 13.2), soit comme un document entier. Le dénominateur donne cette probabilité si l'on supposait que l'occurrence de ces deux mots était indépendante. Ainsi, une valeur de la PMI supérieure à zéro indique que les mots w_t et w_c apparaissent dans le même contexte avec une fréquence supérieure à celle attendue si l'on supposait qu'il s'agissait d'un pur hasard. Dans le cadre de l'exemple précédant, on risque de trouver empiriquement une valeur élevée pour l'information mutuelle entre les mots « New » et « York » conduisant à conserver le bi-gramme « New York ».

On peut alors fixer un seuil afin de ne retenir que les bi-grammes ayant un sens. Le tokenizer `WordPiece` (Song *et al.*, 2021) proposé par Google et qui se trouve à la base de nombreux modèles de langages modernes tel BERT (Devlin *et al.*, 2019) utilise la PMI lors de la phase d'entraînement pour sélectionner et fusionner de manière iérative les couples de tokens les plus pertinents.

Dans la mesure où pour un corpus donné, une majorité des mots ne sont jamais employés dans un même contexte, la valeur $\widehat{P}(w_t, w_c)$ peut être égale à zéro. Pour résoudre ce problème, on peut remplacer les valeurs négatives de la fraction par zéro :

$$PMI(w_t, w_c) = \max\left[\log_2\left(\frac{\widehat{P}(w_t, w_c)}{\widehat{P}(w_t)\widehat{P}(w_c)}\right), 0\right].$$

12.2.3 La matrice terme-document

La représentation en *sac-de-mots* (*bag of words*) est la représentation la plus simple d'un document. Elle revient à supposer que l'ordre des mots n'importe pas et qu'un document est décrit par un vecteur de taille égale à l'ensemble des tokens du vocabulaire, où à chaque position réside le nombre de fois où le token correspondant apparaît dans le document. Pour un corpus de D documents, avec un vocabulaire de taille W, cela donne une matrice $\boldsymbol{C}$ de dimension $D \times W$. C'est ce que l'on appelle la matrice *terme-document*. En général, seulement une infime minorité de mots du vocabulaire apparaît dans un document donné. Chaque ligne de la matrice $\boldsymbol{C}$, $\boldsymbol{C}_i$ est généralement très parcimonieuse puisqu'elle contient principalement des zéros. Dans ce modèle, la ligne $\boldsymbol{C}_i$ représente le document i. À partir de cette matrice, la similarité entre deux documents, i et j, peut être mesurée grâce à la similarité cosinus :

$$\frac{C_i' C_j}{\|\boldsymbol{C}_i\|_2 \, \|\boldsymbol{C}_j\|_2},$$

qui prend la valeur un pour des vecteurs colinéaires.

Nous pouvons considérer la matrice brute de comptage, ou bien re-pondérer chaque élément pour faire ressortir les mots qui apparaissent beaucoup dans peu de documents, ou diminuer le poids des mots qui apparaissent souvent dans beaucoup de documents. Le premier groupe de mots permet probablement de bien caractériser certains documents, alors que le second contient des mots qui n'ont aucun pouvoir de discrimination. Pour mettre cela en œuvre, une transformation courante est la pondération TF-IDF (*term frequency-inverse document frequency*). Elle donne de l'importance aux mots qui apparaissent plusieurs fois dans peu de documents. La formule pour le token j dans le document i sur D documents est donnée par :

$$\boldsymbol{C}_{ij} = \frac{\text{Nombre de fois où le token } j \text{ apparaît dans le document } i}{\text{Nombre de mots dans le document } i},$$

$$(tf - idf)_{ij} = \underbrace{\boldsymbol{C}_{ij}}_{\text{Term Frequency}} \times \underbrace{\log\left(\frac{D}{\sum_{k=1}^{D} 1\{\boldsymbol{C}_{kj} > 0\}}\right)}_{\text{Inverse Document Frequency}}.$$

Le terme *IDF* est le logarithme de l'inverse de la part des documents contenant j, qui sera faible pour un mot commun. Évidemment, la seconde dimension de la matrice $\boldsymbol{C}$ dépend de la définition du vocabulaire, et donc de la nature des étapes décrites à la section précédente utilisées. Par exemple, Cagé *et al.* (2019) adoptent une approche TF-IDF pour regrouper des documents par similarité sémantique afin d'étudier la propagation en ligne des informations.

12.2.4 Régression textuelle

La méthode précédente permet de passer d'un corpus de textes à une représentation matricielle simple telle que $\boldsymbol{C}$ ou sa contrepartie issue de la transformation TF-IDF. Supposons que l'on ait un résultat Y_i associé au i-ème document du corpus. On peut alors vouloir expliquer ces résultats par les informations textuelles contenues dans ce document. Pour ce faire, on utilise le vecteur $\boldsymbol{C}_i$ résumant ces information de manière numérique :

$$Y_i = \boldsymbol{C}_i'\beta_0 + \varepsilon_i.$$

On note que l'on est en présence d'une régression de grande dimension puisqu'il y a W variables explicatives et que ce W est généralement grand. Pour estimer β_0, on peut utiliser les techniques de régression pénalisée (section 2.2), de forêt aléatoire (section 2.6) ou de réseaux de neurones (section 2.7). Une autre approche consiste à déterminer *a priori* les termes importants au regard de phénomène économique étudié, soit de manière *ad hoc*, soit en utilisant un lexique établi dans la littérature, tel que celui de Loughran et McDonald (2011) pour les applications financières par exemple.

Ainsi, Hansen *et al.* (2019) utilisent les informations textuelles contenues dans le rapport sur l'inflation de la Banque d'Angleterre pour évaluer l'impact de la communication de la banque centrale sur les marchés financiers. On pourrait également utiliser les informations contenues dans le formulaire 10-K qui est un formulaire rempli annuellement par les entreprises cotées en bourse sur les marchés financiers américains ou tout autre rapport de performance afin d'expliquer l'évolution de leur cours de bourse suivant la publication de ces documents (Isichenko, 2021). Un autre exemple classique pour prédire les rendements des actions est d'utiliser le flux de news (*e.g.* Ke *et al.*, 2019).

12.3 Applications empiriques basées sur la fréquence des mots

Dans cette section, nous détaillons quelques applications empiriques en sciences sociales utilisant des données textuelles traitées de la manière décrite à la section précédente. Cette approche est relativement simple puisqu'elle ne fait pas appel à des techniques complexes, mais donne tout de même lieu à des applications intéressantes.

12.3.1 Impact du racisme sur les élections américaines

Stephens-Davidowitz (2014) pose la question suivante : « le racisme fait-il perdre à un candidat noir un nombre important de voix dans l'Amérique contemporaine ? ». Il évalue l'animosité raciale d'une région en se basant sur le pourcentage de requêtes Google qui incluent un terme à connotation raciale bien connu. L'idée est que, dans les enquêtes de sondage, les gens ont tendance à ne pas révéler leurs véritables points de vue, et que les requêtes de moteur de recherche, formulées dans l'intimité, expriment plus facilement des opinions socialement taboues. Il montre que le taux de recherche à connotation raciale est un prédicteur significatif et négatif des suffrages exprimés pour Obama en 2008 et 2012, en contrôlant la part de voix de Kerry en 2004. Il prend comme définition du taux de requêtes à connotation raciale dans l'État i (après un traitement spécifique des volumes de résultats de Google Trends) :

$$\text{Taux de requêtes connotées}_i = \left[\frac{\text{Requêtes incluant le terme}}{\text{Nombre total de requêtes}}\right]_{i,2004-2007},$$

où le « terme » en question est un adjectif raciste bien connu. Pour tester l'impact du racisme sur le score d'un candidat noir aux élections présidentielles, l'auteur régresse la différence entre la part des suffrages exprimés pour Barack Obama en 2008 et celle des suffrages exprimés pour John Kerry, le candidat démocrate, en 2004, sur ce taux de requêtes. Le modèle estimé est le suivant :

$$\begin{aligned}&(\%\text{Obama2008} - \%\text{Kerry2004})_i \\ &= \beta_0 + \beta_1 \text{Taux de requêtes connotées}_i + X_i'\gamma + \varepsilon_i.\end{aligned}$$

Les résultats sont statistiquement significatifs et expliquent en partie le fait que le candidat Obama a recueilli moins de suffrage dans les localités où le taux de requêtes à connotation raciale est le plus élevé, comparativement à un autre candidat démocrate. Ce racisme aurait coûté en moyenne 4 points de pourcentage au candidat Obama.

Une limite de cette approche, appelée *méthode de dictionnaire*, est qu'elle se focalise uniquement sur une variation à travers un nombre limité de dimensions (ici, un seul terme), tout en ignorant complètement son contexte d'utilisation. De fait, les insultes racistes peuvent faire l'objet de ré-appropriations culturelles, et leur signification peut s'en trouver changée selon le contexte (*e.g.* dans cette application, un certain nombre de rappeurs se ré-approprient le terme en question, qui n'a donc plus la même portée).

12.3.2 Définition des secteurs d'activités grâce aux données textuelles

Hoberg et Phillips (2016) utilisent le rapport 10-K, qui est une description annuelle obligatoire des biens et services offerts par les firmes cotées en bourse aux États-Unis, pour définir une mesure de similarité entre celles-ci. L'objectif est de fournir une définition d'un marché se basant davantage sur les données, et moins sur le dire d'expert. L'unité d'observation (i, t) est le couple firme-année. Les documents sont les formulaires 10-K individuels, représentés individuellement par un vecteur $\boldsymbol{C}_i^t \in \mathbb{R}^{n_t}$ issu d'une procédure de pré-traitement similaire à celles décrites dans la section précédente. Les données contiennent les rapports d'activités de 50 673 entreprises par an. Ils accordent une attention particulière aux noms propres, et limitent l'analyse aux noms et aux noms propres qui n'apparaissent pas dans plus de 25 % de toutes les descriptions de produits. Cela les conduits à $n_{1996} = 61\ 146$ noms et noms propres uniques en 1996 et $n_{2008} = 55\ 605$ en 2008. Les données sont disponibles *via* les librairies R `edgar` et `edgarWebR` qui permettent d'avoir accès au site Web Edgar de la Securities and Exchange Commission (SEC) qui stocke les descriptions légales des entreprises 10-K.

Les auteurs calculent un score de similarité cosinus par paire S_{ij}^t, qui se base sur l'angle entre les représentations vectorielles de deux documents $\boldsymbol{C}_i^t$ et $\boldsymbol{C}_j^t$ pour deux firmes i et j, pour une année t :

$$S_{ij}^t = \frac{\boldsymbol{C}_i^{t\prime} \boldsymbol{C}_j^t}{\left\|\boldsymbol{C}_i^t\right\|_2 \left\|\boldsymbol{C}_j^t\right\|_2},$$

et l'utilisent comme mesure de la proximité des descriptions des biens et services offerts par les deux unités. La matrice carré de dimension de ces scores S_{ij}^t décrit les liens de proximité entre firmes.

Ensuite, les auteurs utilisent une méthode de regroupement basée sur ces scores S_{ij}^t pour définir les secteurs. Leur algorithme de regroupement commence par supposer que chaque firme constitue un secteur distinct, il regroupe les firmes les plus similaires dans les secteurs une par une en utilisant, lorsqu'il y a plusieurs entreprises dans un secteur, une similarité moyenne par paire d'entreprises pour toutes les paires d'entreprises dans les deux secteurs I et J :

$$S_{I,J}^t = \frac{1}{|I||J|} \sum_{i \in I} \sum_{j \in J} S_{ij}^t.$$

L'algorithme s'arrête lorsque le nombre de secteurs atteint un niveau K.

Les auteurs utilisent l'affectation prédite de chaque couple firme-année à un secteur pour analyser l'effet des chocs subis par l'industrie militaire et l'industrie du logiciel sur la concurrence et l'offre de produits entre les entreprises. Ils montrent que les événements du 11 septembre 2001 ont accru l'entrée sur les marchés militaires à forte demande et ont poussé les produits de cette industrie vers « la collecte d'informations hors champ de bataille et les produits destinés aux conflits terrestres potentiels ».

Notons que deux problèmes peuvent survenir lors de l'utilisation de la similarité cosinus, ce qui peut conduire à une faible similarité malgré un contenu similaire : la synonymie et la polysémie. Ce problème ne peut être résolu sans prendre en compte le contexte de la phrase ou sans utiliser des modèles génératifs (c'est-à-dire structurels) pour appréhender le texte.

12.4 Modélisation du langage à l'aide de variables latentes

Cette section constitue une introduction aux modèles de langage. L'hypothèse d'indépendance entre chacun des mots d'un document, connue sous le nom de modèle *unigramme*, décrit dans la section 12.4.1, est le point de départ de la modélisation du langage. On introduit ensuite une à une des complications dans la modélisation.

12.4.1 Le point de départ : le modèle unigramme

Le modèle unigramme est le modèle de langage le plus simple. Il fait l'hypothèse simplificatrice selon laquelle la probabilité d'observer un mot donné ne dépend pas des mots l'entourant. Il en résulte que l'estimateur du maximum de vraisemblance de cette probabilité est donné par la fréquence du mot.

On part d'une représentation d'un document de taille n comme une séquence de mots $(W_1, \ldots, W_n)$. Le modèle unigramme postule l'indépendance entre l'usage de chaque mot, de telle sorte que la probabilité d'observer un certain document $(w_1, \ldots, w_n)$ est donnée par :

$$\mathbb{P}(W_1 = w_1, \ldots, W_n = w_n) = \prod_{i=1}^{n} \mathbb{P}(W_i = w_i). \qquad \text{(UNIGRAM)}$$

On utilise la notation $\boldsymbol{\beta} \in [0,1]^W$, pour désigner $(\boldsymbol{\beta}_w)_w := (\mathbb{P}(W_i = w))_w$, la probabilité que le mot prenne la valeur w. On remarque que, par définition, la somme des éléments de $\boldsymbol{\beta}$ vaut 1, puisque ce vecteur définit une distribution de probabilité. Dans ce contexte, on peut résumer l'information contenue dans les données par la matrice d'occurrence empirique des mots dans le document, notée $\boldsymbol{C} = (\boldsymbol{C}_w)_{w \in \mathcal{W}}$, si bien que l'on a la vraisemblance :

$$\mathbb{P}(\boldsymbol{\beta} | \boldsymbol{C}) = \prod_{w \in \mathcal{W}} \boldsymbol{\beta}_w^{\boldsymbol{C}_w}.$$

Si l'on se penche sur la log-vraisemblance associée, on peut y voir une justification pour l'approche *sac-de-mots*, puisque le Lagrangien vaut :

$$\sum_{w \in \mathcal{W}} \boldsymbol{C}_w \log(\boldsymbol{\beta}_w) + \lambda \underbrace{\left(1 - \sum_{w \in \mathcal{W}} \boldsymbol{\beta}_w\right)}_{\text{contrainte}},$$

et les conditions du premier ordre impliquent : $\boldsymbol{\beta}_w = \boldsymbol{C}_w / \lambda$, $\lambda = \sum_{w \in \mathcal{W}} \boldsymbol{C}_w$ et donc $\widehat{\boldsymbol{\beta}}_w = \boldsymbol{C}_w / \sum_{w \in \mathcal{W}} \boldsymbol{C}_w$. L'estimateur du maximum de vraisemblance associé à ce modèle est simplement la fréquence du mot.

Cependant, ce modèle est simpliste et une première façon de relâcher l'hypothèse d'indépendance est de supposer une indépendance conditionnelle à la catégorie de document à laquelle nous sommes confrontés.

12.4.2 Modélisation unigramme avec mélange de catégories

Le modèle que l'on va voir ajoute une complication par rapport au modèle précédent : la probabilité qu'un mot apparaisse varie selon la catégorie à laquelle appartient le document ou, de manière équivalente, selon le sujet du document. On suppose cette catégorie comme prise parmi un nombre arbitraire K de catégories inobservées et mutuellement exclusives. Il s'agit d'un modèle de *mélange avec variable cachée*.

Chaque document du corpus est supposé appartenir à une et une seule catégorie latente inobservée, que l'on note $Z \in \{1, \ldots, K\}$. On note alors $\boldsymbol{\beta}_{w,k} := \mathbb{P}(W_j = w | Z = k)$ la probabilité que le j-ème mot, W_j, prenne la valeur w sachant que le document appartient à la catégorie k. Notons $\rho = (\mathbb{P}(Z = k))_{k=1,\ldots,K}$, le vecteur des probabilités marginales d'appartenance aux catégories. En utilisant l'équation (UNIGRAM), on a :

$$\mathbb{P}(W_1 = w_1, \ldots, W_n = w_n | \boldsymbol{\beta}, \rho) \\ = \sum_{k=1}^{K} \mathbb{P}(Z = k | \boldsymbol{\beta}, \rho) \prod_{i=1}^{n} \mathbb{P}(W_i = w_i | Z = k, \boldsymbol{\beta}, \rho),$$

et donc, puisque les observations peuvent aussi être résumées par la matrice d'occurrence, on a la vraisemblance :

$$\mathbb{P}(\boldsymbol{\beta}, \rho | \boldsymbol{C}) = \sum_{k=1}^{K} \rho_k \prod_{w \in \mathcal{W}} \boldsymbol{\beta}_{w,k}^{\boldsymbol{C}_w}.$$

En conséquent, pour un corpus de D documents, indexés par la variable muette j, on a la log-vraisemblance suivante :

$$\sum_{j=1}^{D} \log \left(\sum_{k=1}^{K} \rho_k \prod_{w \in \mathcal{W}} \boldsymbol{\beta}_{w,k}^{\boldsymbol{C}_{j,w}} \right) + \underbrace{\lambda_1 \left(1 - \sum_{k=1}^{K} \rho_k \right)}_{\text{1 contrainte}} + \underbrace{\sum_{k=1}^{K} \lambda_{k+1} \left(1 - \sum_{w \in \mathcal{W}} \boldsymbol{\beta}_{w,k} \right)}_{\text{K contraintes}}.$$

Dans ce modèle, la présence des catégories latentes rend la vraisemblance incalculable. La méthode EM (pour *Expectation-Maximization*) est particulièrement bien adaptée pour l'estimation de ce modèle.

Remarque 12.2 : Résolution *via* l'algorithme EM

L'idée de base de l'algorithme EM est que la fonction de log-vraisemblance se simplifierait si l'on observait les variables latentes $\{Z_j\}_{j=1,\ldots,D}$:

$$\ell_{\text{complète}} \left(\boldsymbol{\beta}, \rho \middle| \boldsymbol{C}, \{Z_j\}_{j=1,\ldots,D} \right) \\ = \sum_{j=1}^{D} \sum_{k=1}^{K} 1\{Z_j = k\} \left(\log(\rho_k) + \sum_{w \in \mathcal{W}} \boldsymbol{C}_{j,w} \log(\boldsymbol{\beta}_{w,k}) \right).$$

Ainsi, en intégrant sur les variables $\{Z_j\}_{j=1,\ldots,D}$, la vraisemblance du modèle se décompose comme :

$$
\begin{aligned}
&\ell\left(\boldsymbol{\beta}, \rho | \boldsymbol{C}\right) \\
&= \mathbb{E}_{\{Z_j\}_{j=1,\ldots,D}|\boldsymbol{C},\boldsymbol{\beta},\rho}\left[l_{\text{complète}}\left(\boldsymbol{\beta}, \rho \middle| \boldsymbol{C}, \{Z_j\}_{j=1,\ldots,D}\right)\right] \\
&= \sum_{j=1}^{D}\sum_{k=1}^{K} \mathbb{E}_{Z_j|\boldsymbol{C}_j,\boldsymbol{\beta},\rho}\left[1\{Z_j = k\}\right]\left(\log\left(\rho_k\right) + \sum_{w\in\mathcal{W}} \boldsymbol{C}_{j,w}\log(\boldsymbol{\beta}_{w,k})\right).
\end{aligned} \tag{12.1}
$$

À partir de cette formule, l'algorithme EM procède de manière itérative en partant de valeurs initiales $(\boldsymbol{\beta}^{(0)}, \rho^{(0)})$, puis passe à l'étape suivante *via* :

$$
\begin{aligned}
&(\boldsymbol{\beta}^{(t+1)}, \rho^{(t+1)}) \\
&= \arg\max_{\boldsymbol{\beta},\rho}\left\{\mathbb{E}_{\{Z_j\}_{j=1,\ldots,D}|\boldsymbol{C},\boldsymbol{\beta}^{(t)},\rho^{(t)}}\left[\ell_{\text{complète}}\left(\boldsymbol{\beta}, \rho \middle| \boldsymbol{C}, \{Z_j\}_{j=1,\ldots,D}\right)\right]\right\}
\end{aligned} \tag{12.2}
$$

Il est garanti que la log-vraisemblance croît à chaque itération.

1. (**étape « E »**) On calcule l'espérance (12.2) en utilisant (12.1) et

$$
\begin{aligned}
&\mathbb{E}_{Z_j|\boldsymbol{C}_j,\boldsymbol{\beta},\rho}\left[1\{Z_j = k\}\right] \\
&= \mathbb{P}\left(Z_j = k | \boldsymbol{C}, \boldsymbol{\beta}, \rho\right) \\
&\propto \mathbb{P}\left(\boldsymbol{C} | Z_j = k, \boldsymbol{\beta}, \rho\right)\mathbb{P}\left(Z_j = k | \boldsymbol{\beta}, \rho\right) \quad \text{(Règle de Bayes)} \\
&= \left(\prod_{w\in\mathcal{W}} \boldsymbol{\beta}_{w,k}^{\boldsymbol{C}_{j,w}}\right)\rho_k.
\end{aligned}
$$

2. (**étape « M »**) Les conditions du premier ordre de la fonction objective suivante :

$$
\begin{aligned}
&\sum_{j=1}^{D}\sum_{k=1}^{K}\left(\prod_{w\in\mathcal{W}}(\boldsymbol{\beta}_{w,k}^{(t)})^{\boldsymbol{C}_{j,w}}\right)\rho_k^{(t)}\left(\log\left(\rho_k\right) + \sum_{w\in\mathcal{W}} \boldsymbol{C}_{j,w}\log(\boldsymbol{\beta}_{w,k})\right) \\
&\qquad + \lambda_1\left(1 - \sum_{w\in\mathcal{W}} \boldsymbol{\beta}_w\right) + \sum_{k=1}^{K}\lambda_{k+1}\left(1 - \sum_{w\in\mathcal{W}} \boldsymbol{\beta}_{w,k}\right),
\end{aligned}
$$

donnent les expressions de $\boldsymbol{\beta}_{k,w}^{(t+1)}, \rho_k^{(t+1)}$ en fonction de $\boldsymbol{C}_{j,w}$ et de $\widehat{C}_{j,k}^{(t)} := \left(\prod_{w\in\mathcal{W}}(\boldsymbol{\beta}_{w,k}^{(t)})^{\boldsymbol{C}_{j,w}}\right)\rho_k^{(t)}$.

On peut tenter de donner un sens *a posteriori* aux « sujets » obtenus en regardant les mots dont la fréquence relative est plus ou moins élevée. Il est également possible de calculer la probabilité d'appartenance d'un document à un sujet, afin de réaliser un *clustering* du corpus.

12.4.3 Modèle à allocation latente de type Dirichlet

Une autre relaxation de l'hypothèse d'indépendance est de permettre à un document d'être un mélange de plusieurs catégories, ou de « thèmes », qui ne sont pas observés. On suppose alors que les mots sont tirés indépendamment et conditionnellement au sujet. C'est le principe de l'Allocation de Dirichlet Latente (LDA) et de ses variantes (*e.g. correlated topic models*). La LDA est un modèle à appartenance mixte dans lequel les documents sont représentés comme des mélanges aléatoires sur des sujets latents, chaque sujet étant caractérisé par une distribution sur les mots. Chaque document possède sa propre distribution de probabilité sur les sujets.

Remarque 12.3 : Distribution de Dirichlet

Décrivons la distribution de Dirichlet, un outil clé de cette section. En statistique bayésienne, la distribution postérieure, $\mathbb{P}(\boldsymbol{\beta}|\boldsymbol{C})$ est donnée par :

$$\mathbb{P}(\boldsymbol{\beta}|\boldsymbol{C}) = \frac{\mathbb{P}(\boldsymbol{C}|\boldsymbol{\beta})\,\mathbb{P}(\boldsymbol{\beta})}{\mathbb{P}(\boldsymbol{C})},$$

où $\mathbb{P}(\boldsymbol{C}|\boldsymbol{\beta})$ est la vraisemblance et $\mathbb{P}(\boldsymbol{\beta})$ est la loi *a priori*, déterminée par le chercheur. Une loi *a priori* particulièrement judicieuse est une *loi conjuguée*, qui permet d'aboutir à une loi postérieure de la même famille.

Ici, on a une fonction de vraisemblance multinomiale pour la fréquence des mots d'un document $\boldsymbol{C}$, donnée par :

$$\mathbb{P}(\boldsymbol{C}|\boldsymbol{\beta}) = \frac{\Gamma\left(\sum_{w\in\mathcal{W}} \boldsymbol{C}_w + 1\right)}{\prod_{w\in\mathcal{W}} \Gamma\left(\boldsymbol{C}_w + 1\right)} \prod_{w\in\mathcal{W}} \boldsymbol{\beta}_w^{\boldsymbol{C}_w},$$

où Γ est la fonction Gamma. La distribution de Dirichlet, paramétrée par $\alpha = (\alpha_w)_{w\in\mathcal{W}}$, est définie sur le simplexe de dimension $|\mathcal{W}| - 1$ (*i.e.*

$\alpha \in \mathbb{R}_+^{|\mathcal{W}|}$, $\sum_{w \in \mathcal{W}} \alpha_w = 1$), et est caractérisée par :

$$\mathbb{P}(\boldsymbol{\beta}|\alpha) = \frac{\prod_{w \in \mathcal{W}} \Gamma(\alpha_w)}{\Gamma\left(\sum_{w \in \mathcal{W}} \alpha_w\right)} \prod_{w \in \mathcal{W}} \boldsymbol{\beta}_w^{\alpha_w - 1}.$$

Ainsi, la distribution postérieure est donnée par :

$$\mathbb{P}(\boldsymbol{\beta}|\boldsymbol{C}) \propto \prod_{w \in \mathcal{W}} \boldsymbol{\beta}_w^{\boldsymbol{C}_w + \alpha_w - 1},$$

qui est une distribution de Dirichlet dont les paramètres sont $(\boldsymbol{C}_1 + \alpha_1, \ldots, \boldsymbol{C}_W + \alpha_W)$. L'espérance et la variance d'une Dirichlet(α) sont données par :

$$\mathbb{E}[\boldsymbol{\beta}_w] = \frac{\alpha_v}{\overline{\alpha}}, \quad \mathbb{V}[\boldsymbol{\beta}_w] = \frac{\alpha_w(\overline{\alpha} - \alpha_w)}{\overline{\alpha}^2(\overline{\alpha} + 1)},$$

où $\overline{\alpha} = \sum_{w \in \mathcal{W}} \alpha_w$. On a donc :

$$\mathbb{E}[\boldsymbol{\beta}_w|\boldsymbol{C}] = \frac{\boldsymbol{C}_w + \alpha_w}{n + \overline{\alpha}}.$$

En comparaison de l'estimateur du maximum de vraisemblance $\widehat{\boldsymbol{\beta}}_w = \boldsymbol{C}_w/n$, on remarque que le paramètre α tend à lisser les cas avec une fréquence très basse ou zéro $\boldsymbol{C}_w$.

Présentons les modèles LDA décrits dans Blei *et al.* (2003) et Blei et Lafferty (2009). On fait les hypothèses suivantes concernant le processus générateur du document j composé de n mots :

1. $n \sim$ Poisson(ξ) ;
2. $\rho \sim$ Dirichlet(α), $\rho, \alpha \in \mathbb{R}_+^{|\mathcal{W}|}$;
3. Pour chacun des n mots de la séquence $(W_1, \ldots, W_n)$:
   (a) On choisit un sujet $Z_i \sim$ Multinomiale(ρ) ;
   (b) On choisit un mot w_i en tirant selon $\mathbb{P}(W_i = w_i | Z_i, \boldsymbol{\beta})$, selon une distribution multinomiale conditionnellement au thème Z_i et à la matrice de paramètres de dimension $|\mathcal{W}| \times K$ $\boldsymbol{\beta}$.

Ainsi, conditionnellement au total de mots utilisés $n = \sum_{w \in \mathcal{W}} \boldsymbol{C}_w$, la colonne des fréquences $\boldsymbol{C}$ (*i.e.* la matrice terme-document pour ce document) suit une distribution multinomiale :

$$\boldsymbol{C} \sim \text{Multinomiale}(\rho_1 \boldsymbol{\beta}_{\cdot,1} + \ldots + \rho_K \boldsymbol{\beta}_{\cdot,K}, n). \tag{12.3}$$

Pour le document j, nous avons :

$$\mathbb{P}(W_i = w|\rho^j) = \sum_{k=1}^{K} \mathbb{P}(W_i = w|Z_i = k)\mathbb{P}_j(Z_i = k) = \sum_{k=1}^{K} \boldsymbol{\beta}_{w,k}\rho_k^j,$$

justifiant ainsi la distribution (12.3). Ici, on souhaite estimer les paramètres $\boldsymbol{\beta}$ et α. Le processus générateur des données donne la factorisation de matrices suivantes, qui permet d'interpréter les documents ainsi que les thèmes :

$$\underbrace{\boldsymbol{C}}_{\text{documents}\times\text{ mots }(D\times|W|)} \propto \underbrace{\begin{pmatrix} \rho^{1\prime} \\ \vdots \\ \rho^{D\prime} \end{pmatrix}}_{\text{documents }\times\text{ sujets }(D\times K)} \times \underbrace{\boldsymbol{\beta}'}_{\text{sujets }\times\text{ mots }(K\times|W|)}.$$

Pour un document j, étant donnés les paramètres ρ^j et α, la distribution jointe d'un mélange de sujets, un ensemble de K sujets et une séquence de n mots est donnée par :

$$\mathbb{P}\left(\rho^j, \{w_i, z_i\}_{i=1,\ldots,n} |\alpha, \rho^j\right) = \mathbb{P}\left(\rho^j|\alpha\right) \prod_{i=1}^{n} \mathbb{P}\left(Z_i = z_i|\rho^j\right) \mathbb{P}\left(W_i = w_i|Z_i, \rho^j\right),$$

où $\mathbb{P}\left(Z_i = z_i|\rho^j\right) = \rho_k^j$ pour k tel que $Z_i = k$. En intégrant par rapport à la distribution des sujets, et en sommant sur toutes les valeurs possibles de Z_i, on obtient :

$$\begin{aligned}&\mathbb{P}\left(W_1 = w_1, \ldots, W_n = w_n|\alpha, \rho^j\right) \\ &= \int \mathbb{P}\left(\rho^j|\alpha\right) \left(\prod_{i=1}^{n} \sum_{Z_i} \mathbb{P}\left(\boldsymbol{z}_n|\rho^j\right) \mathbb{P}\left(W_i = w_i|Z_i, \rho^j\right)\right) d\rho^j.\end{aligned}$$

Cependant, la maximisation d'une telle vraisemblance est complexe numériquement, à cause des produits entre ρ and $\boldsymbol{\beta}$. Les techniques standard pour estimer ce type de modèles utilisent l'échantillonnage de Gibbs (*Gibbs sampling*) de la maximisation variationnelle de l'espérance (EM variationnel). L'algorithme EM variationnel approxime la vraie distribution postérieure par une forme fonctionnelle plus simple qui dépend d'un ensemble de paramètres variationnels. Ensuite, il procède en optimisant la loi postérieure approximée par rapport aux paramètres variationnels de sorte qu'elle soit « proche » de la loi postérieure réelle.

Zhao *et al.* (2015) proposent une approche pour sélectionner le nombre de sujets latents K dans un modèle LDA. L'idée est de sélectionner le nombre de sujets tel que le gain marginal en terme de perplexité (un concept de théorie de l'information proche de l'entropie) se ralentisse.

12.5 Applications empiriques

12.5.1 Impact de la transparence sur processus de décision de la Réserve Fédérale

Hansen *et al.* (2017) étudient l'impact de la transparence accrue du processus de décision des banques centrales en utilisant un modèle LDA. Ils exploitent les comptes rendus des réunions de l'US Federal Reserve Open Market Committee (FOMC), durant lesquelles, huit fois par ans, les dix-neuf membres formulent la politique monétaire américaine. La Réserve Fédérale américaine publie des comptes rendus *in extenso* des réunions du FOMC, qui peuvent être analysés pour identifier les sujets discutés. Leur question de recherche est la suivante : quels sont les effets d'une plus grande transparence envers les citoyens sur les délibérations internes ? Ils utilisent une expérience naturelle : les réunions du FOMC sont enregistrées sur bande depuis les années 1970 afin de préparer les comptes rendus. Au départ, cependant, les membres du comité croyaient que ces bandes étaient effacées par la suite. Puis, en 1993, sous la pression du Sénat américain, Alan Greenspan a découvert puis révélé qu'en fait, les bandes avaient été transcrites et conservées dans des archives depuis le début.

Après traitement des données, leurs auteurs obtiennent $W = 8\ 615$ tokens uniques, employés collectivement 2 715 586 fois, dans $D = 46\ 169$ documents. Ils considèrent des modèles où $K = 50$ et $K = 70$. Comme test de validité du modèle, les auteurs font une étude de corrélation entre l'intensité de certains des sujets estimés et l'occurrence d'événements externes. Par exemple, ils vérifient l'évolution du nombre de mots utilisés associés à deux sujets pro-cycliques, définis par une baisse de leur occurrence avant chaque récession. En particulier, ils utilisent l'indice développé par Baker *et al.* (2016) pour mesurer la perception par les acteurs économiques de l'incertitude en matière de politique économique ainsi que des mesures fiscales arrivant à expiration. On peut ainsi représenter les thèmes estimés à l'aide de la LDA et les classer en fonction de leur corrélation avec cet indice ainsi que les mots associés les plus représentatifs de ces thèmes (voir l'exemple sur les articles du *Wall Street Journal* de la section 11.1).

Enfin, en ce qui concerne l'effet de la transparence sur les délibérations, les auteurs examinent en particulier le comportement grégaire (ou anti-grégaire) des membres du FOMC : ils peuvent choisir de se conformer (ou de s'écarter publiquement) de l'opinion du président et choisir d'aborder un sujet similaire (ou de changer de sujet). Pour cela, ils estiment le modèle suivant :

$$Y_{it} = \alpha_i + \gamma D(\text{Trans})_t + \lambda X_t + \varepsilon_{it},$$

où $D(\text{Trans})_t$ est une variable binaire représentant le régime de transparence et X_t sont des variables de contrôle de nature macroéconomique. Y_{it} représente différentes mesures de la communication de la banque centrale basée sur les sujets estimés par une LDA, particulièrement un indice de concentration de Herfindahl calculé sur la distribution des sujets de politique, le pourcentage de temps passé sur des sujets factuels, le nombre de mots issus d'un jargon technique, ainsi que la similarité entre la distribution d'un orateur sur les sujets de politique et la moyenne du FOMC. En utilisant une mesure de la similarité entre les sujets abordés par le président et les autres membres après et avant 1993, ils trouvent des preuves significatives d'un comportement conformiste des membres du comité, relativement au président.

12.5.2 Modèle génératif pour mesurer la division politique

Gentzkow *et al.* (2019b) utilisent les textes des United States Congressional Record du 43e Congrès au 114e Congrès pour estimer la division idéologique moyenne au Congrès américain au moyen d'un modèle logit multinomial.

La donnée de base est une matrice $\boldsymbol{C}_t$ dont les lignes correspondent aux orateurs et les colonnes aux bi-grammes distincts sélectionnés. Un élément $\boldsymbol{C}_{ijt}$

donne donc le nombre de fois que le locuteur i a prononcé la phrase j dans la session t. Ils supposent que, pour le locuteur i du parti P :

$$\boldsymbol{C}_{it} \sim \text{Multinomiale}\left(\boldsymbol{m}_{it}, \boldsymbol{q}_t^P(\boldsymbol{X}_{it})\right),$$

et $\boldsymbol{q}_t^P(\boldsymbol{X}_{it}) \in]0,1[^W$ désignent le vecteur des probabilités de choix définis par :

$$\boldsymbol{q}_{jt}^{P(i)}(\boldsymbol{X}_{it}) = \frac{\exp(u_{ijt})}{\sum_l \exp(u_{ilt})},$$

avec : $u_{ijt} = \alpha_{jt} + \boldsymbol{X}'_{it}\boldsymbol{\gamma}_{jt} + \varphi_{jt}1_{i\in R_t}$. α_{jt} est un paramètre scalaire capturant la popularité de base de l'expression j dans la session t, $\boldsymbol{\gamma}_{jt}$ un vecteur de dimension K capturant l'effet des caractéristiques $\boldsymbol{X}_{it}$ sur la propension à utiliser l'expression j dans la session t, φ_{jt} est un paramètre scalaire capturant l'effet de l'affiliation au parti sur la propension à utiliser l'expression j dans la session t, $R_t = \{i : \ P(i) = R, m_{it} > 0\}$, et $D_t = \{i : \ P(i) = D, m_{it} > 0\}$. Ces variables mesurent le contenu idéologique du discours comme étant la divergence entre $\boldsymbol{q}_t^R(\boldsymbol{X}_{it})$ et $\boldsymbol{q}_t^D(\boldsymbol{X}_{it})$ par le biais de

$$\pi_t(\boldsymbol{X}_{it}) = \frac{1}{2}\boldsymbol{q}_t^R(\boldsymbol{X}_{it})'\boldsymbol{\rho}_t(\boldsymbol{X}_{it}) + \frac{1}{2}\boldsymbol{q}_t^D(\boldsymbol{X}_{it})'(1 - \boldsymbol{\rho}_t(\boldsymbol{X}_{it})),$$

où

$$\boldsymbol{\rho}_{jt}(\boldsymbol{X}_{it}) = \frac{\boldsymbol{q}_{jt}^R(\boldsymbol{X}_{it})}{\boldsymbol{q}_{jt}^R(\boldsymbol{X}_{it}) + \boldsymbol{q}_{jt}^D(\boldsymbol{X}_{it})},$$

est la croyance postérieure qu'un observateur avec un *a priori* neutre déclare d'un locuteur qu'il est républicain si celui-ci choisit l'expression j dans la session t et possède les caractéristiques $\boldsymbol{X}_{it}$. L'estimation des paramètres structurels est effectuée à l'aide d'un estimateur pénalisé proposé par Taddy (2013). L'index produit montre que la division idéologique moyenne entre les démocrates et les républicains a considérablement augmenté depuis les années 1990, en comparaison de l'évolution entre 1870 et 1990, au sens où ils parlent aujourd'hui des langues différentes dans une mesure bien plus importante qu'auparavant.

Enfin, Gentzkow et Shapiro (2010) estiment un modèle de demande structurelle de journaux en utilisant un nouvel indice de biais partisan des médias, qui mesure la similarité du langage d'un média avec celui d'un membre républicain ou démocrate du Congrès.

12.6 Bilan du chapitre

Mots clés

Traitement du langage naturel (*natural language processing*, NLP), n-gramme (de mot, de caractère), token, *tokenization*, document, corpus, matrice terme-document, *stop-word*, racinisation, désuffixation, lemmatisation, expression régulière, information mutuelle, TF-IDF, régression textuelle, distance cosinus, modèle unigramme, algorithme EM, LDA (*Latent Dirichlet Allocation*).

Lectures complémentaires

Une très bonne référence générale sur le traitement du langage naturel est Jurafsky et Martin (2019), disponible en ligne.

Dans la littérature économique, Bholat *et al.* (2015), Gentzkow *et al.* (2019a), Ash et Hansen (2022), les conférences et notes de cours de Stephen Hansen (`sekhansen.github.io/teaching.html`) et d'Elliott Ash (`elliottash.com/text_course`) sont de bons points d'entrée.

Questions

1. Pourquoi le traitement des données textuelles nécessite-t-il souvent de manipuler des vecteurs de grande dimension ?
2. Proposez deux exemples concrets où l'utilisation de n-grammes de caractères présente un intérêt par rapport à l'utilisation uniquement de n-grammes de mots.
3. Quels sont selon vous les avantages et les limites de la modélisation du langage *via* des variables latentes ?
4. Début 2021, la montée en flèche du cours de l'action GameStop (GME) s'est retrouvée au cœur de l'actualité, mettant en lumière l'activité des utilisateurs d'un forum reddit `r/WallStreetBets`, regroupant des investisseurs particuliers à la recherche de tuyaux boursiers. Supposons que l'on dispose, d'un côté, des séries temporelles journalières des cours de bourse pour un panier d'actions donné (unité d'observation : jour $\times$ actif financier) et, de l'autre, de l'ensemble des messages postés sur ce forum (unité d'observation : message horodaté). Proposez une stratégie empirique détaillée visant à estimer l'impact de cette activité sur le cours de bourse de

ces actions. Vous partirez de la manière de construire la base de données pertinente pour aller jusqu'à la description du modèle que vous souhaiteriez estimer.

Bibliographie

ASH, E. et HANSEN, S. (2022). Text algorithms in economics. *Annual Review of Economics*, forthcoming.

BAKER, S. R., BLOOM, N. et DAVIS, S. J. (2016). Measuring Economic Policy Uncertainty. *The Quarterly Journal of Economics*, 131(4):1593–1636.

BHOLAT, D. M., HANSEN, S., SANTOS, P. M. et SCHONHARDT-BAILEY, C. (2015). Text mining for central banks. *Working Paper.*

BLEI, D. M. et LAFFERTY, J. D. (2009). Topic models. *Text mining : classification, clustering, and applications*, 10(71):34.

BLEI, D. M., NG, A. Y. et JORDAN, M. I. (2003). Latent dirichlet allocation. *Journal of machine Learning research*, 3(Jan):993–1022.

CAGÉ, J., HERVÉ, N. et VIAUD, M.-L. (2019). The Production of Information in an Online World. *The Review of Economic Studies*, 87(5):2126–2164.

DEVLIN, J., CHANG, M., LEE, K. et TOUTANOVA, K. (2019). BERT : pre-training of deep bidirectional transformers for language understanding. *In* BURSTEIN, J., DORAN, C. et SOLORIO, T., éditeurs : *Proceedings of the 2019 Conference of the North American Chapter of the Association for Computational Linguistics : Human Language Technologies, NAACL-HLT 2019, Minneapolis, MN, USA, June 2-7, 2019, Volume 1 (Long and Short Papers)*, pages 4171–4186. Association for Computational Linguistics.

GENTZKOW, M., KELLY, B. et TADDY, M. (2019a). Text as data. *Journal of Economic Literature*, 57(3):535–74.

GENTZKOW, M. et SHAPIRO, J. M. (2010). What drives media slant ? evidence from us daily newspapers. *Econometrica*, 78(1):35–71.

GENTZKOW, M., SHAPIRO, J. M. et TADDY, M. (2019b). Measuring group differences in high-dimensional choices : Method and application to congressional speech. *Econometrica*, 87(4):1307–1340.

HANSEN, S., MCMAHON, M. et PRAT, A. (2017). Transparency and deliberation within the fomc : a computational linguistics approach. *The Quarterly Journal of Economics*, 133(2):801–870.

HANSEN, S., MCMAHON, M. et TONG, M. (2019). The long-run information effect of central bank communication. *Journal of Monetary Economics*, 108:185–202.

HOBERG, G. et PHILLIPS, G. (2016). Text-based network industries and endogenous product differentiation. *Journal of Political Economy*, 124(5):1423–1465.

ISICHENKO, M. (2021). *Quantitative Portfolio Management : The Art and Science of Statistical Arbitrage.* Wiley.

JURAFSKY, D. et MARTIN, J. H. (2019). *Speech and language processing : An introduction to natural language processing, computational linguistics, and speech recognition.* Draft available at `https://web.stanford.edu/~jurafsky/slp3/`, 3e édition.

KE, Z. T., KELLY, B. T. et XIU, D. (2019). Predicting returns with text data. Working Paper 26186, National Bureau of Economic Research.

LOUGHRAN, T. et MCDONALD, B. (2011). When is a liability not a liability ? textual analysis, dictionaries, and 10-ks. *The Journal of Finance*, 66(1):35–65.

MIELKE, S. J., ALYAFEAI, Z., SALESKY, E., RAFFEL, C., DEY, M., GALLÉ, M., RAJA, A., SI, C., LEE, W. Y., SAGOT, B. et TAN, S. (2021). Between words and characters : A Brief History of Open-Vocabulary Modeling and Tokenization in NLP. *arXiv e-prints*, page arXiv :2112.10508.

SONG, X., SALCIANU, A., SONG, Y., DOPSON, D. et ZHOU, D. (2021). Fast WordPiece tokenization. *In Proceedings of the 2021 Conference on Empirical Methods in Natural Language Processing*, pages 2089–2103, Online and Punta Cana, Dominican Republic. Association for Computational Linguistics.

STEPHENS-DAVIDOWITZ, S. (2014). The cost of racial animus on a black candidate : Evidence using Google search data. *Journal of Public Economics*, 118(C):26–40.

TADDY, M. (2013). Multinomial inverse regression for text analysis. *Journal of the American Statistical Association*, 108(503):755–770.

ZHAO, W., CHEN, J., PERKINS, R., LIU, Z., GE, W., DING, Y. et ZOU, W. (2015). A heuristic approach to determine an appropriate number of topics in topic modeling. *BMC Bioinformatics*, 16:S8.

Chapitre 13

Représentation distribuée des mots

Ce chapitre traite de la représentation mathématique des mots par des vecteurs, *via* les *plongements lexicaux* (*word embeddings*) qui sont à la base des modèles de langage modernes. Il ne s'agit pas de n'importe quel type de représentation vectorielle, mais d'une *représentation distribuée* (*distributed representation*) qui répond à plusieurs objectifs. D'abord, à diminuer le coût de stockage en passant de n axes pour n mots (section 13.1) à une distribution des n objets sur $p << n$ axes. Ensuite, à éviter le fléau de la dimensionalité qui rend difficile l'estimation de la probabilité jointe d'apparition d'une séquence de mots (Bengio *et al.*, 2000). Enfin, à produire un espace vectoriel dont les relations mathématiques ont un sens linguistique (*i.e.* deux mots employés dans un contexte similaire auront une distance faible dans cette espace).

Nous verrons d'abord les approches traditionnelles basées sur la factorisation de la matrice de co-occurrence (section 13.2), avant de détailler les modèles qui sous-tendent les plongements lexicaux couramment utilisés aujourd'hui (section 13.3). Les modèles de langage modernes se sont saisis de cette idée pour définir des plongements qui dépendent du contexte (section 13.4). Enfin, nous verrons comment cette idée de plongements peut être appliquée à d'autres données non structurées (section 13.5). Ce chapitre fait appel à des notions concernant les réseaux de neurones (section 2.7).

Dans ce chapitre, un mot est désigné par le symbole w, tandis qu'un ensemble de mot (le vocabulaire) est noté $\mathcal{W}$. $\boldsymbol{w}_w$, $\boldsymbol{w}_i$ ou simplement $\boldsymbol{w}$ désigne la représentation vectorielle du mot $w \in \mathcal{W}$ qui occupe la position i dans le vocabulaire. Il s'agit d'un vecteur de paramètres que l'on cherche à apprendre (estimer). Par ailleurs, un document de n mots est représenté par une séquence de mots de longueur n, $(w_1, \ldots, w_n)$. D'un point de vue statistique, on considère donc un document comme une séquence de n variables aléatoires discrètes ni nécessairement indépendantes, ni nécessairement identiquement distribuées, $(W_1, \ldots, W_n)$, chacune à valeur dans $\mathcal{W}$, dont $(w_1, \ldots, w_n)$ est une réalisation.

13.1 Limites de la représentation *one-hot*

Jusqu'à présent, nous avons considéré une représentation *one-hot* des mots (*one-hot encoding*). C'est-à-dire que pour un vocabulaire, *i.e.* un ensemble de mots $\mathcal{W}$ de taille W, chaque mot est représenté par un vecteur parcimonieux de taille W comportant un élément égal à un et le reste des éléments égaux à zéro. Pour le mot qui occupe la position $i \in \{1, \ldots, W\}$ dans le vocabulaire, on a donc la représentation suivante :

$$\boldsymbol{w} = (\boldsymbol{w}_j)_{j=1,\ldots,W} = \begin{cases} 1 & \text{si } j = i, \\ 0 & \text{sinon.} \end{cases}$$

Cette représentation peut être d'abord source d'inefficience puisque représenter un document dans ce système requiert un vecteur de dimension W (cf. section 12.2.3). De même, chaque ajout au vocabulaire se traduit par l'accroissement de la dimension de tous les vecteurs représentant un document. Dans les régressions textuelles du type 12.2.4, ensuite, elle génère très rapidement des problèmes de dimensionalité puisque que chaque mot ajouté représente un coefficient de plus à estimer. Elle est enfin limitée par son incapacité à capturer la proximité sémantique des mots. Soit deux mots quelconques, différents l'un de l'autre, $\boldsymbol{w}_1$ et $\boldsymbol{w}_2$. On a nécessairement :

$$\|\boldsymbol{w}_1 - \boldsymbol{w}_2\|_2 = \sqrt{2}.$$

Autrement dit : tous les mots se trouvent à la même distance les uns des autres. La notion de distance, telle que mesurée par la distance euclidienne, lorsque l'on considère cette représentation, n'est donc pas porteuse de sens. Et cela n'est pas un problème causé par cette distance, car si l'on prend la similarité cosinus, on a de même :

$$\frac{\boldsymbol{w}_1 \cdot \boldsymbol{w}_2}{\|\boldsymbol{w}_1\|_2 \|\boldsymbol{w}_2\|_2} = 0.$$

Cette représentation n'est donc pas capable de rendre compte de la proximité sémantique entre les mots : il n'y a pas de traduction mathématique de synonyme, d'antonyme, de champs lexical, etc.

Enfin, la modélisation fine du langage – qui nécessite souvent l'apprentissage de la probabilité jointe de n'importe quelle séquence de mots – si elle n'utilise pas une approche plus sophistiquée que le *one-hot encoding*, souffre du fléau de la dimensionalité (Bengio *et al.*, 2000).

13.2 Factorisation de la matrice de co-occurence

Les modèles de langage modernes partent de la remarque du linguiste anglais John Rupert Firth (1890-1960) selon laquelle : « *vous reconnaîtrez un mot à ses fréquentations* ». Ainsi, la construction de vecteurs de mots repose sur l'idée que des mots similaires, c'est-à-dire des synonymes ou remplissant la même fonction, sont utilisés dans des contextes similaires. Par conséquent, des mots similaires sont souvent accompagnés, dans leur usage, d'un contexte particulier, c'est-à-dire d'un sous-ensemble partagé de mots. En examinant ces contextes, nous pouvons produire des plongements lexicaux qui sont une représentation mathématique de ces mots. Dans cet ordre d'idée, de nombreuses approches traditionnelles reposaient sur le comptage de mots, notamment grâce à la *matrice de co-occurrence*, que nous allons examiner ici.

13.2.1 Représentation par la matrice de co-occurrence

Soit un vocabulaire $\mathcal{W}$ de W mots, et un nombre entier M, que nous appellerons *taille de la fenêtre*. On définit le *contexte* d'un mot dans une phrase par l'ensemble de $2M$ mots constitué de l'union des M mots qui le précédent et des M mots qui le suivent. Lorsque ce contexte bute sur le début ou la fin d'une phrase, il est tronqué. Ainsi, le contexte du premier mot d'une phrase n'est constitué que des M mots qui le suivent. Un valeur de 4 ou 5 pour M est souvent employée en pratique. La matrice de co-occurrence $\mathbf{F}$ est une matrice carrée de dimension W telle que l'élément se trouvant à l'intersection de la i-ème ligne et de la j-ème colonne compte le nombre de fois où le mot w_j se trouve dans le contexte du mot w_i. Ainsi, on se trouve en présence d'une matrice de grande dimension parcimonieuse, puisqu'*a priori* un mot donné n'est utilisé que dans un petit nombre de contextes. On peut tout de même définir une représentation un peu plus évoluée d'un mot w_i que la représentation *one-hot* vue à la section précédente, simplement en prenant la ligne $\boldsymbol{w}_i = (\mathbf{F}_{i,1}, \ldots, \mathbf{F}_{i,W})$ qui lui correspond dans la matrice de co-occurrence. Dans ce cas, pour deux mots partageant exactement le même contexte, on aura $\|\boldsymbol{w}_1 - \boldsymbol{w}_2\|_2 = 0$ ou encore $\boldsymbol{w}_1 \cdot \boldsymbol{w}_2 / \|\boldsymbol{w}_1\|_2 \|\boldsymbol{w}_2\|_2 = 1$. En ce sens, les distances que sont la norme euclidienne et la similarité cosinus mesurent bien un certain degré de similarité puisque ces distances vont diminuer avec la proximité des contextes.

13.2.2 Réduction de la dimension par décomposition en valeurs singulières

Néanmoins, la représentation vectorielle brute issue de la matrice de co-occurrence souffre encore d'un problème de dimensionalité, puisque celle-ci est de taille W. On peut alors opérer une étape de *réduction de dimensionalité* afin d'obtenir des vecteurs de taille inférieure à partir de la décomposition en valeurs singulières (cf. section 2.5). En particulier, la décomposition *tronquée* en valeurs singulières (*truncated singular value décomposition*, truncated SVD) permet d'obtenir de tels vecteurs. Cette méthode vise à construire la meilleure approximation possible des vecteurs initiaux dans une dimension réduite. Le principe consiste à décomposer la matrice de co-occurrence en un produit de trois matrices, $\mathbf{U}$, $\mathbf{S}$ et $\mathbf{V}$:

$$\mathbf{F} \approx \mathbf{U}\mathbf{S}\mathbf{V}',$$

avec $\mathbf{U}$ et $\mathbf{V}$ deux matrices orthogonales – c'est-à-dire telles que $\mathbf{U}'\mathbf{U} = \mathbb{I}_p$ et $\mathbf{V}'\mathbf{V} = \mathbb{I}_p$ – de dimension $W \times p$, et $\mathbf{S}$ une matrice diagonale de dimension p contenant la racine carrée des p plus grandes valeurs propres de $\mathbf{U}$. Le fait de tronquer la matrice $\mathbf{S}$ en ne retenant que les p plus grandes valeurs propres permet de réduire la dimension des données tout en maximisant la quantité de variation présente dans les données initiales retenue par cette approximation (ou de façon équivalente : en minimisant le bruit issue des données initiales). On peut alors prendre pour représentation du mot w_i la i-ème ligne de la matrice $\mathbf{U}$ qui n'est désormais plus que de dimension p : $\boldsymbol{w}_i = (\mathbf{U}_{i,1}, \ldots, \mathbf{U}_{i,p})$. Cette représentation vectorielle tend à exagérer la représentation $\boldsymbol{w}_i = (\mathbf{F}_{i,1}, \ldots, \mathbf{F}_{i,W})$ en rendant les mots similaires encore plus similaires et inversement.

La plupart des logiciels standard tels que `scikit-learn` permettent d'effectuer ce genre d'opérations de réduction de dimension.

La représentation de dimension p issue de la SVD tronquée constitue ce que l'on appelle en informatique une *représentation distribuée*, dans la mesure où il n'y a plus besoins de W dimensions pour représenter W mots comme dans le système d'encodage en one-hot. Au contraire, les W mots sont représentés à travers leur distribution sur les p axes.

13.3 `Word2vec` et représentations obtenues par réseaux de neurones

Développant l'idée de la section précédente, des modèles de langages *ad hoc* permettent d'aboutir à des représentations plus évoluées, notamment les fameux modèles `word2vec` (Mikolov *et al.*, 2013b), `GloVe` (Pennington *et al.*, 2014) et `fastText` (Mikolov *et al.*, 2018). L'idée est toujours de représenter les mots dans un espace vectoriel de dimension $p << W$ où l'emplacement respectif des mots capture la signification de leurs relations. Généralement, la valeur de p est choisie suffisamment petite pour que la réduction de dimension soit significative, mais tout de même suffisamment grande pour que l'information ne soit pas trop dispersée. La plupart des vecteurs téléchargeables sur internet ont une dimension proportionnelle à la centaine. Ces modèles permettent d'aboutir à des représentations où les vecteurs de mot sont disposés en fonction de leurs relations respectives et où l'arithmétique vectorielle est porteuse de sens. Ainsi, par exemple, dans ces modèles, la combinaison $\boldsymbol{w}_{roi} - \boldsymbol{w}_{homme} + \boldsymbol{w}_{enfant}$ est proche de $\boldsymbol{w}_{prince}$.

Figure 13.1 – Représentations vectorielles en deux dimensions des pays et de leur capitale

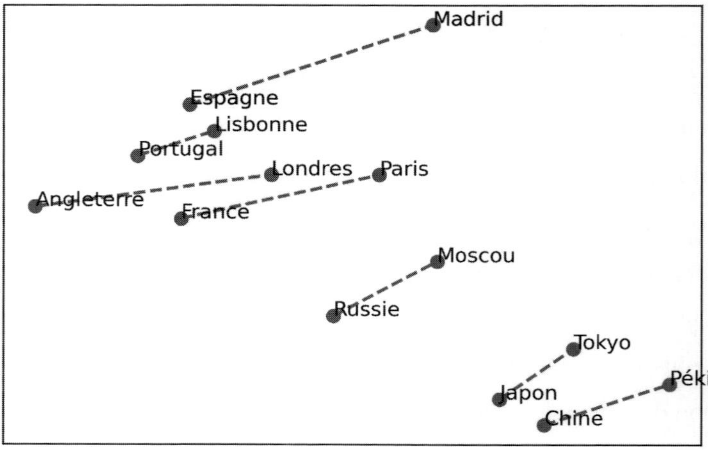

Note : vecteurs issus du modèle en français `fastText` (Mikolov *et al.*, 2018) de dimension $p = 300$ et réduits en dimension 2 par une SVD tronquée. Graphique inspiré de Mikolov *et al.* (2013b).

La figure 13.1 illustre une représentation réduite à deux dimensions des vecteurs de quelques pays et de leurs capitales, en utilisant les vecteurs pré-entraînés issus du modèle `fastText` pour la langue française (Mikolov *et al.*, 2018). On remarque d'abord que les segments reliant la représentation vectorielle du pays à celle de sa capitale tendent à être parallèles. On pourrait imaginer reconstruire la relation qui permet de passer d'un pays à sa capitale en prenant la moyenne de la différence des vecteurs représentant le pays et sa capitale. Il suffirait alors d'ajouter ce vecteur à celui d'un pays et de procéder à une recherche de plus proche voisin pour espérer tomber sur sa capitale. On remarque ensuite que la disposition des couples (pays, capitale) dans cette espace tend à refléter en partie leur proximité géographique. Ces deux observations sont d'autant plus remarquables que ces vecteurs ont été obtenus sans aucune forme de supervision, c'est-à-dire sans que le modèle n'ait connaissance *a priori* de la relation qui lie Paris à la France.

Figure 13.2 – Représentations vectorielles des équivalents féminins et masculins des mots

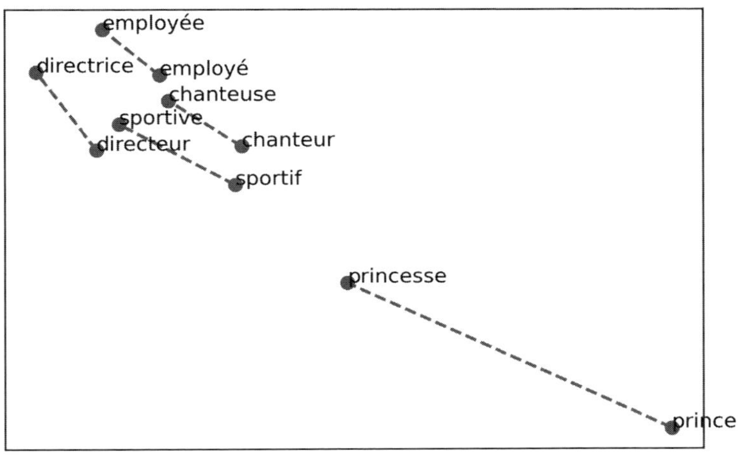

Note : vecteurs issus du modèle en français `fastText` (Mikolov *et al.*, 2018) de dimension 300 et réduits en dimension 2 par une SVD tronquée.

De même, la figure 13.2 illustre la relation qui lie, dans ce modèle, un mot féminin à son équivalent masculin.

Nous allons étudier plus en détail les deux méthodes permettant d'obtenir des plongements lexicaux présentées dans l'article `word2vec` original de Mikolov *et al.* (2013a). Comme dans la section précédente, le contexte consiste en une fenêtre de taille fixe M autour du mot. Étant donné un document avec n tokens et un dictionnaire de longueur W, chaque mot du dictionnaire w_i est associé à un vecteur de mot $\boldsymbol{w}_i \in \mathbb{R}^p$ et à un vecteur de contexte $\boldsymbol{y}_i \in \mathbb{R}^p$, que l'on va chercher à apprendre.

Deux stratégies peuvent être mises en œuvre pour construire de telles représentations. La première, appelée modèle de *skip-gram* cherche à prédire le contexte d'un mot conditionnellement à sa présence. La seconde, appelée *continuous bag of words* (CBOW), cherche à prédire le mot central à partir de son contexte. Pour ces stratégies s'appuyant sur la formulation d'un problème supervisé pour obtenir des plongements adéquats, on parle d'apprentissage auto-supervisé (*self-supervised learning*, Balestriero *et al.*, 2023).

13.3.1 Modèle *skip-gram*

L'objectif est d'apprendre les représentations vectorielles des mots $\boldsymbol{w}_i$ qui permettent efficacement de prédire les mots qui se trouvent dans une fenêtre adjacente. Pour cela on se donne une séquence de T mots consécutifs (*e.g.* un texte). Soit une sous-séquence de $2M + 1$ mots consécutifs :

$$w_{t-M}, \ldots, w_{t-1}, w_t, w_{t+1}, \ldots, w_{t+M}$$

dont w_t est appelé *mot central.* On cherche à apprendre les vecteurs de mots $\{\boldsymbol{w}_i\}_{i=1,\ldots,W}$ et les vecteurs de contexte $\{\boldsymbol{y}_i\}_{i=1,\ldots,W}$. On note pour cela une séquence des $2M + 1$ variables aléatoires, dont chacune est à valeur dans $\mathcal{W}$: $W_{t-M}, \ldots, W_{t-1}, W_t, W_{t+1}, \ldots, W_{t+M}$. La probabilité d'observer le contexte $w_{t-M}, \ldots, w_{t-1}, w_{t+1}, \ldots, w_{t+M}$ sachant le mot central w_t est donnée par un produit de soft-max :

$$P\left(\{W_{t+i} = w_{t+i}\}_{-M \leq i \leq M, i \neq 0} \middle| W_t = w_t\right) = \prod_{-M \leq i \leq M, j \neq 0} \frac{\exp(\boldsymbol{y}'_{t+i}\boldsymbol{w}_t)}{\sum_{k=1}^{W} \exp\left(\boldsymbol{y}'_k \boldsymbol{w}_t\right)}.$$

La log-vraisemblance calculée sur toute la séquence est donc :

$$\frac{1}{T}\sum_{t=1}^{T} \sum_{-M \leq i \leq M, i \neq 0} \log\left(\frac{\exp(\boldsymbol{y}'_{t+i}\boldsymbol{w}_t)}{\sum_{k=1}^{W} \exp\left(\boldsymbol{y}'_k \boldsymbol{w}_t\right)}\right). \qquad \text{(SKIP-GRAM)}$$

Cela revient à maximiser la probabilité qu'un mot donné, parmi tous les autres mots du vocabulaire, apparaisse dans le contexte du mot central. On remarque que cette probabilité est donnée par une fonction d'activation soft-max (cf. section 2.7), qui permet de passer du produit scalaire $\boldsymbol{y}'_{t+i}\boldsymbol{w}_t$ encodant la similarité entre deux mots, à une probabilité. On rappelle que le produit scalaire apparaît au numérateur de la similarité cosinus : le modèle *skip-gram* cherche donc à maximiser la similarité des représentations de mots apparaissant dans le même contexte. On remarque que la probabilité jointe est donnée par le produit des probabilités marginales, ce qui provient d'une hypothèse implicite d'échangeabilité entre les éléments du contexte, $W_{t-M}, \dots, W_{t-1}, W_{t+1}, \dots, W_{t+M}$. Autrement dit : l'ordre des mots n'est pas pris en compte. C'est une hypothèse forte.

Notons enfin que l'on peut faire l'hypothèse simplificatrice selon laquelle $\boldsymbol{y}_i = \boldsymbol{w}_i$ pour tout $i \in \mathcal{W}$, qui divise par deux le nombre de paramètres à estimer. On notera par ailleurs le lien avec la modélisation par maximum de vraisemblance, cf. section 2.3.

13.3.2 Modèle continuous bag of words (CBOW)

L'objectif est le même dans ce problème puisqu'il s'agit d'apprendre des représentations des mots et de leur contexte. Mais cette fois, le problème est inversé puisque la tâche consiste à prédire le mot central à partir de son contexte, c'est-à-dire par la moyenne des vecteurs des mots apparaissant dans une fenêtre adjacente de taille fixe. Plus précisément, on définit $\bar{\boldsymbol{u}}_t := \frac{1}{2M} \sum_{-M \leq j \leq M, j \neq 0} \boldsymbol{y}_{t+j}$, le vecteur de contexte. On pose alors la probabilité d'observer le mot central sachant le contexte comme un soft-max :

$$P\left(W_t = w_t \middle| \{W_{t+i} = w_{t+i}\}_{-M \leq i \leq M, i \neq 0}\right) = \frac{\exp(\boldsymbol{w}_t' \bar{\boldsymbol{u}}_t)}{\sum_{k=1}^{W} \exp\left(\boldsymbol{w}_k' \bar{\boldsymbol{u}}_t\right)}.$$

Cela donne lieu à la log-vraisemblance suivante :

$$\frac{1}{T} \sum_{t=1}^{T} \log\left(\frac{\exp(\boldsymbol{w}_t' \bar{\boldsymbol{u}}_t)}{\sum_{k=1}^{W} \exp\left(\boldsymbol{w}_k' \bar{\boldsymbol{u}}_t\right)}\right). \qquad \text{(CBOW)}$$

On note donc que cette représentation implique également une hypothèse d'échangeabilité des mots de contexte puisque la moyenne simple ne prend pas en compte l'ordre d'apparition des mots. Cette hypothèse est levée dans les modèles de langage de la génération suivante tels qu'ELMo (*Embeddings from Language Models*, Peters *et al.*, 2018).

13.3.3 Considérations computationnelles

Ces deux modèles peuvent s'interpréter sous l'angle des réseaux de neurones (cf. section 2.7), puisqu'à chaque mot correspondent deux couches de plongements selon que le mot soit central ou bien apparaisse dans le contexte, puis des opérations simples (moyenne, produit scalaire, soft-max, etc.) aboutissant à la fonction de perte. Il est donc possible de les optimiser *via* une descente de gradient stochastique (section 2.7). Ceci étant, on remarque que le dénominateur au niveau de chaque probabilité est une somme sur la taille du vocabulaire, W. Par exemple pour le (CBOW), on a $\sum_{k=1}^{W} \exp\left(\boldsymbol{w}_k' \bar{\boldsymbol{u}}_t\right)$. Cela en fait un objet très coûteux à calculer – sans parler de son gradient – si l'on considère un vocabulaire généralement de l'ordre de 10^5 à 10^7 termes.

Une première idée est de supprimer certains mots du vocabulaire, selon leur fréquence d'apparition, et de réaliser ainsi du sous-échantillonage. En effet, des mots tels que des articles (*le*, *la*, etc.) ou des prépositions (*dans*, *où*, etc.) n'ont pas un contenu informationnel très important. En outre, ils apparaissent dans le contexte de quasiment tous les mots. On sait que la fréquence d'utilisation des mots suit une loi de puissance, plus précisément la loi de Zipf, $\mathbb{P}(x) = x^{-(1+1/s)}$ où $s > 0$ et x est la fréquence. Mikolov *et al.* (2013b) proposent donc de supprimer certains mots durant la phase d'entraînement, avec la probabilité suivante pour chaque mot $p(\text{discard}|w) = \max(0, 1 - \sqrt{\delta/\text{freq}(w)})$, pour $\delta \in [10^{-5}, 10^{-3}]$. Cela permet de sous-échantillonner fortement les mots ayant une fréquence supérieure à δ.

Mikolov *et al.* (2013b) suggèrent également d'opérer ce que l'on appelle de *l'échantillonnage négatif* (*negative sampling*) pour diminuer le temps de calcul du dénominateur. Cette stratégie, pourtant basée sur le modèle *skip-gram*, passe par une vision différente du problème pour aboutir à une fonction objectif plus simple. Plutôt que de calculer la probabilité sur l'ensemble des possibilités, on repositionne le problème comme un problème de classification en cherchant à discriminer les paires $(\boldsymbol{w}, \boldsymbol{y})$ constituées d'un mot et d'un autre apparaissant dans son contexte. L'idée est que pour chaque paire observée dans le jeu d'entraînement, on tire un nombre B de paires n'apparaissant jamais dans les données. Soit Y la variable aléatoire binaire valant 1 si la paire $(\boldsymbol{w}, \boldsymbol{y})$ apparaît dans les données d'entraînement, et 0 sinon. On cherche à optimiser la valeur des vecteurs de manière à maximiser la probabilité $P[Y = 1]$ pour les paires apparaissant dans les données d'entraînement, et à la minimiser pour les autres (*i.e.* on cherche à maximiser $P[Y = 0]$ pour les B autres paires). Supposons la forme sigmoïde suivante :

$$P\left[Y = 1\right] = \frac{\exp(\boldsymbol{w}'\boldsymbol{y})}{1 + \exp(\boldsymbol{w}'\boldsymbol{y})}.$$

On aboutit alors, pour chaque séquence de longueur T, à la fonction objectif suivante que l'on voudrait maximiser :

$$\frac{1}{T}\prod_{t=1}^{T}\left[\frac{\exp(\boldsymbol{y}_0'\boldsymbol{w}_t)}{1 + \exp(\boldsymbol{y}_0'\boldsymbol{w}_t)}\prod_{b=1}^{B}\frac{1}{1 + \exp(\boldsymbol{y}_b'\boldsymbol{w}_t)}\right],$$

où $\boldsymbol{y}_0$ est bien un mot apparaissant dans le contexte de $\boldsymbol{w}_t$, et $(\boldsymbol{y}_b)_{b=1,\ldots,B}$ sont des mots, tirés aléatoirement, n'apparaissant pas dans son contexte. Pour spécifier cette fonction sous le même format que précédemment en passant au log, on cherche à minimiser l'opposé de la log-vraisemblance :

$$\frac{1}{T}\sum_{t=1}^{T}\left[\log\left(1 + \exp(-\boldsymbol{y}_0'\boldsymbol{w}_t)\right) + \sum_{b=1}^{B}\log\left(1 + \exp(\boldsymbol{y}_b'\boldsymbol{w}_t)\right)\right].$$

On peut alors constater que cette fonction objectif est bien plus simple à calculer, en comparaison de la fonction SKIP-GRAM, car il n'y a plus besoin de calculer une somme de W termes au dénominateur. On notera que l'on peut utiliser cette même astuce pour le modèle CBOW, simplement en remplaçant $\boldsymbol{y}$ par $\bar{\boldsymbol{u}}$. Mikolov *et al.* (2013b) conseillent de prendre une valeur de B comprise entre 5 et 20 pour un jeu de données de petite taille, tandis qu'une valeur comprise entre 2 et 5 peut suffire pour un jeu de données très riche.

Quelle distribution choisir pour le tirage aléatoire des mots contexte afin de créer de « faux » couples de mots ? Mikolov *et al.* (2013b) proposent d'échantillonner les mots avec une probabilité proportionnelle à leur fréquence empirique d'apparition dans le corpus d'entraînement, élevée à la puissance 3/4.

Cette puissance permet de rehausser la fréquence des termes très peu fréquents sans pour autant trop modifier la fréquence des termes très fréquents.

13.3.4 Choix des hyper-paramètres

L'apprentissage de plongements lexicaux requiert de faire plusieurs choix *a priori* au premier rang desquels la dimension de l'espace latent p ainsi que la taille de la fenêtre de contexte M. Il peut aussi être question de construire un modèle à partir de vecteurs pré-entraînés ou bien de démarrer l'apprentissage de zéro pour obtenir des vecteurs de mots à partir d'un modèle dit « local ». Enfin, comme pour tout réseau de neurones, il faut également choisir le taux d'apprentissage, la taille des lots, etc.

Concernant la taille de fenêtre M, une fenêtre plus grande conduit à entraîner le modèle à partir de plus d'exemples et peut conduire à une précision accrue, mais cela au prix d'un accroissement du temps d'entraînement. Il en va de même pour la dimension p de l'espace des plongements : plus celle-ci est grande, et plus il y a de chances de capturer des relations subtiles, mais cela se fait également au prix d'un temps d'entraînement plus élevé.

Ainsi, Rodriguez et Spirling (2022) explorent ces questions et concluent en suggérant de choisir une dimension p supérieure à 100 et une fenêtre de contexte supérieure ou égale à 5, tout en reconnaissant qu'au delà de $p > 300$ et $M > 6$, l'amélioration n'est que marginale. En outre, les auteurs offrent des pistes pour évaluer la performance de ces modèles, par exemple en utilisant les plongements issus du modèle pour une tâche supervisée. Antoniak et Mimno (2018) quant à eux montrent que, notamment pour les corpus d'une taille modérée, la similarité cosinus entre plongements n'est pas toujours stable selon les modèles. Ils suggèrent en particulier pour les petits corpus, d'adopter une approche « boostrap » où les documents du corpus sont échantillonnés avec remise pour entraîner un modèle, puis les modèles entraînés sur chaque échantillon sont moyennés pour constituer un modèle final. Nous développons ces aspects pratiques à la section 14.4.

13.3.5 Applications empiriques

Kozlowski *et al.* (2019) construisent un modèle de plongements lexicaux afin de décrire les dimensions de genre et de classe de certains symboles ou activités culturelles. En utilisant des représentations dans un espace de faible dimension construit à partir de livres publiés aux États-Unis entre 1900 et 1999, ils effectuent une analyse longitudinale de la co-évolution des associations de genre et de classe aux États-Unis au cours du XXe siècle. Ici, la représentation du genre est construite comme la moyenne des différences des vecteurs représentants les couples de mots (man, woman), (men, women), (he, she), (him, her), (male, female), (boy, girl), etc. De même, la représentation de la classe est construire par le calcul de la moyenne des différences entre les plongements des couples (rich, poor), (affluence, poverty), (expensive, inexpensive), (luxury, cheap), etc. Les auteurs peuvent alors projeter le plongement lexical correspondant à une activité particulière sur ces deux axes (genre et classe sociale) et regarder comment cette activité se positionne dans cette représentation du langage. On peut constater, en se basant sur les figures présentées dans Kozlowski *et al.* (2019), que le softball et le volleyball sont des activités très féminines, à l'inverse du baseball et de la boxe. Au milieu, le football (*soccer*) apparaît comme plutôt neutre. L'aspect remarquable de ces résultats est, qu'une fois de plus, l'apprentissage du modèle se fait de manière complètement non supervisée : les phénomènes capturés le sont uniquement à partir d'ouvrages publiés.

Afin de mesurer le biais sexiste des juges américains, Ash *et al.* (2021) construisent des plongements lexicaux pour chaque juge à partir des opinions rendues, et calculent la similarité cosinus entre le vecteur représentant la dimension de genre et le vecteur représentant la dimension « carrière *vs.* famille ». Ils montrent que les juges ayant une similarité cosinus plus forte entre ces deux vecteurs, attestant d'un langage marquant une vision plus proche des rôles masculins et féminins traditionnels, prennent aussi des décisions en défaveur des femmes plus régulièrement et montrent moins de considération pour leurs collègues de sexe féminin. De même, Gennaro et Ash (2021) définissent les plongements des dimensions émotionnelle et rationnelle du langage à partir de moyenne de listes de mots associés à ceux concepts, puis calculent une propension à l'appel à l'émotion ou à la raison dans les discours politiques, pour en étudier la prévalence au cours du temps et selon les orateurs.

Tableau 13.1 – Mots utilisés pour définir les axes

Genre	Classe sociale
homme - femme	riche - pauvre
hommes - femmes	richesse - pauvreté
garçon - fille	luxe - dénuement
garçons - filles	cher - bon marché
lui - elle	abondance - manque
il - elle	opulence - besoin
masculin - féminin	prospérité - misère
mâle - femelle	

Nous pouvons reprendre ces idées pour calculer, à partir des vecteurs `fastText` (Mikolov *et al.*, 2018) en français un axe de genre et un axe de classe sociale, définis à partir des mots du tableau 13.1. Nous utilisons ensuite une régression linéaire pour calculer les projections de vecteurs de mots représentant une activité ou un objet précis sur ces deux axes. Nous pouvons ensuite, à la manière de la théorie de l'espace social développée par Bourdieu (1979), représenter ces projections selon ces deux axes, figure 13.3. Pouvez-vous deviner que représente chacun des deux axes ? On voit quelques termes dont le positionnement n'est pas très clair (*opéra* ou *brunch*) mais globalement l'intuition est respectée.

13.3.6 Autres applications

Plus généralement, les applications des plongements lexicaux issus de modèles tels que `word2vec` sont trop vastes pour être couvertes de manière exhaustive. On peut mentionner tout de même les potentielles applications qui suivent :

— Détection de concepts *via* la recherche automatique de champ lexical : lorsque l'on cherche à détecter la mention d'un concept dans un document

Figure 13.3 – Projections de quelques termes selon les axes de genre et de classe sociale

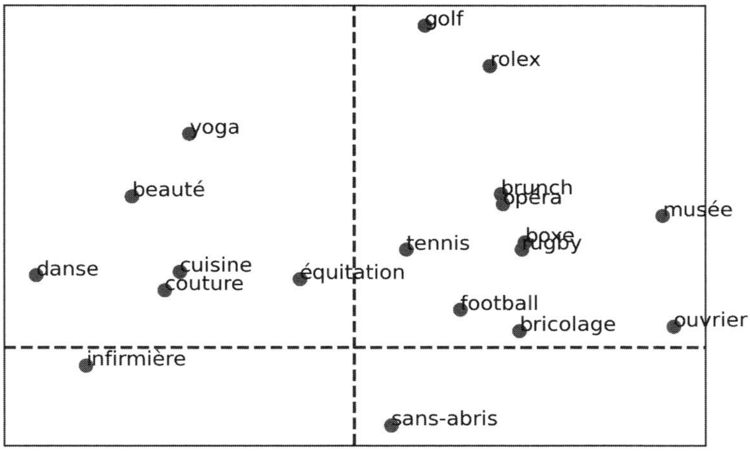

Note : vecteurs issus du modèle en français `fastText` (Mikolov *et al.*, 2018) de dimension $p = 300$ et projetés sur des axes définis par les mots du tableau 13.1.

(*e.g.* inflation dans un discours de banquier central, compétences en informatique dans un CV), une manière simple de procéder est de rechercher des mots appartenant à une liste déterminée à l'avance. Cependant, cette technique souffre d'un faible rappel car elle ne permet de détecter que les documents mentionnant *exactement* ces termes. Il peut être intéressant d'enrichir cette liste de mots « source » par des mots piochés parmi leurs plus proches voisins définis au sens des plongements `word2vec` et d'une distance donnée. Ainsi Gennaro et Ash (2021) utilisent cette technique pour raffiner les listes de termes qui matérialisent les concepts « d'émotion » et de « rationalité » dans les discours politiques.

— Représentation et clustering de documents : une manière simple de représenter un document est de prendre la moyenne des plongements des tokens qui le compose. Il est ensuite possible de chercher à détecter des « clusters » afin de regrouper les documents similaires. Par exemple, Demszky *et al.* (2019) appliquent cette approche à des millions de *tweets* associés à des tueries de masse aux États-Unis pour analyser la manière dont sont perçus ces événements par les individus selon leur place sur l'échiquier politique. Cette stratégie est une alternative à la modélisation des sujets latents, vue à la section 12.4.

— Plus généralement, ces modèles vectoriels sont plus performants que les représentations vectorielles antérieures pour la plupart des tâches supervisées (*e.g.* détection d'entités nommées, analyse de sentiments) et permettent par exemple d'identifier automatiquement des *récits*, c'est-à-dire des interprétations cohérentes de séries d'événements ou de faits en faisant apparaître une structure logique entre chaque élément qui les composent (*e.g.* Ash *et al.*, 2021).

13.4 Modèles de langage modernes

Les modèles des sections précédentes construisaient des représentations vectorielles des mots en se basant sur les contextes dans lesquels ils sont fréquemment employés dans le jeu d'entraînement, ou leurs « fréquentations », et permettaient d'aboutir à une représentation vectorielle unique – indépendante d'un contexte particulier. Or, de nombreux mots sont polysémiques, et on ne peut souvent en inférer leur sens qu'en fonction du contexte précis de leur utilisation. Ainsi, le mot *souris* n'a pas le même sens selon qu'il apparait dans une encyclopédie animalière ou dans un manuel d'utilisation d'un ordinateur. Pour ces mots, il n'est donc souvent pas possible d'aboutir à une représentation unique qui soit satisfaisante.

C'est pourquoi les modèles de langage modernes sont toujours basés sur la notion de plongements lexicaux, mais autorisent ces plongements à interagir entre eux afin de définir un contexte et de modifier la valeur du plongement d'un mot en fonction de celui-ci. Contrairement aux modèles de langage étudiés dans cette section, le contexte n'est pas défini par une fenêtre de taille arbitraire, mais de manière particulière en pondérant chaque élément de la séquence selon un mécanisme dit « d'attention ». Il n'y a donc pas de représentation unique d'un mot dans ces modèles. Parmi ceux-ci, on peut citer BERT (*Bidirectional Encoder Representations from Transformers*, Devlin *et al.*, 2019), et sa contrepartie en français, CamenBERT (Martin *et al.*, 2020). Ils sont détaillés à la section 14.3.

13.5 Pour aller plus loin : représentation de données non structurées

L'idée fondamentale des plongements lexicaux consiste à supposer que l'on peut représenter un objet par son contexte (*i.e.* un ensemble d'autres objets observés en même temps). Cela revient à modéliser une observation conditionnellement à d'autres observations, afin d'obtenir une représentation par des vecteurs dans un espace dans lequel les opérations mathématiques sur ces vecteurs encodent des relations de proximité. Cette idée n'a pas été seulement appliquée pour le traitement du langage naturel : au contraire il en est largement fait usage pour structurer des données qui ne le sont pas, telles que des données d'image. Cette section explore les applications des plongements possibles en économie empirique à travers des exemples. Rudolph *et al.* (2016) développent une approche générale, utilisant une structure exponentielle, pour définir des plongements pour une variété importante de types de données.

13.5.1 Encodage d'informations textuelles ou visuelles

Traditionnellement, lorsqu'il s'agissait d'étudier le comportement du consommateur, les économistes n'avaient à disposition que des données structurées sur un produit telles que par exemple son prix, sa marque, sa couleur, ses dimensions et quelques caractéristiques idoines. On peut s'accorder sur le fait que de telles données sont probablement suffisantes pour capturer des différences entre des produits assez homogènes, telles des tulipes ou de la lessive. Cependant, un certain nombre de caractéristiques des biens de consommation ne sont pas objectivement mesurables comme le design ou la qualité des finitions, rendant ces données structurées insuffisantes pour caractériser complètement certains produits hétérogènes tels que des automobiles, des sacs à main ou des montres.

Or, ces caractéristiques entrent en compte dans les préférences des consommateurs et dans la fonction de coût de la firme productrice et sont donc nécessaires pour étudier la demande. Traditionnellement, des stratégies de type variables instrumentales étaient mises en œuvre. Par exemple, le modèle de Berry *et al.* (1995) utilise habilement une variable aléatoire ζ_j, inobservée et corrélée avec le prix, afin de capturer des facteurs inobservables du produit dans l'équation (6.16).

Néanmoins, les techniques modernes de traitement du langage et de l'image permettent de capturer plus de cette information qui est observable par le consommateur, mais pas par l'économiste qui ne dispose que de données structurées. Ainsi, Bajari *et al.* (2021) utilisent à la fois un modèle de langage et un modèle de vision afin d'encoder certaines données non structurées contenues dans la présentation d'un produit sur Amazon.com telles que l'image, l'intitulé ou la description du produit. Ces modèles sont entraînés sur des tâches classiques de vision assistée par informatique (*i.e.* catégorisation d'images) et de traitement du langage naturel (*i.e.* prédiction de mots). Une fois ces modèles entraînés, l'avant-dernière couche du réseau de neurones est isolée afin de permettre un encodage des informations textuelles ou visuelles de manière à les rendre exploitables dans des modèles d'économétrie standard. Les auteurs choisissent d'encoder ces informations dans un vecteur de dimension 5120. On notera que cette approche est similaire à la stratégie mise en œuvre dans les réseaux siamois à la section 14.2.

13.5.2 Plongements pour des biens de consommations

Dans un très ingénieux papier, Ruiz *et al.* (2020) appliquent le concept de plongement non plus à des textes ou des images comme il est fait de manière standard en machine learning, mais directement à des biens de consommation, en modélisant les préférences des consommateurs pour des paniers de biens lorsqu'ils font leurs courses au supermarché. Ici, la structure de l'espace d'arrivée reflète les relations de co-achat entre biens et permet de définir des propriétés économiques telles que la substituabilité et la complémentarité. Plus directement, les auteurs modélisent pour un consommateur la probabilité conditionnelle d'acheter l'item W_{n+1}, sachant qu'il a déjà dans son panier les items $W_1, \ldots, W_n$. Dans cette définition, il est également fait usage d'un item factice de « passage en caisse » désignant la clôture de la session de shopping et le passage en caisse, et qui se trouve nécessairement en dernière position du panier de biens. Ici, le paramètre d'intérêt est le plongement de dimension modérée $\boldsymbol{w}$ qui représente un item disponible en supermarché.

Pour un utilisateur représenté par des préférences θ, ayant déjà dans son panier les n biens représentés par les plongements $\boldsymbol{w}_1, \ldots, \boldsymbol{w}_n$, la probabilité qu'il achète le bien $n+1$ est donnée par un soft-max calculé sur tous les biens non encore ajoutés au panier :

$$P\left(W_{n+1} = w_{n+1} \middle| \{W_i = w_i\}_{i=1,\ldots,n}\right) = \frac{\exp\left(\theta' \boldsymbol{w}_{n+1} + \boldsymbol{y}'_{n+1} \frac{1}{n} \sum_{i=1}^{n} \boldsymbol{w}_i\right)}{\sum_{c \neq 1,\ldots,n} \exp\left(\theta' \boldsymbol{w}_c + \boldsymbol{y}'_c \frac{1}{n} \sum_{i=1}^{n} \boldsymbol{w}_i\right)},$$

avec $\boldsymbol{y}_{n+1}$ un plongement définissant l'effet de l'interaction avec les biens déjà achetés, d'une manière analogue aux vecteurs de contexte dans les modèles (CBOW) et (SKIP-GRAM). Le terme $\theta' \boldsymbol{w}_c + \boldsymbol{y}'_c \frac{1}{n} \sum_{i=1}^{n} \boldsymbol{w}_i$ peut être interprété comme l'utilité du produit c sachant que les produits $1, \ldots, n$ sont dans le panier du consommateur. Cette formulation est compatible avec le cadre de la maximisation de l'utilité dans la mesure où le produit qui procure la plus grande utilité est celui qui a le plus de chances de se retrouver dans le panier du consommateur à la prochaine étape.

Lorsque les termes $\boldsymbol{y}'_i \boldsymbol{w}_j$ et $\boldsymbol{y}'_j \boldsymbol{w}_i$ sont positifs, cela signifie que la présence de l'item i (*e.g.* des tranches de jambon) dans le panier accroît la probabilité que l'item j (*e.g.* une baguette de pain) soit acheté à l'étape suivante et vice-versa, et qu'ils sont donc *complémentaires*. Ruiz *et al.* (2020) définissent alors une mesure de la complémentarité entre i et j par la formule :

$$\frac{1}{2}\left(\boldsymbol{y}'_i \boldsymbol{w}_j + \boldsymbol{y}'_j \boldsymbol{w}_i\right).$$

La *substituabilité* entre deux produits est difficile à mesurer puisque le nombre important de biens disponibles en magasin implique que la plupart des paires d'items ne se retrouvent jamais dans le panier d'un consommateur. Les auteurs définissent alors le concept d'*échangeabilité*, qui permet de mesurer le degré de similarité de l'interaction de deux items avec le reste des produits. Ils supposent que lorsque deux produits sont échangeables sans être complémentaires, alors ils sont substituts (*e.g.* l'achat de tranches de jambon, peu importe la marque, devrait avoir le même impact sur la probabilité d'achat d'une baguette de pain, mais ne devrait pas accroître la probabilité d'acheter des tranches de jambon d'une autre marque).

Le modèle développé par Ruiz *et al.* (2020) est en réalité plus complexe et permet notamment de prendre en compte le fait que l'on n'observe pas la séquence de mise dans le panier des biens. L'essentiel est de retenir que les plongements peuvent trouver des applications pertinentes pour explorer des questions typiquement économiques. Le code source, directement optimisé pour fonctionner sur GPU, est disponible en ligne, `github.com/franrruiz/shopper-src` et inclut quelques données simulées. Kumar *et al.* (2020) proposent une approche conceptuellement similaire mais utilisant des outils différents.

13.6 Bilan du chapitre

Mots clés

Plongement lexical (*word embedding*), représentation distribuée, représentation *one-hot*, matrice de co-occurence, décomposition (tronquée) en valeurs singulières (*singular value decomposition*, SVD), *word2vec*, modèle *skip-gram*, modèle continuous bag of words, échantillonage négatif, concept de plongement pour des données non structurées.

Lectures complémentaires

Le chapitre 6 de Jurafsky et Martin (2019) traite des plongements lexicaux.

Code et données

Des vecteurs de mots pré-entrainés sont disponibles en ligne pour GloVe (`nlp.stanford.edu/projects/glove`) et fastText (`fasttext.cc`).

Questions

1. Calculez la similarité cosinus pour deux mots distincts représentés en one-hot.
2. Pourquoi l'encodage one-hot n'est-il pas capable de rendre compte de la proximité sémantique entre les mots ?
3. Qu'est-ce qu'un plongement lexical et comment peut-il être utilisé dans le contexte de la classification de données textuelles ?
4. Proposez une alternative simple à l'encodage one-hot pour représenter des mots de manière efficace.
5. Qu'est-ce que la matrice de co-occurrence et comment peut-on en faire usage pour représenter des mots ?
6. En quoi le modèle de langage de type *continuous bag-of-words* (CBOW) est-il différent du modèle *skip-gram* ?
7. Quels sont les avantages et les limites des modèles de langage de type *skip-gram* et CBOW ?
8. Pour un modèle de plongement lexical correctement entraîné, selon vous, quel devrait être le plus proche voisin du vecteur résultant de l'opération $\boldsymbol{w}_{vache} - \boldsymbol{w}_{femelle} + \boldsymbol{w}_{mâle}$?

Bibliographie

ANTONIAK, M. et MIMNO, D. (2018). Evaluating the Stability of Embedding-based Word Similarities. *Transactions of the Association for Computational Linguistics*, 6:107–119.

ASH, E., CHEN, D. L. et ORNAGHI, A. (2021). Gender Attitudes in the Judiciary :Evidence from U.S. Circuit Courts. CAGE Online Working Paper Series 462, Competitive Advantage in the Global Economy (CAGE).

ASH, E., GAUTHIER, G. et WIDMER, P. (2021). RELATIO : Text Semantics Capture Political and Economic Narratives. *arXiv e-prints*, page arXiv :2108.01720.

BAJARI, P. L., CEN, Z., CHERNOZHUKOV, V., MANUKONDA, M., WANG, J., HUERTA, R., LI, J., LENG, L., MONOKROUSSOS, G., VIJAYKUNAR, S. et WAN, S. (2021). Hedonic prices and quality adjusted price indices powered by ai. cemmap working paper CWP04/21, Centre for Microdata Methods and Practice (cemmap), London.

BALESTRIERO, R., IBRAHIM, M., SOBAL, V., MORCOS, A., SHEKHAR, S., GOLDSTEIN, T., BORDES, F., BARDES, A., MIALON, G., TIAN, Y., SCHWARZSCHILD, A., WILSON, A. G., GEIPING, J., GARRIDO, Q., FERNANDEZ, P., BAR, A., PIRSIAVASH, H., LECUN, Y. et

GOLDBLUM, M. (2023). A Cookbook of Self-Supervised Learning. *arXiv e-prints*, page arXiv :2304.12210.

BENGIO, Y., DUCHARME, R. et VINCENT, P. (2000). A neural probabilistic language model. *In* LEEN, T., DIETTERICH, T. et TRESP, V., éditeurs : *Advances in Neural Information Processing Systems*, volume 13. MIT Press.

BERRY, S., LEVINSOHN, J. et PAKES, A. (1995). Automobile prices in market equilibrium. *Econometrica : Journal of the Econometric Society*, pages 841–890.

BOURDIEU, P. (1979). *La distinction : Critique sociale du jugement*. Editions de Minuit, Paris.

DEMSZKY, D., GARG, N., VOIGT, R., ZOU, J., GENTZKOW, M., SHAPIRO, J. et JURAFSKY, D. (2019). Analyzing Polarization in Social Media : Method and Application to Tweets on 21 Mass Shootings. *arXiv e-prints*, page arXiv :1904.01596.

DEVLIN, J., CHANG, M., LEE, K. et TOUTANOVA, K. (2019). BERT : pre-training of deep bidirectional transformers for language understanding. *In* BURSTEIN, J., DORAN, C. et SOLORIO, T., éditeurs : *Proceedings of the 2019 Conference of the North American Chapter of the Association for Computational Linguistics : Human Language Technologies, NAACL-HLT 2019, Minneapolis, MN, USA, June 2-7, 2019, Volume 1 (Long and Short Papers)*, pages 4171–4186. Association for Computational Linguistics.

GENNARO, G. et ASH, E. (2021). Emotion and Reason in Political Language. *The Economic Journal*, 132(643):1037–1059.

JURAFSKY, D. et MARTIN, J. H. (2019). *Speech and language processing : An introduction to natural language processing, computational linguistics, and speech recognition.* Draft available at `https://web.stanford.edu/~jurafsky/slp3/`, 3e édition.

KOZLOWSKI, A. C., TADDY, M. et EVANS, J. A. (2019). The geometry of culture : Analyzing the meanings of class through word embeddings. *American Sociological Review*, 84(5):905–949.

KUMAR, M., ECKLES, D. et ARAL, S. (2020). Scalable bundling via dense product embeddings. *arXiv e-prints*, page arXiv :2002.00100.

MARTIN, L., MULLER, B., ORTIZ SUÁREZ, P. J., DUPONT, Y., ROMARY, L., de la CLERGERIE, É. V., SEDDAH, D. et SAGOT, B. (2020). Camembert : a tasty french language model. *In Proceedings of the 58th Annual Meeting of the Association for Computational Linguistics.*

MIKOLOV, T., CHEN, K., CORRADO, G. et DEAN, J. (2013a). Efficient estimation of word representations in vector space. *arXiv preprint arXiv :1301.3781.*

MIKOLOV, T., GRAVE, E., BOJANOWSKI, P., PUHRSCH, C. et JOULIN, A. (2018). Advances in pre-training distributed word representations. *In Proceedings of the International Conference on Language Resources and Evaluation (LREC 2018).*

MIKOLOV, T., SUTSKEVER, I., CHEN, K., CORRADO, G. S. et DEAN, J. (2013b). Distributed representations of words and phrases and their compositionality. *In Advances in neural information processing systems*, pages 3111–3119.

PENNINGTON, J., SOCHER, R. et MANNING, C. D. (2014). Glove : Global vectors for word representation. *In Empirical Methods in Natural Language Processing (EMNLP)*, pages 1532–1543.

PETERS, M. E., NEUMANN, M., IYYER, M., GARDNER, M., CLARK, C., LEE, K. et ZETTLEMOYER, L. (2018). Deep contextualized word representations. cite arxiv :1802.05365Comment : NAACL 2018. Originally posted to openreview 27 Oct 2017. v2 updated for NAACL camera ready.

Rodriguez, P. L. et Spirling, A. (2022). Word embeddings : What works, what doesn't, and how to tell the difference for applied research. *The Journal of Politics*, 84:101–115.

Rudolph, M., Ruiz, F., Mandt, S. et Blei, D. (2016). Exponential family embeddings. *In* Lee, D., Sugiyama, M., Luxburg, U., Guyon, I. et Garnett, R., éditeurs : *Advances in Neural Information Processing Systems*, volume 29. Curran Associates, Inc.

Ruiz, F. J. R., Athey, S. et Blei, D. M. (2020). SHOPPER : A probabilistic model of consumer choice with substitutes and complements. *Ann. Appl. Statist.*, 14(1):1–27.

Chapitre 14

Apprentissage supervisé

Ce chapitre présente des exemples de tâches supervisées simples de traitement du langage. Elles sont définies par le fait que l'on dispose d'un jeu de données d'entraînement au sein duquel, pour chaque point de données, on connaît le label correct.

Nous verrons deux applications. La première, standard, consiste à classer des documents dans une ou plusieurs catégories d'une nomenclature déterminée – c'est ce que l'on appelle souvent le *codage automatique*. Il ne s'agit de rien de plus qu'une tâche de classification, et les concepts que nous verrons peuvent aussi bien s'appliquer à l'analyse de sentiment ou à d'autres tâches de prédiction dont le label prend ses valeurs dans un ensemble fixe d'entiers. La seconde, actuellement moins répandue en économie et plus sophistiquée, consiste à apparier des documents entre eux, de sorte qu'il existe des paires de documents *concordantes* et d'autres *discordantes*, dans le but d'apprendre une représentation mathématique de ces documents, à la manière des *plongements lexicaux* vus au chapitre précédent.

Plusieurs approches sont généralement possibles pour traiter ces deux problèmes, mais nous nous focaliserons sur l'utilisation de réseaux de neurones, car ils offrent une flexibilité importante ainsi qu'une performance incontestable. Ces deux sujets offrent donc également un prétexte pour illustrer l'intérêt de ces techniques. On rappelle qu'une introduction aux réseaux de neurones se situe à la section 2.7.

14.1 Codage automatique et régression

14.1.1 Applications

Les tâches de classification utilisant des données textuelles sont multiples. Elles peuvent présenter un intérêt pour elles-mêmes, mais dans le cadre d'études économiques, elles vont le plus souvent constituer une tâche de traitement préliminaire des données, visant à résumer l'information ou bien à classer des documents, généralement avec l'idée de constituer de nouvelles variables à ajouter dans un modèle. Les concepts vus précédemment tels que les plongements lexicaux, en combinaison avec la puissance des réseaux de neurones, offrent un outil très efficace pour traiter ce type de problèmes. Il est généralement plus facile de penser à des problèmes de classification dans ce contexte, néanmoins cette section s'applique également à des problèmes de type « régression » (prédire une valeur plutôt qu'une catégorie).

Une tâche de classification standard avec des données textuelles est ce que l'on appelle l'*analyse de sentiment*. Elle vise à classifier un document comme reflétant une appréciation laudative ou dépressive. Un exemple simple est la catégorisation d'un *tweet* comme reflétant une opinion positive ou négative sur le cours de bourse d'une action afin de prendre automatiquement position sur le marché en fonction du sentiment global exprimé par les utilisateurs de ce réseau social (*e.g.* Sul *et al.*, 2016).

On peut également vouloir utiliser des mesures subjectives de la qualité d'un bien ou d'un service afin de modéliser la demande des consommateurs. En effet, traditionnellement dans les équations de demande, on sait que le prix est une variable endogène, notamment parce qu'un certain nombre de caractéristiques telles que l'image de marque ou « l'ambiance » sont difficiles à mesurer objectivement (voir chapitre 6). L'estimation de ces équations par MCO souffre donc d'un biais de variable omise. Or, un certain nombre de données non structurées telles que du texte (*e.g.* description d'un produit, commentaires laissés par les utilisateurs) ou de l'image contiennent de l'information importante prise en compte dans la décision d'achat du consommateur. Imaginons par exemple que l'on souhaite mesurer les facteurs influençant la demande s'adressant aux restaurants. On peut bien sûr inclure des facteurs objectifs tels que le prix moyen de la carte, la localisation ou le nombre d'items sur le menu. En revanche, il est bien plus difficile de mesurer la qualité des plats, la politesse du personnel ou l'originalité de la décoration. Si l'on dispose en revanche d'avis laissés par les clients sur internet, il est possible de s'en servir pour entraîner un modèle reflétant le sentiment d'un commentaire en le classifiant comme « neutre », « bon » ou « mauvais » puis d'agréger le sentiment des commentaire au niveau de chaque établissement. Généralement, deux cas de figures se présentent : soit les avis textuels sont accompagnés d'une notation (sous forme d'étoiles par exemple), dans ce cas le jeu de données est labellisé, soit cela n'est pas le cas, et il faut généralement annoter ces exemples à la main afin de produire les données nécessaires à l'entraînement du modèle. Par exemple, Bana (2022) entraîne un modèle de langage pour prédire le salaire associé à une offre d'emploi à partir de sa description textuelle. À noter que pour des tâches assez standard telles que l'analyse de sentiment, des outils pré-entrainés et performants sont simples d'accès notamment *via* le *hub* d'HuggingFace (`huggingface.co/blog/sentiment-analysis-python`). Ils ne nécessitent généralement pas, ou très peu, d'exemples labellisés pour fonctioner.

Un autre exemple est le codage automatique qui vise à ranger des items dans une nomenclature. Il peut être intéressant d'inférer la profession ou catégorie socio-professionnelle (PCS) d'un individu à partir de son métier déclaré, de coder l'activité d'une firme au sein d'une nomenclature précise, ou bien de classer un bien acheté dans un supermarché dans une nomenclature de fonction de consommation telle que la *Classification of Individual Consumption by Purpose* (COICOP), utilisée pour le calcul de l'indice des prix à la consommation.

Conceptuellement, la tâche est claire : il s'agit, pour chaque observation décrite par une chaîne de caractères, de la ranger dans l'une des catégories définies *a priori*. Pour ce type de problèmes, on suppose l'existence d'un nombre fixe de catégories dans la nomenclature d'arrivée, ce nombre pouvant aller généralement de deux à plusieurs centaines. Nous verrons dans un premier temps une architecture simple pour traiter ce problème, puis des pistes pour aller plus loin dans une section suivante.

14.1.2 Architecture « sac de mots »

Supposons que l'on observe une chaîne de caractères (*string*) de longueur arbitraire s décrivant une observation (*e.g.* un métier, un produit, une entreprise, un article de journal) que l'on souhaiterait classer dans une nomenclature composée de $K \geq 2$ classes. La tâche de classification consiste à construire une fonction $s \mapsto \mu^{classif}(s)$ qui prend en entrée une chaîne de caractères s puis donne en sortie soit un entier $k \in \{1, \ldots, K\}$ désignant l'une des catégories de la nomenclature, soit un vecteur de dimension K donnant la probabilité d'appartenance à chacune des K catégories. Notons que si l'on estime la probabilité d'appartenance à chacune des K catégories, il est facile d'en déduire un classifieur, simplement en prenant la catégorie associée à la probabilité la plus élevée (l'*argmax*). Les paragraphes suivants décrivent une procédure très simple de construction d'une telle fonction, telle que celle utilisée par le module supervisé de `fastText` (Bojanowski *et al.*, 2016). La section suivante donnera des éléments pour complexifier cette fonction, ce qui peut potentiellement augmenter sa capacité à saisir des relations fines dans les données et captuer la polysémie de certains mots.

La première étape consiste à transformer la chaîne de caractères s en *features* numériques appropriées, c'est-à-dire à appliquer les étapes décrites dans la section 12.2.1. Particulièrement pour les tâches de codage automatique où l'on a à disposition des chaînes de caractères courtes, on peut vouloir considérer comme tokens non seulement des n-grammes de mots, mais également des n-grammes de caractères. En effet, cela permet de rendre l'algorithme robuste aux fautes de frappes ou d'orthographe dans la mesure où deux chaînes de caractères qui ne diffèrent que de quelques caractères vont partager une proportion élevée de l'ensemble de leurs n-grammes de caractères. Cela peut également être utile pour capturer des similarités entre un terme et son abréviation. À la fin de cette étape, on a généralement transformé la chaîne s en une liste d'indices donnant, pour chaque token présent dans cette chaîne, l'indice correspondant dans un dictionnaire de tokens. Supposons par exemple que la chaîne s contienne n tokens, on obtient alors une liste $[i_1, \ldots, i_n]$. À noter que des chaînes de caractères différentes vont généralement aboutir à des listes de tailles différentes. Pour cette étape de *tokenization*, il existe désormais de multiples *tokenizeurs* standard tels que *SentencePiece* (Kudo et Richardson, 2018) ou *tiktoken* (`github.com/openai/tiktoken`).

La seconde étape consiste à passer, pour chaque indice de cette liste, à un plongement lexical de dimension arbitraire p représentant la chaîne de caractères à partir des plongements des tokens qu'elle contient. Soit $[\boldsymbol{x}_{i_1}, \ldots, \boldsymbol{x}_{i_n}]$ la liste des plongements correspondant à chaque token de la chaîne. Une solution simple pour représenter le plongement de la chaîne de caractères complète est d'agréger les plongements de chaque token par une moyenne :

$$\boldsymbol{X} := \frac{1}{n} \sum_{j=1}^{n} \boldsymbol{x}_{i_j}, \tag{14.1}$$

mais on peut également penser à des systèmes d'agrégation plus complexes, *via* des poids que l'on pourrait apprendre. Par exemple, Arora *et al.* (2017) suggèrent de prendre une moyenne pondérée des plongements des tokens contenus dans une phrase (où la fréquence du mot intervient au dénominateur), puis d'y soustraire la projection de cette moyenne sur le premier sous-espace propre de la matrice dont les colonnes sont ces moyennes pour les phrases du jeu d'entraînement. Cela revient à soustraire le premier mode (la première composante principale) qui peut s'interpréter comme la syntaxe de la langue.

Comment choisir les plongements permettant de représenter chaque token ? On distingue généralement deux stratégies qui ne sont pas mutuellement exclusives : on peut soit prendre des plongements pré-entraînés et disponibles sur le web *via* des modèles de langage tels que `GloVe` (Pennington *et al.*, 2014) ou `fastText` (Bojanowski *et al.*, 2016), ou bien partir de vecteurs initialisés aléatoirement que l'on considère comme des paramètres à apprendre. À noter que l'on peut également partir de vecteurs pré-entraînés mais choisir de les rendre « entraînables » lors de la phase d'apprentissage de sorte à rendre leurs représentations mieux adaptées à la tâche de classification finale. Ainsi, à la fin de cette étape, on a représenté une chaîne de caractères par un ensemble de p variables explicatives $\boldsymbol{X}$ abstraites que l'on va utiliser pour prédire la catégorie d'appartenance de la chaîne de caractères.

Finalement, il s'agit de passer de la représentation $\boldsymbol{X}$ à un vecteur de probabilités. Pour cela, la stratégie la plus directe consiste à passer par une couche de sortie *soft-max* telle que la probabilité d'appartenir à la catégorie k sera donnée par :

$$\frac{\exp\left(\boldsymbol{X}'\beta_k\right)}{\sum_{j=1}^{K}\exp\left(\boldsymbol{X}'\beta_j\right)}.$$

De cette manière, les probabilités d'appartenance somment nécessairement à un. Cette couche de sortie est naturelle pour les problèmes dans lesquels une observation est associée à une seule des catégories. De manière générale, on peut vouloir associer plusieurs catégories à une observation donnée, pour réaliser ce que l'on appelle de l'étiquetage multiple ou du *multiple tagging*. On préférera alors une couche de sortie de type *one-vs-all* donnant la probabilité d'appartenir à la catégorie k suivante :

$$\frac{\exp\left(\boldsymbol{X}'\beta_k\right)}{1+\exp\left(\boldsymbol{X}'\beta_k\right)}.$$

Dans ce cas, on peut considérer que l'item donné se retrouve dans chacune des catégories telle que la probabilité d'appartenance dépasse 50 %, ou tout autre seuil déterminé empiriquement de sorte à optimiser l'arbitrage entre précision et rappel.

En résumé, on peut constater que la fonction $\mu^{classif}(.)$ dépend de deux types de paramètres que l'on va chercher à entraîner pour optimiser la prédiction : les plongements lexicaux de dimension arbitraire p, $\boldsymbol{x}_1, \ldots, \boldsymbol{x}_W$ où W est la taille du vocabulaire de tokens d'une part, et les paramètres permettant de pondérer les *features* pour la classification $\beta_1, \ldots, \beta_K$ d'autre part.

Une fois la relation des inputs aux outputs établie, il reste à se donner une fonction de perte appropriée qui va permettre de guider l'apprentissage des paramètres. Imaginons que l'on dispose du véritable label $Y \in \{1, \ldots, K\}$ et que celui-ci est unique. Pour un problème de classification standard, la perte naturelle est l'entropie croisée (*cross-entropy*), qui n'est autre que l'opposée de la log-vraisemblance. Soit pour une observation individuelle, c'est-à-dire pour une chaîne de caractère s et un label Y, ou plutôt un couple $(\boldsymbol{X}, Y)$ où $\boldsymbol{X}$ est le plongement lexical correspondant à s :

$$\log\left(\sum_{j=1}^{K} \exp\left(\boldsymbol{X}'\beta_j\right)\right) - \sum_{k=1}^{K} \mathbf{1}\left\{Y = k\right\} \boldsymbol{X}'\beta_k.$$

On peut alors mobiliser les outils vus à la section 2.7 pour entraîner des réseaux de neurones.

14.2 Appariement par des réseaux de neurones siamois

Au-delà des problèmes de classification usuels, l'appariement de données est un problème que l'on rencontre fréquemment en économie empirique. Dans le cas présent, il peut s'agir de données textuelles décrivant une entité similaire de deux manières différentes mais que l'on souhaiterait rapprocher. Par exemple, on peut vouloir rapprocher les déclarations sur l'employeur d'un individu dans le recensement à la description de cet employeur dans le répertoire Sirène (système national d'identification et du répertoire des entreprises et de leurs établissements), ou bien des produits similaires décrits de façons différentes dans deux bases de données, l'une donnant par exemple les quantités journalières vendues, l'autre donnant les caractéristiques du produit.

En quoi ce problème se différencie-t-il de la tâche de classification vue dans la section précédente ? D'abord les possibilités d'appariement sont vastes et ne sont pas limitées à un nombre raisonnable K d'alternatives. Au contraire, des millions de possibilités peuvent exister. En outre, ces possibilités apparaissent et disparaissent au cours du temps. Prenons l'exemple qui consiste à associer un individu à l'établissement qui l'emploie à une date donnée : d'une part, le tissu économique français est constitué de plus de huit millions d'entreprises et, d'autre part, il évolue à chaque point du temps selon les créations et les destructions d'entreprises. Il serait alors vain de vouloir entraîner un algorithme ayant pour output l'identifiant d'une entreprise parmi une collection fixe d'entre elles, puisqu'il deviendrait très rapidement obsolète.

L'idée ici sera d'adopter une approche flexible, permettant d'apprendre une distance pertinente pour apparier des objets entre eux. On parle de *distance learning* ou de *metric learning*. Ces techniques sont notamment utilisées pour des tâches telles que la reconnaissance faciale (*e.g.* Schroff *et al.*, 2015) ou pour construire des systèmes de questions-réponses. Plus généralement ici, la stratégie que l'on va décrire peut s'appliquer à la représentation de tout ensemble d'objets contenant des données non structurées (*e.g.* texte, image) sur lesquels on mesure une certaine notion de similarité (*e.g.* appartenance à une même catégorie ou à un même panier de bien, association issue d'un mécanisme d'appariement).

14.2.1 Architecture générale

Par rapport à la section précédente, on ne cherche donc plus à construire une fonction qui prend ses valeurs dans un espace discret fixe. À la place, l'idée est d'estimer une fonction $m(.,.)$ qui va donner une distance entre deux inputs de sorte à ce que cette distance soit faible si la paire d'inputs est effectivement concordante et qu'elle soit grande si la paire d'inputs est discordante. Soit s_1 et s_2 deux inputs correspondant à deux chaînes de caractères dont on souhaite étudier la compatibilité. Ces inputs peuvent être définis à la manière de (14.1), mais on verra à la section suivante comment calculer des plongements contextuels. L'idée est d'apprendre une fonction μ^{proj} de projection dans $\mathbb{R}^p$ et de se donner une mesure de distance d sur $\mathbb{R}^p$, de façon à calculer :

$$m(s_1, s_2) = d(\mu^{proj}(s_1), \mu^{proj}(s_2)).$$

Une fois ces éléments fixés, l'élément le plus proche de l'item s parmi la collection d'items $\{t_1, \ldots, t_n\}$ est défini par :

$$\widehat{t} = \underset{t \in \{t_1, \ldots, t_n\}}{\arg\min} \; d(\mu^{proj}(s), \mu^{proj}(t)).$$

Puisque la fonction μ^{proj} est la même pour les deux inputs et qu'elle est estimée par un réseau de neurones, on parle de *réseau de neurones siamois* (*siamese network*). On notera qu'une fois ce modèle entraîné, il peut être intéressant de stocker les représentations $t_1, \ldots, t_n$ dans une base de données afin de ne pas avoir à les recalculer à la volée à chaque fois que l'on soumet une nouvelle requête au système.

Remarque 14.1 : Distance de Levenshtein

L'idée de pouvoir évaluer la similarité entre deux chaînes de caractères n'est pas nouvelle. L'une des distances standard définie directement sur l'espace des chaînes de caractères, la distance d'édition, proposée par Levenshtein (1966), compte le nombre minimal d'opérations basiques (ajout ou suppression d'un caractère) nécessaires pour passer d'une chaîne à une autre. Plus ce nombre – appelé distance d'édition ou distance de Levenshtein – est faible, et plus les deux chaînes sont similaires. Une substitution compte double puisqu'elle consiste en une suppression puis un ajout.

Par exemple, la distance de Levenshtein entre `CHIEN` et `NICHE` vaut quatre, puisqu'à partir du mot `NICHE` il faut supprimer puis ajouter un `I`, et supprimer puis ajouter un `N` pour passer au mot `CHIEN`. En outre, il s'agit de la plus courte façon de passer de l'un à l'autre.

Cette distance peut être intéressante dans certains contextes, néanmoins elle reste superficielle au sens où elle n'est pas capable de rapprocher deux synonymes ayant deux orthographes éloignées.

Comment choisir les fonctions μ^{proj} et d ? Concernant la mesure de distance d, on choisit de manière standard la norme euclidienne :

$$d(\boldsymbol{x}, \boldsymbol{y}) = \|\boldsymbol{x} - \boldsymbol{y}\|_2 = \sqrt{\sum_{j=1}^{p} (\boldsymbol{x}_j - \boldsymbol{y}_j)^2}.$$

Une alternative courante est la similarité cosinus, qui mesure un coefficient de similarité, entre deux vecteurs. Cette mesure prend ses valeurs entre -1 et 1, une valeur proche de 1 indiquant des vecteurs proches. Traduite en terme de distance, cette mesure peut être exprimée de la manière suivante :

$$d(\boldsymbol{x}, \boldsymbol{y}) = 1 - \frac{\boldsymbol{x} \cdot \boldsymbol{y}}{\|\boldsymbol{x}\|_2 \, \|\boldsymbol{y}\|_2}. \tag{14.2}$$

En règle générale, la fonction μ^{proj} sera à valeurs réelles dans un espace vectoriel de dimension raisonnable, et construite par composition de fonctions dépendant de paramètres que l'on apprendra *via* des données d'entraînement.

Se pose la question de la dimension de cette représentation. Généralement une dimension inférieure à 30 est trop faible pour capturer la complexité de la structure de l'espace. Néanmoins, aller trop loin (300 ou plus) peut rallonger considérablement l'entraînement du réseau et ne pas non plus donner de bonnes performances car l'information se trouve éparpillée. Il existe un juste milieu à déterminer selon l'application : plus les données sont hétérogènes et plus la complexification de l'espace est nécessaire. En outre, il n'y a pas nécessairement de règle établie pour empiler les couches d'un tel réseau de neurones. Bien que l'état de l'art sur le sujet évolue très rapidement, l'utilisation de couches Transformers semble faire consensus actuellement, cf. section 14.3.2. L'idée est simplement de constituer une fonction μ^{proj} suffisamment complexe pour appréhender la structure des données. Seule la fonction μ^{proj} dépend de paramètres inconnus et que donc l'enjeu de l'entraînement du modèle va résider en l'apprentissage d'une représentation $\mu^{proj}(s)$ d'un input s qui va permettre de rapprocher les paires concordantes et d'éloigner les paires discordantes.

14.2.2 Fonctions de perte

Comment apprendre une représentation $\mu^{proj}(s)$ pertinente ? Il s'agit de se doter d'une fonction de perte reflétant la tâche que l'on souhaite accomplir. Plusieurs fonctions de pertes sont généralement utilisées comme point de départ pour faire de la *backpropagation* et apprendre au modèle à représenter les inputs de manière pertinente. Ces fonctions de pertes vont également dicter la façon de structurer les données pour l'apprentissage du modèle.

Commençons par la plus simple, il s'agit de la *contrastive loss*. Pour la calculer, on se donne un triplet (s_1, s_2, D) avec s_1 et s_2 deux inputs et D une variable binaire prenant la valeur 1 si les inputs sont concordants et la valeur 0 si ces inputs sont discordants. Soit M un réel positif que l'on désigne par *marge*. La perte contrastive est donnée par :

$$Dd(\boldsymbol{x}_1, \boldsymbol{x}_2)^2 + (1 - D)\max(M - d(\boldsymbol{x}_1, \boldsymbol{x}_2), 0)^2,$$

pour $\boldsymbol{x}_i := \mu^{proj}(s_i)$, $i = 1, 2$. L'intuition est la suivante : pour une paire d'inputs concordants ($D = 1$), on va modifier la projection dans le sens d'une minimisation de la distance entre ces inputs, alors que pour une paire d'inputs discordants ($D = 0$), on va modifier la projection de sorte à maximiser la distance entre les inputs, pourvu qu'elle soit actuellement sous la marge M. L'existence de cette marge permet de ne pas chercher à éloigner excessivement des représentations qui sont déjà suffisamment éloignées. En règle générale, une valeur choisie pour M est 1. En effet, si l'on prend la perte basée sur la similarité cosinus (14.2), dont les valeurs sont comprises entre 0 et 2, on peut voir qu'une perte de 1 correspond à une similarité cosinus de 0, soit une orthogonalité des deux vecteurs. L'idée, dans ce cas, consiste à chercher à rendre la similarité cosinus entre les représentations de deux chaînes de caractères discordantes inférieure ou égale à zéro, sans vouloir minimiser à tout prix dans les valeurs négatives.

Notons que la perte contrastive ne considère que deux inputs, à l'exclusion de tous les autres. Il peut alors se produire des effets de bord, dans le sens où la modification de la projection de ces inputs vers l'espace d'arrivée peut avoir des conséquences inattendues sur la projection des autres inputs et aboutir à une dégradation globale de la performance du modèle. Pour remédier à ce problème, une possibilité est d'utiliser la *triplet margin loss* qui prend en entrée un triplet (s_A, s_+, s_-) avec s_A un input donné (l'ancre ou *anchor*), s_+ un input « positif » tel que la paire (s_A, s_+) est consitutée d'items concordants et s_- un input « négatif » tel que la paire (s_A, s_-) est constituée d'items discordants. La perte est définie de la manière suivante :

$$\max(d(\boldsymbol{x}_A, \boldsymbol{x}_+) - d(\boldsymbol{x}_A, \boldsymbol{x}_-) + M, 0),$$

où $\boldsymbol{x}_A := \mu^{proj}(s_A)$, $\boldsymbol{x}_+ := \mu^{proj}(s_+)$ et $\boldsymbol{x}_- := \mu^{proj}(s_-)$. Autrement dit, cette perte cherche à imposer l'inégalité suivante pour chaque triplet ayant la forme décrite précédemment :

$$d(\boldsymbol{x}_A, \boldsymbol{x}_+) + M \leq d(\boldsymbol{x}_A, \boldsymbol{x}_-).$$

La distance de l'ancre à l'exemple négatif doit être supérieure à celle de l'ancre à l'exemple positif avec une marge d'au moins M. Pour les triplets tels que la différence entre la distance à l'exemple négative et la distance à l'exemple positif est inférieure à un seuil $M > 0$, on va chercher à modifier la projection μ^{proj} de façon à rapprocher la représentation de l'ancre de celle de l'exemple positif et à l'éloigner de celle de l'exemple négatif. Il existe des généralisations de ces pertes, telles la *quadruplet margin loss* (Chen *et al.*, 2017) ou la *multi-class N-pair loss* (Sohn, 2016). D'autres stratégies de ce type, empruntant à l'approche dite « d'apprentissage auto-supervisé » (*self-supervised learning*), peuvent être intéressantes (Balestriero *et al.*, 2023).

14.2.3 Évaluation du modèle

Les fonctions de perte présentées dans la section précédente sont utiles pour entraîner et sélectionner des modèles. Cependant, elles sont trop abstraites et ne permettent pas à l'humain d'en évaluer simplement la qualité. Pour remédier à cela, on propose deux expériences.

La première consiste à calculer l'exactitude du « top k » (*top-k accuracy*). Pour un input donné, on cherche ses k voisins les plus proches, et l'on cherche à savoir si une observation formant une paire concordante s'y trouve. La *top k accuracy* sera alors donnée par la probabilité empirique de constituer une paire concordante lorsque l'on associe à cet input l'un de ses k plus proches voisins. Le défaut de cette stratégie est qu'elle est gourmande en ressources, puisqu'il faut passer chacun des inputs dans le réseau pour en récupérer les représentations vectorielles, puis calculer les distances deux à deux, ce qui est une opération dont la complexité est $\mathcal{O}(n^2)$ pour un nombre n d'inputs. À noter qu'il existe des algorithmes optimisés pour le calcul de plus proches voisins lorsqu'il s'agit de vecteurs denses (Matsui *et al.*, 2018).

Pour ne pas subir ce coût computationnel, une autre approche consiste à mettre en place un exercice appelé *N-way one shot learning*. L'idée est de donner une réponse à la question suivante : pour un input donné *a priori*, parmi une collection de $N + 1$ autres inputs dont un et un seul est concordant, quelle est la proportion des cas dans lesquels le modèle arrive à reconstituer correctement la paire ?

Dans le cas où $N = 2$, pour un input donné, le modèle doit simplement choisir l'exemple faisant la paire parmi deux. Le hasard donne une probabilité de succès théorique de 50 %. On souhaite donc avoir un modèle qui discrimine de façon significativement meilleure que le hasard parmi les exemples présentés. Logiquement, ce score doit décroître avec le nombre d'inputs incorrects N puisque cela laisse plus d'occasions au modèle de se tromper. La probabilité de succès théorique en sélectionnant un exemple au hasard est de $1/(N + 1)$. L'idée est de générer aléatoirement un grand nombre d'exercices de ce style et de prendre la moyenne du résultat de chaque exercice pour évaluer la capacité du modèle à discriminer des objets et reconstituer des paires.

Dans ces deux cas (*top-k accuracy* et *one shot learning*), la mesure obtenue est directement interprétable par l'être humain puisque qu'elle donne la probabilité que le modèle discrimine correctement.

14.3 Plongements lexicaux contextuels

Les sections précédentes décrivaient une architecture de réseau de neurones très simple, basée sur l'approche par « sac de mots ». Notamment, elle utilise une représentation basique d'une chaîne de caractères, la moyenne des plongements lexicaux de ses éléments (équation (14.1)). En règle générale, l'ordre des mots dans un chaîne de caractères est nécessaire pour comprendre le sens d'une phrase. En outre, tous les mots n'interagissent pas avec la même intensité entre eux. Or l'approche par « sac de mots » ne permet de rendre compte ni de cet ordre, ni des liens différenciés entre chaque mot. C'est pourquoi les réseaux de neurone récurrents, permettant de modéliser la nature séquentielle du langage, sont souvent utilisés. Nous introduisons rapidement les principales intuitions des réseaux de neurones récurrents, puis détaillons un modèle supérieur, le mécanisme d'auto-attention, mis en œuvre dans les blocs de *Transformer* (Vaswani *et al.*, 2017), qui sont à la base des modèles du traitement du langage naturel à l'état de l'art, tels que BERT (Devlin *et al.*, 2019), et sa contrepartie en français, CamenBERT (Martin *et al.*, 2020) à une époque, mais qui constituent toujours la brique des bases des modèles comme GPT (Brown *et al.*, 2020 ; OpenAI, 2023).

14.3.1 Introduction aux réseaux de neurones récurrents

Le terme de réseau de neurones récurrent (*recursive neural network*, RNN) désigne une architecture de réseau permettant de prendre en compte l'aspect séquentiel des données en input (*e.g.* une phrase). C'est une approche générale à la modélisation des données, mais ici nous allons l'utiliser pour sa capacité à modéliser un contexte. Pour une introduction générale aux RNN et ses variantes, le lecteur peut se référer au chapitre 10 de Goodfellow *et al.* (2016) ; parmi les modèles de langage, c'est par exemple la structure sous-jacente au modèle ELMo (Peters *et al.*, 2018).

Reprenons $[\boldsymbol{x}_{i_1}, \ldots, \boldsymbol{x}_{i_n}]$, la liste ordonnée des plongements correspondant à chaque mot d'une phrase de longueur n, $w_1, \ldots, w_n$. Comme précédemment, ces plongements peuvent être initialisés *via* des plongements pré-entraînés, ou simplement de manière aléatoire, sachant que leur valeur va se modifier à mesure que le modèle apprend. Imaginons que l'on souhaite prédire un token donné à partir des tokens qui le précéèdent. Une couche récurrente dans un réseau de neurones va passer chaque élément de la chaîne dans l'ordre pour prédire le suivant, générant à cette occasion un plongement caché noté $h_t \in \mathbb{R}^q$, permettant de rendre compte du contexte à chaque token. Ainsi, un réseau de neurones récurrent procède par étape :

1. Initialisation du plongement caché, $h_0 = 0$, qui est de dimension arbitraire et qui vise à extraire un signal du contexte précédent chaque token.
2. Pour chaque élément $\boldsymbol{x}$ de la séquence $[\boldsymbol{x}_{i_1}, \ldots, \boldsymbol{x}_{i_n}]$, et dans cet ordre :
   — calcul de la couche cachée : $h_t = g(\Theta_1 h_{t-1} + \Theta_2 \boldsymbol{x})$,
   — prédiction de l'élément suivant, *via* $\widehat{Y}_t = f(h_t, \{\boldsymbol{y}_k\}_1^W)$,

où les fonction g et f sont des fonctions d'activations données, et les paramètres $\Theta_j, j = 1, 2$ ainsi que $\{(\boldsymbol{x}_k, \boldsymbol{y}_k)\}_1^W$, des paramètres à estimer. Plus précisément, les paramètres $(\boldsymbol{x}_k, \boldsymbol{y}_k)$ sont deux plongements lexicaux différents de la même chaîne de caractères, comme dans le modèle `word2vec` (section 13.3). Lorsque la tâche consiste à prédire l'élément suivant à partir des éléments précédents, on optimise les paramètres de manière à ce que cette prédiction soit la meilleure possible. Ici, la fonction g peut être complexe, mais généralement la fonction f sera donnée par un soft-max qui aura peu ou prou la forme suivante :

$$f(h_t, \{\boldsymbol{y}_k\}_1^W) = P\left(W_{t+1} = w_{t+1} \middle| \{w_u\}_{u=1}^t\right) = \frac{\exp\left(\boldsymbol{y}'_{t+1} h_t\right)}{\sum_{k=1}^W \exp\left(\boldsymbol{y}'_k h_t\right)}.$$

La tâche précédente était une tâche dite de prédiction *forward* puisque l'on cherche à prédire un mot à partir de son passé. Le modèle ELMo original (Peters *et al.*, 2018) utilise une moyenne simple de cette tâche et de la tâche *backward* qui consiste, de manière similaire, à prédire un mot à partir de son contexte futur (le contexte qui se trouve à droite du mot).

On peut simplement vouloir utiliser une couche récurrente pour extraire le signal contenu dans le contexte associé au dernier token, h_{i_n}, comme nouveau plongement pour symboliser la chaîne de caractères. À ce stade, l'architecture du réseau peut simplement utiliser $\boldsymbol{X} = h_{i_n}$, dans l'équation (14.1), et procéder sans plus de modification. L'avantage de cette approche, par rapport à l'approche par sac de mots utilisée en (14.1), est la prise en compte de l'ordre des mots. Cependant, les réseaux de neurones récurrents souffrent de deux problèmes notoires : le premier est l'incapacité à modéliser des dépendances longues dans la mesure où le signal h_t se dilue avec le nombre de places qui sépare deux tokens, le second est le coût computationnel de l'entraînement d'un tel réseau, qui n'est pas parallélisable puisqu'il procède par récurrence. Le mécanisme d'auto-attention permet de surmonter ces deux problèmes.

14.3.2 Auto-attention

Les couches de type *Transformer* (Vaswani *et al.*, 2017), qui font usage du mécanisme d'auto-attention, que l'on va décrire ici, permettent d'aboutir à une performance améliorée du modèle, en définissant de manière complètement automatique le contexte d'un mot. L'idée est alors de refléter automatiquement que, par exemple, le terme *il* dans la phrase *le chien n'a pas traversé la rue car il était fatigué* est étroitement lié au mot *chien* bien plus qu'aux autres mots, et n'a pas du tout la même signification dans une autre phrase.

Reprenons la liste ordonnée (selon l'ordre de la phrase) des plongements de dimension p correspondant à chaque token d'un chaîne, $[\boldsymbol{x}_{i_1}, \ldots, \boldsymbol{x}_{i_n}]$. On se donne trois matrices M_Q (pour requête ou *query*), M_K (pour clé, ou *keys*), M_V (pour valeur ou *value*) de dimensions $p \times q$ qui ont vocation à générer de nouveaux espaces de plongements, symbolisant chaque contexte, calculés par transformation linéaire des plongements initiaux. On calcule, pour chaque élément $\boldsymbol{x}_t$ de la séquence $[\boldsymbol{x}_{i_1}, \ldots, \boldsymbol{x}_{i_n}]$, la requête $Q_t = \boldsymbol{x}_t M_Q$ qui va servir de plongement lorsque l'on considère le centre de l'attention, la clé $K_t = \boldsymbol{x}_t M_K$ qui va servir de plongement lorsque l'on considère un élément de la séquence en tant que partie du contexte, et la valeur $V_t = \boldsymbol{x}_t M_V$ qui va simplement être destinée à calculer l'output. Le score d'attention de chaque élément t vers tout autre élément s antérieur dans la séquence, calculé pour la valeur de sa requête Q_t, est donnée par :

$$\alpha_{t,s} := \frac{\exp\left(Q_t' K_s / \sqrt{q}\right)}{\sum_{k=1}^{t-1} \exp\left(Q_t' K_k / \sqrt{q}\right)},$$

qui n'est autre qu'une couche soft-max calculée sur le vecteur

$$(Q_t' K_1 / \sqrt{q}, \ldots, Q_t' K_{t-1} / \sqrt{q}),$$

qui exclut donc les termes précédant t. Le terme $\sqrt{q}$ au dénominateur sert à stabiliser cette valeur lorsque q est grand. On remarque donc que contrairement aux modèles de type `word2vec` décrits lors du chapitre précédent, chaque élément du contexte est pondéré par un vecteur de coefficients qui dépend de l'élément t – dans les modèles de type `word2vec`, chaque élément du contexte avait le même poids. Autrement dit, l'attention portée à chaque élément du contexte n'est pas constante. La valeur d'auto-attention pour l'élément t est finalement donnée par une combinaison convexe des valeurs de son contexte :

$$\text{Self-Attention}(Q_t, K, V) := \sum_{s=1}^{t-1} \alpha_{t,s} V_s = \sum_{s=1}^{t-1} \frac{\exp\left(Q_t' K_s / \sqrt{q}\right)}{\sum_{k=1}^{t-1} \exp\left(Q_t' K_k / \sqrt{q}\right)} V_s.$$

Autrement dit, cette couche traduit le contexte porté par l'élément actuel de la séquence en extrayant un signal calculé par rapport aux éléments antérieurs.

On peut donc vouloir se servir de cette valeur, Self-Attention(Q_t, K, V) à la place d'un plongement $\boldsymbol{x}_t$ dans l'étape (14.1) de la modélisation.

À noter qu'en pratique, sauf pour des tâches spécifiques telles que la génération de texte, le contexte d'attention n'est pas nécessairement restreint uniquement aux mots antérieurs, mais peut être étendu aux mots venant dans la suite de la séquence. En outre, nous avons décrit de manière très simplifiée le mécanisme d'auto-attention et l'usage qu'il peut en être fait. Les modèles de langage modernes concatènent et superposent des couches d'attention telles que celle décrite dans cette section. Plus particulièrement, le terme de *couche Transformer* fait référence à plusieurs couches d'auto-attention concaténées suivies d'une couche de type *feed-forward* complètement connectée. Les modèles de langages de grande dimension peuvent comprendre jusqu'à plusieurs dizaines de couches Transformers pour plusieurs dizaines de milliards de paramètres. Pour chaque élément de la séquence, le plongement issu de chacune de ces couches est appelé *état caché* ou *hidden state* et peut être utilisé dans une tâche de prédiction.

En pratique, la convention établie consiste à prendre, pour représenter une séquence, l'état caché du premier token issu de la dernière couche d'un modèle pré-entrainé populaire comme *feature* pour une tâche de prédiction, celle-ci étant censée refléter le contexte général de la séquence de mots. Néanmoins, certains modèles suggèrent de prendre la moyenne des états cachés des tokens qui composent la séquence, notamment pour des tâches de type *question answering*. Enfin, certains articles tels que Rogers *et al.* (2021) suggèrent que les couches du milieu du modèle sont plus transférables, c'est-à-dire qu'elles ont une meilleure performance sur une nouvelle tâche de classification, dans la mesure où elles sont moins spécifiques aux tâches ayant été utilisées pour pré-entrainer les modèles de langage de grande dimension.

On notera également que la littérature faisant usage des architectures de type Transformer est souvent difficile d'accès pour les novices et avare quant aux détails d'implémentation si bien qu'il est généralement nécessaire d'aller lire le code source pour savoir précisément ce qui est fait. Néanmoins, Phuong et

Hutter (2022) donnent les détails nécessaires et fournissent du pseudo-code clair permettant de mettre en pratique soi-même ce type de réseaux de neurones.

14.4 Trucs et astuces pour entraîner des réseaux de neurones

Les réseaux de neurones (section 2.7) sont des objets notoirement difficiles à entraîner, du fait de la multitude de paramètres à régler (cf. section 2.7). Toutefois, on peut donner ici un ensemble d'astuces qui permettent de rendre plus facile la maîtrise de ces objets, notamment dans le cadre des applications évoquées dans ce chapitre. Un certain nombre de ces astuces sont inspirées de l'excellent billet du blog d'Andrej Karpathy, `karpathy.github.io/2019/04/25/recipe`.

14.4.1 Astuces générales

Le premier réflexe à adopter vaut plus largement pour tout projet de machine learning : il consiste à explorer en détails les données. Le but de cette étape est d'avoir une meilleure idée sur la variabilité qui s'y trouve, d'évaluer les quantités respectives de bruit et de signal afin de trouver une éventuelle stratégie pour filtrer le bruit (*e.g.* éliminer plus de stop-words), de repérer des observations aberrantes, de comparer la fréquence de certaines classes ou de certaines *features* afin de repérer des déséquilibres, etc.

Parce que leur optimisation n'est généralement pas un problème convexe, les réseaux de neurones requièrent d'utiliser une descente de gradient stochastique afin d'apprendre, ce qui pose un nombre important de complications par rapport aux méthodes plus standard – ce que nous avons déjà vu à la section 2.7. En outre, débugger un modèle qui ne donne pas la performance escomptée peut rapidement devenir frustrant. En conséquent, un certain nombre de principes peuvent guider la pratique :

— **Commencer par un modèle simple à partir duquel on ajoute des complications une à une**. Les gros modèles (très profonds ou contenant des millions de paramètres) peuvent être difficiles à entraîner, notamment à cause du problème du *vanishing gradient* (*i.e.* le gradient des couches proches de l'input devient proche de zéro ce qui obère la capacité de ces couches à apprendre lors de la descente de gradient). Il est donc préférable de commencer par un modèle rudimentaire auquel, par exemple, on ajoute progressivement des couches. De même, il ne faut pas nécessairement chercher à être créatif : partir d'une architecture bien connue qui a fait ses preuves doit permettre d'assurer un certain niveau de performance. À ce stade de la recherche, le but est d'avoir un modèle qui : (i) apprend, (ii) sans que le coût de cet apprentissage soit exorbitant, afin (iii) d'obtenir une performance correcte qui pourra servir de référence pour la suite.

— **Arrêt « prématuré » de l'entraînement**. Lors de l'entraînement, il est important de reporter de manière régulière (*e.g.* à chaque *epoch*, éventuellement à chaque dizaine de *batchs* si une *epoch* prend un temps considérable) les métriques d'intérêt, à la fois sur l'échantillon d'entraînement, et sur un échantillon de validation. À ce propos, plus la métrique est proche de l'application et interprétable par le praticien, mieux l'entraînement peut être surveillé. Ainsi, lors de l'entraînement d'un classifieur, il convient de reporter à la fois la valeur de la fonction de perte (généralement : l'entropie croisée binaire), mais également l'exactitude, voire la précision ou le rappel selon leurs pertinences. Il est important de surveiller la courbe d'apprentissage du modèle de manière à vérifier d'une part que la fonction de perte décroît bien à chaque *epoch*, et d'autre part que le modèle ne commence pas à sur-apprendre, ce qui se repère à partir du moment où la perte de validation commence à s'accroître alors que la perte d'entraînement continue de baisser. À ce propos, il peut être intéressant de mettre en œuvre ce que l'on appelle de l'arrêt prématuré (*early stopping*), en sauvegardant le modèle durant l'entraînement à chaque fois que la perte de validation diminue.

— **Enrichissement des données**. La *data augmentation* est une pratique qui consiste à générer des observations de toute pièce grâce à des transformations aléatoires, de sorte à rendre le modèle robuste aux petites déviations dans les jeux de données. C'est une pratique très courante lorsqu'il s'agit du traitement d'image, *via* le fait de faire subir aléatoirement à des données d'entraînement des rotations, des translations, des troncatures, de l'ajout de bruit sur les pixels, etc. Certains praticiens suggèrent même d'ajouter les données non labellisées avec la prédiction du modèle lorsque celle-ci est supérieure à 90 % en cas de pénurie d'observations lors de l'entraînement d'un classifieur. En traitement du langage, cette pratique est plus rare car les chaînes de caractères non significatives peuvent plus simplement être repérées et éliminées avec des expressions régulières, mais certaines stratégies semblent prometteuses (Feng *et al.*, 2021).

— **Régulariser les modèles**. Étant donné qu'ils contiennent bien souvent un nombre de paramètres bien plus importants que le nombre d'observations, les réseaux de neurones risquent fortement le sur-entraînement. Plusieurs stratégies peuvent être mises en place pour minimiser ce risque, parmi lesquelles l'arrêt prématuré de l'entraînement et la data augmentation (cf. points précédents). Pour régulariser plus directement, il est possible de considérer des modèles de dimension plus faible, d'introduire des couches de *drop-out* qui permettent de mettre à zéro certains poids selon une loi de Bernoulli de paramètre arbitraire, ou de modifier la fonction de perte pour intégrer une pénalité de type ℓ_2 de manière similaire à la régression Ridge afin de forcer les paramètres à ne pas trop s'éloigner de zéro (cf. section 2.2.2 – une pratique nommée *weight decay* en deep learning).

— **Re-entraîner le même modèle avec différents paramètres**. Contrairement aux autres algorithmes de machine learning, les réseaux de neurones peuvent se ré-entraîner afin de grappiller quelques points de performance. Il peut être intéressant de laisser « mijoter » le modèle un peu plus longtemps que prévu, ou bien avec un taux d'apprentissage différent, en modifiant la taille des *batchs*, en changeant les données d'entraînement, etc. De même, lorsque de nouvelles observations sont disponibles, il est conseillé de repartir de la dernière valeur des paramètres plutôt que de repartir de zéro – dans une logique similaire au *transfer learning*.

Pour d'autres références sur l'entraînement des réseaux de neurones, le lecteur peut se référer au chapitre 11 de Goodfellow *et al.* (2016), ainsi qu'à Fan *et al.* (2021).

14.4.2 Astuces pour le NLP

Plus spécifiquement pour les applications propres au traitement du langage naturel, les astuces suivantes peuvent se révéler utiles :

— **Initialiser les plongements lexicaux avec des plongements pré-entrainés disponibles sur le web**. (*i.e.* `GloVe`, Pennington *et al.*, 2014 ou `fastText`, Bojanowski *et al.*, 2016). En général, la simple utilisation de ces plongements maintenus fixes permet un gain de performance, mais permettre à ces couches d'apprendre offre des gains supplémentaires. Ou mieux : si un classifieur a été entraîné sur une tâche liée au sens sous-jacent de la représentation vectorielle que l'on souhaite obtenir, initialiser les plongements avec ceux du classifieur procure souvent d'importants gains de performance.

— **Plus généralement, mettre en œuvre du transfer learning**. Sauf à faire partie d'une institution disposant de ressources de calcul considérables (DeepMind, OpenIA, et autres géants de la tech), il est impossible d'entraîner son propre modèle de langage à partir d'une architecture aussi imposante que celle de GPT-3 (Brown *et al.*, 2020), constituée de 175 milliards de paramètres – d'ailleurs ce n'est pas seulement extrêmement difficile techniquement, c'est aussi très coûteux. Ces modèles ont cependant été mis à disposition du public. Il peut être avantageux de télécharger ces modèles, puis d'y ajouter une couche finale correspondant à la tâche d'intérêt, potentiellement en ré-entraînant également quelques couches finales. Pour cela, le package `transformers` d'HuggingFace rend disponible une multitude de modèles de NLP. L'ouvrage de Tunstall *et al.* (2022) offre un guide pratique pour mettre en musique l'arsenal offert par ces modèles.

— **Modifier la dimension de l'espace d'arrivée**. L'idée initiale des plongements lexicaux est d'obtenir une représentation vectorielle dense des mots, porteuse de sens, plutôt que de travailler avec de l'encodage en one-hot qui n'est qu'un moyen de repérer un token dans un dictionnaire. Plus généralement, la représentation obtenue en sortie de réseau – celle juste avant la couche finale (*e.g.* soft-max pour un tâche de classification) – repose sur cette idée de construction d'une représentation porteuse de sens. Se pose néanmoins la question de la dimension de cette représentation. Généralement une dimension de 30 est trop faible pour capturer la complexité de la structure de l'espace. Néanmoins, aller trop loin (300 ou plus) peut rallonger considérablement l'entraînement du réseau et ne pas non plus donner de bonnes performances car l'information se trouve dispersée. Il existe un juste milieu à déterminer selon l'application.

Enfin, pour les réseaux dont la structure se rapproche des réseaux siamois ou plus généralement du *distance learning* comme dans la section 14.2, les outils suivants peuvent servir de points d'ancrage pour progresser :

— **Augmenter le nombre d'exemples négatifs**. En général, passer à la *triplet margin loss* ou à la *quadruplet margin loss* par rapport à la perte contrastive standard (cf. section 14.2.2) permet d'importants gains de performance. Certains articles vont même jusqu'à présenter 50 paires négatives par anchor. Sans aller jusque-là, utiliser 10 exemples peut se révéler avantageux. L'idée est la suivante : la perte contrastive standard vise à éloigner ou rapprocher une paire d'inputs sans égard au reste des autres inputs. En réalisant cette opération, il se peut qu'elle modifie l'espace et rapproche ou éloigne par inadvertance deux items ne devant pas l'être. Les pertes type triplet ou quadruplet permettent de limiter cet effet de bord. De même, lors de l'entraînement de tels modèles, l'utilisation de *batchs* de grande taille est préférable afin d'éviter les effets de bord de ce type.

— **Modifier le calcul du « *top k* » en utilisant de nouvelles distances.** En général, on utilise la norme euclidienne pour évaluer la distance entre deux inputs :

$$\|\boldsymbol{x} - \boldsymbol{y}\|_2$$

ou bien la similarité cosinus :

$$\frac{\boldsymbol{x} \cdot \boldsymbol{y}}{\|\boldsymbol{x}\|_2 \, \|\boldsymbol{y}\|_2},$$

que l'on peut également transformer en terme de distance :

$$1 - \frac{\boldsymbol{x} \cdot \boldsymbol{y}}{\|\boldsymbol{x}\|_2 \, \|\boldsymbol{y}\|_2},$$

Cette distance est souvent meilleure en pratique car elle permet de normaliser les vecteurs – bien souvent, les mots les plus fréquents ont de grandes normes, rendant l'utilisation de la distance euclidienne inadaptée. Par ailleurs, la notion de « plus proche voisin » n'est pas réciproque : un vecteur peut être le plus proche voisin d'un autre, sans que l'inverse soit vrai. En pratique, certains vecteurs peuvent se trouver dans le voisinage d'autres avec une très grande probabilité, alors que d'autres peuvent se trouver complètement isolés et donc ne jamais être considérés. Pour pallier ce problème, Conneau *et al.* (2017) introduisent la *cross-domain similarity local scaling* qui permet de pénaliser les « *hubs* » (concentrations de points) et dépénaliser les « *anti-hubs* » (points isolés). L'idée étant de mieux séparer les régions où certaines observations se concentrent, tout en laissant inchangées les régions peu denses. Cette modification peut se faire même sans ré-entraîner le modèle, simplement dans la phase d'évaluation.

— **Construire un classifieur pour initialiser les premières couches.** L'entraînement de réseaux de neurones siamois s'assimile à de l'apprentissage auto-supervisé. Or, on sait que l'apprentissage supervisé fonctionne généralement mieux. L'idée est alors, pour initialiser les premières couches du réseau siamois, d'entraîner un classifieur binaire sur une séquence concaténée $[(s_A, s_+, 1), (s_A, s_-, 0), \ldots]$ avec la même architecture du réseau, en ajoutant une couche utilisant les plongements finaux pour extraire une probabilité de similarité – *i.e.* $\exp(\boldsymbol{x}'_A \boldsymbol{x}_+)/\left(1 + \exp(\boldsymbol{x}'_A \boldsymbol{x}_+)\right)$. On peut appeler ce système le « *système lent* » puisque si on voulait l'utiliser pour décider d'un match, on devrait passer toutes les paires candidates pour chaque input. Il pourrait être utilisé après un « *système rapide* » (notre méthode jusqu'à présent) : ce dernier permet d'obtenir les k plus proches voisins pour un item candidat ; ils sont ensuite présentées à ce classifieur, et c'est à partir du score qui en est issue que l'on calcule l'exactitude du « top k ».

— **Hard-mining**. La technique du « *hard-mining* » ou « *try-hard loss* » consiste à piocher des exemples négatifs particulièrement difficiles à distinguer des exemples positifs. L'idée est d'orienter l'apprentissage du réseau de sorte à mieux discriminer les cas posant problème. Cela implique de définir une manière particulière de charger les données par lot, ce qui peut être coûteux en temps d'entraînement, mais il existe des solutions pour optimiser cette étape (cf. point suivant).

— **Recherche efficiente de vecteurs similaires**. La librairie FAISS (`github.com/facebookresearch/faiss`) permet d'optimiser la recherche de plus proches voisins lorsqu'il s'agit de vecteurs de grande dimension, ce qui est utile pour l'inférence. L'idée de base de FAISS est de réaliser un « *clustering* » de l'espace vectoriel pour optimiser la recherche : on passe alors d'une opération d'une complexité en $\mathcal{O}(n)$ à une complexité en $\mathcal{O}(\sqrt{n})$ puisque pour une requête, au lieu d'avoir à évaluer la distance à chaque vecteur de la base, on évalue d'abord la distance aux centroïdes de chaque *cluster*, puis la distance à chacun des points du *cluster* le plus proche. On peut montrer que le nombre de *clusters* qui minimise le nombre moyen d'opérations est $K = \sqrt{n}$. Un certain nombre de fonctions sont implémentées sur GPU, ce qui est avantageux computationnellement.

14.4.3 A-t-on besoin d'entraîner ses propres réseaux de neurones ?

Depuis la publication de l'article de Vaswani *et al.* (2017), marquant le début de l'utilisation intensive des architectures de type Transformer, les progrès en matière de NLP ont été très rapides et rendus facilement accessibles d'utilisation au public, notamment *via* le *hub* d'HuggingFace. Par ailleurs, le coût d'entraînement des modèles à l'état de l'art est trop élevé pour être supporté par un seul individu. Ainsi que mentionné dans la section précédente, la mise en œuvre d'apprentissage par transfert à partir de modèles pré-entraînés apparaît comme point de départ simple pour des tâches de traitement du langage naturel. Cependant, doit-on nécessairement ré-entraîner ces modèles ? Ne peut-on pas simplement les utiliser sans entraînement spécifique ?

C'est une question dont la réponse précise dépend évidemment du contexte, mais nous pouvons donner ici quelques éléments de réflexion. Tout d'abord, si les données à analyser sont très différentes de celles sur lesquelles ont été entraînés les modèles disponibles (*e.g.* langues différentes, champ lexical très spécifique), alors il peut être nécessaire d'entraîner ses propres modèles. Ensuite, pour la plupart des tâches standards (*e.g.* analyse de sentiment, traduction, reconnaissance d'entités nommées), des modèles performants existent déjà si bien qu'il n'est souvent pas nécessaire de ré-entraîner son propre modèle. Enfin, une alternative simple, computationnellement peu coûteuse et permettant d'éviter l'entraînement de réseaux de neurones, appelée *zero-shot learning* consiste à utiliser les plongements de sortie de modèles pré-entraînés (de la manière décrite à la section 14.3.2) comme *features* dans un modèle simple de type régression linéaire ou régression logistique. Généralement, cette stratégie simple permet d'aboutir à de très bons résultats, sans subir les coûts et la complexité de l'entraînement d'un réseau de neurones complet.

En outre, par apport à l'approche par sac de mots pour la régression textuelle (section 12.2.4), la dimension se trouve souvent réduite puisque le nombre de paramètres à estimer passe de quelques milliers (généralement, soit un par mot) à un nombre égal à la taille des plongements de sortie d'un modèle (par exemple 768 pour `roberta-base`, Liu *et al.*, 2019). L'approche *zero-shot learning* peut à minima fournir une première estimation de référence avant de développer des approches plus complexes.

Pour faire écho au chapitre 4, notons que l'hypothèse de sparsité sur ces embeddings n'est généralement pas vérifiée. Ainsi, l'organisation `OpenIA` fait remarquer sur son blog que : « *généralement, la représentation en plongements lexicaux est très riche en informations et dense. Par exemple, réduire la dimensionnalité des features en utilisant une décomposition en valeurs singulières ou une analyse en composantes principales, même de 10 %, entraîne généralement une performance moindre dans les tâches spécifiques en aval* » (`platform.openai.com/docs/guides/embeddings/use-cases`).

Enfin, les modèles de langage les plus à l'état de l'art tels que GPT-3 (Brown *et al.*, 2020) ou PaLM (Chowdhery *et al.*, 2022) – les modèles que l'on désigne par LLM, *large language models* – sont tout simplement beaucoup trop complexes et coûteux à entraîner pour que cela soit simplement envisageable. Zhao *et al.* (2023) offrent un panorama très détaillé de ces nouveaux modèles qui se sont rapidement emparés de l'attention du public, notamment suite à la mise en ligne ChatGPT.

14.5 Applications empiriques

14.5.1 Représentation vectorielle des offres d'emploi

En utilisant le principe des réseaux siamois (section 14.2), Schmitt *et al.* (2017) entraînent un modèle pour projeter des descriptions d'offre d'emploi dans un espace vectoriel de dimension 200, grâce à des données collectées sur internet provenant d'agences d'aide à la recherche d'emploi. La stratégie est identique à celle de ce chapitre, avec une distance donnée par 1 moins la similarité cosinus, $d(\boldsymbol{x}, \boldsymbol{y}) = 1 - \boldsymbol{x}'\boldsymbol{y}/(\|\boldsymbol{x}\|_2 \|\boldsymbol{y}\|_2)$, et une fonction de perte contrastive. La similarité observée entre deux offres est donnée par une variable binaire qui vaut 1 si au moins un candidat a cliqué sur ces deux offres d'emploi, et zéro sinon (*i.e.* aucun candidat n'a été intéressé par ces deux offres à la fois).

Cette approche est astucieuse car elle permet d'exploiter les préférences révélées des demandeurs d'emploi et donc leur évaluation subjective de la similarité entre deux offres, dans le but de construire des représentations numériques qui dépassent leur seule exploitation textuelle. En effet, il se peut que deux offres requièrent des compétences similaires mais soient formulées avec un vocabulaire différent (*e.g.* parce que provenant d'entreprises opérant dans des secteurs différents), ce qui limite la portée d'une analyse purement textuelle.

Les auteurs remarquent que la fonction de perte contrastive utilisée pour l'entraînement du modèle peut poser problème en créant de la transitivité par inadvertance : ils observent que deux offres d'emplois vont être proches dans l'espace d'arrivée si elles ont été vues par des demandeurs d'emploi ayant également visionné une même offre tierce, bien que ces deux offres n'aient jamais intéressé le même demandeur d'emploi. Ce défaut pourrait être corrigé par l'emploi d'une perte de type *triplet margin loss*.

14.5.2 Mesure de la différenciation sur le marché des polices d'écriture

Han *et al.* (2021) étudient l'impact du rachat, en 2014, de l'entreprise FontFont par son concurrent Monotype sur la diversité des produits offerts sur le marché des polices d'écriture. Les polices d'écriture sont des produits purement visuels, leurs caractéristiques sont donc totalement non structurées et difficiles à mesurer, alors qu'un consommateur perçoit, lui, des différences esthétiques. Pour capturer cela, les auteurs utilisent des réseaux de neurones siamois avec une perte de type *triplet margin loss* pour encoder les caractéristiques visuelles des polices d'écriture par des vecteurs denses de dimension égale à 128. La stratégie utilisée est exactement celle décrite à la section 14.2. Une fois le modèle entraîné, chaque police i est projeté dans cet espace de dimension 128 *via* la représentation $\boldsymbol{x}_i$. Deux mesures de la différenciation d'une police sont utilisées. La première mesure la distance euclidienne à la moyenne :

$$\|\boldsymbol{x}_i - \bar{\boldsymbol{x}}\|_2 \,,$$

avec $\bar{\boldsymbol{x}} = \sum_{i=1}^{n} \boldsymbol{x}_i/n$, mesurant la représentation moyenne des n polices disponibles sur le marché. La seconde est définie par :

$$-\sum_{j\neq i} \frac{1}{\|\boldsymbol{x}_i - \boldsymbol{x}_j\|_2}.$$

Dans les deux cas, ces mesures tendent à avoir des valeurs élevées lorsque la police i est très différenciée des polices concurrentes. Ces deux mesures sont ensuite agrégées par date et par firme, pour calculer un indice de la diversité des produits offert par chaque firme au cours du temps. Han *et al.* (2021) utilisent finalement une stratégie reposant sur la construction d'un contrôle synthétique (cf. chapitre 10) pour comparer l'impact de la fusion. Ils montrent que la fusion a abouti à une diversification accrue sur le marché des polices.

14.6 Bilan du chapitre

Mots clés

Architecture sac de mots, réseaux de neurones siamois, *distance learning*, distance de Levenshtein, similarité cosinus, perte contrastive, *triplet margin loss*, exactitude « top-k », *one-shot learning*, réseaux de neurones récurrents (RNN), mécanisme d'auto-attention, BERT, *early stopping*, *data augmentation*, *transfer learning*, *hard mining*.

Lectures complémentaires

Le mécanisme d'auto-attention et plus généralement les couches de type transformers sont décrits en détails dans le chapitre 9 de Jurafsky et Martin (2019). Il convient de préciser que ce type d'architecture constitue la base des modèles de langage modernes tels que BERT (Devlin *et al.*, 2019), Roberta (Liu *et al.*, 2019) ou GPT-3 (Brown *et al.*, 2020). Sur youtube, `youtube.com/watch?v=kCc8FmEb1nY` est un excellent tutoriel pour bien comprendre les Transformers en pratique. Concernant l'entraînement des réseaux de neurones, la lecture du billet de blog d'Andrej Karpathy, `karpathy.github.io/2019/04/25/recipe/`, est recommandée. L'ouvrage Godbole *et al.* (2023) offre une discussion plus approfondie. Plus généralement, le cours en ligne « Full-stack deep learning » (`fullstackdeeplearning.com`) constitue une référence complète et très appliquée pour la mise en œuvre de systèmes utilisant des algorithmes de machine learning, au-delà des applications textuelles.

Code et données

Il est désormais simple de télécharger des modèles de langage pré-entraînés pour toute sorte de tâches telles que la reconnaissance d'entités nommées, la génération de texte, l'analyse de sentiment, la classification thématique, ou la traduction automatique, notamment *via* le package `transformers` maintenu par Hugging Face, `huggingface.co/transformers/`. À ce propos, Tunstall *et al.* (2022) est un excellent guide pratique contenant principalement du code qui peut être modifié facilement. Les notebooks `python` associés se trouvent ici : `github.com/nlp-with-transformers/notebooks`.

Questions

1. Comment l'utilisation de mesures subjectives de la qualité peut-elle aider à modéliser la demande des consommateurs ? Proposez deux modélisations possibles des prix à partir de commentaires laissés sur des produits.
2. Qu'est-ce qui distingue l'appariement de données d'une tâche de classification habituelle ? Décrire une méthode permettant de mettre en œuvre un système d'appariement.
3. Comment la perte contrastive est-elle utilisée pour modéliser des paires d'inputs concordants et discordants ?
4. Comment peut-on modifier à la marge l'approche « sac de mots » afin de prendre en compte l'ordre des mots dans une chaîne de caractères ? Quelle en est la limite ?

Bibliographie

Arora, S., Liang, Y. et Ma, T. (2017). A simple but tough-to-beat baseline for sentence embeddings. *In ICLR.*

Balestriero, R., Ibrahim, M., Sobal, V., Morcos, A., Shekhar, S., Goldstein, T., Bordes, F., Bardes, A., Mialon, G., Tian, Y., Schwarzschild, A., Wilson, A. G., Geiping, J., Garrido, Q., Fernandez, P., Bar, A., Pirsiavash, H., LeCun, Y. et Goldblum, M. (2023). A Cookbook of Self-Supervised Learning. *arXiv e-prints*, page arXiv :2304.12210.

Bana, S. H. (2022). work2vec : Using language models to understand wage premia. Working paper, Stanford Digital Economy Lab.

Bojanowski, P., Grave, E., Joulin, A. et Mikolov, T. (2016). Enriching word vectors with subword information. *arXiv preprint arXiv :1607.04606.*

Brown, T., Mann, B., Ryder, N., Subbiah, M., Kaplan, J. D., Dhariwal, P., Neelakantan, A., Shyam, P., Sastry, G., Askell, A., Agarwal, S., Herbert-Voss, A., Krueger,

G., Henighan, T., Child, R., Ramesh, A., Ziegler, D., Wu, J., Winter, C., Hesse, C., Chen, M., Sigler, E., Litwin, M., Gray, S., Chess, B., Clark, J., Berner, C., McCandlish, S., Radford, A., Sutskever, I. et Amodei, D. (2020). Language models are few-shot learners. *In* Larochelle, H., Ranzato, M., Hadsell, R., Balcan, M. et Lin, H., éditeurs : *Advances in Neural Information Processing Systems*, volume 33, pages 1877–1901. Curran Associates, Inc.

Chen, W., Chen, X., Zhang, J. et Huang, K. (2017). Beyond triplet loss : A deep quadruplet network for person re-identification. *2017 IEEE Conference on Computer Vision and Pattern Recognition (CVPR)*, pages 1320–1329.

Chowdhery, A., Narang, S., Devlin, J., Bosma, M., Mishra, G., Roberts, A., Barham, P., Chung, H. W., Sutton, C., Gehrmann, S., Schuh, P., Shi, K., Tsvyashchenko, S., Maynez, J., Rao, A., Barnes, P., Tay, Y., Shazeer, N., Prabhakaran, V., Reif, E., Du, N., Hutchinson, B., Pope, R., Bradbury, J., Austin, J., Isard, M., Gur-Ari, G., Yin, P., Duke, T., Levskaya, A., Ghemawat, S., Dev, S., Michalewski, H., Garcia, X., Misra, V., Robinson, K., Fedus, L., Zhou, D., Ippolito, D., Luan, D., Lim, H., Zoph, B., Spiridonov, A., Sepassi, R., Dohan, D., Agrawal, S., Omernick, M., Dai, A. M., Pillai, T. S., Pellat, M., Lewkowycz, A., Moreira, E., Child, R., Polozov, O., Lee, K., Zhou, Z., Wang, X., Saeta, B., Diaz, M., Firat, O., Catasta, M., Wei, J., Meier-Hellstern, K., Eck, D., Dean, J., Petrov, S. et Fiedel, N. (2022). Palm : Scaling language modeling with pathways.

Conneau, A., Lample, G., Ranzato, M., Denoyer, L. et Jégou, H. (2017). Word translation without parallel data. *arXiv preprint arXiv :1710.04087*.

Devlin, J., Chang, M., Lee, K. et Toutanova, K. (2019). BERT : pre-training of deep bidirectional transformers for language understanding. *In* Burstein, J., Doran, C. et Solorio, T., éditeurs : *Proceedings of the 2019 Conference of the North American Chapter of the Association for Computational Linguistics : Human Language Technologies, NAACL-HLT 2019, Minneapolis, MN, USA, June 2-7, 2019, Volume 1 (Long and Short Papers)*, pages 4171–4186. Association for Computational Linguistics.

Fan, J., Ma, C. et Zhong, Y. (2021). A Selective Overview of Deep Learning. *Statistical Science*, 36(2):264–290.

Feng, S. Y., Gangal, V., Wei, J., Chandar, S., Vosoughi, S., Mitamura, T. et Hovy, E. H. (2021). A survey of data augmentation approaches for NLP. *CoRR*, abs/2105.03075.

Godbole, V., Dahl, G. E., Gilmer, J., Shallue, C. J. et Nado, Z. (2023). Deep learning tuning playbook. Version 1.0.

Goodfellow, I. J., Bengio, Y. et Courville, A. (2016). *Deep Learning*. MIT Press, Cambridge, MA, USA. `http://www.deeplearningbook.org`.

Han, S., Schulman, E. H., Grauman, K. et Ramakrishnan, S. (2021). Shapes as product differentiation : Neural network embedding in the analysis of markets for fonts. *arXiv preprint arXiv :2107.02739*.

Jurafsky, D. et Martin, J. H. (2019). *Speech and language processing : An introduction to natural language processing, computational linguistics, and speech recognition*. Draft available at `https://web.stanford.edu/~jurafsky/slp3/`, 3e édition.

Kudo, T. et Richardson, J. (2018). SentencePiece : A simple and language independent subword tokenizer and detokenizer for neural text processing. *In Proceedings of the 2018 Conference on Empirical Methods in Natural Language Processing : System Demonstrations*, pages 66–71, Brussels, Belgium. Association for Computational Linguistics.

Levenshtein, V. I. (1966). Binary codes capable of correcting deletions, insertions and reversals. *Soviet Physics Doklady*, 10(8):707–710. Doklady Akademii Nauk SSSR, V163 No4 845-848 1965.

Liu, Y., Ott, M., Goyal, N., Du, J., Joshi, M., Chen, D., Levy, O., Lewis, M., Zettlemoyer, L. et Stoyanov, V. (2019). Roberta : A robustly optimized bert pretraining approach. *ArXiv*, abs/1907.11692.

Martin, L., Muller, B., Ortiz Suárez, P. J., Dupont, Y., Romary, L., de la Clergerie, É. V., Seddah, D. et Sagot, B. (2020). Camembert : a tasty french language model. *In Proceedings of the 58th Annual Meeting of the Association for Computational Linguistics.*

Matsui, Y., Uchida, Y., Jégou, H. et Satoh, S. (2018). A survey of product quantization. *ITE Transactions on Media Technology and Applications*, 6(1):2–10.

OpenAI (2023). Gpt-4 technical report.

Pennington, J., Socher, R. et Manning, C. D. (2014). Glove : Global vectors for word representation. *In Empirical Methods in Natural Language Processing (EMNLP)*, pages 1532–1543.

Peters, M. E., Neumann, M., Iyyer, M., Gardner, M., Clark, C., Lee, K. et Zettlemoyer, L. (2018). Deep contextualized word representations. cite arxiv :1802.05365Comment : NAACL 2018. Originally posted to openreview 27 Oct 2017. v2 updated for NAACL camera ready.

Phuong, M. et Hutter, M. (2022). Formal algorithms for transformers.

Rogers, A., Kovaleva, O. et Rumshisky, A. (2021). A Primer in BERTology : What We Know About How BERT Works. *Transactions of the Association for Computational Linguistics*, 8:842–866.

Schmitt, T., Gonard, F., Caillou, P. et Sebag, M. (2017). Language Modelling for Collaborative Filtering : Application to Job Applicant Matching. *In ICTAI 2017 - 29th IEEE International Conference on Tools with Artificial Intelligence*, pages 1–8, Boston, United States.

Schroff, F., Kalenichenko, D. et Philbin, J. (2015). Facenet : A unified embedding for face recognition and clustering. *In CVPR*, pages 815–823. IEEE Computer Society.

Sohn, K. (2016). Improved deep metric learning with multi-class n-pair loss objective. *In* Lee, D., Sugiyama, M., Luxburg, U., Guyon, I. et Garnett, R., éditeurs : *Advances in Neural Information Processing Systems*, volume 29. Curran Associates, Inc.

Sul, H., Dennis, A. et Yuan, L. (2016). Trading on twitter : Using social media sentiment to predict stock returns. *Decision Sciences*, 48.

Tunstall, L., von Werra, L. et Wolf, T. (2022). *Natural Language Processing with Transformers : Building Language Applications with Hugging Face.* O'Reilly Media.

Vaswani, A., Shazeer, N., Parmar, N., Uszkoreit, J., Jones, L., Gomez, A. N., Kaiser, L. u. et Polosukhin, I. (2017). Attention is all you need. *In* Guyon, I., Luxburg, U. V., Bengio, S., Wallach, H., Fergus, R., Vishwanathan, S. et Garnett, R., éditeurs : *Advances in Neural Information Processing Systems*, volume 30. Curran Associates, Inc.

Zhao, W. X., Zhou, K., Li, J., Tang, T., Wang, X., Hou, Y., Min, Y., Zhang, B., Zhang, J., Dong, Z., Du, Y., Yang, C., Chen, Y., Chen, Z., Jiang, J., Ren, R., Li, Y., Tang, X., Liu, Z., Liu, P., Nie, J.-Y. et Wen, J.-R. (2023). A survey of large language models.

Sixième partie

Exercices

Chapitre 15

Exercices

Ce chapitre propose des énoncés d'exercices issus d'examens posés à l'ENSAE Paris. Des éléments de correction sont disponibles sur le dossier github associé, `github.com/jeremylhour/ml_econometrie`.

15.1 La régression en tant qu'estimateur par pondération

Cet exercice fait principalement appel à des connaissances vues dans les chapitres 3 et 10.

Le but de cet exercice est de montrer que l'ajustement par régression pour estimer l'effet du traitement revient à utiliser une moyenne pondérée des *outcomes* du groupe de contrôle pour construire le contrefactuel. On observe un échantillon i.i.d. du vecteur (Y_i^{obs}, D_i, X_i) pour $i = 1, \ldots, n$. Y_i^{obs} est la variable de résultat dont la valeur dépend du statut de traitement de l'unité i. Si l'unité i est traitée ($D_i = 1$), alors $Y_i^{obs} = Y_i(1)$. Si l'unité i n'est pas traitée ($D_i = 0$), alors $Y_i^{obs} = Y_i(0)$. X_i est un vecteur de covariables de dimension p qui inclut une constante. L'indice i est supprimé lorsqu'il est superflu. Soit $\pi := \mathbb{P}(D = 1)$. La quantité d'intérêt est l'effet moyen du traitement sur les traités (ATET) défini par :

$$\tau^{ATET} = \mathbb{E}\left[Y(1) - Y(0) | D = 1\right].$$

Dans de nombreuses applications, l'ATET est estimé en considérant un estimande de la forme suivante :

$$\tau^{ATET} = \mathbb{E}\left[Y^{obs}|D=1\right] - \mathbb{E}\left[W_0 Y^{obs}|D=0\right].$$

où W_0 est une variable aléatoire qui dépend à la fois de X et de D. Supposons que le résultat sans traitement suive un modèle linéaire : $Y(0) = X'\beta_0 + \varepsilon$ avec $(D, X) \perp \varepsilon$ et $\mathbb{E}\varepsilon = 0$. On suppose que $\mathbb{E}((1-D)XX')$ est inversible. La procédure d'Oaxaca-Blinder estime l'ATET en deux étapes. La première consiste à estimer β_0. La seconde étape consiste à estimer l'ATET comme une moyenne simple des résidus calculés sur le groupe traité comme $\widehat{\varepsilon}_i = Y_i^{obs} - X_i'\widehat{\beta}$, pour i tel que $D_i = 1$.

1. Montrez que $\mathbb{E}[Y(1) - Y(0)|D=1] = \mathbb{E}\left[Y^{obs}|D=1\right] - \mathbb{E}[X|D=1]'\beta_0$.
2. Soit $\beta_0 = \underset{\beta \in \mathbb{R}^p}{\arg\min}\ \mathbb{E}\left[(1-D)(Y^{obs} - X'\beta)^2\right]$. Exprimez β_0 comme une fonction de certains moments. Quelle est sa contrepartie empirique ? Quel type de régression feriez-vous pour estimer β_0 ?
3. Montrez que dans ce cas $W_0 = \mathbb{E}[X|D=1]'\,\mathbb{E}[XX'|D=0]^{-1}X$.
4. Montrez que ce poids satisfait :

$$\mathbb{E}[X|D=1] = \mathbb{E}[W_0 X|D=0].$$

   Interprétez cette condition.
5. À partir des questions précédentes, proposez un estimateur de l'ATET de la forme :

$$\widehat{\tau}^{OB} := \frac{1}{n_1}\sum_{i:D_i=1} Y_i^{obs} - \sum_{i:D_i=0} \omega_i Y_i^{obs}$$

   Donnez l'expression des poids dans ce cas. La somme des poids ω_i est-elle égale à un ?
6. Comparez avec l'estimateur du contrôle synthétique.

15.2 Score orthogonal pour l'effet du traitement sur les traités

Cet exercice fait principalement appel à des connaissances vues dans les chapitres 2, 3, 4 et 5.

Nous observons un échantillon i.i.d. du vecteur aléatoire $W_i = (Y_i^{obs}, D_i, X_i')'$ pour $i = 1, \ldots, n$. Y_i^{obs} est la variable de résultat dont la valeur dépend du fait que l'unité i est traitée ou non. Si l'unité i est traitée ($D_i = 1$), alors $Y_i^{obs} = Y_{1i}$. Si l'unité i n'est pas traitée ($D_i = 0$), alors $Y_i^{obs} = Y_{0i}$. X_i est un vecteur de covariables de dimension $p_X > 1$ qui inclut une constante. L'indice i est supprimé lorsqu'il est superflu. La quantité qui nous intéresse est le traitement moyen sur les personnes traitées, défini comme suit :

$$\tau_0 = \mathbb{E}\left[Y_1 - Y_0 | D = 1\right]. \tag{ATET}$$

Soient $\pi = \mathbb{P}(D = 1)$ et le score de propension $p(X) = \mathbb{P}(D = 1|X)$. On fait les deux hypothèses suivantes. L'hypothèse d'indépendance conditionnelle :

$$Y_0 \perp D | X, \tag{CIA}$$

et l'hypothèse de support commun :

$$0 < p(X) < 1. \tag{CommonSup}$$

1. (a) Soit :

$$m(W_i, \tau, p) = \left(D_i - \frac{p(X_i)}{1 - p(X_i)}(1 - D_i)\right) Y_i^{obs} - D_i \tau.$$

   Vérifiez que $\mathbb{E}[m(W_i, p, \tau_0)] = 0$.

   (b) Supposons que l'on ait une estimation du score de propension $\hat{p}$. Proposez un estimateur $\hat{\tau}$ de τ_0.

2. (a) Supposons que le score de propension est donné par un Logit, *i.e.* $p(X) = \exp(X'\beta_0)/(1 + \exp(X'\beta_0))$. La condition de moment de la question 1 est désignée par $m(W_i, \tau, \beta)$ à partir de maintenant. Calculez $\mathbb{E}\left[\partial_\beta m(W_i, \tau_0, \beta_0)\right]$.

(b) Considérons un cas de petite dimension où p_X, la dimension de X, est petite et constante pour toute taille de l'échantillon. Quelle est la méthode la plus efficace pour estimer β_0 ? Donnez la formule de l'estimateur correspondant. L'estimateur résultant de τ_0, $\hat{\tau}$ sera-t-il asymptotiquement normal ?

(c) On se place dans le cas de grande dimension où β_0 est estimé en utilisant :

$$\min_{\beta \in \mathbb{R}^{p_X}} -\left[\frac{1}{n}\sum_{i=1}^{n} D_i X_i'\beta - \log\left(1+\exp(X_i'\beta)\right)\right] + \lambda \left\|\beta\right\|_1,$$

où $\lambda > 0$ est un paramètre d'ajustement. Comment appelleriez-vous une telle méthode ? L'estimateur de τ_0 sera-t-il asymptotiquement normal dans ce cas ?

3. Supposons que le résultat de l'absence de traitement est donné par $Y_0 = X'\gamma_0 + \varepsilon$ avec $\varepsilon \perp X$ et $\mathbb{E}\varepsilon = 0$.

(a) Montrez que $\mathbb{E}(DX(Y_0 - X'\gamma_0)) = 0$.

(b) Suggérez une condition de moment ψ qui soit orthogonale. Prouvez qu'elle l'est.

4. En vous basant sur les questions précédentes, donnez un estimateur $\check{\tau}$ de τ_0 qui est asymptotiquement normal même dans le cas de grande dimension. Quel théorème utilisez-vous ?

15.3 Modèle de vote

Cet exercice fait principalement appel à des connaissances vues dans les chapitres 2, 6 et 8.

Considérons le modèle d'utilité suivant d'un individu i de la circonscription électorale t qui fait un choix entre deux partis L et R :

$$U_{L,i,t} = g(X_t'\beta_0) + \tau_0 D_t + \xi_{L,t} + \varepsilon_{i,t,L}, \tag{15.1}$$

$$E(\varepsilon_{i,t,L}) = 0,\ \xi_{L,t} \perp (X_t, Z_t),\quad \text{et}\quad E(\xi_{L,t}^2|X_t) = \sigma^2,$$

$U_{R,i,t} = 0$. $X_t \in \mathbb{R}^{p_X}$ est un vecteur aléatoire mesurant les caractéristiques du candidat du parti dans le district t, D_t le montant des dépenses publicitaires du parti dans le district t, $\xi_{L,t}$ est un choc non observé spécifique au district (*e.g.* réputation du candidat), et $\varepsilon_{i,t,L}$ est un choc idiosyncratique non observé distribué avec cdf $F_\varepsilon(t) = \left[1 + e^{-t}\right]^{-1}$. X_t est considéré comme exogène tandis que D_t est endogène, et Z_t est une variable instumentale. $g(\cdot)$ est une fonction infiniment différentiable sur $\mathbb{R}$ de l'indice $X_t'\beta_0$.

Pour l'équation de première étape, on suppose :

$$D_t = f_0(X_t, Z_t) + u_t, \quad u_t \perp (X_t, Z_t), \tag{FS}$$

où $f_0 \in \mathcal{F}_{p,q}$ et $\mathcal{F}_{p,q}$ est la classe

$$\left\{ f : f(x,z) = \sum_{i=1}^{p} \gamma_{0,i} 1\{x \in C_{a_i,r}\} + \sum_{i=1}^{q} \delta_{0,i} 1\{z \in C_{b_i,r}\}, (a_i, b_i) \in \mathbb{R}^{d_X + d_Z} \right\},$$

où $C_{a_i,r}$ et $C_{b_i,r}$ sont des hypercubes respectivement de dimensions $\mathbb{R}^{d_X}$ et $\mathbb{R}^{d_Z}$, de centres $\{a_i\}$ et $\{b_i\}$, et de côtés de longueur r.

On observe un échantillon i.i.d. de $(W_t)_{t=1}^n = (S_t, X_t, D_t, Z_t)_{t=1}^n$, parmi les n districts électoraux, où $S_t \in (0,1)$ est la proportion (observée) de votes exprimés en faveur du candidat L dans le district t.

A. Estimation de l'équation de première étape.

1. Supposons que $p < n$ et $q < n$ et que la vraie fonction f_0 n'a que quelques coefficients nuls $\{\gamma_{0,i}\}_{i=1}^p$ et $\{\delta_{0,i}\}_{i=1}^q$ dans sa décomposition. Proposez un estimateur **convergent** et pertinent de la fonction de régression $E\left(D|X = x, Z = z\right)$. Peut-on l'utiliser dans le cas où l'hypothèse $p < n$ et $q < n$ n'est pas vérifiée ? Expliquez.

2. Supposons maintenant que $p > n$ et $q > n$ et, également la sparsité des coefficients $\{\gamma_{0,i}\}_{i=1}^p$ et $\{\delta_{0,i}\}_{i=1}^q$ dans la décomposition de f_0. Donnez un estimateur **convergent** et pertinent de la fonction de régression $E\left(D|X = x, Z = z\right)$, ainsi que l'équation d'estimation.

B. Estimation de τ_0.

3. Écrivez l'équation estimante, en partant de (15.1), et en utilisant la variable dépendante $\tilde{S}_t := \ln(S_t/(1-S_t))$.

4. Trouvez deux fonctions Q_1 et Q_2 telles que

$$m(W_t, \eta, \tau_0) = \left(\tilde{S}_t - Q_1(\eta, Y_t, D_t, X_t)\right) Q_2(\eta, Z_t, X_t),$$

où η est un paramètre de nuisance à définir, tel que :

$$E(m(W_t, \eta, \tau_0)) = 0 \tag{15.2}$$

$$E(\partial_\eta m(W_t, \eta, \tau)) = 0, \forall \tau \in \Theta, \tag{15.3}$$

où Θ est un voisinage compact de τ_0. De façon similaire au chapitre correspondant, il faut utiliser (15.1), (FS), ainsi qu'une équation linéaire supplémentaire de votre choix spécifiant la structure de corrélation entre les instruments et les régresseurs.

5. Donnez les conditions sur la fonction g sous lesquels l'estimateur $\widehat{\tau}$ défini par (15.2) est asymptotiquement gaussien, en utilisant uniquement un théorème du cours.

15.4 Écart salarial homme-femme

Cet exercice fait principalement appel à des connaissances vues dans les chapitres 2, 4, 5 et 8.

On s'intéresse à la mesure de l'écart salarial entre les sexes, défini par la différence relative de rémunération qui apparaît entre les hommes et les femmes si l'on contrôle les effets des caractéristiques observables. On observe un échantillon i.i.d. du vecteur aléatoire $(\ln W_i, F_i, X_i)_{i=1,\dots,n}$ où $\ln W_i$ est le logarithme népérien du salaire hebdomadaire, F_i est une variable indicatrice égale à un si l'individu i est une femme et 0 sinon, X_i est un vecteur de caractéristiques observées de dimension p qui peut être (très) grande.

1. Interprétez la quantité

$$\mathbb{E}[\ln W_i | X_i, F_i = 1] - \mathbb{E}[\ln W_i | X_i, F_i = 0].$$

2. On considère le modèle :

$$\ln W_i = \alpha + \theta F_i + X_i' \beta + \varepsilon_i, \text{ avec } \mathbb{E}[\varepsilon_i | X_i, F_i] = 0 \text{ et } \|\beta\|_0 \leq s << p. \tag{15.4}$$

   (a) Compte tenu du problème que nous étudions, que peut-on vouloir inclure dans X_i ?

   (b) Donnez un estimateur (simple) convergent de θ dans le cas où p est un petit entier (par exemple $p = 6$), comme $n \to \infty$.

   (c) Est-ce toujours un estimateur convergent si $p > n$ et/ou $p \to \infty$? Proposez un estimateur convergent en cas de réponse négative à la question précédente.

   (d) Montrez que $\mathbb{E}[\ln W_i | X_i, F_i = 1] - \mathbb{E}[\ln W_i | X_i, F_i = 0] = \theta$. Pensez-vous qu'il s'agisse d'une hypothèse raisonnable ?

3. Afin d'approfondir l'analyse, nous considérons le modèle

$$\ln W_i = \alpha + \theta(Z_i) F_i + X_i' \beta + \varepsilon_i \tag{15.5}$$

avec $\mathbb{E}[\varepsilon_i | X_i, F_i] = 0$, $\|\beta\|_0 \leq s << p$, et $\theta(Z_i)$ mesure un effet qui dépend de certaines covariables $Z_i \subset X_i$. Plus précisément, on suppose que

$$\theta(z) = \sum_{k=1}^{K} \theta_k z_k.$$

   (a) « *Le modèle* (15.5) *permet d'étudier un écart salarial hétérogène* ». Que peut-on en penser ? Justifiez (une formule ou deux seraient les bienvenues).

   (b) Réécrivez le modèle (15.5) comme un modèle de régression linéaire. Quelles sont les équations normales correspondantes ?

   (c) En supposant que $p > n$ et $p \to \infty$ mais que K et s sont de petits entiers, comment pourriez-vous estimer de manière convergente

$(\theta_1, \ldots, \theta_K)$? Écrivez explicitement une condition de moment immunisée ψ pour $(\theta_1, \ldots, \theta_K)$ et ajoutez les hypothèses nécessaires.

4. Le tableau de l'annexe A est extrait de Bach *et al.* (2018). Il affiche des estimations de $(\theta_1, \ldots, \theta_K)$ basées sur le modèle (15.5) obtenu par la méthode de la question 3 sur un échantillon de diplômés américains de l'enseignement supérieur. Interprétez trois lignes au choix.

5. À partir de ce tableau, quel est selon vous le principal problème pour effectuer une inférence dans ce contexte ?

6. Une autre façon de modéliser l'hétérogénéité de l'écart salarial est d'utiliser des forêts aléatoires causales. Nous supposons dans la question suivante que $(X_i)_{i=1}^n$ sont i.i.d. et distribués uniformément $X_i \sim U([0,1]^p)$. Ensuite, à un certain point x dans le support de X_i, nous définissons la forêt aléatoire causale comme suit

$$\hat{\mu}(x; X_1, \ldots, X_n) = \binom{n}{s}^{-1} \sum_{1 \leq i_1 < \cdots < i_s \leq n} T(x; X_{i_1}, \ldots, X_{i_s}),$$

où

$$T(x; X_{i_1}, \ldots, X_{i_s}) = \sum_{i \in \{i_1, \ldots, i_s\}} \alpha_i(x) \ln W_i, \quad \alpha_i(x) = \frac{1\{X_i \in L(x)\}}{s|L(x)|},$$

$L(x)$ sont les feuilles de l'arbre T, $|L(x)|$ leur mesure de Lebesgue, et $s \in [n/2, n)$ est la taille fixe des sous-échantillons.

En supposant que la fonction de régression $\mu : \; x \to \mathbb{E}\left[\ln W_i | X_i = x\right]$ est Lipschitz avec une constante C et que la construction des feuilles L est indépendante de l'échantillon $(X_i)_{i=1}^n$, montrez l'inégalité suivante

$$\left|\mathbb{E}\left[\hat{\mu}(x; X_1, \ldots, X_n)\right] - \mu(x)\right| \leq C \text{Diam}(L(x)), \tag{15.6}$$

où $\text{Diam}(L(x))$ est le diamètre de la feuille contenant v.

7. Expliquez à partir de (15.6) quelle condition de haut niveau nous pouvons appliquer à $\text{Diam}(L(x))$ pour obtenir la cohérence. Les forêts aléatoires standard remplissent-elles cette condition et pourquoi ? Comment cela est-il mis en œuvre en pratique dans la forêt aléatoire causale de Athey et Wager ?

8. Pour tout proxy ML donné, on forme cinq groupes G_k, pour $k \in \{1, \ldots, 5\}$, parmi la population en fonction du résultat prédit $T(X_i)$ en utilisant les splits I_k basés sur les quantiles

$$I_k := [l_{k-1}, l_k], \text{où} l_k = F_{T(X_i)}^{-1}\left(\frac{k}{5}\right),$$

et $F_{T(X_i)}^{-1}$ est la fonction quantile de $T(X_i)$. À l'aide de la figure 15.1 et du tableau 15.2, donnez votre interprétation de l'hétérogénéité de l'écart salarial et comparez avec l'interprétation faite dans la question 4 à partir des tableaux de l'annexe. Décrivez explicitement les différences concernant la nature du paramètre d'intérêt et leurs conséquences dans l'interprétation.

9. *(Bonus)* On souhaite prendre en compte les effets de sélection dans la participation au marché du travail. Expliquez comment elle peut être modélisée et donnez une procédure d'estimation potentielle si l'équation de sélection dépend d'un ensemble de variables inconnues de grande dimension, mais qu'elle est *a priori* sparse.

Hétérogénéité de l'écart salarial homme-femme, Annexe A, Q4-5

Tableau 15.1 – Reproduction du tableau 4 de Bach *et al.* (2018)

Variable	Estimation	p-value
Constante	0,0428	1,0000
État civil		
Marié(e), époux(se) présent(e)	-0,0973	0,0000
Marié(e), époux(se) absent(e)	-0,0535	0,2630
Séparé(e)	-0,1205	0,0000
Divorcé(e)	-0,0548	0,0000
Veuf(ve)	-0,1152	0,0110
Maîtrise de la langue anglaise		
Ne parle pas anglais	0,0221	1,0000
Parle très bien anglais	-0,0022	1,0000
Parle bien anglais	0,0392	0,3720
Parle un anglais médiocre	0,0030	1,0000
Ethnie et nationalité		
Noir / Africain-Américain	0,0679	0,0000
Chinois	0,0589	0,0020
Asiatique autre et région pacifique	0,0437	0,0010
Hispanique	0,0070	1,0000
Statut militaire		
Vétéran	0,0204	0,9930
Secteur d'activité		
AGRI	-0,0655	0,8910
MINING	-0,0672	0,9680
CONSTR	-0,0310	0,9990
MANUF	-0,0040	1,0000
TRANS	0,0217	1,0000
RETAIL	-0,0216	1,0000
FINANCE	-0,0799	0,0000
BUISREPSERV	-0,0557	0,0450
PERSON	-0,0564	0,7250
ENTER	-0,0630	0,6300
PROFE	-0,0668	0,0010
ADMIN	-0,0091	1,0000
MILIT	0,1167	0,2040

Hétérogénéité de l'écart salarial homme-femme, Annexe B, Q8-10

Soit

$$\hat{\Lambda} = \left|\hat{\beta}_2\right|^2 \hat{\mathrm{Var}}\left(T(X)\right)$$

et

$$\hat{\bar{\Lambda}} = \sum_{k=1}^{K} \hat{\gamma}_k^2 \mathbb{P}\left(T(X) \in I_k\right),$$

où $\hat{\beta}_2$ est l'estimateur de la pente du meilleur prédicteur linéaire et $\hat{\gamma}_k$ l'estimateur des effets de traitement de groupe moyens triés (GATES). Pour tout proxy ML donné, nous formons cinq groupes G_k, pour $k \in \{1, \ldots, 5\}$, parmi la population en fonction du résultat prédit $T(X_i)$ en utilisant les splits I_k basés sur les quantiles $I_k := [l_{k-1}, l_k]$ où $l_k = F^{-1}_{T(X_i)}(k/5)$, et $F^{-1}_{T(X_i)}$ est la fonction quantile de $T(X_i)$.

Tableau 15.2 – Tableau des mesures de performance pour le GATES et meilleur prédicteur linéaire

	Elastic Net	Boosting	Nnet	Random Forest
$\hat{\bar{\Lambda}}$	0,046	0,040	0,043	0,055
$\hat{\Lambda}$	0,120	0,104	0,108	0,109

Note : Pour les quatre méthodes ML utilisées sur le log des salaires, sur la base de 100 splits.

Tableau 15.3 – Tableau de l'estimation de la constante β_1 et de la pente β_2 du meilleur prédicteur linéaire

	Random Forest	Random Forest	Elastic Net	Elastic Net
	β_1	β_2	β_1	β_2
Log wage	-0,207	0,810	-0,181	0,686
90% CI	(-0,234 ;-0,181)	(0,609 ;1,010)	(-0,208 ;-0,155)	(0,538 ;0,838)

Note : Pour les deux meilleures méthodes sur la base de 100 splits selon la procédure de sélection basée sur Λ : Random Forest et Elastic net.

Tableau 15.4 – Caractéristiques moyennes estimées pour les moins et les plus affectés $\mathbb{E}[X_k|G_5]$ et $\mathbb{E}[X_k|G_1]$

	Random Forest			Elastic Net		
	Moins affectés	Plus affectés	Diff.	Moins affectés	Plus affectés	Diff.
Salaire (log)						
Age	31,47	34,36	-2,826	31,49	33,54	-2,044
	(31,21 ;31,73)	(34,10 ;34,62)	(-3,196 ;-2,456)	(31,22 ;31,75)	(33,27 ;33,81)	(-2,427 ;-1,660)
Nb. Enf -19ans	0,263	0,831	-0,566	0,237	0,814	-0,586
	(0,238 ;0,287)	(0,807 ;0,856)	(-0,602 ;-0,530)	(0,212 ;0,262)	(0,790 ;0,838)	(-0,621 ;-0,551)
Exper.	9,060	14,70	-5,634	9,238	14,06	-4,771
	(8,793 ;9,328)	(14,43 ;14,96)	(-6,004 ;-5,258)	(8,948 ;9,528)	(13,78 ;14,34)	(-5,185 ;-4,358)

Note : Réalisé sur la base de 100 splits pour les deux variables âge (Age), nombre d'enfants de moins de 19 ans (Nb. Enf. -19 ans), et années d'expérience professionnelle (Exper.) avec des intervalles de confiance robustes à 90 % pour les méthodes ML utilisées. Le « moins affecté » correspond au groupe G_1 (« plus affecté » resp. à G_5).

Figure 15.1 – GATES estimés (*sorted group average treatment effect*)

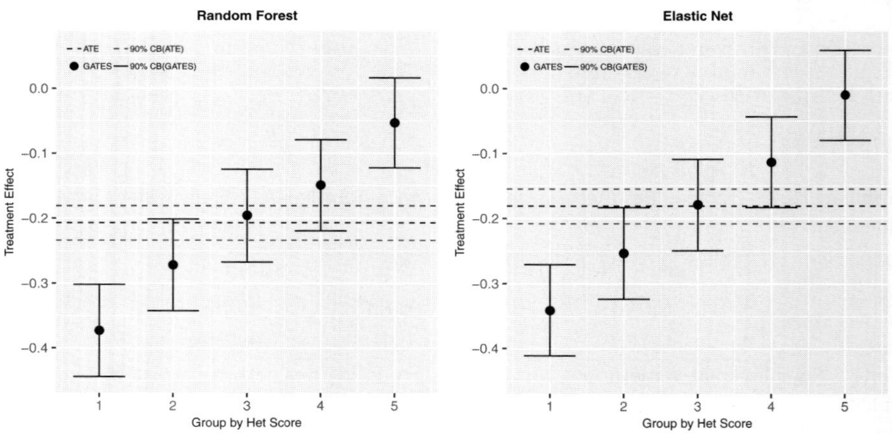

Note : En noir sont représentés les intervalles de confiance robustes de niveau 90 % pour les deux meilleures méthodes ML utilisées, basés sur 100 splits.

15.5 Sécheresse et incitations à économiser l'eau

Cet exercice fait principalement appel à des connaissances vues dans les chapitres 4 et 8.

Au cours d'une sécheresse dans le sud-est des États-Unis en 2007, des dépliants encourageant la conservation de l'eau ont été envoyés par courrier aléatoirement à 35 000 des 106 000 ménages habitants la région. La variable d'intérêt est la consommation d'eau durant l'été 2007 (après la campagne pro-sociale) en milliers de gallons. L'objectif est d'étudier s'il existe une hétérogénéité dans l'effet du traitement et celui-ci est plus important sur les ménages qui (i) votent plus souvent (ii) sont considérés comme démocrates ou républicains.

D est une variable muette qui prend la valeur 1 si le ménage a reçu un message de conservation de l'eau et 0 sinon. Rappelons que Y_1 et Y_0 désignent les deux variables aléatoires représentant la consommation d'eau potentielle entre juin et septembre 2007 respectivement avec et sans traitement. $Y = Y_0 + D(Y_1 - Y_0)$ représente la consommation d'eau observée. X représente un ensemble de caractéristiques, telles que la consommation d'eau passée, un indicateur d'inscription sur les listes électorales, le fait que la propriété soit louée ou possédée, l'âge et la valeur de la propriété, l'âge du propriétaire, etc. Toutes les variables sont mesurées au niveau du ménage.

$p(X)$ désigne la probabilité de traitement et nous utilisons la notation $w(X) := 1/(p(X)(1 - p(X)))$.

Afin d'estimer les effets pertinents, on met en œuvre la méthodologie du *generic machine learning*. Pour tous les résultats rapportés, 30 divisions différentes des données entre un échantillon principal et un échantillon auxiliaire sont considérées.

1. $T(X)$ désigne l'apprentissage machine générique résultant d'un algorithme donné, c'est-à-dire la prédiction de l'effet de traitement moyen conditionnel, $\tau(X)$ pour un ménage présentant les caractéristiques X. Considérons la régression suivante sur l'échantillon principal :

$$w(X)(D - p(X))Y = \beta_1 + \beta_2(T(X) - E[T(X)]) + \varepsilon. \tag{15.7}$$

   (a) Dans cette régression, que représente β_1 ?

   (b) Dans cette régression, que représente β_2 ? Expliquez comment il peut aider à résoudre la question de l'hétérogénéité de l'effet du traitement.

Pour les questions 2 à 5, vos réponses doivent être étayées par des statistiques (p-values, etc.) lorsque cela est possible.

2. Nous entraînons quatre algorithmes différents : un elastic net, un gradient boosting machine, un réseau neuronal et une forêt aléatoire. Le tableau 15.5 présente les statistiques $\Lambda = |\widehat{\beta}_2|^2 \widehat{V}(T(X))$, où $\widehat{\beta}_2$ a été estimé à partir de la régression ci-dessus, pour chaque algorithme.
   (a) Expliquez comment et pourquoi la statistique Λ peut aider à choisir le meilleur des quatre algorithmes.
   (b) Selon le tableau 15.5, quel algorithme est le meilleur ?
3. Le tableau 15.6 présente les résultats (estimateur, intervalle de confiance à 90 % et p-values) de la régression de la question (1) pour les deux meilleurs algorithmes.
   (a) Le traitement a-t-il un effet ?
   (b) Cet effet est-il hétérogène ?
4. Pour un proxy ML donné et $k = 1, \ldots, 5$, nous définissons le groupe $G_k = \mathbf{1}\{\ell_{k-1} \leq T(X) < \ell_k\}$ avec des quantiles $-\infty = \ell_0 \leq \ell_1 \leq \ldots \leq \ell_5 = +\infty$ tels que la population est divisée en cinq groupes de 20 % sur la base d'un classement des ménages utilisant le prédicteur ML. Si pour un ménage $G_1 = 1$, il est considéré comme faisant partie des « plus affectés ». Si pour un ménage $G_5 = 1$, il est considéré comme faisant partie des « moins affectés ». Le tableau 15.7 rapporte les estimations de l'effet de traitement de la population la moins et la plus affectée, ainsi que la différence.
   (a) Écrivez l'équation de régression qui a permis d'obtenir ces résultats. Expliquez comment elle a été estimée.
   (b) Le traitement a-t-il un effet sur chaque ménage ?
   (c) Existe-t-il une différence dans l'effet du traitement entre les ménages les plus et les moins affectés ?
5. Nous voulons voir si les ménages les plus et les moins affectés ont des caractéristiques différentes, afin de répondre à la question initiale. Le tableau 15.8 rapporte le résultat.

(a) Comment ce tableau a-t-il été obtenu ?

(b) Les ménages qui participent le plus souvent aux élections sont-ils plus susceptibles de répondre aux incitations à l'économie d'eau ?

(c) Les ménages qui votent plus souvent pour des candidats démocrates ou républicains sont-ils plus susceptibles de répondre aux incitations à économiser l'eau ?

Nous nous concentrons maintenant sur l'estimation de la fonction d'effet de traitement moyen conditionnel (CATE) :

$$\tau(x) = \mathbb{E}[Y_1 - Y_0 | X = x] = \mu_1(x) - \mu_0(x),$$

où $\mu_j(x) = \mathbb{E}[Y_j | X = x]$, $j = 0, 1$.

6. Supposons le modèle suivant, pour $j = 0, 1$,

$$Y_j = X'\alpha_j + \varepsilon_j, \ \mathbb{E}[\varepsilon_j | X] = 0,$$

où X est de grande dimension (dimension $p >> n$, le nombre d'observations). Donnez la formule des estimateurs Lasso de α_1 et α_0. Proposez un estimateur pour le CATE basé sur ces estimateurs. Justifiez intuitivement pourquoi, en pratique, il ne présente pas de bonnes propriétés.

7. Quelle est la « solution » qui a été proposée pour traiter ce problème, lorsque $p < n$, dans l'estimateur Causal Random Forest (CRF ci-après) ?

8. On considère le modèle de cet essai contrôlé randomisé (RCT), dans lequel l'allocation du traitement est aléatoire, $D \perp X$, et

$$Y = X'\gamma + D\tau(X) + \varepsilon, \quad \varepsilon \perp (D, X), \tag{15.8}$$

où $\tau(X)$ est supposé être linéaire dans X, qui est de grande dimension. Nous basons notre estimateur pour τ sur

$$\left(\widehat{\beta}, \widehat{\delta}\right) \tag{15.9}$$

$$= \underset{\beta,\delta}{\operatorname{argmin}} \left\{ \frac{1}{n} \sum_{i=1}^{n} \left(Y_i - X_i'\beta - (D_i - \mathbb{E}\left[D_i\right])X_i'\delta\right)^2 + \lambda_\beta \|\beta\|_1 + \lambda_\delta \|\delta\|_1 \right\}.$$

Identifiez γ et τ en termes de β et δ et donnez l'estimateur de τ basé sur $\left(\widehat{\beta}, \widehat{\delta}\right)$. Écrivez les équations de moment d'estimation que nous utilisons dans (15.9).

9. Comment appelle-t-on β dans (15.9) ? Dans ce contexte d'une RCT, l'estimateur basé sur (15.9) est-il immunisé ? Prouvez-le.
10. Justifiez intuitivement pourquoi un tel estimateur résout le problème mentionné dans les questions 6 et 7.
11. Donnez un contexte où cet estimateur du CATE est plus adapté que l'estimateur du CRF et un autre contexte où le CRF est plus adapté.
12. Pour en revenir à l'application, un problème est que la randomisation a été faite au niveau des routes de compteurs d'eau et non au niveau du ménage. Cela pourrait entraîner une sélection dans la mesure où les ménages d'un même quartier (partageant une route de compteurs d'eau) ont des comportements de consommation d'eau et des réactions au traitement potentiellement similaires.
Nous voulons contrôler cela à l'aide du modèle suivant

$$D = Z'\gamma + \zeta, \ Z \perp \zeta, \ Z \perp \varepsilon,$$

où Z sont des variables auxiliaires disponibles (*e.g.* revenu médian ou moyen au niveau du quartier, consommation d'eau médiane ou moyenne, taux de maisons occupées par leur propriétaire, etc.) et ε est le résidu dans (15.8). Écrivez comment vous modifieriez (15.9) pour prendre cela en compte de manière à ce que votre estimateur soit immunisé. Montrez ce dernier point.

Sécheresse et incitations à économiser l'eau, Annexe

Tableau 15.5 – Classement des algorithmes – Λ

Λ	Elastic Net	Gradient Boosting Machine	Neural Network	Random Forest
Cons. eau (T3 2007)	1,137	1,165	1,000	0,933

Tableau 15.6 – Résultats des régressions

	Algo. 1		Algo. 2	
	β_1	β_2	β_1	β_2
Cons. eau	-0,952	0,116	-0,902	0,058
(T3 2017)	(-1,278 ;-0,631)	(0,068 ;0,167)	(-1,233 ;-0,576)	(-0,031,0,146)
	[0,000]	[0,000]	[0,000]	[0,441]

Tableau 15.7 – Effet du traitement par groupe

	Algo. 1			Algo. 2		
	Moins affectés	Plus affectés	Diff.	Moins affectés	Plus affectés	Diff.
Conso. Eau	-0,953	-1,688	0,700	-0,707	-1,483	0,780
(T3 2007)	(-1,685 ;-0,217)	(-2,417 ;-0,960)	(-0,302 ;1,722)	(-1,459 ;0,050)	(-2,235 ;-0,730)	(-0,290 ;1,858)
	[0,023]	[0,000]	[0,342]	[0,135]	[0,000]	[0,307]

Tableau 15.8 – Caractéristiques moyennes des groupes

	Algo. 1			Algo. 2		
	Moins affectés	Plus affectés	Diff.	Moins affectés	Plus affectés	Diff.
Fréquence	0,098	0,120	-0,017	0,096	0,121	-0,024
de vote	(0,096 ;0,100)	(0,118 ;0,122)	(-0,020 ;-0,014)	(0,094 ;0,098)	(0,119 ;0,123)	(-0,027 ;-0,021)
	-	-	[0,000]	-	-	[0,000]
Démocrate	0,166	0,204	-0,044	0,147	0,242	-0,087
	(0,159 ;0,174)	(0,197 ;0,212)	(-0,054 ;-0,033)	(0,139 ;0,154)	(0,234 ;0,249)	(-0,097 ;-0,077)
	-	-	[0,000]	-	-	[0,000]
Républicain	0,408	0,448	-0,012	0,409	0,390	0,008
	(0,399 ;0,418)	(0,438 ;0,458)	(-0,025 ;0,001)	(0,400 ;0,419)	(0,380 ;0,399)	(-0,006 ;0,021)
	-	-	[0,159]	-	-	[0,531]

15.6 Contrôle synthétique et régularisation

Cet exercice fait principalement appel à des connaissances vues dans les chapitres 2 et 10.

Dans ce problème, nous considérons un cadre de données de panel où nous observons un résultat $Y_{i,t}^{obs}$ pour les unités $i = 1, \ldots, N+1$ mesuré aux dates $t = 1, \ldots, T+1$. La matrice $(Y_{i,t}^{obs})_{i,t}$ est la seule donnée disponible. L'unité 1 est traitée à la dernière date $T+1$ seulement, mais jamais avant, donc nous observons le résultat sans traitement

$$Y_{1,t}^{obs} = Y_{1,t}(0)$$

pour $t = 1, \ldots, T$ et seulement à la dernière date le résultat avec le traitement,

$$Y_{1,T+1}^{obs} = Y_{1,T+1}(1).$$

Les unités $1, \ldots, N+1$ ne sont jamais traitées à aucune date, donc pour elles nous avons toujours $Y_{i,t}^{obs} = Y_{i,t}(0)$, le résultat sans traitement. En bref, nous avons le modèle de variable manquante suivant :

$$\boldsymbol{Y}(0) := \begin{pmatrix} ? & Y_{2,T+1}(0) & \cdots & Y_{N+1,T+1}(0) \\ Y_{1,T}(0) & Y_{2,T}(0) & \cdots & Y_{N+1,T}(0) \\ \vdots & \vdots & & \vdots \\ Y_{1,1}(0) & Y_{2,1}(0) & \cdots & Y_{N+1,1}(0) \end{pmatrix}.$$

On s'intéresse à l'estimation de l'effet du traitement pour la première unité à la dernière date :

$$\theta = Y_{1,T+1}(1) - Y_{1,T+1}(0).$$

Dans ce problème, on discute de différentes stratégies pour estimer $Y_{1,T+1}(0)$ (et donc θ), à l'aide d'un estimateur qui prendra la forme :

$$\widehat{Y}_{1,T+1}(0) = \mu + \sum_{i=2}^{N+1} \omega_i Y_{i,T+1}^{obs},$$

avec les paramètres μ et $\boldsymbol{\omega} := (\omega_2, \ldots, \omega_{N+1})$ estimés en résolvant le programme suivant :

$$\underset{\mu,\boldsymbol{\omega}}{\arg\min} \sum_{t=1}^{T} \left(Y_{1,t}^{obs} - \mu - \sum_{i=2}^{N+1} \omega_i Y_{i,t}^{obs} \right)^2. \tag{OBJ}$$

NB : On ne suppose rien de particulier concernant les dimensions N et T. Elles sont à discuter durant le problème.

1. Comment peut-on justifier l'utilisation de (OBJ) pour estimer les paramètres ?
2. (a) Calculez les paramètres qui résolvent (OBJ). Sous quelle(s) condition(s) existent-ils ?
   (b) Peut-on interpréter la valeur résultante de $\boldsymbol{\omega}$? Que représente-t-elle ?
   (c) Quel(s) problème(s) se posent avec l'estimateur de $Y_{1,T+1}(0)$?
3. Pour cette question, on ajoute à (OBJ) les contraintes selon lesquelles les éléments de $\boldsymbol{\omega}$ doivent tous être constants et leur somme doit être égale à un.
   (a) Quelle est la valeur de $\boldsymbol{\omega}$ sous cette contrainte ?
   (b) Calculez μ sous cette contrainte.
   (c) Calculez et expliquez l'intuition derrière l'estimateur résultant pour θ. Quel est son nom ?
4. Pour cette question, on ajoute à (OBJ) les trois contraintes : $\omega_i \geq 0$ pour $i = 2, \ldots, N+1$, $\sum_{i=2}^{N+1} \omega_i = 1$ et $\mu = 0$.
   (a) Nommez cet estimateur et les avantages qu'il offre par rapport à l'estimateur de la question 3.
   (b) La solution de (OBJ) sous ces contraintes est-elle unique en général ?
5. Dans les questions 3-4, nous avons imposé plusieurs contraintes sur les paramètres. Au lieu de cela, dans cette question, on considère une version modifiée de (OBJ) :

$$\arg\min_{\mu,\boldsymbol{\omega}} \sum_{t=1}^{T} \left(Y_{1,t}^{obs} - \mu - \sum_{i=2}^{N+1} \omega_i Y_{i,t}^{obs} \right)^2 + \lambda \left((1-\alpha) \|\boldsymbol{\omega}\|_2^2 + \alpha \|\boldsymbol{\omega}\|_1 \right), \tag{OBJ-MOD}$$

   où $\alpha \in [0, 1]$ et $\lambda > 0$ sont des hyperparamètres.
   (a) Expliquez comment cette modification permet de surmonter la ou les conditions trouvées dans la question 2(a).

(b) Calculez et décrivez la solution $\widehat{\omega}$ lorsque $\alpha = 0$.

(c) Décrivez la solution $\widehat{\omega}$ lorsque $\alpha = 1$.

(d) Proposez une stratégie pour sélectionner les hyperparamètres α et λ.

Bibliographie

Bach, P., Chernozhukov, V. et Spindler, M. (2018). Closing the U.S. gender wage gap requires understanding its heterogeneity. *arXiv e-prints*, page arXiv :1812.04345.

Index des théorèmes & lemmes

2.1 Théorème (Distribution asymptotique de l'estimateur des MCO) 24
2.1 Lemme (Interprétation bayésienne) 28

3.1 Théorème (Condition nécessaire pour des instruments optimaux, théorème 5.3 dans Newey et McFadden, 1994, page 2166) . . . 68

4.1 Lemme (Convergence de la sélection du modèle par la règle (4.2)) 78
4.2 Lemme (Densité de l'estimateur post-sélection Leeb, 2006) . . 80
4.1 Théorème (Convergence en norme ℓ_1 du Lasso) 85
4.3 Lemme (Biais de régularisation de $\widehat{\tau}$) 88
4.4 Lemme (Un cas favorable) 90
4.5 Lemme (Indépendance, d'après Leeb, 2006) 103
4.6 Lemme (Inégalité de concentration pour les variables aléatoires gaussiennes) 104
4.2 Théorème (Frisch-Waugh-Lovell, Frisch et Waugh, 1933 ; Lovell, 1963) 105

5.1 Théorème (Normalité asymptotique de l'estimateur immunisé) 112

7.1 Théorème (Vitesses pour le Lasso avec des erreurs non-gaussiennnes et hétéroscédastiques, théorème 1 dans Belloni *et al.*, 2012) . . 151
7.1 Lemme (lemme 6 dans Belloni *et al.*, 2012) 152
7.2 Théorème (Normalité asymptotique de l'estimateur split-sample immunisé, théorème 7 dans Belloni *et al.*, 2012) 153
7.3 Théorème (Vitesses de convergence du cluster-Lasso en panels, théorème 1 dans Belloni *et al.*, 2016) 161
7.4 Théorème (Normalité asymptotique de l'estimateur de cluster-Lasso, théorème 2 dans Belloni *et al.*, 2016) 161

8.1 Lemme (Contrôle du diamètre des feuilles dans les forêts aléatoires uniformes, lemme 2 dans Wager et Athey, 2017) 184

8.2 Lemme (Contrôle du biais des forêts aléatoires à échantillons doubles, théorème 3 dans Wager et Athey, 2017) 185

8.1 Théorème (Normalité asymptotique, forêts aléatoires causales à échantillons doubles, théorème 1 dans Wager et Athey, 2017) . 187

8.2 Théorème (Normalité asymptotique du GRF pour le modèle à variable instrumentale (8.14), théorème 5 dans Athey *et al.*, 2019) 196

8.3 Théorème (Convergence de l'estimateur du meilleur prédicteur linéaire, théorème 2.2 dans Chernozhukov *et al.*, 2017) 201

8.4 Théorème (Niveau asymptotique uniforme, théorème 3.1 dans Chernozhukov *et al.*, 2017) 205

9.1 Théorème (Borne supérieure sur le regret, théorème 2.1 dans Kitagawa et Tetenov, 2018) 227

10.1 Théorème (Biais du contrôle synthétique) 249

10.1 Lemme (Niveau du test) 255

10.2 Lemme (Inégalité de Rosenthal) 271

11.1 Théorème (Inégalité de Fuk-Nagaev, théorème 2 dans Wu et Wu, 2016 ou théorème 5 dans Chernozhukov *et al.*, 2021) . . . 283

Imprimé en France. - DUPLIPRINT, 733, rue Saint-Léonard, 53100 MAYENNE
N° 2985693M - Dépôt légal : octobre 2023